DECLARATION UNIVERSELLE DES DROITS DE L'HOMME ET CHARTE DE BANJUL

Appropriation des instruments africains de promotion des droits de l'homme

Henri WEMBOLUA OTSHUDI KENGE

DECLARATION UNIVERSELLE DES DROITS DE L'HOMME ET CHARTE DE BANJUL

Appropriation des instruments africains de promotion des droits de l'homme

Professeur Ordinaire Célestin DIMANDJA ELUY'A KONDO

L'Harmattan

Du même auteur

1. L'indépendance des magistrats face à l'administration de la justice et le respect des droits de l'homme, Module de Linapedho pour la formation des para-juristes, publication de RCN-Justice, Kinshasa, 2002.
2. « La problématique de l'organisation du travail pénitentiaire en RDC. Cas de la prison centrale de Kananga », in Revue du CIDEP, n° Spécial, Kinshasa, 2004, pp 56-62.
3. L' anachronisme du Décret du 6 décembre 1950 sur l'enfance délinquante : cas du flou sur la majorité pénale en R.D.C », in Nouvelle tribune internationale des droits de l'enfant, n° 10 et 11, décembre 2005, DEI-Belgique, pp 27-32.
4. « l'anachronisme du Décret sur l'enfance délinquante en RDC : Réflexion sur le vagabondage et les droits des enfants, in Nouvelle tribune internationale des droits de l'enfant, n°12 mars 2007, DEI Belgique, pp 22-28,
5. « Encore sur l'anachronisme du Décret sur l'enfance délinquante : le volet judiciaire », in Paroles de justices, RCN-Justice et démocratie, (Kinshasa, 2010),
6. L'appropriation des normes des droits de l'homme par les magistrats pour l'indépendance du pouvoir judiciaire et la protection des droits de l'homme en RD Congo, in Paroles de justice. Revue annuelle de Doctrine, 2010, Kinshasa, pp 18-31
7. Réflexions sur la Déclaration univeselle desdroits de l'homme.Valeur , Contenu et importance vus d'Afrique, L'Harmattan, 2015, 383 p.
8. http//eduportfolio.org/vues/view/61435 (Module de formation en droits de l'homme. Mis en ligne) et http//eduportfolio.org/vues/view/31311 (Module de formation sur les droits de l'enfant).
9. www.audf-rdc.org (Rapports sur les droits de l'homme)

Contact : audfrdc@gmail.com & maitrehenri@yahoo.fr
Tél. +243816582458

5-7, rue de l'École-Polytechnique ; 75005 Paris

http://www.librairieharmattan.com

ISBN: 978-2-343-18400-5
EAN: 9782343184005

I. Dédicace

A Monsieur Jimmy **CARTER**, Président honoraire des États-Unis et fondateur du Centre Carter TCC, et Madame **ROSALYNN** Eleanor Smith CARTER pour leur dévouement remarquable à la cause des droits humains dans le monde et en particulier, en Afrique ;

A tous les défenseurs des droits de l'homme qui rêvent la réalisation de tous les droits de l'homme à la portée de Tous, en Afrique et

A tous les DDH fauchés du fait de l'intolérance et tous ceux qui subissent des injustices et atteintes à leur intégrité physique, mentale ou menaces de leurs proches,

Je dédie ce livre.

Dédicace

II.Remerciements

De tout cœur, JE REMERCIE :

Le Professeur DIMANDJA ELUY'A KONDO, pour avoir accepté de corriger, préfacer et de m'encadrer, tout au long du projet d'un livre devenu une réalité ;
Mon épouse Faustine OBOLELA et enfants Grecy V. WEMBOLUA KASONGO, Daniella WEMBOLUA OTSHUMBA et Gabriella WEMBOLUA LIKOLAYA, pour autant de sacrifices endurés et privations de vie familiale ;

Mon père WEMBOLUA KASONGO Vincent, ma mère DEKO DIKUWAY (déc.) , Maman Georgette NTAMBWE OTSHUMBA et tous les oncles et tantes paternels et maternels ainsi que mes frères et sœurs Marie- Louise OKAKO, Marcel WETSH'OKONDA KOSO, Henriette OLANGO KENDA, Augu WEMALOWA, Didier OKITAHATA, KOMO Angèle, Marceline EKOKO OTOKA, Michou WEMBOLUA LOBO, Corleine OKITAPOWA, RADJABU, Vincent LOMBE W., André OLELA W., Michel MANENE, PASI OKAKO W, OMOYI WEMBOLUA…, pour tout leur soutien moral ;

Les Autorités académiques, membres du personnel académique, scientifique et administratif, technique et ouvrier du CIDEP et de l'UCCM ainsi que tous les collègues avec qui on a gardé des bons souvenirs ;

Tout le Staff du BCNUDH notamment Monsieur le Directeur Abdoul AZIZ Thioye et Monsieur le Coordonnateur Raphael YOHO Fils, les Commissaires et personnel de la CNDH dont Me MUSHIKONKE, Exc. le Ministre des Droits humains, Monsieur André LITE ASEBEA, les membres du Comité interministériel des droits humains dont Monsieur INGOLI BOLAMBA ainsi que tous les collègues Défenseurs des droits de l'homme au sein des ONG nationales et internationales et les membres de Mouvements citoyens, pour le dévouement et encouragements mutuels dans les activités de promotion et de protection des droits de l'homme.
Les Bâtonniers , Autorités ordinales et Avocats du Barreau de Kinshasa –Matete et les autres Barreaux de la RDC ainsi que les Avocats du Groupe d'Intervention judiciaire SOS Torture en Afrique, pour la convivialité et les contacts pleins d'enthousiasme.

III. Préface

Faisant suite aux « Réflexions sur la Déclaration universelle des droits de l'homme » que Maitre Henri WEMBOLUA OTSHUDI a publiées en 2015 chez l'Harmattan, le présent ouvrage se donne pour un complément longuement attendu et ardemment réclamé dans le contexte spécifiquement africain.

Sa visée principale consiste à retracer et à mettre en exergue ce que l'auteur désigne sous le sous-titre significatif d' « Appropriation des instruments africains de promotion des droits de l'homme ».

En 1020 paragraphes conçus sous forme de versets bibliques ou coraniques pour en faciliter et la lecture et les citations, l' auteur de cet ouvrage nous livre tous les éléments essentiels de cette appropriation des instruments internationaux tels qu'ils ont été reçus et repris dans les pays d'Afrique et tels qu'il convient de les réinterpréter en vue d'une meilleure mise en œuvre des valeurs d'un État de droit digne de ce nom et de la revalorisation de l'être humain à travers les actes et les comportements des acteurs étatiques ,d'une part et de toute personne, d'autre part.

Dans la présentation linéaire consciemment choisie par l'auteur, l'histoire le dispute à la systématisation. En matière d'enseignement et de formation durable, cette double approche est celle qui s'impose. Henri **WEMBOLUA OTSHUDI KENGE** y a mis toute son expérience d'enseignant-chercheur à l'Enseignement supérieur et universitaire, d'animateur dans les organes audiovisuels de Kinshasa et de formateur en droits humains et Défenseur des droits de l'homme actif dans les organisations de la société civile et mécanismes nationaux et internationaux de protection de droits de l'homme.

Voilà pourquoi le lecteur se réjouira de revivre avec Maitre Henri WEMBOLUA la belle épopée de la naissance et du développement de la Déclaration universelle des droits de l'homme, d'une part ; et de la Charte africaine des droits de l'homme et des peuples, d'autre part. Le lecteur a droit, par la suite, à l'inventaire des instruments contraignants ainsi que des instruments non contraignants. Il se félicitera, enfin, de l'inventaire pas toujours pleinement connu des droits de l'homme et des peuples dans le système africain en la matière. En effet, toujours en ce qui concerne le contexte africain, le lecteur découvrira, d'un côté, les droits civils et politiques ; de l'autre côté, les droits économiques, sociaux et culturels.

L'approche systématique se clôt par l'évocation des devoirs des individus et des limites aux droits.

Dans le présent ouvrage, les notes de bas de page ainsi que les annexes ne sont pas accessoires ; elles font partie intégrante du mouvement de pensée retenu ainsi que des matières développées. Dans les annexes sont contenues d'innombrables informations aussi bien sur ce qui est fait que sur des projets en préparation. L'auteur se montre très sensible aux anticipations. Nous tenons à souligner ce trait propre à ceux qui savent inciter et à la réflexion et à la création pour mieux soutenir l'action.

En raison de sa valeur documentaire remarquablement élevée, le présent ouvrage est à mettre à la portée de tous ceux et toutes celles qui, en République démocratique du Congo comme dans tout le continent africain, travaillent activement à l'inculturation des valeurs hautement humanitaires aussi bien au niveau local qu'à l'échelle universelle.

Professeur Ordinaire Célestin DIMANDJA ELUY'A KONDO

Doyen de la Faculté de Philosophie

Université Catholique du Congo (Kinshasa, RD Congo)

IV. Avant-propos

L' auteur de ce livre, Avocat et Chef de Travaux de son état, il est Enseignant et Chercheur dans les domaines de droits de l'homme et intégration pédagogique des TIC. Il est actif dans la Société civile à travers les ONG AUDF, CDHC-ASBL, REPRODEV, GIJ-SOS Torture en Afrique, éducation aux droits de l'homme dont l' animation des émissions notamment à la RTCE à Kinshasa/RDC, l'assistance aux victimes de la torture et autres violations des droits de l'homme et le plaidoyer législatif dans la collaboration avec les Institutions publiques nationales et mécanismes internationaux. Dans cette œuvre, il plaide pour la réalisation effective des DH en Afrique grâce à l'appropriation des droits humains garantis par la DUDH et la CADHP revalorisées par les instruments internationaux et africains de droits de l'homme.

En fait, l'appropriation des instruments africains de droits de l'homme dont une trentaine de conventions internationales inspirées de la DUDH et Charte africaine des droits de l'homme et des peuples appelée Charte de Banjul avec promotion des valeurs culturelles africaines positives. Cette appropriation est l'une des solutions aux défis du renforcement de l'État de droit, de la consolidation de la démocratie, de la justice et de la paix en Afrique ainsi que la dignité de la personne humaine à intégrer en priorité dans toutes les politiques nationales et à hisser à un idéal commun à tou(te) s les citoyen (e) s africain (e)s. Les droits de l' homme et des peuples s'imposent à tous les détenteurs du pouvoir étatique d'une part et d'autre part, tous les citoyens comme une condition sine qua none pour changer et transformer les conditions de vie et l'espace africain pour un nouvel ordre africain dont l'Agenda 2063 et le partenariat mondial avec les 17 ODD de l'ONU.

De nos jours, le Conseil des droits de l'homme des Nations Unies avec l' Examen périodique universel et les autres mécanismes internationaux auxquels font partie les États africains tiennent compte des ODD. Par ailleurs, les objectifs de l'Agenda 2063 pour l'Afrique et les ODD susdits marchent de pair avec les droits humains qu'il sied de dépasser et dompter le débat infructueux et sentimental de la « souveraineté égoiste » et l'occidentalité des droits de l'homme pour que les Décideurs politiques, les Avocats, les Magistrats, les Défenseurs des droits de l'homme, les intellectuels et les populations en Afrique s'intéressent et s'abreuvent aux sources de la DUDH et de la Charte de Banjul en vue de se réapproprier la dignité humaine, la liberté, les valeurs culturelles africaines positives, la consolidation de la paix et sécurité, les droits des femmes, des enfants, des jeunes et des groupes vulnérables garantis par les instruments africains de droits de l'homme, le partenariat mondial et les défis de la gouvernance démocratique et transparente inspirés par la DUDH, la CADHP et autres instruments onusiens et africains. Dorénavant, les droits de l'homme et des peuples en Afrique avec toute l'évolution du Droit international et africain des droits de l'homme ainsi que les ODD et les Objectifs de l'Agenda 2064 pour l'Afrique sont une nouvelle donne impérieuse pour les Acteurs et Décideurs politiques, les praticiens du Droit, les DDH, les agents publics publics de l'État dont policiers, militaires et agents de sécurité et toute la population. La connaissance et l' acceptation des instruments des droits de l'homme restent le gage de la paix, de la justice face à la corruption et à l'impunité, de la croissance économique, du développement durable, du renforcement de d'État de droit, l'intégration africaine réussie, la satisfaction des services sociaux et l'amélioration de la gouvernance politico-administrative , financière et judiciaire.

V. Abréviations et sigles

ACAT	: Action des Chrétiens pour l'Abolition de la Torture
ACP	: Afrique Caraïbe Pacifique
A.C.C.P.U.F	: Association des Cours constitutionnelles ayant en Partage l'usage du français
AE-FOAD	: Association des Anciens Etudiants en Formations Ouvertes et à Distance
AFRIMAP	: Projet pour l'Observation et le Plaidoyer sur la Gouvernance en Afrique
AFCNDH	: Association francophone des commissions nationales des droits de l'Homme
AG	: Assemblée Générale
AG -NU	: Assemblée Générale de l'Organisation des Nations Unies
AI	: Amnesty International
AMNDH	: Amis des Nelson MANDELA pour les Droits de l'Homme
APT	: Association pour la Prévention de la Torture ONG
Art.	: Article
ASF /B	: Avocats Sans Frontières - Belgique
AUDF	: Alliance pour l'Universalité des Droits Fondamentaux ONG
AUF	: Agence Universitaire de la Francophonie
BCNUDH	: Bureau conjoint des Nations Unies aux Droits de l'Homme
BIT	: Bureau International du Travail
CACIT	: Collectif des Associations Contre l'Impunité
CADHP	: Charte Africaine des Droits de l'Homme et des Peuples
CADBE	: Charte Africaine des Droits et du Bien-être de l'Enfant
CAEDBE	: Comité Africain d'Experts sur les Droits et le Bien- être de l'Enfant
CASS.	: Cassation
CDHC	: Campagne pour les Droits de l'Homme au Congo
CEDH	: Cour européenne des Droits de l'Homme
CEDROMA	: Centre d'Etudes Des Droits Du Monde Arabe
CENCO	: Conférence Épiscole Nationale du Congo
CER	: Communautés économiques régionales

CHARTE (CADHP) : Charte africaine des droits de l'homme et des peuples
CIDEP : Centre interdisciplinaire pour le Développement et l'Education Permanente
CIDH : Comité Interministériel pour les Droits de l'Homme
CREDOF : Centre de recherches et d'études sur les droits fondamentaux (CREDOF-Paris Ouest Nanterre-la Défense
CoADHP : Commission Africaine des Droits de l'Homme et des Peuples
CMP : Centre Missionnaire Philadelphie
CODESRIA : Conseil pour le développement de la recherche en sciences sociales en Afrique
CPI : Cour pénale internationale
CRIDHAC : Centre de Recherche Interdisciplinaire des Droits de l'Homme du Congo
CRIFPE : Centre de Recherche Interuniversitaire sur la formation et la profession enseignante
CT : Chef de travaux
DEI : Défense des Enfants International
DH (P) : Droits de l'homme (et des Peuples)
DRPI : Disability Rights Promotion International - Canada
NEPAD : Nouveau Partenariat pour le Développement de l'Afrique
DIH : Droit international humanitaire
DIN : Droit et Idées Nouvelles
DUDH : Déclaration Universelle des Droits de l'Homme
ECC : Eglise du Christ au Congo
ECPM : Ensemble Contre la Peine de Mort
Ed. : Edition
EFDH : Education et Formations aux Droits de l'Homme
EDH : Education aux Droits de l'Homme
EPT : Education Pour Tous
EPU : Examen Périodique Universel
FIACAT : Fédération internationale pour l'Action des Chrétiens pour l'abolition de la Torture
FIDH : Fédération Internationale des Droits de l'Homme
GIJ- SOS Torture : Groupe d'Intervention Judiciaire SOS Torture en Afrique

HCDH : Haut- commissariat des Nations Unies aux Droits de l' Homme.
HRW : Human Rights Watch
INDH : Institution nationale des droits de l'homme
IIDH : Institut interaméricain des Droits de l'Homme
MONUSCO : Mission Nations Unies pour la Stabilisation de la Paix en RDC
OBS : Observation (des organes de traités)
ODD : Objectifs du Développement durable
OEA : Organisation des États américains
OI : Organisation internationale
OIF : Organisation internationale de la Francophonie
OMD : Objectifs du Millénaire pour le Développement
OMCT : Organisation Mondiale Contre la Torture
ONU : Organisation des nations unies
ONG : Organisation Non Gouvernementale
OSISA : Open Society Initiative for Southern Africa
OSCE : Organisation pour la sécurité et la coopération en Europe
OSC : Organisation de la Société civile
OSISA : open Society Southern Africa
OSIWA : Open Society Initiative for West Africa
OUA : Organisation de l'Unité Africaine
RP : Responsabilité de protéger
RTCE : Radio Télé Catholique Elikya
REPONGAC : Réseau des Plates- formes des ONG de l' Afrique centrale
PIDCP : Pacte international relatif aux droits civils et politiques
PIDESC : Pacte international relatif aux droits économiques, sociaux et culturels.
PNUD : Programme des Nations Unies pour le Développement
RAF : Réseau Action Femme
RCN-D&J : Réseau - Justice & Démocratie
RDC : République Démocratique du Congo
REDHAC : Réseau des Défenseurs des Drois de l'Homme de l'Afrique Centrale
REPADHOC : Réseau des Parlementaires pour les Droits de l'Homme au Congo

REPRODEV	: Réseau de Protection des Défenseurs des droits de l'homme, Victimes, Témoins et Professionnels des Médias
RIVES	: Réseaux à l'International des Experts pour la Valorisation de l'Enseignement Supérieur
RTCE	: Chaîne Radio Télé Catholique Elikya
SADC	: Communauté de développement de l'Afrique australe
TCC	: The Carter Center (Centre Carter)
TIC	: Technologies d'information et de communication
UA	: Union Africaine
UE	: Union européenne
UIP	: Union interparlementaire
UNDAF	: United Nations Developpemnt Assistance Framework
UNILU	: Université de Lubumbashi
UPR Info	: Universal Periodic Revew ONG I (EPU)
USA	: United States of America
USAID	: Agence des États- Unies pour le Développement International
VSV	: Voix des Sans Voix pour les Droits de l'Homme

INTRODUCTION

« Je sais que certains voient dans cette préoccupation (les droits de l'homme) un luxe des pays riches que l'Afrique ne peut pas encore s'offrir et que pour d'autres, il ne s'agirait là que d'une sujétion –sinon d'un complot-imaginé par l'occident industrialisé. A mon avis, ce sont là des réflexions parfaitement déshonorantes envers l'aspiration à la dignité qui habite tous les africains[1] ».

1. Les dirigeants et les peuples africains, ont-ils la même conception de la notion des droits de l'homme et du rôle de l'État pour les promouvoir et les protéger ? Il y a-t-il incompatibilité entre les valeurs culturelles africaines et les droits de l'homme garantis par la DUDH et autres instruments élaborés sous l'égide de l'ONU ? Quel rapport peut-on établir entre la DUDH et la Charte africaine des droits de l'homme et des peuples ?

2. Au-delà de la morale et voire de la culture, les droits de l'homme, en Afrique comme ailleurs, sont garantis par des instruments juridiques. En effet, les valeurs supérieures de la dignité de la personne humaine, la liberté inhérente à tout être humain et l'aspiration à l'épanouissement de tous dans une société ouverte, libre et favorable à tous, sans aucune discrimination avaient justifié l'adoption de la Déclaration universelle des droits de l'homme (DUDH) qui a totalisé 70 ans, le 10 décembre 2018. Ce document précieux ayant inspiré la Charte africaine des droits de l'homme et des peuples place autour d'une table les détenteurs du pouvoir politique et les africains, détenteurs des droits à revendiquer auprès des dirigeants qu'ils ont désigné et/ou acceptent librement en vue de matérialiser leur aspiration au bien-être, à la dignité et à l'épanouissement intégral.

3. Dans le cadre d'un partenariat mondial pour le développement durable, les droits de l'homme s'imposent à toute personne dans la société pour plus de paix, de justice et de liberté ainsi que le partage du rêve commun pour un État de droit, un cadre national, africain et mondial dans lequel tous les droits de l'homme sont à la portée de tous.

---

[1] Koffi Annan, in Afrique relance, vol.11, n°1, juillet 1997, p.4.

4. Il est évident que la DUDH a inspiré plusieurs instruments onusiens et régionaux notamment les instruments africains de promotion et de protection des droits de l'homme dont la Charte africaine des droits de l'homme et des peuples appelée affectueusement Charte de Banjul en raison de deux grandes Conférences ministérielles tenues à Banjul en Gambie dans des conditions difficiles pour l'élaboration du texte de la Charte qui fut adoptée plus tard à Nairobi au Kenya, le 28 juin 1981. Cette Charte est entrée en vigueur le 21 octobre 1986. On peut se reposer la question : « Quel rapport entre la DUDH et la Charte de Banjul quant à leur contenu ? Quel est le statut juridique de la DUDH ?

5. A propos du statut juridique de la DUDH, nous lisons dans la Thèse de Doctorat de GAMBARAZA Marc qui avait déclaré, non sans raison, ce qui suit : « Le statut juridique de la Déclaration universelle des droits de l'Homme, qui a fait l'objet de controverses lors de son adoption, a évolué depuis. Sur le plan international, la DUDH fait désormais partie du corpus juridique du droit interne de l'ONU et a été reconnue comme un instrument obligatoire par la doctrine et les organes judiciaires et quasi-judiciaires. Sur le plan national, elle a été incorporée dans de nombreux ordres internes en suivant des dynamiques propres à quatre espaces transrégionaux (Common Law, Amérique Latine, Europe et Afrique). Cette double évolution a modifié le statut intrinsèque de la DUDH, qui fait désormais partie des sources non conventionnelles du droit obligatoire, bien que certains ordres juridiques refusent d'admettre sa force contraignante. Son applicabilité repose ainsi sur la formulation des droits qu'elle énonce »[2].

6. Cette longue citation que nous avons reprise ci-dessus se justifie, dans ce livre, par son intérêt. Point n'est besoin de discutailler ou d'ergoter sur la valeur juridique de ce texte important et au cœur du développement du Droit international des droits de l'homme et de l'évolution des DH dans le monde. Cela a été démontré dans « Réflexion sur la Déclaration universelle des droits de l'homme. Valeur, contenu et importance vus d'Afrique » publié chez l' Harmattan en 2015. Dans le livre précité, quelques aspects généraux sur les droits de l'homme et les libertés fondamentales avec quelques particularités relatives à l'Afrique y ont été développés. Pour ce qui

---

[2] GAMBARAZA Marc, Le Statut juridique de la Déclaration universelle des droits de l'homme, Thèse de Doctorat, Université de Panthéon Assas, Paris, 2013, p.613

concerne cet ouvrage, la réflexion est orientée vers l'émergence du système africain de promotion et de protection des droits de l'homme[3] et des peuples grâce à la Charte africaine des droits de l'homme et des peuples avec un regard sur la DUDH et tout l'arsenal juridique relatif aux droits de l'homme, sur le plan international. Puisse l'étude contribuer à l'appropriation des droits de l' homme en général, et de manière particulière, des instruments africains qui sont librement élaborés, adoptés, signés et ratifiés par les africains.

7. La Charte africaine des droits de l'homme et des peuples, ci-dessous la Charte de Banjul/CADHP ou Charte africaine (Charte africaine DHP) s'est inspirée de la DUDH pour son élaboration. La DUDH et la Charte de Banjul consolidées par plusieurs normes africaines relatives aux droits de l'homme et des peuples dont malheureusement, le contenu ignoré, doivent être vulgarisées auprès de toutes les africaines et africains pour que le système africain de promotion et de protection des droits de l'homme contribue au renforcement des États de droit en Afrique et à la réalisation effective des droits de l'homme (DH), dans ce cher continent sous le joug des afro-pessimistes et des rêveurs des meilleurs lendemains.

8. Au carrefour des sciences et l'activisme de droits de l'homme, il apparaît que les mécanismes pour la mise en œuvre des droits garantis par les normes africaines des droits de l'homme y compris la DUDH, la CADHP et les instruments onusiens et africains librement consentis par les États sont pour les uns, opérationnels et pour les autres, théoriques ou de façades. Les africains sont fiers de parler des valeurs africaines et parfois allergiques aux instruments onusiens qu'il faille découvrir les droits garantis dans la DUDH et la Charte de Banjul revalorisées par les engagements des États en vertu des Conventions internationales relatives aux droits de l'homme et autres domaines dans le commerce juridique au sein de l'ONU et de l'UA ainsi que les CER.

9. Les intellectuels africains en général et en particulier, les juristes Magistrats ou Avocats, les Agents publics de l'État, les leaders, les acteurs politiques et les enseignants à tous les niveaux sont conviés

---

[3] L' UA et la Cour ainsi que la Commission africaine des DHP avaient déclaré 2016, l'Année africaine des droits de l'homme, 35e anniversaire de l'adoption de la Charte, 30e anniversaire de l'entrée en vigueur de la Charte, le 29e anniversaire de l'opérationnalisation de la Commission et le 10e anniversaire de l'opérationnalisation de la Cour.

à connaitre, s'approprier, invoquer et/ou mettre en œuvre les notions fondamentales de principes fondamentaux, les valeurs fondamentales et les droits garantis dans la DUDH et la CADHP ainsi que dans tous les autres instruments applicables en Afrique.

10. Les africaines et africains doivent défendre leur identité, leur humanité, leur dignité et leur liberté en intégrant la donne des droits de l'homme dans leur vie et dans toute leur existence car les droits de l'homme s'imposent, de nos jours, à toute personne si bien que l'universalité ou la diversité culturelle ne font qu'un[4] pour la dignité de la personne humaine sans aucune discrimination. Il convient d'en parler, sensibiliser l'opinion, informer et former les africains de toutes les couches sociales car c'est la connaissance et la foi aux valeurs fondamentales, aux principes et aux normes qui transformeront la vie des africains et des africaines.

11. Comme dit précédemment, l'année 2016 était décrétée[5] « année des droits de l'homme en Afrique[6] avec un accent particulier sur les droits de la femme ». La décennie des droits de l'homme est passée. Le monde et l'Afrique ont célébré les 70 ans de la DUDH. Stéphane HESSEL avait dit, à juste titre, que « La DUDH constitue la pierre angulaire du Droit international des droits de l'homme et représente un idéal à atteindre par tous les peuples et toutes les nations ». C'est la raison pour laquelle, elle occupe une place de choix dans les Constitutions de tous les États africains et dans tous les instruments relatifs aux droits de l'homme postérieurs. Après avoir répondu à plusieurs questions posées ci-haut, il convient de se poser la question fondamentale : Quelle appropriation de ses droits de l'homme et des peuples par les populations et leurs dirigeants africains, tout en tenant compte de leur culture ?

---

[4] Les normes africaines et onusiennes se complètent, se nourrissent et se recherchent dans leur universalité et dans leurs diversités.

[5] Lire le Rapport sur les activités de la Cour africaine des droits de l'homme et des peuples, Vingt-quatrième session ordinaire, 21-27 janvier 2014, Addis-Abeba, p.34 (La Cour et la Commission africaine des DHP ont décidé que l'une des façons d'y parvenir consistait pour l'Union africaine de déclarer 2016 comme Année africaine des droits de l'homme. L'année 2016 marque le 35e anniversaire de l'adoption de la Charte, le 30e anniversaire de l'entrée en vigueur de la Charte, le 29e anniversaire de l'opérationnalisation de la Commission et le 10e anniversaire de l'opérationnalisation de la Cour.

[6] L'agenda 2060 de l'Afrique recommande aux africains de rallumer la passion pour le panafricanisme, le sens de l'unité, l'autonomie, l'intégration et la solidarité qui était l'un des facteurs les plus importants des triomphes du vingtième siècle.

12. Certaines valeurs africaines propres méritent une attention particulière bien que par moments, la politique leur a donné une connotation purement politicienne, magico-religieuse et incantatoire. De manière satisfaisante, on a réussi parfois à dégager certaines valeurs africaines positives tel le Burkina Faso qui le relève dans les bonnes pratiques. « En vue d'assurer la protection et la promotion des valeurs africaines positives, le Cours « Education à l'art et à la culture » a été introduit dans les programmes d'enseignement. Ce module se fonde sur le fait que l'éducation d'un peuple ne peut être une réussite que si elle est fondée sur sa culture et sur les valeurs authentiques qui sont la véritable expression de son âme, de son identité culturelle. Le gouvernement a également procédé à une transcription progressive des langues nationales suivie de leur introduction dans le système éducatif comme langues enseignées ou comme langue d'enseignement »[7].

13. Ce livre intitulé : « Déclaration Universelle des Droits de l'Homme et Charte de Banjul. Appropriation des instruments africains de promotion des droits de l'homme » passe en revue l'histoire de la DUDH et de la CADHP, importance de la DUDH en Afrique et les principes des droits de l'homme (Chapitre 1er) et les instruments et l'inventaire des droits de l'homme et des peuples en Afrique (Chapitre 2). L'histoire des droits de l'homme est aussi vieille que le monde mais la DUDH a 71 ans. Œuvre de l'ONU, c'était et c'est encore une nécessité de l'humanité de prendre à bras le corps l'histoire de l'Homme protégé contre les actes de barbarie, de la pauvreté, des actes de l'intolérance et violences de toutes sortes. Philosophies, cultures, traditions, littérature, culture et arts ainsi que mouvements politico-religieux ont contribué à l'adoption de la DUDH, puis à la rédaction de la CADHP sensée refléter les aspirations et les valeurs traditionnelles africaines.

14. Autant la DUDH a marqué le monde et contribué à l'émergence du Droit international des droits de l'homme, autant ce document précieux a été adopté par les visionnaires africains qui ont été inspirés pour la lutte contre l'esclavage et la colonisation ainsi que

---

[7] Commission africaine des DHP : Rapport périodique du Burkina Faso établi en application de l'article 62 de la charte africaine des droits de l'homme et des peuples, janvier 2015, p.53 (Site : www.cadhp.org consulté le 11 février 2016). A l'avantage de la coopération avec les mécanismes onusiens, par exemple, le Togo a fait amendement honorable en luttant contre l'esclavage des filles grâce à la Déclaration de NOTSÉ du 16 juin 2013.

la cohorte de ses violations des droits de l'homme. En effet, les leaders d'indépendance en Afrique comme NKUAME N'KRUMAH, Patrice Emery LUMUMBA[8], Jerry RAWLING … avaient la connaissance de la DUDH et autres instruments juridiques de la lutte anticolonialiste, ce qui est du reste confirmé avec force détail par M. SIDIKI KABA qui soutient que : « Les leaders des États coloniaux se sont fondé sur les principes philosophiques et juridiques édictés par la DUDH. Leur combat a eu un retentissement profond auprès des opinions publiques colonisatrices qui rejetaient cette forme abjecte d'avilissement des peuples et des individus. Les colonisateurs étaient contraints de satisfaire les revendications légitimes d'indépendance ».[9]

15. La constitutionnalisation des droits de l'homme dans les États naissants y compris l'adoption de la DUDH contribuent à la protection des personnes. La DUDH et la CADHP ressortent les valeurs humaines et les principes fondamentaux qui les sous-tendent qu'ils faillent les connaitre, les enseigner et les mettre en pratique. Ils s'imposent sur le plan moral et juridique fort des internationaux qui couvrent des principes fondamentaux et tous les droits de l'homme avant d'imposer des devoirs envers la famille, la société et l'État et la communauté internationale ainsi que des limitations utiles pour le respect d'autres droits. L'inventaire des droits africains est important pour une appropriation des instruments africains qui se complètent avec les instruments onusiens et dont la mise en œuvre reste une des clés pour le renforcement de l'État de Droit, la consolidation de la paix et la démocratie, la réalisation des Objectifs du développement durable, la réalisation des objectifs de l'Agenda 2063 avec ses 8 aspirations dont le respect de la dignité de toute personne humaine.

16. D'emblée, l'appropriation collective exclut toutes tendances abjectes d'exclusion et d'abnégation. Il nous faut, comme dit le

---

8 Lire Professeur Thomas TURNER, Ethnogenèse et nationalisme en Afrique centrale aux racines de Patrice LUMUMBA, éd. L'Harmattan, Paris, 2000, p.456 (LUMUMBA était contre le tribalisme et il avait gagné l'appui d'individus issus de nombreux groupes ethniques sur la base de son nationalisme territorial. Pourtant LUMUMBA était soutenu fermement par son ethnie et les ethnies apparentées à la sienne. Comment a-t-il réussi à concilier ces deux positions apparemment contradictoires ?)

9 Sidiki KABA, op.cit. , p. 86

Professeur KAUMBA LUFUNDA[10], (...) réapprendre les concepts anthropologiques (culturels, sociologiques, politiques, juridiques..., nous ajoutons) et catégoriels sociales de maternité, paternité, filiation, parenté dans un contexte nouveau où les modèles traditionnels de ce qui était normal et de ce qui était naturel, sont à sujets à révision et à réévaluation. La DUDH et la Charte de Banjul, nous replongent et nous poussent à la quête de notre humanité, notre dignité et nos droits fondamentaux promus par les instruments universels et régionaux des droits de l'homme.

17. L'harmonisation de la législation nationale aux conventions internationales ratifiées et intégration des mécanismes africains de droits de l'homme dont les CER[11] car c'est le « pilier sur lequel repose l'engagement du continent africain à promouvoir les garanties consacrées par la DUDH»[12].

---

[10] KAUMBA LUFUNDA Prince, Les métamorphoses du désir, in Recherches scientifiques africaines. Tendances, débats et résultats. Aout 2017 – juillet 2019, éd. PUCC et Noraf, Kinshasa, 2019, pp 107-110

[11] Aux côtés de la Commission et la Cour africaine des DHP, il y a aujourd'hui huit Communautés économiques régionales (CER) reconnues par l'Union africaine (UA) : La Communauté économique des États de l'Afrique de l'Ouest (CEDEAO), le Marché commun de l'Afrique Orientale et Australe (COMESA), la Communauté économique des États de l'Afrique centrale (CEEAC), la Communauté de développement de l'Afrique australe (SADC), l'Autorité intergouvernementale pour le développement (IGAD), l'Union du Maghreb arabe (UMA), la Communauté des États sahélo sahéliens (CEN-SAD), la Communauté de l'Afrique de l'Est (EAC). Lire Fatsah OUGUERGOUZ et Maurice KAMTO.

[12] Navanathem PILLAY, Préface, in Maurice KAMTO, la Charte africaine des droits de l'homme et des peuples et le protocole y relatif portant création de la Cour africaine des droits de l'homme. Commentaire articles par articles, édition Bruylant, Bruxelles, 2001, 1628 p.

Chapitre premier

L'HISTOIRE DE LA DUDH ET DE LA CADHP, IMPORTANCE DE LA DUDH EN AFRIQUE ET LES PRINCIPES DES DROITS DE L'HOMME

Section 1

HISTOIRE DE LA DUDH ET DE LA CADHP POUR LES DROITS DE L'HOMME ET DES PEUPLES EN AFRIQUE

« La DUDH apparaît comme l'interprétation autorisée de l'expression de « droits de l'homme » employée dans la Charte des Nations Unies »[13]. Manfred NOWAK

19. La DUDH est le tout premier instrument élaboré sous l'égide de l'ONU pour la promotion et la protection des droits de l'homme. En décembre 2018, le monde a célébré le 70è anniversaire de ce document précieux. De toute évidence, il a inspiré plusieurs autres instruments et invite toute personne à contribuer à la réalisation effective et universelle des droits humains. « Il n'y aura pas de droits de l'homme tant que l'homme ne respectera pas lui, les droits d'autrui et tant qu'il ne voudra pas s'associer à tous les efforts qui sont faits (…) Aucun de nous n'a le droit de dire : « Les Nations Unies sont défaillantes, donc nous n'y pouvons rien». Mais… les Nations Unies, c'est nous! C'est pourquoi toute grande injustice commise dans un pays offense en tout lieu le droit et l'humanité. », déclara René Cassin, l'un des rédacteurs de la DUDH.

20. La protection internationale a commencé avec l'adoption de la DUDH par 48 sur 58[14] États membres de l'ONU, en 1948. Elle a été suivie par les 2 Pactes et 9 principaux instruments relatifs aux droits de l'homme ainsi que d'autres contraignants et non contraignants. La protection s'est étendue sur le plan régional avec la Convention européenne des droits de l'homme et des libertés fondamentales du 4 novembre 1950, la Convention interaméricaine des droits de

---

[13] Manfred NOWAK, « Droits de l'homme. Guide à l'usage des parlementaires », HCDH- UIP, n°8,2005, p.III

[14] FREDERIC BERNARD, Protections universelle et régionales des droits de l'homme : vertus de la collaboration Introduction, pp34-36

l'homme du 22 novembre 1969 et la Charte Africaine des Droits de l'Homme et des Peuples (CADHP), signée à Banjul en Gambie, le 27 juin 1981.

21. Pour mieux comprendre l'histoire de la DUDH et voire celle de la Charte africaine de Banjul (CADHP) ainsi que leurs places dans le système régional africain, il faut répondre à une question fondamentale notamment que représentaient les droits de l'homme avant l'adoption de la DUDH et qu'est-ce qu'ils sont devenus, par la suite. Sans remonter au déluge[15], il y a lieu de noter que depuis la nuit des temps, plusieurs efforts ont été consentis par les hommes, les femmes et les États pour assurer la liberté des personnes, la reconnaissance de l'Homme par l'homme et le respect de la dignité due à la personne humaine.

22. En fait, les droits de l'homme[16] sont l'expression juridique de ce dont l'être humain a besoin pour mener une vie pleinement humaine[17]. Il convient d'éviter toute confusion entre la théorie des droits naturels, le Droit positif et les DH. Ce sont des garanties

---

[15] Déjà, avant Jésus Christ, on parlait de Cylindre de Cyrus, rédigé en 539 par Cyrus le Grand de l'Empire achéménide de Perse (ancien Iran) après sa conquête de Babylone. Ce texte est souvent considéré comme le premier document des droits de l'homme. Quant au Pacte des vertueux (Hilf-al-fudul) conclus entre tribus arabes vers 590 après Jésus-Christ, il est considéré comme l'une des premières alliances pour les droits de l'homme. Par ailleurs, un autre document relatif aux droits et libertés, c'est le Kru kan fuga du Mali. J. KAPLAN dans son article« Les origines juives des droits de l'Homme », il signale que : Le peuple juif soutient que le Décalogue ne concerne pas seulement les Juifs mais qu'il s'adresse à tous les peuples. Lire Norbert ROULAND, À propos des droits de l'homme : un regard anthropologique, in Droits fondamentaux, 2003.

[16] HCDH : ABC L'enseignement des droits de l'homme. Activités pratiques pour les écoles primaires et secondaires, Genève, 2004, p.9 *On entend en général par droits de l'homme les droits inhérents à notre nature sans lesquels nous ne saurions vivre en tant qu'êtres humains. Les droits de l'homme nous permettent de développer et d'utiliser pleinement nos qualités humaines, notre intelligence, nos talents et notre conscience, et de satisfaire nos besoins spirituels et autres.*

[17] HCDH : Les droits économiques, sociaux et culturels. Manuel de formation pour les Institutions nationales des droits de l'homme, série sur la formation professionnelle n°12, New York et Genève, 2004, p.2. A l'intention des formateurs, des agents et fonctionnaires de l'État, le HCDH définit les DH comme : « des garanties juridiques universelles qui protègent les individus et groupes contre tous les actes des gouvernements portant atteinte à leurs libertés fondamentales et à leur dignité. Les droits de l'homme obligent les gouvernements à faire certaines choses et les empêchent d'en faire d'autres. (Lire : HCDH : Les droits de l'homme et les prisons. Guide du formateur, séries sur la formation n°11, Genève, p.33)

juridiques qui permettent l'épanouissement intégral de la personne humaine et la satisfaction de tous les droits et libertés fondamentales.

23. Le Parlement congolais dispose que : « Il faut entendre par droits de l'homme, les droits inaliénables et inhérents aux êtres humains tels que définis par le titre II de la Constitution et par les instruments juridiques internationaux y relatifs, dûment ratifiés et dont le respect et l'exercice garantis par l'État permettent l'épanouissement intégral de l'homme »[18]. Ce concept est utilisé concurremment avec plusieurs autres notamment droits et libertés fondamentaux, droits fondamentaux, droits humains, droits de la personne, libertés fondamentales, libertés publiques, droits de l'homme et des peuples…

24. La dignité humaine et les libertés ont été protégées par tous les peuples et ce, même avant la création de l'ONU qui a impulsé la rédaction de la DUDH. Cette dernière trouve ses racines dans les doctrines religieuses (le christianisme, l'islam et le confucianisme), les doctrines philosophiques (Grotius, J-J Rousseau et Hobbes), les traditions, les textes juridiques et les politiques dont la Déclaration d'indépendance des États-Unis et la Déclaration française des droits de l'homme et des libertés du citoyen. La DUDH a impacté de manière très significative les instruments africains de promotion et de protection des DHP.

25. Comment les droits de l'homme et les libertés fondamentales étaient-ils protégés avant la création de l'ONU et ce, par différents peuples africains et dans des circonstances de temps et de lieu différentes ? Comment l'ONU a-t-elle promu les droits de l'homme après les deux guerres mondiales et la création de l'ONU ? La Charte de San Francisco créant l'ONU a réservé une place de choix aux DH. En effet, cet objectif fondamental de l'ONU a été à la base de l'adoption de la DUDH par l'AG-NU, le 10 décembre 1948 alors que la CADHP a été adoptée à l'unanimité par les Chefs d'État et de Gouvernement de l'OUA à l'occasion de leur session tenue en 1981 à Nairobi au Kenya. La Charte est entrée en vigueur le 21 octobre 1986 d'où le 21 octobre est consacré journée africaine des droits de l'homme. Quant à la Commission africaine des droits de l'homme et des peuples instituée par cette Charte, elle est devenue

---

[18] Article 2 de la loi portant institution, organisation et fonctionnement de la Commission Nationale des Droits de l'Homme de la RDC.

opérationnelle à partir du 2 novembre 1987 avec son siège à Addis-Abeba en Éthiopie, puis à Banjul, en 1989.

26. A considérer la CADHP, la légitimité de la DUDH se raffermit. Il est normal de comprendre que ses rédacteurs s'étaient inspirés des religions, des philosophies ou des courants d'idées et de quelques Déclarations antérieures ainsi que les mouvements religieux. Au sein de l'ONU, « Les droits de l'homme sont devenus l'interprétation officielle des articles 1, 55 et 56 de la Charte de l'ONU. Toute violation des droits de l'homme commise dans un pays offense la victime et toute l'humanité de même que toute grande injustice commise dans un pays offense en tout lieu le Droit et l'humanité »[19].

27. Quelle est l'historique de la DUDH, de la CADHP et voire du système africain de promotion et de protection des DHP ? Quels sont la place et l'impact de la DUDH et la CADHP dans le système africain des droits de l'homme et quel rapport entre les deux ? De prime abord, les deux instruments qu'ils soient qualifiés contraignants ou pas , ils se complètent.

28. La DUDH, pour insister, n'est pas un fruit de la génération spontanée. Ses rédacteurs ont été inspirés par plusieurs instruments, philosophies, religions [20] et pratiques des États. Certaines notions qu'on y retrouve (...) avaient déjà été abordées, jadis. Tel est le cas, entre autres, de la « dignité de la personne humaine », de la fraternité et de l'égalité des personnes. Au lieu de s'attarder sur ces différentes notions, sources de controverses incessantes[21], on parlera

---

[19] René Cassin a déclaré qu'il n'y aura pas de paix dans le monde tant qu'une violation des droits de l'homme sera commise quelque part.

[20] Les religions sont nombreuses dans le monde mais elles ont quelques fois la même compréhension sur l'essence de l'être humain et la nécessité de la liberté pour ce dernier. Alfred dit : « Tous les êtres humains forment une famille dont les membres sont unis par leur soumission à Dieu et par le fait qu'ils descendent d'Adam. Tous les hommes sont égaux dans la dignité humaine... ». On trouve la même approche dans la pensée hébraïque. S. Munk, dans un ouvrage classique sur la pensée juive, il explique que le principal problème de la sagesse hébraïque est de pouvoir concilier la liberté, qualité centrale de l'homme, avec « l'existence du mal dans un monde émané de l'Être qui est le suprême Bien ». Alfred Fernandez, « Pour l'universalité des droits de l'homme. Des idées pour penser l'universalité »

[21] Alfred Fernandez, op. cit. , p.95

On peut lire D. Huismans cité par M. A. Malfray dans le livre : « Les grands textes de la philosophie Orientale ». L'auteur présente la philosophie orientale dans sa quête de la dignité humaine et le respect de tout homme et de tout l'homme à travers cinq grands vœux et six obligations de la voie jaïna. Les cinq grands vœux sont l'abstention de toute

de l'historique de la DUDH et sa place en Droit international ainsi que quelques notions relatives aux sources du Droit des droits de l'homme et quelques principes généraux tirés de la DUDH et le système africain de promotion et de protection des DHP.

29. En ce qui concerne la CADHP, les Experts et les Chefs d'États africains avaient décidé à l'unanimité de rédiger un Instrument africain après avoir levé l'option de l'indivisibilité du développement et des droits de l'homme. Ils avaient récusé énergiquement l'apartheid pratiqué en Afrique du Sud. L'Afrique était sous l'emprise des dictatures et son oppression inhérente.

30. L'année 2003 coïncidait avec la disparition de dirigeants autoritaires dont Idi Amin, Bokassa et Marcien Nguema de Guinée-Équatoriale. « La mission des rédacteurs de la Charte était de créer un document qui s'inspirât des traditions et des principes moraux de l'Afrique, qui respectât l'équilibre entre les droits de l'homme et ceux des peuples, entre droits civils et politiques d'une part et droits économiques, sociaux et culturels, de l'autre. D'un mot, il fallait – et c'était là tout le sens de l'amendement ajoutant « et des peuples » dans l'intitulé de la Charte – qu'il fût pleinement tenu compte de cette « philosophie africaine » supposée spécifique qui ferait du document le propre du continent, l'émanation de sa vision de l'humain »[22]. Les droits de l'homme ne sont guère étrangers à l'africain. Passer en revue les philosophies, les traditions et les coutumes d'Afrique ainsi que les objectifs assignés aux instruments des droits de l'homme et les valeurs culturelles traditionnelles avec les mouvements religieux, c'est une contribution pour appréhender, comprendre et s' approprier les droits de l'homme et des peuples.

A. DH : PHILOSOPHIES, TRADITIONS ET COUTUMES

31. En Afrique et partout dans le monde, les personnes aspirent à la paix, à la justice, au bien-être et à la longue vie. La conception de l'être

---

activité nuisible, de tout manque de vérité, de toute appropriation de choses non données, d'activité sexuelle, de tout attachement possessif. Les six obligations : renoncer à toute action blâmable, prononcer l'hymne de louange aux vingt-quatre tirthankara et la salutation respectueuse, se repentir des fautes et négligences et opérer leur confession générale rituelle, faire la promesse pour un temps déterminé de renoncement précis, renoncer à la possession du corps.

[22] Souleymane Bachir Diagne, « Philosophie africaine et Charte africaine des droits de l'homme et des peuples », Critique 2011/8 (n° 771-772), p. 664-671.

humain dans le monde et l'organisation de la société dépend d'un groupe à l'autre et d'une période à l'autre. Les philosophes n'ont cessé de réfléchir sur l'être humain, la liberté et la place de l'homme dans le monde. Avec la laïcisation des droits de l'homme, l'origine divine du droit naturel n'est pas reniée. Certains auteurs dont Hugo de Groot, dit Grotius (De jure belli ac pacis publié en 1625 et dédié à Louis XIII) situe l'origine du droit naturel dans la nature. Il dit : « La mère du droit naturel est la nature même qui nous pousse encore à chercher le commerce de nos semblables… L'homme peut connaître par sa raison qu'une action est moralement honnête ou déshonnête selon la convenance ou la disconvenance nécessaire qu'elle a avec la nature raisonnable et sociable de l'homme ». Les tenants de la laïcisation du droit naturel considèrent qu'il y a un droit antérieur à l'État. Nul ne peut y porter atteinte sans aller à l'encontre de la nature.

32. Il est intéressant que les philosophes africains réfléchissent sur la CADHP. Pour Souleymane, « Les philosophes (africains) jusqu'ici ne se sont pas beaucoup intéressés à la « Charte africaine des droits de l'homme et des peuples » qui, désormais, est un document important de l'Union africaine à opposer (avec la Déclaration universelle, bien sûr, qu'elle reprend pour l'essentiel) aux violations des droits humains qui viendraient à se produire sur le continent. Elle a été surtout l'affaire de juristes qui ont répondu, en fin de compte avec succès, à l'urgence de faire de l'Afrique une terre où les droits de la personne seraient chez eux comme ils doivent l'être partout, universellement ».

33. Les DH existent de par la nature. L' État doit les reconnaître et les promouvoir. Dans la littérature relative à la théorie sur l'origine de l'État et du Droit, Hugo de Groot dit Grotius distingue le droit naturel du droit des gens (variant selon les époques et les lieux.). D'autres auteurs comme John Locke, Thomas Hobbes (Léviathan) et Jean-Jacques Rousseau (Contrat social) développent l'idée d'un contrat social à la suite d'un « état de nature » caractérisé par le désordre, l'anarchie, la jungle…L'idée du contrat social est à la base de la notion de souveraineté reconnue à tout peuple. En effet, tout pouvoir dans l'Institution « État » émane du peuple !

34. C'est ainsi qu'au sein de l'État, la forme de société humaine la mieux organisée, les personnes se choisissent parmi elles, celles qui gouvernent par elles et pour leur compte. Les individus se conviennent de donner la charge de gérer la communauté à un souverain pour veiller au respect du droit des peuples[23] à l'autodétermination.

35. Jean-Jacques Rousseau tout comme Hobbes, ils ont pensé à un contrat social, bien qu'avec des visions différentes. Hobbes parle du Léviathan qui jouit de la plénitude du pouvoir et n'a de compte à rendre à personne tandis que dans la pensée de Rousseau, le souverain incarne la volonté générale qui est le bien pour toute la communauté, sans tenir compte de la majorité des voix mais plutôt de l'intérêt de tous, en toute objectivité. Ces pensées ont contribué au développement des systèmes et institutions politiques comme la démocratie, la dictature, la souveraineté populaire, les élections périodiques … En fait, le Droit positif qu'est « Le Droit en vigueur dans un État pendant une période déterminée » tire ses origines des faits sociaux ou d'un droit naturel et vise à promouvoir et à protéger les droits de l'homme et les libertés fondamentales! S'attacher strictement au Droit positif sans égard à son objectif est pernicieux pour les droits de l'homme et les libertés fondamentales.

36. Les philosophes africains se sont-ils intéressés aux droits de l'homme et ses instruments ? Les philosophes et les intellectuels africains ont pensé à la dignité de la personne humaine sans discriminations et à l'organisation de la société, depuis la période précoloniale. On peut lire à propos Ki-Zerbo[24] et C.A. Diop.[25] Antériorité des civilisations nègres : mythe ou vérité historique ?, Paris, Présence africaine, 1967 ; Eboussi Boulaga, La crise du Muntu. Authenticité africaine et philosophie, Essai, Paris, Présence

---

[23] Le peuple peut signifier la population d'un État, tout court. Au-delà de la nation, le concept a aussi une dimension infra-étatique. C'est le cas des populations autochtones et des groupes minoritaires comme les ogonis du Delta du Niger et le peuple katangais de la RD Congo, suivant la jurisprudence de la CADHP. Sur le plan international , l'Assemblée générale de l'ONU a valorisé le concept à travers la résolution 1514 (XV) de l'Assemblée Générale du 14 décembre 1960 sur l'octroi de l'indépendance aux peuples coloniaux et l'Acte constitutif de l'Union africaine ainsi que la Charte africaine des droits de l'homme et des peuples qui dispose que « … à libérer totalement l'Afrique dont les peuples continuent à lutter pour l'indépendance véritable et leur dignité et (…) à éliminer le colonialisme , l'apartheid , le sionisme, les bases militaires d'agression et toutes les formes de discrimination , notamment celles fondées sur la race, l'ethnie , la couleur, le sexe , la langue , la religion ou l'opinion publique ».

[24] Ki-Zerbo, J., Histoire de l'Afrique noire, Paris, Hatier, 1972 et Méthodologie et préhistoire africaine, Edicef, UNESCO, Paris, 1986.

[25] Diop C.A., L'Afrique noire précoloniale, Paris, 2° édition. Présence africaine, 1981 ; Antériorité des civilisations nègres : mythe ou vérité historique ?, Paris, Présence africaine, 1967.

africaine, 1970 ; le Consciencisme de NKUAMAH NKRUMAH, KINYONGO philosophie herméneutique en Afrique : le cas de la discursivité, Présence africaine, 1979…

37. Souleymane renseigne que le philosophe kényan, Monsieur John Mbiti, a formulé une définition de la « philosophie africaine » considérée comme une philosophie de l'individu pour et par la communauté – véritable cogito collectiviste[26]. Il conclue qu'il est permis d'oser l'oxymore : « L'individu ne peut que dire : je suis parce que nous sommes ; et nous sommes, donc je suis ». On peut mieux comprendre cette réalité avec l'élaboration d'une loi ou d'une Constitution. Au fait, le législateur ou le constituant consacre les droits naturels dans les textes juridiques. Ces droits inhérents à toute personne humaine sont inaliénables et sont repris dans les conventions internationales ou autres normes internationales relatives aux droits de l'homme. La préoccupation de la dignité de la personne humaine et le respect de la liberté a existé depuis belle lurette, dans le monde, dans toutes les sociétés et ce, de manière plus raffinée, au sein de l'État. Ce qu' on appelle aujourd'hui - valeurs universelles, principes généraux, droits de l'homme et aspiration profonde à l'idéal du bonheur, bien-être, liberté et justice - a été partagé par plusieurs sociétés et transmis de génération en génération par des écrits et même par la tradition orale notamment la sagesse contenue dans les contes, les proverbes, les chansons…

38. Devons- nous considérer que les africains, les acteurs politiques, les intellectuels africains et les peuples africains partagent la même conception de l'État, des droits de l'homme et des devoirs des uns et des autres ? De toute évidence, si l'État est conçu comme un patrimoine de quelques individus, ces derniers n'ont de compte à rendre à personne et donc les droits de l'homme sont importés en Afrique en même temps que l'institution « État ». Cette pensée est loin du contrat social de Rousseau et plus loin encore de la théorie de la fondation de l'État de Hauriou qui revalorise les États modernes dotés des Constitutions d'autant plus que dans les sociétés traditionnelles et mêmes dans les royaumes ou empires, il n'y avait pas de Constitution et pas non plus les pouvoirs exécutif, législatif et judiciaire et moins l'idée de la séparation des pouvoirs!

---

[26] Souleymane Bachir Diagne, « Philosophie africaine et Charte africaine des droits de l'homme et des peuples », Critique 2011/8 (n° 771-772), p.664-671. (Trouvable en line : http://www.cairn.info/revue-critique-2011-8-page-664.htm)

39. Peu de réflexions sont orientées vers l'intérêt de ces institutions « État – démocratie et Droits de l'homme » pour l'intérêt des peuples africains, si ce n'est le sentiment de rejet de ce qui paraît « d'origine occidentale » ou prétexte pour justifier certains comportements[27]. Les dirigeants africains sont souvent accusés d'être friands du pouvoir, modifient et interprètent les Constitutions pour protéger leurs intérêts particuliers et non pour sauvegarder et pérenniser l'Institution « État ». Dans ces conditions, la pensée selon laquelle les droits de l'homme sont importés trouve une justification parce que non adaptée à ceux qui considèrent le pouvoir politique et l'État comme un patrimoine. L'histoire récente a démontré que la conscience populaire et les aspirations profondes des peuples tendent vers l'idéal d'un État de droit qui est protecteur des droits de l'homme garantis dans la majorité de Constitutions des États africains[28]. Les cas des modifications des Constitutions, non organisation des élections dans le délai constitutionnel, le truquage des élections et voire les tendances « de modification ou interprétation instrumentaliste » des Constitutions pour prolonger les mandats présidentiels comme en Gambie avec HYAYA Jamey, Burundi avec KURUNZINZA, Congo avec SASSOU, Gabon avec Ali Bongo, Kenya avec UHURU Kenyatta, Ouganda ; RDC avec KABILA Joseph…

40. En matière de gouvernance et voire de démocratie, l'Afrique a des valeurs indubitables à revaloriser pour promouvoir la dignité humaine et promouvoir des bonnes pratiques de gestion en s'inspirant des valeurs traditionnelles africaines et des valeurs universelles onusiennes partagées par tous les États. En effet, les traditions et les coutumes africaines renferment des valeurs citoyennes ou positives, d'une part et d'autre part, des pratiques et conceptions à considérer aujourd'hui comme dégradantes, eu égard les contextes du système politique, économique, social et culturel, en mutation. La Cour africaine des DHP était créée avec cette

[27] Les Professeurs DIMANDJA et KANGUDI KAMANA ont écrit sur la valeur de la culture et des droits de l'homme. Lire Célestin DIMANDJA ELUY'a KONDO, Reconstruction nationale, droits de l'homme et démocratie, in Le communicateur et la pensée, éd. NORAF, Kinshasa, 2014, pp129-138 et KA MANA, Christ d' Afrique, Paris, Karthala, 1994.

[28] Lire dans les pages qui suivent le point sur la DUDH et la constitutionnalisation des droits de l'homme en Afrique.

ambition de renforcer[29] l'engagement de l' UA dans la protection des droits de l'homme, du droit humanitaire et des valeurs fondamentales de tolérance, de solidarité, et d'égalité des sexes, selon le professeur Alpha Oumar Konaré, président de la Commission de l' UA. Nous le verrons avec les vertus de la Charte africaine de la démocratie, des élections et de la bonne gouvernance dont les principes deraient imprégnés la participation politique et la gestion du pouvoir politique.

41. A titre d'exemple, l'instruction et l'éducation étaient jadis données à travers les rites initiatiques. « Le rite d'initiation est le rite d'intégration dans la communauté, il passe par des épreuves physiques et symboliques. A la puberté, les jeunes garçons sont initiés dans la brousse ou dans la forêt par des adultes qui les encadrent pour leur transmettre les repères de la vie morale, l'explication des rites communautaires et parfois aussi le sens de l'existence. Les jeunes devront montrer qu'ils résistent à la douleur en subissant la circoncision »[30].

42. Les rites, les traditions et les coutumes parfois considérées, à ce jour, comme contraires à la loi, à l'ordre public, aux bonnes mœurs et aux droits d'autrui, avaient une juste justification dans leur contexte. Il en est ainsi, par exemple, du lévirat et sororat consentis par tous les membres du groupe et permettaient de resserrer les liens de solidarité familiale. Il était difficile et honteux pour une famille, au nom de la solidarité africaine, de retrouver ses rejetons ou sa progéniture, ses enfants abandonnés dans la rue alors qu'aujourd'hui, l'Afrique a un défi à relever pour lutter contre le phénomène des enfants de la rue et les enfants accusés de sorciers.

---

[29] SITSOFE KOWOUVIH, la cour africaine des droits de l'homme et des peuples : une rectification institutionnelle du concept de ' spécificité africaine' en matière de droits de l'homme, in Revue trimestrielle des droits de l'homme, Bruxelles, n°59, juillet 2004, pp 757-790.

[30] Christian Defebvre et Mireille Estivalèzes, Bayard., Sagesses et religions du monde : Cahier de travaux pratiques , éd. Bayard, 2001.

B. ADOPTION ET OBJECTIFS DE LA DUDH

43. L'élaboration de la DUDH a connu toute une histoire avec des moments forts tels que l'adoption de la DUDH par l'AG-NU le 10 décembre 1948 et les différentes tractations pour y arriver, l'analyse de la valeur et l'impact de ce précieux document qui s'impose à notre monde pour la revalorisation de l'être humain, au sein des États et dans les Organisations internationales. C'est à ce titre que l'UNESCO considère la DUDH comme le portique du Monument des droits de l'homme que les Nations Unies se sont chargés d'édifier. L'édifice se présente comme le portique à 4 grands piliers voir les articles 3 à 11 ; les articles 12 à 17 ; les articles 18 à 21 ; les articles 22 à 27 et à la base le préambule et les articles 1 et 2 et le sommet les articles 28 à 30.

44. Par ailleurs, la DUDH donne du tonus à la lutte pour se libérer de l'oppression et de la misère, une lutte aussi vieille que l'humanité. L'énormité de l'affront fait à la dignité humaine pendant la 2° Guerre mondiale et le besoin d'empêcher que de telles horreurs ne se reproduisent a poussé l'ONU à replacer[31] l'être humain au centre de ses activités. L'élaboration de texte juridique de protection des droits humains est passée de la Charte de l'ONU à la DUDH, le premier instrument à caractère international des droits humains. .

45. En effet, comme le soutient Linda A Malone, « La conception moderne du Droit international relatif aux droits de l'homme est née de la réaction du monde à l'Holocauste et aux atrocités commises par les nazis pendant le conflit. Les criminels de guerre nazis ont été jugés pour violation du Droit international par le Tribunal de Nuremberg dont la création a démontré que les droits de l'homme relevaient davantage d'une préoccupation internationale que de la seule politique de chaque État »[32]. Est-ce que l'Afrique est absente dans cette lutte et quête de la paix, de la dignité humaine et des droits fondamentaux ? On peut signaler à ce stade que trois États africains avaient participé à l'adoption de la DUDH. Il s'agit de l'Egypte, l'Ethiopie et le Liberia.

46. En effet, par sa résolution 217 A (III) du 10 décembre 1948, à l'occasion de la 183° session plénière, l'AG-NU composée de 56

---

[31] Manfred Nowak, op. cit., p. iv (Avant-propos de Mme Louise Arbor et M. Anders B. Johnsson).

[32] Linda A. Malone, Les droits de l'homme dans le Droit international, Paris, Nouveaux Horizons, 2004, p.24

délégués des États avait adopté la DUDH avec 48 Voix ayant voté « Pour[33] », aucune voix contre et 8 abstentions et ce, à Paris dans le Palais de Chaillot. Pour quoi et quel est le sens de ces 8 abstentions ?

47. Comme pour les autres conventions et déclarations internationales, les États sont indépendants et égaux au sein de l'AG-NU et dans d'autres OI régionales et sous régionales. Ils ont la latitude de voter les résolutions par oui (Pour) ou non (Contre) soit Abstention. Une abstention n'empêche pas l'adoption d'une Convention ou une Résolution. Même au niveau du Conseil de sécurité où certains États jouissent du droit de véto, lorsque ces derniers ne contestent pas ouvertement une décision, la Résolution sera adoptée suivant la règle de la majorité. Les abstentions relèvent du pouvoir discrétionnaire des États et peuvent être motivées par certaines raisons évidentes.

48. En ce qui concerne les abstentions lors de l'adoption de la DUDH, on peut relever que l'Afrique du Sud avait refusé l'égalité de race ou de naissance à cause de l'apartheid qu'elle pratiquait. L'Arabie Saoudite s'était abstenue de signer la DUDH parce qu'elle avait refusé l'égalité entre l'homme et la femme. La Pologne, la Tchécoslovaquie et l'URSS (aujourd'hui Russie, Ukraine et Biélorussie) s'étaient abstenus de signer la DUDH au motif que le principe de l'égalité n'est pas universel. Quant au Yémen et le Honduras, ils n'avaient pas pris part au vote de la Résolution 217 A(III) de l'AG du 10 décembre 1948.

49. En définitive, on peut retenir que pour un texte aussi sensible et traitant des problèmes jadis relevant de la compétence exclusive des États, et ce au lendemain de la 2° Guerre mondiale (pendant la guerre froide), l'adoption du texte de la DUDH , sans contestation et avec 8 abstentions seulement, traduit le compromis , le consensus ou le modus vivendi sur les aspirations profondes de l'humanité et de tout être humain malgré la différence des systèmes juridiques, des philosophies et des religions dans le monde.

50. Signalons que quelques dispositions étaient élaguées du texte présenté à l'Assemblée Générale par la Commission. Il s'agit

---

[33] Les 48 qui avaient voté pour la DUDH sont : Afghanistan, Argentine, Australie, Australie, Belgique, Birmanie, Bolivie, Brésil, Canada, Chili, Colombie, Costa-Rica, Cuba, Danemark, République dominicaine, Equateur, Egypte, Salvador, Ethiopie, France, Grèce, Guatemala, Haïti, Islande, Inde, Irak, Iran, Liban, Liberia, Luxembourg, Mexique, Pays-Bas, Nouvelle-Zélande, Philippines, Siam, Suède, Syrie, Turquie, Royaume-Uni, États-Unis d'Amérique, Uruguay et Venezuela.

notamment des points relatifs au sort des minorités[34], le droit de pétition et la préparation d'un projet de Pacte avec des mesures de mise en œuvre. Ces points étaient renvoyés pour réexamen à la Commission des droits de l'homme.

51. Ni plus ni moins, l'adoption de la DUDH est un acte historique qui a bénéficié de l'unanimité et de la légitimité pour affermir la paix au sein de l'ONU en plaçant l'individu au centre de ses activités afin de le libérer de l'oppression, de la discrimination, de la torture et des traitements inhumains, de l'esclavage[35], de l'exploitation de l'homme, des injustices, des affres de la guerre, de la domination de certains acteurs imbus d'autorité et de la violence de toutes sortes. La DUDH revalorise l'homme, tout homme et tout l'Homme, sans aucune discrimination en proclamant solennellement les droits inhérents à tout être humain(hommes et femmes) et l'engagement des États à conjuguer des efforts pour la réalisation effective des droits de l'homme, un des enjeux importants pour la paix et la sécurité internationales...

52. Pour attirer l'attention des États sur les DH, permettez la répétition, l'ONU recommande aux États de manifester leur fidélité à l'article 56 de la Charte, en ne négligeant aucun moyen en leur pouvoir pour publier solennellement le texte de la DUDH et ensuite, pour faire en sorte qu'il soit publié, affiché, lu et commenté principalement dans les écoles et autres établissements d'enseignement, sans distinction fondée sur le statut politique du pays. [36]

53. Dès l'élaboration de la DUDH, les commentaires faisaient état du caractère précieux du document. Un des membres du Comité de rédaction avait déclaré ce qui suit : « J'ai eu le sentiment très clair

---

[34] RAMU Sébastien, Le statut des minorités au regard du pacte international relatif aux droits civils et politiques, Diplôme défendu à l'Institut universitaire de hautes études internationales, Genève, 2001. Pour RAMU Sébastien, la question de minorité est très délicate en Droit international. Francesco Capotorti se référant à l'article 27 du PIDCP définit le concept comme suit : « … groupe numériquement inférieur au reste de la population d'un État, en position non dominante, dont les membres — ressortissants de l'État — possèdent du point de vue ethnique, religieux ou linguistique des caractéristiques qui diffèrent de celles du reste de la population et manifestent même de façon implicite un sentiment de solidarité, à l'effet de préserver leur culture, leurs traditions, leur religion ou leur langue ».

[35] David WEISSBRODT et la Société anti-esclavagiste internationale, Abolir l'esclavage et ses formes contemporaines, éd. HCDH-ONU, 2002, p.63

[36] Lire l'article 56 de la Charte de l'ONU
http://www.un.org/french/ga/search/view_doc.asp?symbol=A/RES/217(III)

que je participais à un événement d'une portée vraiment historique au cours duquel un consensus s'était fait sur la valeur suprême de la personne humaine, une valeur qui n'a pas trouvé son origine dans la décision d'une puissance de ce monde, mais plutôt du fait même de son existence qui a donné naissance au droit inaliénable de vivre à l'abri du besoin et de l'oppression et de développer pleinement sa personnalité. Il y avait dans la grande salle...une atmosphère de solidarité et de fraternité authentiques entre des hommes et des femmes de toutes latitudes, une atmosphère que je n'ai jamais retrouvée dans une quelconque instance internationale »[37].

54. Il y a de quoi se demander quelle est la place accordée aujourd'hui à ce document en Droit international ? La DUDH, il sied d'insister, c'est l'instrument juridique fondamental considéré comme la fondation de l'édifice des droits de l'homme reconnus universellement et garantis à tous les êtres humains, sans aucune discrimination. Elle a contribué efficacement au processus de la promotion et de la protection de l'humanité, la liberté, la dignité de tout être humain, l'égalité et la fraternité entre les membres de la famille humaine. On peut dire que la DUDH constitue les prémisses de la volonté de l'ONU de promouvoir la réalisation effective et universelle des droits de l'homme telle que projetée et proclamée dans la Charte de San Francisco. L'Assemblée Générale de l'ONU proclama la DUDH comme l'idéal commun à atteindre par tous les peuples et toutes les nations afin que tous les individus et les organes de la société s'efforcent de développer le respect des droits et liberté et d'assurer par des mesures progressives d'ordre international et national la reconnaissance et l'application universelle et effective.

55. Cette réalisation n'est possible qu'avec des personnes convaincues de la noblesse de la cause malgré les obstacles multiples. C'est ainsi que la Déclaration sur les défenseurs des droits de l'homme adoptée, en 1988 par l'AG-NU insiste sur l'importance de la DUDH et de deux Pactes internationaux relatifs aux DH en tant qu'éléments fondamentaux des efforts internationaux visant à promouvoir le respect universel et effectif des droits de l'homme et des libertés fondamentales, ainsi que l'importance des autres instruments adoptés par l'ONU et de ceux adoptés au niveau régional. La défense et la promotion des DH sont garanties par le Droit international et

[37] Propos de Hernán Santa Cruz chilien, membre de la Commission de rédaction de la DUDH.

trouvent leur fondement juridique à partir de la DUDH. Pour le Président Jimmy Carter, la DUDH présente des valeurs morales élevées. Les dirigeants devront toujours s'en inspiré et ne pas créer des barrières entre les êtres humains, suivant les préférences de race, de langue, d'origine de sexe…

56. L'adoption de la DUDH en 1948, pendant la colonisation des États africains suscite quelques questions quant à l'implication de ces derniers dans le processus de son élaboration et la prise en compte de ses aspirations. En fait, ce texte important procède d'une longue histoire de l'humanité. Aujourd'hui, la célébration de l'anniversaire de l'adoption de ce texte en vertu de la Résolution[38] de l'AG-NU du 10 décembre 1948 ne laisse pas tromper sur sa valeur juridique et politique ainsi que les espoirs des populations fondés sur ce document et voire son impact sur l'évolution du Droit international public.

57. En fait, sans avoir aboli la colonisation en Afrique, cette Déclaration avait préparé les esprits à amorcer la décolonisation. « L'adoption de la DUDH est un acte historique qui a bénéficié de l'unanimité et de la légitimité pour affermir la paix au sein de l'ONU en plaçant l'individu au centre de ses activités afin de le libérer de l'oppression, de la discrimination, de la torture et des traitements inhumains, de l'esclavage, de l'exploitation de l'homme, des injustices, des affres de la guerre, de la domination de certains acteurs imbus d'autorité et de la violence de toutes sortes »[39].

58. De toute évidence, l'idéal de la DUDH et des droits de l'homme n'est pas étranger aux africains quand bien même ils n'avaient pas tous participé ni à la rédaction et moins au vote de la Décision d'adoption de la DUDH. On doit reconnaitre que les rédacteurs de la DUDH et les participants à l'Assemblée Générale de l'ONU au moment de l'adoption de ce texte avaient transcendé leur égo pour ne voir et défendre que l'être humain et l'humanité sans aucune discrimination. Les africains sont bénéficiaires des valeurs et principes défendus dans la DUDH moyennant leur expression

---

[38] La 317° séance plénière de l'AG-NU du 4 décembre 1950 invite tous les États et toutes les OI intéressées à adopter le 10 décembre de chaque année comme journée des DH, à célébrer, ce jour-là la proclamation de la DUDH par l'AG, et à multiplier leurs efforts pour faire réaliser à l'humanité de nouveaux progrès dans ce domaine. Invite tous les États à faire connaître chaque année, par l'intermédiaire du SG, la façon dont ils ont célébré la journée des DH.

[39] David WEISSBRODT, op.cit. p.

particulière développée dans la CADHP en général et en particulier dans les instruments africains de promotion et de protection des droits de l'homme et des peuples. Les cultures africaines ne remettent pas en cause le caractère humain et la dignité dû à l'africain hormis les pratiques reconnues contraires aux lois.

59. Par ailleurs, c'est à peine deux États qui étaient indépendants au moment de l'adoption de la DUDH, au sein de l'ONU. Quel rapport peut-on établir à ce jour entre la DUDH, la CADHP et les autres normes relatives aux droits de l'homme ? Comme annoncé ci-haut, la DUDH comprend 7 considérants qui constituent son préambule. Pour René Cassin, le préambule de la DUDH consacre les « valeurs communes de l'humanité »[40].

60. Les États recommandent à travers la DUDH que toute personne puisse avoir la DUDH constamment à l'esprit d'autant plus qu'elle contribue à définir les droits garantis par la Charte de l'ONU. Ce sont les États qui ont signé ou adhéré à la DUDH, tout en précisant qu'une conception commune des droits et libertés est de la plus haute importance pour remplir pleinement l'engagement consistant à assurer le respect universel et effectif des droits humains. L'expérience a démontré que la société idéale pour l'éclosion de ces droits et libertés fondamentales garantis par la DUDH est l'État de droit à conquérir par les peuples africains. La philosophie de ce texte est à découvrir dans son préambule.

61. En fait, de manière générale, le préambule d'un acte juridique retrace le contexte sociopolitique et économique qui prévaut au moment de sa rédaction, son objectif à suivre et la philosophie ayant animé leur auteur. En l'espèce, nous reprenons ci-dessous les affirmations du préambule de la DUDH et tentons de les expliciter, un après l'autre.

62. La reconnaissance de la dignité inhérente à tous les membres de la famille humaine et de leurs droits égaux et inaliénables constitue le fondement de la liberté, de la justice et de la paix dans le monde. Cette affirmation est complexe et très large. Elle suggère que l'on reconnaisse à tout être humain ou mieux encore à tout membre de la famille humaine la dignité et les droits qui sont égaux et inaliénables à tout être humain afin que règne la liberté, la justice et la paix dans le monde. Qui est visé par la DUDH qui proclame les libertés et droits fondamentaux, condition sine qua none de la justice, de la liberté et de la paix dans le monde?

---

[40] Mario BETTATI, op cit., p.175

63. La DUDH est la conséquence d'une histoire de la barbarie humaine. Elle répond aussi au souci de revaloriser la vie humaine et la dignité inhérente à toute personne. La DUDH vise tout État et toute personne humaine. De toute évidence, lorsqu'on parle de la dignité inhérente à tous les membres de la famille humaine, les philosophes, les moralistes, les hommes et femmes de culture et les chrétiens ont une compréhension sublime de l'être humain, l'espèce ou la race humaine au milieu du monde, de la création et de la nature. A travers les déclarations citées dans la première partie de ce document, il apparaît que la dignité humaine est d'origine divine ou naturelle bien que la DUDH ne l'ait pas exprimé clairement comme dans la Déclaration d'indépendance de 1776. Dans toutes les religions, sans risque d'être contredit, l'être humain occupe une place de choix dans l'œuvre de la création. « Homme et femme, il les créa à son image», peut-on lire dans la Bible !

64. Tout éducateur, tout agent de l'État et tout citoyen, sans discrimination de sexe, devra intérioriser cette réalité pour guider nos comportements et actions et pour la transmettre aux générations futures. La dignité et l'égalité de tout un chacun respectés et transmis aux autres, c'est une semence qui donnera une riche moisson de la paix, de la liberté et de la justice pour tous dans la société. Quiconque ne considère pas cette dignité et égalité dus à tous s'expose au mépris de sa propre dignité par les autres, tôt ou tard.

65. La méconnaissance et le mépris des droits de l'homme ont conduit à des actes de barbarie qui révoltent la conscience de l'humanité et que l'avènement d'un monde où les êtres humains seront libres de parler et de croire, libérés de la terreur et de la misère, a été proclamé comme la plus haute aspiration de l'homme. Un coup de cœur pour tous ceux qui ont connu les atrocités commises pendant la 2° Guerre mondiale !

66. Dans l'histoire de l'humanité, on a constaté quelques événements qui ont endeuillé l'humanité et des nations entières. Généralement, les violations des droits de l'homme attristent toute personne sensible et sont à la base des actes de violence, tout en engendrant un sentiment de vengeance, de rancœur, de frustration, de mépris, de haine, de dégradation de relations interpersonnelles et de l'intensification de l'esprit d'animosité. Au-delà de la raison, c'est de manière instinctive et innée que tout le monde aspire à une société juste où les personnes jouissent de leurs libertés, leurs droits fondamentaux à la vie, à la santé, à un niveau de vie suffisant, à la paix, à une justice indépendante et impartiale… Cette aspiration profonde de l'humanité nous ramène à la dignité de la personne humaine. René Cassin n'a- t-il pas eu raison de dire que la dignité humaine est notre qualité commune. L'observation de cet idéal par tout être humain est une garantie pour la paix internationale et l'amitié entre les hommes/femmes et les peuples.

67. Quoi de plus normal que l'Acte constitutif de l'UA du 11 juillet 2000 adopté à Lomé ait inscrit les DHP comme un objectif de l'UA ! En effet, l'Acte de l'UA précise que l'objectif de l'UA est entre autre de promouvoir et protéger les DHP conformément à la Charte africaine des droits de l'homme et des peuples et aux autres instruments pertinents relatifs aux droits de l'homme[41].

68. En Afrique comme ailleurs, le déni des droits de l'homme ou le manque d'attention aux dénonciations des violations des droits de l'homme et aux réclamations relatives à la promotion et à la protection des droits de l'homme est dû à l'ignorance, l'oubli ou la méconnaissance de ces droits. 70 ans après l'adoption de la DUDH et la création de l'ONU, les États africains ne partagent pas la même préoccupation pour la réalisation effective des droits de l'homme en dépit des normes africaines adoptées et du système africain de protection des droits de l'homme bâti de leurs propres mains.

69. Les violations des droits de l'homme sont multiples et le renforcement de l'État de droit est un défi majeur. Les efforts des uns sont contrariés par les autres qui considèrent, à tort ou à raison, qu'il y a des valeurs africaines positives à faire prévaloir. Les conventions internationales sont ratifiées par les dirigeants africains, peut-être pour une consommation internationale tant ils renient leurs engagements et les populations restent quasiment privées de leurs droits inaliénables. Il est dès lors important de relire la DUDH à la lumière de la CADHP et autres instruments internationaux ainsi que les mécanismes mis en place pour leur recours.

70. Le système politique appliqué dans un État et à un moment déterminé a un impact déterminant sur le respect des droits de l'homme. C'est à juste titre qu'il est affirmé que : « Il est essentiel que les droits de l'homme soient protégés par un régime de droit pour que l'homme ne soit pas contraint, en suprême recours, à la révolte contre la tyrannie et l'oppression[42]». L'instauration d'un état

---

[41] Point h de l'Acte constitutif de l'UA.
[42] 3° considérant du préambule de la DUDH.

de droit et le renforcement de la démocratie sont des conditions sine qua none pour un environnement favorable à la promotion et à la protection des droits de l'homme.

71. Le régime politique relève de la souveraineté de chaque État. La nature de l'état de droit[43] ou l'État de police influe sur le respect ou non des libertés et droits fondamentaux. Quelques éléments qui caractérisent un état de Droit sont le respect de l'ordonnancement juridique avec la primauté de la Constitution par rapport à toutes autres règles de Droit, la séparation de 3 pouvoirs classiques de l'État à savoir l'indépendance du pouvoir judiciaire et le respect des droits de l'homme. Le contraire d'un État de Droit, c'est l'État de police ou État de nature, État de non droit dans lequel la justice, les institutions publiques et les libertés des personnes sont soumises non à la loi mais à l'arbitraire[44], aux intérêts égoïstes des individus et à la corruption avec la bénédiction des agents publics de l'État sous l'œil impuissant des populations victimes. Dans un pareil système dictatorial, tyrannique et oppresseur, le remède ultime pour le bonheur, la paix et la liberté de la population, c'est la prise de conscience, le recours à toutes les voies de droit et l'exercice des droits et libertés suivant les limitations établies par la loi exclusivement en vue d'assurer la reconnaissance et le respect des droits et libertés d'autrui et afin de satisfaire aux justes exigences de

---

[43] Dans le Rapport précité du Secrétaire Général de l'ONU le 12 mars 2012 sur «« L'état de droit aux niveaux national et international. Rendre la justice : programme d'action visant à renforcer l'état de droit aux niveaux national et international », il est expressément dit : « Au niveau international, l'état de droit donne une prévisibilité et une légitimité à l'action des États, en renforce l'égalité souveraine et fonde la responsabilité de l'État à l'égard de tous ceux qui se trouvent sur son territoire et relèvent de sa compétence. La pleine mise en œuvre des obligations prévues par la Charte des Nations Unies et par les autres instruments internationaux, notamment ceux du cadre international de défense des droits de l'homme, est au centre de l'action menée collectivement pour maintenir la paix et la sécurité internationales, faire face aux nouvelles menaces qui se dessinent et combler les carences de la répression des crimes internationaux. »

[44] L'état de droit restreint la discrétion et empêche l'exercice arbitraire du pouvoir. Sur le plan national, État de droit protège les libertés et droits des citoyens contre l'arbitraire ou les caprices des agents publics. Il présente une garantie pour les hommes d'affaire nationaux et expatriés. Les transactions commerciales ne sont pas soumises aux commissions ou corruption. Il garantit l'existence des lois justes (harmonisées aux normes internationales relatives aux droits de l'homme universelles et africaines) avec un pouvoir judiciaire indépendant qui garantit la justice à tous soumis aux mêmes lois.

la morale , de l'ordre public et du bien-être général, dans une société démocratique[45].

72. Dans sa préface au livre de Monsieur Gilles BADET, le Professeur Théodore HOLO dit : « La mission sacrée de la Cour constitutionnelle est l'édification d'un état de droit et de démocratie pluraliste, ainsi que l'avènement d'un système politique stable, gage certain d'un développement durable en vue d'assurer au peuple le triptyque Liberté, Sécurité, Prospérité, sans lequel toute quête de dignité humaine serait un leurre »[46]. La question de l'État de Droit et de la démocratie intéresse toute personne car la réalisation effective des droits de l'homme dans un État dépend de la nature de son régime. Quelle est la situation de la démocratie et l'état de droit, en Afrique ?

73. D'entrée de jeu, l'ONU définit l'état de droit comme « Un principe de gouvernance en vertu duquel l'ensemble des individus, des institutions et des entités publiques et privées, y compris l'État lui-même, ont à répondre de l'observation de lois promulguées publiquement, appliquées de façon identique pour tous et administrées de manière indépendante, et compatibles avec les règles et normes internationales en matière de droits de l'homme[47] ». Cet état de droit implique des mesures propres à assurer le respect des principes de la primauté du droit, de l'égalité devant la loi, de la responsabilité au regard de la loi, de l'équité dans l'application de la loi, de la séparation des pouvoirs, de la participation à la prise de décisions, de la sécurité juridique, du refus de l'arbitraire et de la transparence des procédures et des processus législatifs.

74. La séparation des pouvoirs propulse l'indépendance du pouvoir judiciaire, garant des droits de l'homme et non du régime ou des personnes animant les institutions politiques, car les hommes passent et les institutions restent, dit-on. Les magistrats sont les artisans de l'état de droit, de la démocratie et garant du respect des droits de l'homme pourvu que soient mises en avant la conscience,

---

45 Article 29 de la DUDH.

46 Préface du Professeur Théodore HOLO dans le livre de Monsieur Gilles Badet, op.cit., p.11

47 Lire le Rapport du Secrétaire général de l'ONU Au Point 83 de l'ordre du jour à la Soixante-sixième session dont le thème était « L'état de droit aux niveaux national et international. Rendre la justice : programme d'action visant à renforcer l'état de droit aux niveaux national et international »

l'indépendance, la compétence et l'appropriation des normes des droits de l'homme par eux[48].

75. Il est essentiel d'encourager le développement de relations amicales entre nations pour assurer la paix et la sécurité internationales. La réalisation de tous les droits de l'homme, du reste, interdépendants et indivisibles, peut être obtenue grâce à la coopération internationale multilatérale ou bilatérale. Ces relations amicales impliquent le devoir de coopération dans tous les domaines, dans le respect de l'égalité souveraine des États et l'intérêt national réciproque. Les normes nationales et internationales ainsi que les Accords bilatéraux et multilatéraux encouragent ces relations amicales. Les États acceptent aussi de perdre une partie de leur souveraineté au profit des OI. Les États coopèrent aussi pour la promotion et la protection des droits de l'homme.

76. A titre d'exemple, pour se conformer aux règles de l'Union européenne, la constitution de la Confédération helvétique préconise un ordre international juste et dispose que : « La confédération suisse protège la liberté et les droits du peuple et elle assure l'indépendance et la sécurité du pays. Elle favorise la prospérité commune, le développement durable, la cohésion interne et la diversité culturelle du pays. Elle veille à garantir une égalité des chances aussi grande que possible. Elle s'engage en faveur de la conservation durable des ressources naturelles et en faveur d'un ordre international juste et pacifique »[49].

77. Sur le plan international, l'article premier commun du Pacte international relatif aux droits civils et politiques et Pacte international relatif aux droits économiques, sociaux et culturels dispose que : « Tous les peuples ont le droit de disposer d'eux-mêmes. En vertu de ce droit, ils déterminent librement leur statut politique et assurent librement leur développement économique, social et culturel. Pour atteindre leurs fins, tous les peuples peuvent disposer librement de leurs richesses et de leurs ressources naturelles, sans préjudice des obligations qui découlent de la coopération économique internationale, fondée sur le principe de

---

[48] WEMBOLUA OTSHUDI KENGE Henri, De l'Appropriation des normes des droits de l'homme par les magistrats pour l'indépendance du Pouvoir judiciaire et la protection des droits de l'homme en RD Congo, in Paroles de justice Revue de Doctrine, 2010, Kinshasa, pp 18-31

[49] Article 2 de la Constittuion de la Confédération helvétique acceptée en votation populaire le 18 avril 1999.

l'intérêt mutuel, et du droit international. En aucun cas, un peuple ne pourra être privé de ses propres moyens de subsistance. Les États parties au présent Pacte, y compris ceux qui ont la responsabilité d'administrer des territoires non autonomes et des territoires sous tutelle, sont tenus de faciliter la réalisation du droit des peuples à disposer d'eux-mêmes, et de respecter ce droit, conformément aux dispositions de la Charte des Nations Unies ».

78. Dans la pratique, l'actualité sur les conflits armés, le commerce international déséquilibré, les enjeux du changement climatique et le terrorisme international défient la paix, la sécurité et les droits humains. Le droit à l'autodétermination et le droit des peuples à la souveraineté permanente sur ces ressources naturelles méritent une attention particulière en vue de promouvoir la réalisation effective et universelle des droits de l'homme. L'ONU et ses États membres ont accordé aux droits de l'homme une place importante dans leurs activités. L'architecture institutionnelle de l'ONU est bâtie pour la promotion de la dignité de la personne humaine ainsi que la reconnaissance de la valeur de la personne humaine et des droits égaux à tout être humain sans aucune discrimination pour la réalisation effective et universelle de tous les droits de l'homme civils et politiques, économiques, sociaux et culturels ainsi que les droits de solidarité.

79. Les États Membres se sont engagés à assurer, en coopération avec l'ONU, le respect universel et effectif des droits de l'homme et des libertés fondamentales. A travers la DUDH et en complément à la Charte de l'ONU ainsi que les autres instruments internationaux relatifs aux droits de l'homme et tous les mécanismes de promotion et de protection des droits de l'homme, tous les États se sont engagés à faire respecter effectivement les droits de l'homme partout au sein des États et ce, par les efforts de chaque État et la coopération bilatérale et multilatérale.

80. Il est évident que l'ONU coopère avec tous les États en vue d'assurer le respect universel et effectif des droits de l'homme et des libertés fondamentales. L'Union africaine contribue à cet effort de même que les ONG peuvent avoir le statut consultatif au sein de l'ONU et de l'UA. C'est dans cet ordre d'idées que les États africains, en plus de la ratification et la coopération supplétive et complémentaire avec les mécanismes onusiens[50] dont la CPI, a créé son mécanisme domestique avec comme fondement la Charte de Banjul.

81. La Cour pénale internationale réprime les violations graves de droits de l'homme et les crimes internationaux. Bien que la responsabilité incombe au premier chef aux autorités nationales de punir les auteurs de crimes internationaux et d'autres violations graves des droits de l'homme, la coopération avec l'ONU et autres OI a abouti par le passé à la création des tribunaux pénaux internationaux ou hybrides comme le Tribunal pénal pour la Yougoslavie, le Tribunal pénal international pour le Ruanda, le Tribunal Spécial de la Sierra-Léone, le Tribunal international pour le Liban, les Chambres africaines du Sénégal, l'expérience ratée de la création des Chambres criminelles mixtes spécialisées en RDC…

82. Du fait de l'impunité acceptée ou tolérée par certains États en dépit de la responsabilité des États de poursuivre les auteurs des graves violations des droits de l'homme, le rôle de la Communauté internationale s'avère important. En effet, dans le cadre du respect du principe de responsabilité des autorités nationales de punir les auteurs des violations graves des droits de l'homme et garantir les droits des victimes, plusieurs États ont recouru aux lois d'amnistie ou aux Commissions vérité et réconciliation soit les mécanismes de justice transitionnelle. En cas de complaisance ou inaction des États face aux crimes graves, le Conseil de sécurité agissant en vertu du Chapitre VII de la Charte peut recourir au Procureur de la CPI pour mener des enquêtes en vue de déclencher des poursuites judiciaires pour les violations des droits de l'homme constitutives des infractions de la compétence de la CPI en vertu de son article 5 du Statut de Rome[51].

83. Il apparaît que les dirigeants africains n'acceptent pas facilement les poursuites pénales pour les faits de crimes tels que le crime de génocide, le crime contre l'humanité et les crimes de guerre. Deux juridictions internationales spéciales ont été créées notamment le Tribunal pénal international pour le Ruanda et le Tribunal Spécial pour la Sierra Léone. Tout récemment, en juillet 2015, les Chambres extraordinaires africaines créées par l'Union africaine et le Sénégal

---

[50] Lire l' état de ratifications des instruments internationaux et les Rapports périodiques des États aux Organes de traités dans le Site internet du HCDH : www.ohchr.org

[51] Article 13 point 2 au Statut de Rome de la CPI : Si une situation dans laquelle un ou plusieurs de ces crimes paraissent avoir été commis est déférée au Procureur par le Conseil de sécurité agissant en vertu du Chapitre VII de la Charte des Nations Unies.

ont jugé le Président honoraire Hissein Habré pour les crimes graves commis au Tchad pendant son règne de 1982 à 1990. Une expérience de Chambres mixtes spécialisées[52] a échoué en RDC, suite au refus par le Parlement de voter une loi quant à ce. Les milliers de victimes de crimes graves n'obtiennent souvent pas réparation, ce qui ne facilite pas la réconciliation nationale et la promotion des droits de l'homme pour tous ainsi que la démocratie. Les présumés responsables de crimes graves préfèrent garder le pouvoir politique pour ne pas perdre les immunités de justice cependant les Organes de traité et l'EPU recommandent enquêtes et poursuites contre tous les responsables de crimes graves.

84. A l'international, la juridiction spéciale permanente qui sanctionne les auteurs des graves violations des droits de l'homme est la Cour pénale internationale (CPI). Elle est appelée à coopérer avec les États et a un principe fort de rejet de la pertinence de la qualité officielle. C'est l'une des raisons qui fait que la CPI ne soit pas bien digérée par certains responsables politiques africains. Après les ratifications du Statut de Rome de la CPI, une agitation de plusieurs États africains et le refus de coopérer pour le cas du Kenya a dominé la politique africaine taxant cette juridiction de discriminatoire et menaçant le retrait des signatures des États africains. La Zambie est l'un des États à organiser un référendum pour demander au peuple de se prononcer sur l'opportunité de l'État de retirer sa signature du Statut de Rome de la CPI. Mais hélas ! C'est un cas exceptionnel.

85. Bon nombre d'États africains ne sont pas jusqu' à ce jour partie à la Cour africaine des droits de l'homme et des peuples. Et même s'ils ont ratifié le Protocole à la Charte africaine, ils n'ont pas autorisé à leurs populations et Associations de saisir la Cour. A propos de la CPI, quelle est la catégorie de la population justiciable devant cette juridiction ? La campagne de sabotage de la CPI pilotée par les dirigeants africains est plus une affaire des dirigeants que des populations, victimes des violations des droits de l'homme graves de la compétence de cette juridiction complémentaire et supplétive aux insuffisances ou défaillances des États de les réprimer. Il s'agissait du chantage et du libertinage voulu par quelques dirigeants qui se

---

[52] Pareille juridiction internationalisée de type national (Lire Raymond O. SAVADOGO, Les Chambres Extraordinaires Africaines au sein des tribunaux sénégalais : quoi de si extraordinaire www.papers.ssrn.com) mérite d'être encouragée dans plusieurs États africains plongés régulièrement dans les conflits armés et les crimes graves y compris la torture systematique.

reprochent de leurs attitudes face à leurs compatriotes. Puissent que la classe de dirigeants présents et à venir redonnent de la valeur à la promotion et à la protection des droits de l'homme au centre des ODD et de l'Agenda 2063 pour l'Afrique.

86. Bien plus, comment comprendre que la CPI soit stigmatisée et le système africain de promotion et de protection des droits humains qui est vanté de revaloriser les valeurs traditionnelles africaines se trouve malheureusement renié et négligé et voire l'accès interdit aux peuples africains ? Le système africain est dépourvu des moyens conséquents pour son fonctionnement en vue de réaliser ses objectifs et assurer sa visibilité. La réalisation effective et universelle des DH n'est pas seulement à la charge des États et des OI mais c'est aussi une affaire des victimes, des ONG et de toutes les personnes qui s'intéressent à la justice, à la paix, à la sécurité et aux droits de l'homme d'où l'impérieuse nécessité de connaître les notions fondamentales des droits de l'homme en vue d' adopter des comportements, des attitudes et des actions favorables à la promotion et à la protection des droits de l'homme pour soi-même et pour les autres[53].

87. Une conception commune de ces droits et libertés est de la plus haute importance pour remplir pleinement cet engagement. La reconnaissance de l'universalité des droits de l'homme est bénéfique à la réalisation effective et universelle des droits de l'homme. Le partage commun des valeurs fondamentales de la société permet à tous les États de s'engager pour un même objectif qu'est la dignité, l'égalité et la liberté de tout être humain partout où il se trouve. La réalisation effective et universelle des droits de l'homme ne peut réussir qu'en ayant une même conception de ces droits et libertés fondamentales et en acceptant de les mettre en œuvre et de les protéger partout et pour tous. Est-ce que les philosophies, les religions et les traditions multiples dans le monde reconnaissent ces valeurs comme un dénominateur commun à tout être humain, de par la volonté de Dieu, de par la nature et de par la raison ?

88. La DUDH s'est autoproclamée Universelle. Cette universalité signifie « pour tous les hommes, (in fine : toutes les femmes) et pour tout Homme (et partout : c'est nous qui ajoutons) »[54]. Il s'agit donc

[53] Il n'aura pas de paix sur cette planète tant que les droits de l'homme seront violés quelque part, déclara René CASSIN.

[54] Alfred FERNANDEZ, Pour l'universalité des droits de l'homme. Des idées pour penser l'universalité.

de l'universalité dans l'espace, dans le temps et dans toutes les dimensions de l'humain. Pour Jean ESCARRA, « La conception chinoise du Droit est fondamentalement caractérisée par l'intuition d'une interaction de l'ordre moral sur l'ordre de la nature. Cette intuition des anciens Chinois a trouvé son expression raisonnée et, en quelque sorte, scientifique, dans ce qu'on est convenu d'appeler « la philosophie confucéenne[55] » ». Les droits de l'homme et la DUDH ne sont donc pas étrangers aux chinois.

89. De même pour les africains, Koffi Annan a eu raison de dire que : « Je sais que certains voient dans cette préoccupation (les droits de l'homme) un luxe des pays riches que l'Afrique ne peut pas encore s'offrir et que pour d'autres, il ne s'agirait là que d'une sujétion – sinon d'un complot-imaginé par l'occident industrialisé. A mon avis, ce sont là des réflexions parfaitement déshonorantes envers l'aspiration à la dignité qui habite tous les africains ». Qu'il nous soit permis de répéter que les droits de l'homme sont considérés comme l'irréductible humain ou le dénominateur commun de tous les membres de la famille humaine[56] nonobstant la pensée contemporaine d' affirmation de l'universalité et des tendances de revendication des particularités et/ou cultures propres. Sans être une panacée et moins une solution aux problèmes de l'État de droit et le respect des droits des personnes, la DUDH à appliquer en lisant la CADHP et autres instruments relatifs aux droits humains contribue indubitablement à la compréhension des droits garantis à tous et au développement du système africain de promotion et de protection des droits de l'homme et des peuples.

90. Les droits humains sont multiples pour répondre aux multiples besoins de tout être humain. Les droits économiques, sociaux et culturels (DESC) sont indissociables des droits civils et politiques bien que les premiers requièrent des ressources disponibles pour les États. Le droit au développement, le droit à la paix et le droit à un environnement sain sont des droits de solidarité et qualifiés parfois de droits nouveaux[57]. Les principes de l'interdépendance et

[55] Jean ESCARRA, Le Droit chinois : aperçu historique, Édition complétée le 1er mars 2006 à Chicoutimi, Québec, p.14

[56] Boutros BOUTROS GHALI considère les droits de l'homme comme l'irréductible humain c'est-à-dire qu'on ne peut pas priver à un être humain sans lui dénier sa qualité d'être humain. Ce sont des droits inaliénables et inhérents à la nature humaine.

[57] La question du Droit de l'environnement est récente.

l'indivisibilité des droits humains ont été acceptés depuis la Conférence de Vienne de 1993.

DH : CULTURE, ARTS ET LITTERATURE AFRICAINE

91. La littérature, c'est l'âme d'un peuple. Elle reflète la philosophie, la culture, les valeurs et la vie de tout un peuple. Si les hommes et femmes de lettres ont dépeint leur société jusqu'à sensibiliser la majorité de la population pour déclencher des grandes révolutions comme aux États-Unis, en France, en Angleterre, en Chine..., on peut se demander si les droits de l'homme et des peuples ainsi que les valeurs positives africaines ont été exploitées et évoquées dans la littérature africaine ? La question est complexe ; néanmoins, il n'est un secret pour personne que l'histoire de l'Afrique a impacté la conception et la lutte pour les droits de l'homme à travers différentes époques. En somme, de la tradition orale pendant la période d'avant les indépendances à la période d'après les indépendances jusqu'à nos jours, la situation des droits de l'homme et libertés fondamentale est sous l'emprise soit des politiques des colonisateurs soit des dictateurs en dépit de quelques rares États africains qui ont expérimenté l'alternance politique.

92. Les écrivains ont dirigé quelques États africains après leur lutte pour les indépendances notamment Senghor (Sénégal), Name Nkrumah (Ghana), André Blouin[58], Sékou Toure (Guinée) et Jomo Kenyatta (Kenya). C'est encore les écrivains qui ont lutté contre les dictatures qui se sont installées en Afrique. C'est le cas de WOLE SOYINKA, Valentin Yves MUDIMBE, Henri Lopes, Ahmadou Kourouma, Pius Ngandu Nkashama... Quelques écrivains comme Sony Labou Tansi ont été qualifié « d'écrivain défenseur des droits de l'homme ». Ce dernier a stigmatisé les assassinats politiques et banalisation de la vie humaine considérée comme sacrée dans les coutumes africaines. Il dit : « Tuer, Excellence, est un geste d'enfant. Le geste de ceux qui n'ont pas d'imagination. Et puis, jusqu'à quel point les tuez-vous ? Ils reviennent vivre au fond de votre cerveau. Ils vivent dans tous vos gestes. Ils bougent dans votre sang. Tuer, Excellence, c'est s'annuler dans les autres »[59].

---

[58] Combattante de l'indépendance de la Guinée et auteur de « Africa my contry ». Elle a joué un rôle politique important en RDC.

[59] AUF et UNILU : 1960-2004, Bilan et tendances de la Littérature Négro-africaine. 26 au 28 janvier 2005, Presse universitaire de Lubumbashi, p 36

93. La littérature africaine avec Blyden, Sarbah, Garvey, William E. Dubois, Aimé Césaire, NKUAME Nkrumah, Louis Sédar Senghor, Azikiwe, Leroy- Jones, Cheik Anta Diop, Franz Fanon ou Cabra a été caractérisée par le combat contre la colonisation et la quête de l'égalité et la liberté face au colon Blanc. MONGO BETI s'est opposé à la colonisation et à la dictature comme le démontre ses écrits notamment « Villes cruelles », « République bananière » … Lire « Une conscience universelle : De la résistance à la prophétie » de Adama SAMAKE. Les différents écrits attestent des influences réciproques, et souvent de simples convergences. Les discours se recoupent parfois, mais ils peuvent à l'occasion s'opposer de manière irréductible sur la même réalité. C'est la quête de la dignité humaine et les vomissures des injustices. Ainsi, il en est de la littérature aux différents mouvements littéraires et philosophiques.

94. La négritude[60] est le mot désignant le mouvement qui, autour des années 1930, se donne pour objectif primordial de réagir contre la négation par le monde blanc de l'innéité culturelle et existentielle des sociétés africaines traditionnelles. Dans les faits, l'écrivain africain va prendre parti pour le Noir, le nègre, la société de ce dernier… Aujourd'hui encore, le reflexe du rejet de tout ce qui est occidental envahit la pensée de plusieurs intellectuels dans quelques domaines dont les droits de l'homme.

95. Avec MUDIMBE V.Y. et NGAL M. Comme bon nombre d'écrivains africains, ils se sont occupé de la misère, les régimes autoritaires, la question de l'identité de l'intellectuel africain écartelé entre deux mondes, deux idéologies soit la tradition africaine et le modernisme, l'identité africaine et l'identité occidentale. On parle de la « métissité ». On lit ce qui suit dans les personnages clés de leurs romans, selon BANYWESIZE Emmanuel : « Pierre LANDU et Ahmed NARA de V.Y. MUDIMBE, et Giambatista Viko de M. Ngal constituent des exemples types du dilemme existentiel, identitaire chez l'intellectuel africain, et par-delà lui, de l'Africain postcolonial. Tout en gagnant le maquis où il croit contribuer et participer à la libération des peuples opprimés de son pays, Pierre Landu se réclame toujours prêtre catholique. Il se veut et se réclame toujours prêtre tout en

---

[60] AMBOURHOUET-BIGMANN Magloire, La cafritude, puinée attendue de la négritude, in : Actes du colloque international 1960-2004, bilan et tendances de la littérature négro-africaine Lubumbashi (26 au 28 janvier , 2005, pp. 121-128.

étant maquisard. « Je suis toujours prêtre», dit-il. Il se veut un chrétien militant[61]. Il ne veut perdre aucune des dimensions de son identité. D'où sa quête à réconcilier le christianisme et le marxisme, à partir de la conscience qu'il a de la misère du peuple, de son désir de se libérer de l'occidentalité, de son projet de servir un Christ qui, loin d'être réductible à telle race singulière, s'offre comme simplement libérateur, solidaire des opprimés »[62].

96. Les langues et les cultures africaines, de tradition orale, sont en perdition. Elles sont surtout étudiées et valorisées en dehors de l'Afrique. C'est à peine que quelques rares chercheurs africains s'y intéressent. Les historiens et ethnologues tels Ki-Zerbo, Ndaywel Isidore, Père LUFULUABO, Elikya MBOKOLO… ont revalorisé les cultures africaines sans insister sur l'héritage des traditions africaines profitables à notre monde d'aujourd'hui. « Comment des civilisations dont les œuvres prestigieuses jalonnent la préhistoire et consacrent l'ancienneté et l'éclat tout au long de l'antiquité et des temps précoloniaux, des cultures qui ont sécrété les fresques, gravures et peintures rupestres, les spécimens de l'art des Grands Royaumes et tous les bronzes, objets et figurines de sites et de foyers célèbres aujourd'hui conservés dans les musées d'Europe et d'Amérique, ont-elles pu péricliter au point de se laisser vaincre et distancer » ? Devra-t-on s'attarder et se limiter à la critique de la colonisation ? Peut-être pour connaitre l'histoire cependant, l'intérêt de la promotion de la dignité et la liberté de l'africain nécessite aujourd'hui la revalorisation de spécificités des valeurs positives des civilisations africaines. Des recherches approfondies dans le domaine de la pensée, des arts et des lettres pour déceler les valeurs africaines à encourager.

97. Dans le domaine de la littérature, la renaissance africaine ou nègre contemporaine vise la conquête des droits politiques, la suppression de l'apartheid et de la discrimination, le droit pour l'Africain d'édifier sa propre culture, de servir sa propre vision du monde. La

---

[61] Au-delà des convictions religieuses, toute personne est porteuse des droits fondamentaux innés et inaliénables dont le droit de promouvoir et de défendre la liberté et la dignité humaine.

[62] BANYWESIZE Emmanuel, La " métissité " : une nouvelle figure de l'identité africaine chez Valentin Yves MUDIMBE et MBWIL a MPAANG NGAL à l'ère de la mondialisation, in Bilan et tendances de la Littérature Négro-africaine. 26 au 28 janvier 2005, Presse universitaire de Lubumbashi, pp 235-243.

renaissance africaine moderne est née du conflit avec une hégémonie coloniale à coloration raciste. Elle est, dès l'origine, une réaction antiraciste, l'acceptation non pas d'un simple destin ethnique et culturel mais de la race comme fardeau historique dans le conflit avec l'autre. La majorité d'écrivains africains ont abordé le thème politique avant de s'intéresser aux points positifs à capitaliser et transmettre aux générations futures. Les questions comme les antivaleurs ont dominé le discours, la commisération et la risée de tout un peuple plongé dans les fétiches, l'excision des femmes, l'inceste…

98. En plus de la littérature, les africains ont utilisé aussi les arts et la musique pour exprimer leur quête de la dignité de l'être humain, la dignité des africains et des peuples colonisés ou sous l'emprise des dictatures et de l'oppression de toutes sortes. Il a en été le cas avec Bob Marley[63], Alpha Blond, Papa WEMBA (SHUNGU WEMBADIO), le Zoulou de l'Afrique du sud, ZAO (Casimir ZOBA), Myriam MAKEBA, LUAMBO Makiadi, Salif KEITA, YUSSU NDIUR, … et de nos jours, beaucoup de musiciens sont engagés pour dénoncer les violations des droits de l'homme et la mauvaise gouvernance en Afrique notamment une nouvelle génération de musiciens comme Jean GOUBAL[64], LEXUS LEGAL, Rappeurs… De la description des maux de la société à la révolte contre la gouvernance et la pauvreté, les artistes dont les musiciens, ils abordent consciemment et inconsciemment les questions des droits humains. Ces leaders d'opinion méritent des informations sur les questions relatives aux droits humains et les grands enjeux de paix, environnement et développement durables faisant objet d'engagement par les États et les Organisations internationales.

99. Quant aux cinémas, une génération de cinéastes africains a mis un accent particulier sur les crises politiques et surtout les dictatures en Afrique. Le crocodile de Botswanga (Fabrice Eboué et Lionel Sketetee) et la République très très démocratique de Gondwana en sont des illustrations parfaites. Il est important d'analyser les cinémas et en tirer des leçons utiles pour la société et les élections sinon on a des prophètes qui crient dans le désert.

---

[63] Le musicien engagé pour la libération des africains. Il a insisté sur la responsabilité des africains pour leur malheur.

[64] Le musicien congolais chante sur des thèmes de promotion des droits de l'homme notamment les droits de l'enfant.

C. DH ET LES MOUVEMENTS POLITICO-RELIGIEUX EN AFRIQUE

100. Il y a- t- il des religions d'origine africaine ? Quelles en sont les caractéristiques principales et quel rapport existe-t-il entre ces religions et les droits de l'homme? Les droits de l'homme ont des rapports étroits avec les religions et les mouvements messianiques ou politico-religieux d'Afrique. Les mouvements messianiques et religions africaines nées dans le contexte de la colonisation ont planché sur la libération des africains et des noirs. La pensée de l'égalité et de la liberté a été au centre des préoccupations et message prophétique bien qu'ayant recouru aux méthodes diverses et soumises à plusieurs interprétations.

101. Les religions et mouvements messianiques ne pouvaient pas résister face au christianisme. En effet, le Christianisme fondé sur les enseignements de Jésus –Christ contribua et peut encore contribuer sensiblement à la promotion des DH. D'aucuns n'ignorent que le christianisme a facilité la fin du système esclavagiste ayant réduit les êtres humains au rang de bêtes de somme. Bien plus, de par son enseignement, le christianisme affirme la valeur transcendantale de l'être humain, sans aucune discrimination. L'être humain créé à l'image de Dieu n'est pas seulement un citoyen ou un sujet de l'État, il mérite protection de l'État et de la Cité, au nom de Dieu, son créateur d'où les lois divines s'imposent à toute personne y compris les Rois, les Princes et les dirigeants des États.

102. Point n'est besoin de rappeler le conflit ayant divisé, jadis, l'Eglise et l'État. En effet, le Moyen- Age européen était caractérisé par l'emprise sociale de l'Eglise catholique et la Papauté qui avaient joué un rôle très important. On parla de la Pax christiana. Les Empereurs et les Princes de la religion catholique pouvaient régler leur différend sous l'arbitrage du Pape. Avec l'avènement du protestantisme, on avait appliqué le principe : « Cujus regio ejus religio » c'est-à-dire la région appartient à la religion ou mieux encore le Chef d'une religion est aussi le chef de la région. La quasi-totalité de religion prêchent l'amour et l'être humain créé à la ressemblance de Dieu.

103. En principe, la pensée chrétienne prêche la soumission de l'homme au pouvoir temporel. Cependant, l'homme doit respecter les lois de Dieu dans ses rapports avec ses semblables et la Cité. Dans le christianisme, l'homme peut résister aux lois de la Cité (l'État) si elles sont contraires aux lois divines. Le christianisme n'a-t- il pas inspiré les droits de l'homme en défendant l'égalité des hommes qui est consacrée par la Bible. En effet, dans le livre de Paul aux Galates, il est écrit : « Il n'y a plus ni juif ni grec, il n'y a ni esclaves ni homme libre ; il n'y a ni homme ni femme, car vous êtes tous en Jésus-Christ »[65].

104. La Bible recommande à tout chrétien d'aimer son prochain comme soi-même[66]. C'est d'ailleurs, le premier commandement. L'exemple le plus frappant d'amour présenté par la Bible est celui du « Bon samaritain». De toute évidence, le christianisme a contribué à l'évolution des droits de l'homme dans le monde, c'est le cas de le dire. L'idée chrétienne de l'égalité des êtres humains a permis de mettre fin à l'esclavagisme qui était justifié par des prétentions fallacieuses telles que les Indiens n'avaient qu'une apparence humaine et n'avaient pas d'âme. Ils n'étaient que des animaux et donc pouvaient être mis en esclavage ! Le christianisme est considéré comme un garde-fou pour le pouvoir et recommande de reconnaître et valoir à César ce qui est à César et à Dieu ce qui est à Dieu. Ainsi, le bon chrétien devra respecter les lois du pays et les normes internationales relatives aux droits de l'homme. Il considère toute personne comme l'image de Dieu et le semblable!

105. Comme signalé ci- haut, l'Eglise catholique comme plusieurs religions ont joué un rôle important au sein de l'État et ont contribué beaucoup à la formulation et à la compréhension des droits de l'homme. Les droits de l'homme peuvent être considérés comme la religion de l'État. Dans son Cours sur les droits de l'homme, Dr A A Belkhira enseigne que : « Dans le passé, l'Église catholique a longtemps défendu l'idée que "les vrais droits de l'homme naissent précisément de ses devoirs envers Dieu" : aujourd'hui la papauté affirme que les idées de liberté, d'égalité, de fraternité ne sont "Au fond que des idées chrétiennes", selon le Pape Jean-Paul II au rassemblement du Bourget, le 1er juin 1998 »[67].

106. Les religions du monde et celles d'Afrique mettent un accent particulier sur l'égalité des êtres humains créés à l'image de l'être

---

[65] Lire la Bible dans le livre de Galates Chapitre 3 verset 8.

[66] L'article 1er de la DUDH n'est pas limité à proclamer et garantir l'égalité des personnes en dignité et en droits. Cet article va plus loin en recommandant le devoir d'agir les uns envers les autres dans un esprit de fraternité.

[67] Dr. A A BELKHIRIA, Cours des droits de l'homme, Pour les étudiants de l'ISSEP en Ière LFEP, 2000, p. 50

suprême sous toutes les dénominations (Mungu, Nzambi, Sambi, Yahweh, Allah...). Confucius défendait déjà, à son époque ce qu'il convient d'appeler : « la paix universelle et éternelle au sein des peuples et entre les peuples ». Parmi les 42 commandements de la religion négro-égyptienne, signale les formules popularisées Avant Jésus-Christ et reflétant un profond humanisme : « Je n'ai pas affligé, 12. Je n'ai pas affamé ; ,13. Je n'ai pas fait pleurer ; 14. Je n'ai pas tué ; 15. Je n'ai pas ordonné de tuer et 16. Je n'ai fait de peine à personne ».[68]

107. Quoi de plus vrai qu'avec le protestantisme et les autres religions, les enseignements sur Jésus-Christ placent l'homme au centre de la création et de l'humanité ! Cet Homme ou mieux l'être humain, est l'image de Jésus-Christ et il tend vers la perfection de Jésus-Christ qui incarne l'amour du monde et de l'humanité en se sacrifiant soi-même pour les autres. Un agent de l'État chrétien, a- t-il nécessairement besoin des notions sur l'éthique des droits de l'homme, s'il est réellement convaincu par sa religion et les enseignements de Jésus-Christ pour servir correctement l'État et ses semblables ? Que dire de la torture qui serait pratiquée par un chrétien qui est un personnel de l'État chargé de l'application de la loi ? Pourquoi les conflits interreligieux, entre musulmans et chrétiens dans la Corne de l'Afrique et ailleurs alors qu'ils se réclament tous de Dieu [69] ?

108. La Bible renseigne sur les conditions de l'être humain créé à l'image de Dieu et mérite l'amour de toute personne pour une vie digne et heureuse sur terre en jouissant de tout ce que Dieu a créé. Le décalogue enseignait déjà l'amour du prochain et l'interdiction de faire du mal au prochain. Que dire du code (Stèle) d'Hammourabi (1728-1686 avant Jésus Christ) qui au-delà de la vengeance[70] voulait imposer l'amour et la morale par la crainte de la sanction en proclamant la loi du Talion sous la formule lapidaire : « Œil pour œil, dent pour dent » ! On peut relever le caractère tristement célèbre

---

[68] F. Schwartz, cité par Fatou KINE CAMARA, Le système africain de protection des droits de l'homme, Cours de L1 à la Faculté des sciences juridiques, Université de Dakar, inédit, sd. (Les recherches de F. Schwartz ont porté sur l'initiation aux livres des morts égyptiens publiée chez Albin Michel, Paris, 1988).

[69] Les conflits peuvent avoir une divergence d'intérêts autres que les questions de religion mais grâce à l' inspiration aux religions et au principe de l'égalité des personnes en droits, la résolution des conflits est plus aisée.

[70] « Œil pour œil, dent pour dent ».

et barbaresque du principe œil pour œil et dent pour dent soit l'esprit de vengeance teinté de violence dans le code d'Hammourabi. Toutefois, on ne peut occulter le noble objectif poursuivi à travers l'acte notamment le respect de la justice, l'interdiction de la violence et de la haine ainsi que le respect de la dignité de toute personne dans la société. Dans un État, la vengeance privée est stigmatisée et interdite. Il appartient à l'État à travers les cours et tribunaux de rendre justice, lutter contre la criminalité et l'impunité.

109. Que dire du Coran qui enseigne aussi l'amour du prochain ! Il est impérieux de comprendre que les États arabes sont aussi attachés aux principes des droits de l'homme bien que dans la Charte de 1945, ils n'ont pas prévu les droits de l'homme comme cela a été fait dans la Charte de l'ONU et les Actes constitutifs d'autres Organisations régionales comme l'UA (ex-OUA), l'UE… A ce sujet, Nabil MAAMARI dit : « Tous les États arabes ont, sans réserve en ce qui concerne notre sujet, soit ratifié, dès 1945, la Charte des Nations Unies en tant que membres[71] originaires de l'O.N.U. soit adhéré, après. Tous les États arabes devraient donc être considérés comme, juridiquement engagés par les principes de la Charte des Nations Unies que nous venons de mentionner, y compris, par exemple, l'égalité des droits des hommes et des femmes »[72].

110. Quelle est la particularité africaine par rapport aux mouvements messianiques ? L'histoire de l'Afrique est marquée notamment par le trafic des esclaves, la colonisation, la dictature et les efforts actuels de démocratisation et du développement. Dans ce contexte, quelques mouvements religieux se sont développés. Peu importe la qualification ou le jugement de valeur, parfois présentant une image caricaturale, de certains mouvements religieux. En effet, plusieurs mouvements religieux africains étaient attachés à l'idéal de la dignité de la personne humaine et avaient pour objectifs entre autres défendre l'africain et le noir face aux actes de la colonisation. Dans cette lignée, on peut citer le mouvement politico-religieux de Kimbangu et le mouvement politico-religieux de Vanda, en RDC.

111. Les nationalismes politico-religieux des réformateurs du XIXe siècle, tels que l'Éthiopianisme, le Mahdisme, le Mouridisme et le

---

[71] Les États arabes ayant signé la Charte de l'ONU sont le Liban, l'Arabie saoudite, la Syrie, l'Egypte et l'Iraq et les autres ont obtenu ultérieurement leur admission comme membres.

[72] Nabil MAAMARI, Les droits de l'homme dans le cadre régional arabe (www.memoireonline.com consulté le 20 juin 2018)

Kimbanguisme ont contribué à faire entendre le cri de révolte contre un système de discrimination et de domination des peuples. Les mouvements politico- religieux africains ont développé certaines spécificités à l'intérieur de l'Islam ou du christianisme. Les spécificités seraient comprises comme des valeurs africaines. De bon aloi, les valeurs africaines de civilisation, loin d'encourager un rejet ou un refus du métissage, elles devraient s'intégrer dans l'évolution, le présent et le recours à l'authenticité dans un monde en pleine mutation.

112. Par ailleurs, l'argument essentiel consistera à soutenir l'adéquation parfaite de l'homme africain avec ses institutions : la valeur de ses lois, de son droit, de ses relations sociales, ou, de manière générale, des rapports qu'il établit avec autrui, avec l'objet ou la nature. Dans les pays où le pouvoir traditionnel n'a pas survécu à la conquête, l'élite n'en continue pas moins de valoriser, par la recherche, ses institutions. Yoro Diaw, à la même époque que Blyden, ouvre, avec ses études sur les institutions des peuples sénégambiens, la voie à toute une élite d'expression française. Bien avant que Nkrumah, Sékou Touré, Senghor ou Nyéréré parlent de la « communaucratie» africaine ou les socialismes africains d'avant Marx, Casely Hayford affirmait tranquillement: « Nous avons, dans le système familial des Fanti et des Ashanti, la solution à tous les maux que le socialisme contemporain cherche à résoudre. La valorisation de l'art et de la littérature est le thème majeur des générations des années vingt et trente, contemporaines du Negro YenaScent, de Cri nègre ou de Négritude et l'Authenticité[73] de MOBUTU.

113. Le panafricanisme a réuni les grandes figures de lutte pour l'indépendance des États africains. Parmi les personnalités qui ont marqué l'histoire de l'Afrique de par leurs actions au niveau national et international et voire sacrifices, nous pouvons citer notamment Patrice Emery LUMUMBA, Cheik ANTA DIOP, Léopold Sédar SENGHOR, NKUAME Nkrumah, MODIBO KEITA, Jomo KENYATA, THOMAS SANKARA, NELSON MANDELA, MOUAMMAR KADHAFI, KOFFI ANAN, JERRY RAWLINGS…

[73] Par zèle et maladroitement, l'authenticité de Mobutu était entendue , dans une certaine mesure , comme le rejet de ce qui est occidental. Sur le plan culturel, le port des costumes et des cravates était interdit ne sachant qu'il s'agissait d'une migration de la colonisation du colon blanc à la recolonisation par un colonel noir. (Voir l'Afrique des coups d'État et des dirigeants militaires, monopartisme et parti-État).

114. Les religions traditionnelles croient presque toutes en l'existence d'un Dieu suprême, unique, éternel et créateur du monde, mais qui n'intervient pas dans la vie des hommes. De ce Dieu suprême émanent des divinités de la nature (eau, terre, volcan, rocher, animaux…). C'est vers ces dernières que les hommes se tournent pour obtenir protection et intervention dans la vie terrestre. Ces divinités sont proches des ancêtres défunts. Elles étaient représentées par des statues et des masques, leurs histoires racontées, parfois chantées, par des poètes appelés griots. Chaque peuple, clan, ethnie…avait ses divinités. Pour Emilie Tremblay, « Les religions traditionnelles africaines (RTA) sont des sources de valeurs de civilisation »[74].

115. Dans certains milieux et certaines circonstances, les divinités et les fétiches seraient invoqués pour résoudre les problèmes du clan ou de la famille. Pour faire face à la disette, certains membres de la communauté pouvaient se transformer en lion pour attraper les gibiers ou se transformer en crocodile pour attraper les poissons dans l'eau. L'identité des africains dans le domaine de la religion face au modernisme a recouru aux théologies de l'inculturation qui font que un malien ou sénégalais musulman vive pleinement la religion tout en restant attaché à la culture négro-africaine. Les religions traditionnelles africaines sub-saharienne ont reculé et n'existent presque pas mais dit- on : « La religion africaine n'existe pas mais elle est partout, dans les consciences, dans les opérations spirituelles ou empiriques, dans les représentations, dans les attitudes, dans les gestes, dans les proverbes, dans les légendes, dans les mythes… Elle est partout, à la campagne comme en ville, dans les procès judiciaires comme dans les conventions politiques »[75]. Certaines traditions africaines sont à prendre avec des réserves en s'inspirant de la pensée de Eboussi Boulaga.

116. Cette pensée est une « mémoire vigilante ». Elle doit éviter de reproduire et de reprendre ce qui, dans le passé, a permis ses défaites historiques, comme l'incapacité à maîtriser les techniques modernes,

---

[74] Émilie Tremblay, Représentations des religions traditionnelles africaines: Analyse comparative de réseaux régionaux et disciplinaires africains et occidentaux, Mémoire de Maitrise défendue à l'Université de Montréal, 2010, p.137

[75] Gérard Buakassa, cité par René Tabard Religions et cultures traditionnelles Africaines Un défi à la formation théologique, in Revue des sciences religieuses, Strasbourg, 2010 (René Tabard, « Religions et cultures traditionnelles africaines» , in Revue des sciences religieuses.

la mentalité magique, les coutumes de gestions familiales transposées au niveau de l'État politique… Elle doit inspirer un « élan créateur ». Elle n'est pas transmission d'un passé figé et immuable. Toute tradition qui veut se perpétuer doit être vivante, et elle ne peut l'être que si la fidélité à la tradition n'est pas la reprise inconditionnelle et intégrale de ce qui a toujours été, indépendamment de la réalité, des aspirations et des attentes des populations actuelles, notamment de la jeunesse qui, en Afrique, représente une grande partie des habitants.

117. Elle doit fonctionner enfin comme « modèle utopique ». Les belles descriptions de la vie traditionnelle de l'époque de la pré-colonisation ne vont pas sauver l'Afrique. La tradition n'est pas l'imposition d'un modèle tout fait, mais elle doit ouvrir à des utopies futures, en construisant des réseaux d'espérance. Le modèle de vie proposé par les théologiens et les politiciens ne peut que préparer l'Africain à entrer dans le monde de demain, sous peine de jouer avec la mort.

118. Que ce soit dans le monde chrétien, profane, animiste, croyant ou même athée , la valeur intrinsèque, la liberté, l'égalité des personnes devant la loi et la dignité de l'être humain constituent le dénominateur commun des hommes, des femmes et des enfants. Par contre, les religions ou traditions africaines qui encouragent la violence[76] et la discrimination sont à décourager. En effet, en Afrique, certaines religions avaient des revendications politiques et voire la recherche de la dignité et la liberté de l'homme noir. La religion Yoruba et Igbo ont joué un rôle important et marquent encore les mentalités des personnes. Les religions traditionnelles ont des points positifs et parfois négatifs mais justifiables dans leur contexte politico-économique et social. A titre d'exemple, dans la religion de VANDA dans le Sankuru, avant l'indépendance en 1960, les fétiches et les plantes médicinales étaient privilégiées au détriment de la médecine moderne, par sabotage. Ces religions traditionnelles étaient un instrument de réaction contre l'autorité coloniale et de la recherche du bonheur, de la liberté et de l'épanouissement.

---

[76] Les Associations confessionnelles sont régies par des lois qui obligent le respect des lois, de l'ordre public et des bonnes mœurs sinon certains leaders religieux seraient sans frein et versés dans la xénophobie et toutes formes de violence.

119. Pour l'Eglise catholique, selon Monseigneur TSHIBANGU TSHISHIKU, il y a la pastorale d'annonce de la justice, la paix et les droits de l'homme et la pastorale de la dénonciation prophétique des injustices. Le Pape Jean Paul VI disait que la mission épiscopale impose le devoir de dénoncer courageusement et avec charité, les injustices et prêter la voix à toutes les victimes silencieuses de l'injustice pour protester et supplier. L'Eglise intervient[77], même seule, avec solennité après avoir analysé objectivement une situation complexe. Dans le cadre, l'Eglise catholique agit notamment à travers la Commission pontificale Justice et Paix qui s'étend aux Commissions Justice et Paix dans les États tout aussi bien dans l'œuvre individuelle et collective des chrétiens pour l'instauration de l'ère de paix par la promotion des droits de la personne humaine[78].

120. De nos jours, le mouvement œcuménique regroupe et rapproche les membres de différentes Eglises sans aucune discrimination de religion, de race, d'origine, d'opinion... autour des questions communes dont la paix, la justice la dignité de la personne humaine et la tolérance. Ce mouvement peut contribuer à réduire les conflits interreligieux qui sévissent en Afrique. La sensibilisation sur les droits de l'homme auprès des leaders religieux de toutes les religions et voire les animistes ainsi que les athées est à encourager. Les leaders de sources différentes peuvent extraire de leurs textes de base les valeurs fondamentales qui fondent leur société ou association. Les principes et valeurs de paix, de justice et d'amour ou charité rapprochent de l'idéal des droits de l'homme pour un monde juste.

121. Comme une autre forme de religion, les droits de l'homme apportent un nouveau souffle au monde en général et en Afrique en particulier en vue d' asseoir la culture de la paix, de la justice, du respect de la dignité de tout être humain, du respect des droits humains, de l'instauration d'un ordre nouveau qui place l'humain au centre de la société à partir de la famille à l' État, ce qui implique la transparence et la redevabilité des agents publics. Vice et versa, les droits de l'homme peuvent contribuer à l'instauration ou renforcement de l'État et celui-ci demeure le cadre idéal pour la promotion des droits de l'homme. Les citoyens et les peuples africains ont des droits garantis par les instruments africains y compris la législation nationale dont les coutumes non contraires aux lois et conventions

---

[77] TSHIBANGU TSHISHIKU, L'Eglise et les droits de l'homme, in pp 17-31

[78] TSHIBANGU TSHISHIKU, op. cit., pp17-31.

internationales ratifiées. La connaissance et l'appropriation des valeurs africaines traditionnelles positives et les principes universellement acceptés et reconnus ainsi que des instruments contraignants et non contraignants s'imposent impérieusement à tous les africains.

D. DH ET LES DECLARATIONS

122. La DUDH n'est pas l'unique ou la première Déclaration consacrée aux droits de l'homme mais c'est le document historique de promotion des droits de l'homme compte tenu des circonstances de sa rédaction et de son adoption. Il est admis que la Charte de Kura kan Fuga dans l'Empire Mandingue au Mali consacrait déjà la dignité de la personne humaine en 1222 par l'empereur du Mali SOUNDIATA KEÏTA. Cette charte énonce des grands principes tels que : "Toute vie humaine est une vie", "Chacun est libre de dire, de faire, de vivre", "Il faut abolir la faim[79] et l'esclavage"... La simplicité du contenu de la Charte de Kura kan Fuga et de ses termes contribue à en assurer l'intemporalité et a nourri la réflexion menée notamment par les chercheurs du programme Lascaux. Cette Charte démontre la richesse des valeurs africaines garanties dans les Sociétés africaines. L'article 5 de cette Charte de l'Empire Mandingue disposait déjà que : « Chacun a le droit à la vie et à la préservation de son intégrité physique. La Charte avait aussi institué le Médiateur dans l'Empire»[80]. L'esprit et le texte de la DUDH tout comme de la Charte de Banjul défendent l'idéal commun des peuples du monde de se libérer de l'oppression, de l'avilissement de tout être humain, de la faim…

123. La Charte des droits sociaux fondamentaux de la SADC (acronyme anglais de la Communauté de développement de l'Afrique australe) affirme à son article 3(1) que : « Cette Charte incarne la reconnaissance par les gouvernements, employeurs et travailleurs de la Région de l'universalité et l'indivisibilité des droits de l'Homme fondamentaux proclamés dans les instruments tels que la DUDH, la Charte africaine des droits de l'Homme et des peuples,

---

[79] La faim et l'extrême pauvreté sont répertoriées parmi les causes de l'insécurité et le terrorisme en Afrique. Les ODD et l'Agenda 2064 pour l'Afrique sont des objectifs phares à partager par les États africains pour un combat contre l'ennemi commun.
[80] Lire extrait de la Déclaration en annexe.

la Constitution de l'OIT, la Déclaration de Philadelphie et d'autres instruments internationaux pertinents »

124. Dans les Franchises[81] de Genève de 1387, il était prévu la suppression des travaux forcés, faut-il signaler que de nos jours, certains États n'ont pas encore aboli la peine de travaux forcés[82]. Il était strictement interdit de pratiquer les arrestations arbitraires et on encourageait la protection des droits et des biens des étrangers.

125. Les différentes Déclarations précitées et autres pratiques ainsi que les règles de sociétés observées jadis constituent des traces éloquentes de l'effort de la promotion de la dignité et de la liberté des personnes. En effet, l'article 2 de la Grande Charte dispose que : « Nous avons aussi accordé à tous nos hommes libres du royaume d'Angleterre toutes les libertés spécifiées ci-dessous, pour être possédées par eux et par leurs héritiers spécifiés ci-dessous, pour être possédées par eux et par leurs héritiers comme les tenant de nous et de leurs héritiers. » Jadis, la préoccupation sur le rapport entre le pouvoir et la liberté était déjà perceptible.

126. Dans le Bill of Rights anglais du 13 février 1689, l'idée du contrôle du pouvoir apparaît, de manière nette : « Que le prétendu pouvoir de l'autorité royale de dispenser des lois ou l'exécution des lois, comme il a été usurpé et exercé par le passé, est illégal. Que c'est un droit des sujets de présenter des pétitions au Roi et tous emprisonnements et poursuites à raison de ces pétitionnements sont illégaux ».[83] La séparation des pouvoirs (exécutif, judiciaire et législatif) prônée par Montesquieu est acceptée comme un principe fondamental par toutes les nations civilisées. Ce principe était, à l'époque, défendu par le Bill of rights en Angleterre.

127. Les différentes Déclarations précitées et autres pratiques ainsi que les règles de sociétés observées jadis constituent des traces éloquentes de l'effort de la promotion de la dignité et de la liberté des personnes. On peut aisément apprécier les grandes idées relatives aux droits de l'homme dans Magna Carta[84] (Grande Charte)

---

[81] Saidou ARJI, Guide de formation en droits humains et citoyenneté à travers les médias, éd. Nouvelles imprimeries du Niger, 2006, p.15

[82] Le code pénal congolais prévoit la peine de travaux forcés pour le détournement des deniers publics bien que les poursuites pour cette infraction sont rarissimes si pas inexistantes. Bien plus, la Constitution interdit toute forme de servitude.

[83] On peut lire les points 1 et 5 du Bill of rights.

[84] Madame ELEANOR Roosevelt qualifia la DUDH de « Magna Carta Universelle ». Lire à ce sujet SIDIKI KABA, op cit, p.80.

des anglais accordée par le roi Jean, en 1215. Jadis, la préoccupation sur le rapport entre le pouvoir et la liberté était déjà perceptible. La séparation des pouvoirs (exécutif, judiciaire et législatif) prônée par Montesquieu est acceptée comme un principe fondamental par toutes les nations civilisées. Ce principe était, à l'époque, défendu par le Bill of rights en Angleterre.

128. La Déclaration de l'indépendance des États Unis du 4 juillet 1776 à Philadelphie était inspirée par la Déclaration anglaise de 1689. C'est un document capital dans l'histoire des droits de la personne humaine de par les aspirations et les valeurs profondes y proclamées car elles incarnent un idéal commun à tout être humain sous tous les cieux. Certes, la Déclaration de l'indépendance des États-Unis dispose dans son préambule que : « Nous tenons pour évidentes par elles -mêmes les vérités suivantes : tous les hommes sont créés égaux, ils sont doués par le créateur de certains droits inaliénables. Parmi ces droits se trouvent la vie, la liberté et la recherche du bonheur. Les gouvernements sont établis par les hommes pour garantir ses droits et leur juste pouvoir émane du consentement des gouvernés »[85] . Nous pensons que, de manière consciente ou pas, la Déclaration de l'indépendance des États-Unis a inspiré les rédacteurs de la Déclaration française des droits et libertés des citoyens.

129. Comme dit ci-haut, la Déclaration anglaise des droits de 1689, rédigée à la suite des guerres civiles survenues en Angleterre, la Déclaration d'indépendance des États Unis de 1776 et la Déclaration française[86] des droits de l'homme et libertés du citoyen de 1789 (proclamant la liberté, la fraternité et l'égalité universelle) démontrent à suffisance que les hommes et les femmes, jadis sous la domination ou la privation des droits et des libertés fondamentales, ont mené un grand combat en faveur de la reconnaissance et du respect de la liberté et de la dignité de tout être humain. En fait, la

---

[85] Lire la Déclaration de l'indépendance des États-Unis du 4 juillet 1776.

[86] Les philosophes des Lumières réagissaient à des conditions politiques et sociales soit inscrire la source des droits de l'homme dans la nature humaine et non dans la divinité, sauvegarder les libertés individuelles face au pouvoir politique monarchique ; le respect du pluralisme religieux et ethnique (suite aux guerres de religion) ; le respect mutuel (par rapport à la tendance des hommes de se disputer violemment des ressources alors rares) et accueillir les populations opprimées d'autres pays ne respectant pas ces droits. Avec la Révolution française de 1789, les droits de l'homme sont pour la première fois consacrés par un régime démocratique.

liberté est une aspiration profonde de l'humanité depuis des longues dates[87].

130. Le préambule de la Déclaration française des Droits de l'homme et du citoyen du 26 août 1789 met un accent particulier sur l'importance et l'impact du respect des droits et libertés dans un État. En effet, dans le préambule de cette Déclaration, il est écrit : « L'ignorance, l'oubli ou le mépris des droits de l'homme sont les seules causes des malheurs publics et de la corruption des gouvernements ». Quant aux articles 16 et 17, ils disposent que : « Toute société dans laquelle la garantie des droits n'est pas assurée ni la séparation des pouvoirs déterminée, n'a point de Constitution. La propriété étant un droit inviolable et sacré, nul ne peut en être privé, si ce n'est lorsque la nécessité publique, légalement constatée, l'exige évidemment, et sous la condition d'une juste et préalable indemnité»[88].

131. La Déclaration française met en exergue plusieurs droits notamment :

[87] Les philosophes comme Cicéron avaient déjà réfléchi sur la notion de l'universalité comme le rapporte Alfred Fernandez en disant ce qui suit : « La question du fondement de l'universalité rejoint les questions fondatrices de la communauté humaine et même de la destinée humaine, Dieu, la loi, l'État, la nature et la condition humaine. Il est impossible de se poser la question de l'universalité, sans savoir ce qu'est l'homme. » Ces affirmations sont très proches de nos préoccupations et son langage est moderne, proche du langage des droits de l'homme. Il résume la tradition de la loi naturelle avec une variante importante : la loi naturelle cicéronienne n'est pas une loi hétéronome, imposée de l'extérieur, elle est « la droite raison » qui s'identifie à la nature humaine. Cette lignée philosophique donnera lieu à la notion de droit naturel et trouvera son prolongement dans les Déclarations anglaise, américaine et française pour ensuite enfanter, dans un dernier développement, la Déclaration universelle.» (Lire Alfred Fernandez Pour l'universalité des droits de l'homme. Des idées pour penser l'universalité)

[88] Les philosophes comme Cicéron avaient déjà réfléchi sur la notion de l'universalité comme le rapporte Alfred Fernandez en disant ce qui suit : « La question du fondement de l'universalité rejoint les questions fondatrices de la communauté humaine et même de la destinée humaine, Dieu, la loi, l'État, la nature et la condition humaine. Il est impossible de se poser la question de l'universalité, sans savoir ce qu'est l'homme. » Ces affirmations sont très proches de nos préoccupations et son langage est moderne, proche du langage des droits de l'homme. Il résume la tradition de la loi naturelle avec une variante importante: la loi naturelle cicéronienne n'est pas une loi hétéronome, imposée de l'extérieur, elle est « la droite raison » qui s'identifie à la nature humaine. Cette lignée philosophique donnera lieu à la notion de droit naturel et trouvera son prolongement dans les Déclarations anglaise, américaine et française pour ensuite enfanter, dans un dernier développement, la Déclaration universelle.» (Lire Alfred Fernandez Pour l'universalité des droits de l'homme. Des idées pour penser l'universalité).

- La libre communication de pensées et des opinions qui est l'un des droits les plus précieux de l'homme. Tout citoyen peut donc parler, écrire, imprimer librement, sauf à répondre à l'abus de cette liberté dans les cas déterminés par la loi[89].
- Le droit qu'a la société de demander compte à tout agent public de son administration[90].

132. Les droits et les libertés proclamés dans toutes ces Déclarations précitées étaient transposés et introduits dans les Constitutions nationales. C'est ainsi que le préambule de la Constitution française de la IV° République du 27 octobre 1946 affirmait les grands principes de droit suivants:

- La loi garantit à la femme, dans tous les domaines, les droits égaux à ceux de l'homme ;
- Chacun a le droit de travailler et le droit d'obtenir un emploi;
- La nation proclame la solidarité et l'égalité de tous les français devant les charges qui résultent des calamités nationales ;
- La nation garantit l'égal accès de l'enfant et de l'adulte à l'instruction, à la formation professionnelle et à la culture.
- L'organisation de l'enseignement public gratuit et laïque à tous les degrés est un devoir de l'État.

133. La CADHP s'est inspiré de la DUDH. Dans son préambule, elle cite nommément l'inspiration à la Charte de l'ONU et à la DUDH. Cette dernière est la première mise en commun des Experts, des politiciens et défenseurs des droits humains du monde entier. En Afrique, au-delà des instruments juridiques, les mouvements religieux ont contribué et contribuent encore à l'éclosion et à la défense des valeurs humaines.

134. Pour les États ayant la langue française en commun, ils ont la Déclaration de Bamako qui affirme l'attachement de la Francophonie à la Déclaration universelle des droits de l'Homme et aux Chartes régionales[91]. La Déclaration de Bamako déclare : « La démocratie, pour les citoyens, y compris, parmi eux, les plus pauvres et les plus défavorisés, se juge, avant tout, à l'aune du respect scrupuleux et de la pleine jouissance de tous leurs droits, civils et politiques, économiques, sociaux et culturels, assortis de

---

89 Article 11 de la DUDH.

90 Article 15 de la DUDH.

91 Préambule de la Déclaration de Bamako. (Document trouvable en ligne : https://www.francophonie.org/IMG/pdf/Declaration_Bamako_2000_modif_02122011.pdf)

mécanismes de garanties » et chacun devait s'engager à « prendre les mesures appropriées afin d'accorder le bénéfice aux membres des groupes minoritaires, qu'ils soient ethniques, philosophiques, religieux ou linguistiques, de la liberté de pratiquer ou non une religion, du droit de parler leur langue et d'avoir une vie culturelle propre». Au-delà des Déclarations aussi pertinentes de promotion de la liberté et de la dignité de l'être humain, les africains se sont battus dans des mouvements sociaux, politiques et religieux pour défendre leur dignité.

Section 2

LA DUDH : IMPORTANCE EN AFRIQUE ET PRINCIPES AFRICAINS DE DROITS DE L'HOMME ET DES PEUPLES

A. DE L' IMPORTANCE DE LA DUDH EN AFRIQUE

135. La DUDH adoptée par les États africains à l'occasion de l'accession à la souveraineté nationale et internationale est considérée par plusieurs intellectuels et politiciens africains comme un texte importé pour le besoin de la cause c'est-à-dire un instrument justifié par la quête de la reconnaissance internationale de l'État au sein de l'ONU. L'adhésion plutôt qu'un acte sincère d'adhésion à l'aspiration universelle à l'égalité des êtres humains en droits et en dignité. Cette conception est à considérer avec des réserves car d'autres auteurs cherchent les traces des droits de l'homme plusieurs siècles avant l'adoption de la DUDH par l'Assemblée Générale de l'ONU et dans les traditions africaines positives.

136. Force est (…) d'admettre l'existence en Afrique précoloniale de véritables systèmes juridiques dotés de caractères propres. Malgré la très grande diversité des coutumes des sociétés africaines au sud du Sahara, on considère généralement qu'elles présentent une certaine unité. Cette unité se manifestera par exemple au niveau de la procédure ou à celui de la sanction de l'obligation. Concernant ce dernier point, il convient de préciser que toute la cohésion des différents systèmes juridiques africains était assurée non pas tant par l'exercice de la contrainte physique à l'égard de l'individu réfractaire que par la pression sociale[92]. Il sied de signaler la formidable innovation du système sous régional de la CEDEAO

137. Selon Godinec, avec la religiosité, le collectivisme serait une des principales caractéristiques des droits africains. Quoiqu'il en soit, malgré le contexte historique et politique de l'Afrique avant les indépendances, il nous revient de réfléchir sur le sens de l'adoption d'un instrument juridique international et ses conséquences juridiques, sociologiques et politiques.

138. En principe, l'adoption d'une norme, d'une convention internationale ou de tout autre instrument juridique est, au-delà d'une règle de société, le symbole du mérite, de la clairvoyance et des ambitions nobles pour tout État et toute OI. Une Déclaration signée par deux ou plusieurs États procèdent de la volonté souveraine des États parties invitées à l'exécuter, de bonne foi. Concernant la DUDH, c' est un document très important au sein de l'ONU et au sein de l'UA d'autant plus que cette dernière l'a domestiquée avec la CADHP et autres instruments internationaux et régionaux contraignants. Et d'ailleurs, si les Déclarations des O.I. n'ont pas de caractère contraignant pour les États, une dose de pondération s'impose pour la DUDH qui fait partie intégrante de la Charte internationale des droits de l'homme. C'est un document à portée universelle et de grande valeur politique, sociale et juridique qui n'est plus à démontrer, sur le plan international, africain et voire sur le plan national.

139. La DUDH a contribué de plusieurs manières à promouvoir les droits de l'homme. Elle a servi de référence symbolique, d'instrument d'interprétation, d'incorporation intégrale dans l'ordre juridique national et une source juridique légitimée par le processus de décolonisation. En effet, « Si la Déclaration universelle ignore la décolonisation, celle-ci au contraire, l'adopte, mieux, se l'approprie. (...) On peut (...) y déceler la force attractive de la décolonisation, en ce que celle -ci récupère l'instrument universel pour le mettre au service de son combat. L'instrumentalisation de la Déclaration universelle confère ainsi un rôle plus actif à l'idéologie de la décolonisation[93] ».

---

[92] Les auteurs expliquent les systèmes judiciaires africains et leur fondement.

[93] Adoptée au lendemain de la 2e Guerre mondiale en 1948, la DUDH a défini des valeurs élevées et des principes fondateurs d'un monde juste pour tout être humain.

140. Les Constitutions suivantes, adoptées lorsque les États sont devenus indépendants, faisaient référence à la DUDH : Guinée (1958), Fédération du Mali (17 janvier 1959) puis République du Mali (22 septembre 1960), République Centrafricaine (16 février 1959), Gabon (19 février 1959), Congo (20 février 1959), Haute Volta (28 février 1959) , Niger (12 mars 1959), Mauritanie (23 mars 1959), Côte d'Ivoire (26 mars 1959), Madagascar (1959), Tchad (3 avril 1959), Madagascar (19 avril 1959), Guinée (10 novembre 1958), Niger (1960), Cameroun (1961), Gabon (4 novembre 1960), Burundi (16 octobre 1962), Rwanda (1962), Mauritanie (1962), Algérie (1963), Sénégal (7 mars 1963), République du Congo (1963), Togo (5 mai 1963),Dahomey (1964 et 1968), République démocratique du Congo (puis Zaïre, 1964 et 1967), Malawi (1966), Guinée équatoriale (1968 et Somalie (1979). Jusqu' à ce jour, les États africains n'ont jamais cessé d'affirmer leur attachement à la DUDH à travers leur constitution.

141. Le contenu de la DUDH est entré dans le Droit international coutumier comme le rapporte GAMBARAZA qui dit : « Les dispositions de la Déclaration universelle sont applicables et ont acquis le statut de droit coutumier international. «Ils (Les droits de l'homme…) sont également protégés par la DUDH, dont plusieurs dispositions sont considérées comme ayant qualité de droit international coutumier »[94].

142. Les principes fondamentaux de la DUDH sont contraignants pour les États. A l'instar de la République islamique d'Iran quelques principes ci-après s'imposent à tous les États :

a. Les États Membres de l'Organisation des Nations Unies ont l'obligation de se conformer à des règles de conduite universellement acceptées à l'égard de leur population (…)

b. S'agissant des droits et des libertés fondamentales de la personne, la DUDH donne corps aux principes consacrés par la Charte des Nations Unies en matière de droits de l'homme, et des dispositions fondamentales comme celles qui sont citées ci -dessus constituent des normes ressortissant non seulement au droit coutumier international mais aussi au jus cogens ;

c. Les Pactes internationaux relatifs aux droits de l'homme viennent donner un plus grand poids juridique aux dispositions de la Déclaration universelle des droits de l'homme, qui, déjà, relèvent

---

[94] GAMBARAZA Marc, op.cit., p.112

elles-mêmes du droit coutumier international. La République islamique d'Iran étant partie aux Pactes, toutes les dispositions de ces instruments ont force obligatoire pour le Gouvernement iranien, qui doit s'y conformer de bonne foi est un droit établi par la pratique courante et régulière des États »[95] .

143. En fait, si les États agissent d'une certaine façon pendant une assez longue durée parce qu'ils estiment devoir le faire ainsi, ce comportement finit par être reconnu comme une pratique acceptée entre deux ou plusieurs États. A la longue, cette pratique constante devient une coutume et voire un principe du Droit international, contraignant pour les États, même si cela n'est pas consigné dans un accord particulier. De même, si la DUDH ne constitue pas, en elle-même, un instrument juridique contraignant, elle est censée relever du Droit international coutumier. La valeur du Droit coutumier international a été affirmée par la jurisprudence de la CIJ.

144. Pour Eleanor Roosevelt, tel que rapporté par H. Hannum : « Il ne s'agit pas d'un traité, il ne s'agissait pas d'un accord international, il ne s'agit et ne s'agira pas d'une énonciation légale ou d'une obligation juridique. Il s'agit d'une déclaration des principes fondamentaux des droits de l'homme et des libertés qui doivent être entérinés avec l'approbation de l'Assemblée générale par un vote formel de ses membres et servir de modèle à tous les peuples et toutes les nations »[96].

145. Le délégué du Brésil, à l'occasion de l'adoption de la DUDH avait dit : « Le Brésil a relevé que la Déclaration ne reflétait pas le point de vue particulier d'un peuple ou d'un groupe de peuples et n'était pas l'expression d'une doctrine politique ou d'un système philosophique particuliers, mais était le résultat de la coopération intellectuelle et morale d'un grand nombre de nations. C'était ce qui en faisait la richesse et l'intérêt et qui lui donnait en outre une grande autorité morale. »

146. Les droits de l'homme sont à considérer aujourd'hui comme le dénominateur commun de tous les êtres humains ou l'irréductible humain. Pour Boustros Boutros GHALI, « Les droits de l'homme constituent la langue commune de l'humanité »[97]. Ils sont supposés affranchis de l'espace et du temps, valables en tous temps et en tous

---

[95] Représentant spécial de la Commission sur la situation des droits de l'Homme dans la République islamique d'Iran en 1984, cité par GAMBARAZA, op. cit., p. 118

[96] H. Hannum, cité par Jean-Manuel Larralde, op.cit. , p.23-32.

[97] Saîdou ARJI, op.cit., p.12

lieux, indépendamment des conditions personnelles, des situations politiques et des appartenances sociales-historiques. Ils sont en outre universels et inaliénables par définition d'où aucun État ne saurait les créer, les octroyer ou les abroger, puisqu'ils lui sont antérieurs et supérieurs. De ce fait, ils empêchent les États à faire certaines choses et les obligent à en faire d'autres.

147. Aujourd'hui, la promotion et la protection des droits de l'homme sont reconnues comme une préoccupation et une responsabilité légitimes de la communauté internationale[98]. La Cour internationale de Justice l'a dit clairement dans son arrêt du 27 juin 1986 (Rec. 1986, § 267) : « L'inexistence d'un engagement (en la matière) ne signifierait pas qu'un État puisse violer impunément les droits de l'homme »[99].

148. Le Président de la Cour de La Haye l'a confirmé devant l'AG-NU réunie en session plénière le 26 octobre 1999, en disant que : « À l'orée du premier siècle du troisième millénaire, la Cour (...) milite pour l'organisation internationale, et non pour l'anarchie internationale ou pour une souveraineté étatique qui prétendrait être au-dessus des lois; elle lutte pour les droits de l'homme qui ne peuvent devenir réalité que dans le cadre de systèmes de Droit qui fonctionnent, que ce soit au niveau local, national, ou international[100] (...) ». C'est le cas de le dire, la DUDH avec toute la gamme des droits et des libertés y proclamés a contribué efficacement à l'émergence et à la valorisation des droits de l'homme au sein de l'ONU.

149. La DUDH mettant en œuvre les dispositions pertinentes de la Charte de l'ONU, elle est la base de toute la structure normative de l'ONU, dans le domaine des droits de l'homme. Quelle est sa nature ? Est-elle contraignante pour garantir le respect universel et effectif des droits de l'homme ? En vue de rendre contraignants les droits

---

[98] Selon paragraphe 4 de la Conférence mondiale sur les droits de l'homme, Vienne 1993 Déclaration et Programme d'action de Vienne.

[99] L'Arrêt de la CIJ renvoie à la coutume internationale. Les droits de l'homme relèvent des normes impératives pour les États. A titre d'exemple, la non ratification de la Convention contre la torture et peine ou traitements cruels, inhumains et dégradants ne signifient pas que l'État n'a pas d'engagement international en rapport avec l'interdiction de la torture et que tous les actes de torture pratiqués par les agents de l'État relèvent de la compétence exclusive du dit État.

[100] Gérard COHEN-JONATHAN, Les droits de l'homme, une valeur internationalisée, in Droits fondamentaux, n° 1, juillet - décembre 2001 (Le texte est trouvable dans ce site : www.droits-fondamentaux.org)

contenus dans cet instrument pour ainsi passer de l'obligation morale telle que reconfirmée par l'Acte final de la Conférence internationale des droits de l'homme tenue à Téhéran en 1968 vers une obligation juridique, l'Assemblée Générale de l'ONU avait adopté en 1966 le Pacte international relatif aux droits civils et politiques et le Pacte international relatif aux droits économiques, sociaux et culturels tout en instituant des Organes[101] de leur surveillance. Plus tard, d'autres Conventions internationales relatives aux droits humains spécifiques ont été signé sous l'égide de l'ONU. Les principales conventions ont des Organes de surveillance très intéressants qui entre autres missions apportent assistance technique aux États, reçoivent les plaintes individuelles des violations des Conventions ratifiées par les États[102].

150. C'est avec raison que le Professeur Emmanuel DECAUX affirme que : « La DUDH est la pierre angulaire de toute la construction des droits de l'Homme dans le nouvel ordre public international fondé en 1945. Ce faisant, les États internationalisaient la question des droits de l'Homme, conformément à l'article 56 de la Charte des Nations unies qui en avait fait un « objet » de la coopération

---

[101] Les organes de traités sont des mécanismes de surveillance de l'application des conventions internationales relatives aux DH. Les États soumettent les Rapports de la mise en œuvre du traité et ouvre un dialogue constructif avec les Experts pour améliorer l'application. Les individus peuvent saisir ces organes contre les États signataires des conventions et qui ne le respectent pas et ce, après avoir épuisé les voies de recours internes.

[102] Le Comité des droits de l'Homme (CCPR) qui surveille l'application du Pacte international relatif aux droits civils et politiques. - Le Comité des droits économiques, sociaux et culturels (CESCR) qui surveille l'application du Pacte international relatif aux droits économiques, sociaux et culturels. - Le Comité contre la torture (CAT) qui surveille l'application de la Convention contre la torture et autres peines ou traitements cruels, inhumains ou dégradants. - Le Comité pour l'élimination de la discrimination raciale (CERD) qui surveille l'application de la Convention sur l'élimination de toutes les formes de discrimination raciale. - Le Comité pour l'élimination de la discrimination à l'égard des femmes (CEDAW) qui surveille l'application de la Convention sur l'élimination de toutes les formes de discrimination à l'égard des femmes. - Le Comité des droits de l'enfant (CRC) qui surveille l'application de la Convention relative aux droits de l'enfant ainsi que des deux Protocoles facultatifs5 s'y rapportant. - Le Comité des travailleurs migrants (CMW) qui surveille l'application de la Convention internationale sur la protection des droits de tous les travailleurs migrants et des membres de leur famille. - Le Comité des droits des personnes handicapés (CRPD) qui surveille l'application de la Convention relative aux droits des personnes handicapées. - Le Comité des disparitions forcées (CED) qui surveille l'application de la Convention pour la protection de toutes les personnes contre les disparitions forcées.

internationale entre États, comme au sein du système onusien, tout en accordant un rôle important aux OSC. L'ensemble des droits ainsi proclamés l'étaient pour tous, « sans distinction aucune, notamment (...) d'origine nationale, sociale[103]... » ».

151. En plus du caractère contraignant des Pactes, les principes des droits de l'homme dégagés par la DUDH, acceptés universellement par les États et considérés comme l'aspiration légitime de l'humanité et de tout être humain fondent la valeur intrinsèque de la DUDH. Quoi de plus vrai qu'elle ait inspiré plusieurs Conventions internationales[104] portant sur des droits spécifiques ou concernant des catégories de personnes particulières ! Les droits proclamés par la DUDH et d'autres Conventions internationales sont généralement garantis et mis en œuvre par des lois nationales et des mesures législatives, politiques, administratives, judiciaires et autres dans chaque État.

152. Il n'y a point de doute que la sécurité des personnes et des biens assurée par les États et la réalisation du mieux-être ou de l'intérêt général qui est le leitmotiv naturel et l'objet de discours de tous les dirigeants politiques et les agents de services publics ne peuvent s'écarter et se contrarier avec les aspirations de promotion et de protection des droits de l'homme. Nous devons aisément comprendre que certains agents publics de l'État œuvrent pour ces droits même sans le savoir comme, dans le Bourgeois Gentilhomme, « Monsieur Jourdain faisait de la prose sans le savoir ».

153. Aujourd'hui, la DUDH est reconnue comme étant le fondement du Droit international des droits de l'homme. Adoptée depuis 1948, elle a inspiré un corpus très important de Conventions internationales contraignantes[105] relatives aux droits de l'homme. Elle proclame

---

[103] Emmanuel DECAUX, cité par Mario BETTATI, op.cit., p.37

[104] En ce qui concerne l'article 4, la France interprète la référence qui y est faite aux principes de la déclaration universelle des droits de l'homme ainsi qu'aux droits énoncés dans l'article 5 de la même Convention comme déliant les États parties de l'obligation d'édicter des dispositions répressives qui ne soient pas compatibles avec les libertés d'opinion et d'expression, de réunion et d'association pacifiques qui sont garanties par ces textes. En ce qui concerne l'article 6, la France déclare que la question du recours devant les tribunaux est réglée, en ce qui la concerne, selon les normes du droit commun. En ce qui concerne l'article 15, l'adhésion de la France à la Convention ne peut être interprétée comme impliquant une modification de sa position à l'égard de la résolution visée dans cette disposition.

[105] Le Droit international est un droit volontariste et les États sont soumis à l'exécution de bonne foi de leurs engagements internationaux. L'un des critères importants pour apprécier les nations civilisées, c'est justement le respect des droits de l'homme.

quelques droits et libertés fondamentales à considérer comme un standard minimum de droits et libertés reconnus universellement et garantis par le Droit international. La Déclaration a contribué, tant soit peu, à la réalisation des droits de l'homme dans le monde bien que la tâche soit ardue et mérite davantage les efforts de tout un chacun, individuellement ou collectivement, dans les associations et dans différentes institutions nationales et internationales publiques et privées.

154. La DUDH a le mérite certain d'avoir proclamé la première, la reconnaissance universelle des droits inhérents à toute personne du fait de son appartenance à la famille humaine. Les libertés et les droits fondamentaux sont inhérents à tout être humain. Ils sont inaliénables et ils s'appliquent à tous partout dans le monde. La DUDH pose le principe fondamental selon lequel tous les êtres humains sont nés libres et égaux en dignité et en droits nonobstant la nationalité, le lieu de résidence, le sexe, l'origine nationale ou ethnique, la couleur, la religion, la langue ou toute autre situation.

155. En Droit international, pour renforcer l'égalité et le principe de non-discrimination, plusieurs conventions internationales ont été adoptées et ratifiées par les États dans les domaines spécifiques. On peut citer notamment la Convention internationale sur l'élimination de toutes les formes de discrimination raciale du 21 décembre 1965, la Convention sur l'élimination de toutes les formes de discrimination à l'égard des femmes du 18 décembre 1979, la Convention relative aux droits de l'enfant du 20 novembre 1989, la Convention internationale sur la protection des droits de tous les travailleurs migrants et des membres de leur famille du 18 décembre 1990, la Convention internationale sur la protection des personnes souffrant d'un handicap du décembre 2009… Il y a lieu de reconnaître que toutes ses Conventions se réfèrent entre autres à la DUDH. Les deux Pactes de 966 et les 7 principales conventions internationales relatives aux DH ratifiés par les États africains ont des organes de traité qui surveillent ou contrôlent, pas à pas l'application de leurs dispositions par les États parties.

156. Au-delà du caractère juridique de la DUDH et ses dispositions, la valeur politique de la DUDH et par ricochet des droits de l'homme est manifeste à travers les manifestations officielles à l'occasion de la célébration de la journée internationale des droits de l'homme[106]. La DUDH célèbre ses 70 ans le 10 décembre 2018. Par ailleurs, chaque année, le 10 décembre, depuis 1950, l'ONU et ses États membres célèbrent la journée internationale des droits de l'homme. Avec la DUDH, à travers la célébration de la journée des droits de l'homme, un signal fort et important est lancé à tous les dirigeants et à toutes les personnes du monde pour le respect universel de la dignité et de la liberté de la personne humaine au-delà de toutes les diversités culturelles[107].

157. Généralement, à l'occasion de la commémoration de l'adoption de la DUDH, quelques déclarations sont présentées par les hautes personnalités œuvrant dans les organismes internationaux, les institutions publiques nationales et les ONG. Cette commémoration internationale est une démonstration de la valeur du texte et un bon moment de l'évaluation de son application. On peut lire Madame IRINA BOROKOV qui dit: « Le respect des droits de l'homme et l'exigence de leur mise en œuvre nous imposent à tous un examen de conscience radicale. Partout où les droits humains reculent, dans les rues de nos villes ou dans les couloirs des administrations, c'est une régression universelle qui s'opère »[108] .

158. Le 9 décembre 2011, la veille de la journée internationale des droits de l'homme[109], l'UNESCO décerna le prix de l'UNESCO-Madanje et Singh à deux remarquables défenseurs des droits humains : M. Khaled Abu Awwad (Palestine) et Mme Anarkali Honaryar (Afghanistan). Khaled Abu Awwad travaillait pour la réconciliation auprès des familles palestiniennes et israéliennes qui avaient perdu des proches dans les violences au proche orient. Quant à Mme

---

[106] Il sera intéressant de passer en revue les différents thèmes et discours présentés le 10 décembre au HCDH et dans différents États pour jauger les efforts fournis progressivement pour la réalisation et le respect des droits de l'homme, depuis 1950 à nos jours. Consulter ce site dédié à la journée des droits de l'homme. Dans plusieurs États aficains à l'occasion de la journée, les Gouvernements, les OSC et les Agences des Nations Unies célèbrent à leur manière cette journée comme en RDC, il arrive que les concours de plaidoirie, les marches, les conférences soient organisées. http://www.un.org/fr/events/humanrightsday)

[107] L'UE reconnaît aux États membres « la marge nationale d'appréciation».

[108] Madame Irina BOKOVA, Directrice générale de l'UNESCO, Message à l'occasion de la Journée internationale des droits de l'homme, 10 décembre 2011 http://www.unesco.org

[109] Idem.

Anarkali, elle luttait pour l'amélioration des conditions des femmes et des groupes minoritaires en Afghanistan.

159. Le 10 décembre 2012, Madame Haut- commissaire des Nations Unies aux Droits de l'Homme, Navy Pillay, avait interpelé l'humanité sur la nécessité de l'inclusion de tous pour jouir des droits de l'homme étant donné que toute exclusion est source dangereuse de violation des droits de l'homme. Le thème retenu cette année-là était ainsi formulée : « Inclusion : le droit de participer à la vie publique ». En fait, le slogan retenu à l'occasion de cette célébration de la journée des droits de l'homme est une interpellation et un réconfort moral pour toute personne devant savoir que sa voix compte pour la prise de solution aux questions de la communauté : « Ma voix compte ».

160. Du 10 décembre 1993, date de la tenue de la Conférence de Vienne sur les droits de l'homme et la création du HCDH[110] au 10 décembre 2013, voilà 20 ans passés ! Pour le Secrétaire Général de l'ONU, « La Conférence mondiale de 1993 sur les droits de l'homme tenue à Vienne a marqué une étape décisive dans l'histoire de l'ONU. L'adoption de la Déclaration et du Programme d'action de Vienne nous ont fait progresser dans la défense des principes énoncés dans la Charte des Nations Unies et la DUDH. Les 7 000 participants à la Conférence ont surmonté de grandes divergences pour établir un document d'une grande puissance qui a fait valoir que les droits économiques, sociaux, culturels, civils et politiques étaient indivisibles et interdépendants, chaque droit contribuant à la jouissance de l'autre ».[111]

161. Le thème retenu pour la célébration de la journée internationale des droits de l'homme (décembre 2013) a un rapport étroit avec la responsabilité des États de promouvoir les droits humains d'une part et d'autre part la nécessité de l'implication de tout le monde pour

---

[110] Le Centre des Nations Unies pour les Droits de l'Homme et la Démocratie en Afrique Centrale travaille spécifiquement à promouvoir et protéger les droits de l'homme et la démocratie dans les 10 pays d'Afrique centrale (le Burundi, le Cameroun, le Gabon, la Guinée équatoriale, la République centrafricaine, la République démocratique du Congo, la République du Congo, le Rwanda, le Sao Tomé et Principe et le Tchad) à travers le renforcement des capacités, le plaidoyer, le lobbying, le dialogue, l'assistance technique et les services consultatifs étendus aux gouvernements, parlements, équipes-pays des Nations Unies, Institutions nationales des droits de l'homme, organisations de la société civile et médias, entre autres.

[111] ONU-HCDH : Déclaration et programme d'Action de Vienne.20 ans au travail pour vos droits, 2013, p.5

que ces droits soient respectés. Le HCDH fête ou célèbre en 2016 ses 20 ans au service de nos droits[112]. En effet, il a travaillé pendant 20 ans pour promouvoir les droits de l'homme conformément à la Charte de l'ONU et à la DUDH. Il importe de connaître et de comprendre les thèmes, les recommandations et les activités importantes de promotion des droits de l'homme dans le monde, depuis l'adoption de la DUDH.

162. Quant au 10 décembre 2014, le thème retenu pour célébrer le 66° anniversaire de la DUDH a un rapport avec la promotion des droits de l'homme 365 jours sur 365 jours. Il est question d'insister sur tous les droits de l'homme à promouvoir au quotidien. La protection des DH s'avère importante tous les jours et dans toutes les sociétés. Le 9 décembre 2016, la célébration du 68° anniversaire de la DUDH, le thème retenu était « Défendre le droit de quelqu'un aujourd'hui ». En RDC, cette célébration coïncidait avec le 20è anniversaire du BCNUDH/MONUSCO. Comme d'habitude à l'occasion de cette journée, le Discours du Secrétaire Général et du Haut- Commissaire aux droits de l'homme ainsi que ceux des Ministre de la justice et droits humains, de la CNDH et des ONG[113] sont lus dans plusieurs pays.

163. Le rayonnement de la DUDH est significatif au sein de l'ONU. De toute évidence, c'est l'un des textes ayant le plus grand nombre de traductions dans plusieurs langues parlées à travers le monde hormis la Bible. Bon nombre d'États ont intégré les dispositions de la DUDH dans leurs Constitutions nationales. La dignité de la personne humaine exprimée à travers la DUDH avait entrainé une attention particulière sur le phénomène généralisé de l'esclavage et la traite des noirs. Les héros et les martyrs des indépendances en Afrique étaient marqués par l'aspiration profonde à la liberté, à la fraternité,

---

[112] Les efforts de promotion et de protection des DH par le HCDH pendant les 20 ans passés à travers le monde sont énormes tant sur le plan normatif que sur le plan de la coordination des activités des droits de l'homme dans le monde. Avec les défis à relever, le plus grand atout du HCDH est la collaboration avec l'ONU et tout le système onusien y compris le Conseil des Nations Unies pour les droits de l'homme, l'assistance technique aux États et l'implication des Organisations de la société civile dans la recherche des solutions pour la promotion et la protection des DH. L'auteur a bénéficié d'un stage professionnel au Bureau terrain du HCDH de la RDC en 2006 et plusieurs formations et interventions dans les activités du BCNUDH.

[113] La Déclaration des ONG de la RDC était lue par l'auteur et est trouvable en ligne. C'est le bon moment pour passer en revue la situation des DH, les atouts et les défis à relever. (www.audf-rdc.org)

à la dignité et à l'égalité des personnes sans aucune discrimination de sexe, d'âge, de race…et cela transpire dans leurs discours.

164. En effet, avec la DUDH et les autres documents comme la Charte des Nations Unies ainsi que la Résolution de l'AG-NU de 1952 sur les droits des peuples et des nations à disposer d'eux-mêmes[114], les leaders des indépendances avaient eu le courage et l'appui légal pour leurs revendications légitimes de la décolonisation et de l'abolition de l'esclavagisme. A propos de la DUDH, on peut relever avec SIDIKI KABA, que : « Ce document constitue une description éloquente et approfondie des droits de tous les êtres humains. En outre, il donne aux individus une place qu'ils n'avaient jamais eue auparavant dans le Droit international [115]».

165. Fondés sur les droits de l'homme, les hérauts des Indépendances dans les territoires colonisés ont pu canaliser leurs revendications politico-sociales dans les structures oppressives du colonialisme[116]. Pour M. SIDIKI KABA, les leaders qui se sont battu pour l'indépendance des États africains s'étaient inspiré de la DUDH. Dans la lutte pour l'indépendance de ces États (Guinée : indépendance le 28 septembre 1958, Dahomey/1er août 1960, Niger/3avril 1960, Haute-Volta/5août : 1960, Côte d'Ivoire : 7août1960, Tchad : 11août1960, République centrafricaine : 13 août1960, Gabon : 17août1960, Sénégal : 20 août 1960 et Mali : 20 août 1960), les leaders africains fondaient leurs revendications sur les principes philosophiques et juridiques édictés par la DUDH. Leur combat fondé sur les valeurs universelles proclamées par la DUDH a eu un retentissement profond auprès des opinions publiques des puissances colonisatrices[117].

166. La DUDH connaît une très large diffusion dans le monde, du fait de son importance. Plusieurs traductions et sites internet sont consacrés à ce document du fait de son caractère précieux. On peut trouver et consulter la Déclaration universelle multilingue[118]. Dans ce site, la

---

114 Cette résolution considérait que le droit des peuples et des nations à disposer d'eux-mêmes est une condition préalable à la jouissance de tous les droits fondamentaux de l'homme, et que chaque membre de l'Organisation doit le respecter.

115 SIDIKI KABA, Défendre la Déclaration universelle des droits de l'homme, éd. Collection Xaam sa Yoon, Sénégal, 1998, p.86.

116 On peut lire ISAYA MAKUNGU ma NGOZI, Le droit à la vie des masses rurales, in Philosophie et droits de l'homme. Actes de la 5° Semaine philosophique de Kinshasa du 26 avril au 1er mai 1981, Faculté de théologie catholique, Kinshasa, 1982, pp69-89.

117 SIDIKI KABA, op.cit., p.8

118 Consulter ce site :

DUDH est traduite dans plus de 70 langues y compris des langues africaines dont : afrikaans,- albanais, allemand, anglais , arabe, aragonais , arménien, asturien, auvergnat ,azéri , basque, bengali, berbère , biélorusse, bosniaque, breton, bulgare, catalan, chinois, coréen, corse , créole haïtien , croate, danois , espagnol ,estonien , féroïen, finnois , français , frioulan , frison , gaélique écossais , gaélique irlandais , galicien , gallois , gascon , géorgien , goujarati , grec , khmer , haoussa , hébreu, hindi, hongrois, indonésien, islandais, italien , japonais, javanais, kazakh, kirghize ,kurde, latin , letton , lituanien , lingala, luxembourgeois, macédonien, malais, malgache , maltais, maori, maya, maya (quiché), mongol, nahuatl , néerlandais , népalais , norvégien (bokmål), norvégien (nynorsk) , occitan , ouïghour , ouzbek , persan , picard , polonais , portugais , provençal , romanche , roumain , russe , sango , sarde , serbe , slovaque , slovène , sorabe , somali , suédois , swahili , tadjik , tagalog , tahitien , tamoul , tchèque , thaï , tibétain , turc , turkmen , ukrainien, vietnamien , wallon , wolof , yiddish et zoulou…

167. En somme, au-delà de la multiplicité de traductions de la DUDH, elle a inspiré plus de 100 Déclarations et traités internationaux relatifs aux droits de l'homme. Elle a influencé des dispositions constitutionnelles, des lois nationales et des actes réglementaires, ce qui constitue un système global juridiquement contraignant pour la promotion et la protection des droits de l'homme sur le plan national. Les DH, dit-on, irriguent le Droit positif des États.

168. De toute évidence, c'est suite à la DUDH ou à son inspiration qu'une série d'instruments relatifs aux DH ont été élaborés notamment le Pacte international relatif aux droits civils et politiques (PIDCP) et le Pacte international relatif aux droits économiques, sociaux et culturels PIDESC) ainsi que les Instruments régionaux de promotion et de protection des droits de l'homme.

169. Les 9 principaux traités internationaux[119] et protocoles facultatifs ainsi que les Déclarations internationales tout comme les Instruments régionaux dont la Charte africaine des droits de l'homme et des peuples ont repris ou complété bon nombre de dispositions contenues dans la DUDH en les rendant ainsi effectivement contraignantes pour les États qui les ont ratifiées. Ils

---

http://www.lexilogos.com/declaration_droits_homme.htm

[119] Lire tous les instruments internationaux dans le site du HCDH (Trouvable en ligne https://www.ohchr.org/FR/ProfessionalInterest/Pages/CoreInstruments.aspx)

définissent des droits ordinaires tels que le droit à la vie, l'égalité devant la loi et les services publics, le droit à un recours effectif devant un juge indépendant et impartial, la liberté d'expression, le droit à l'éducation, le droit à un niveau de vie suffisant, le droit au travail, à la sécurité sociale et à l'éducation... faut-il à ce stade constater que tous les instruments relatifs aux droits de l'homme ont fait référence à la DUDH dans leur préambule.

170. La DUDH a, à ce jour, influencé plusieurs Conventions internationales, régionales et sous régionales qui traitent des problèmes spécifiques (la race, la torture, les disparitions forcées…) et des problèmes touchant des groupes d'individu ayant besoin d'une protection spéciale (Femmes[120], enfants, personnes souffrant de handicaps, travailleurs migrants, les minorités…).

171. De la DUDH à tous les autres instruments onusiens et africains relatifs aux droits de l'homme, l'effort normatif est appréciable. En Afrique, quelques Conventions ont été adoptées et ratifiées par les États membres de l'UA et d'innombrables Résolutions et Déclarations ont été adoptées. Entre temps, les États africains ont ratifié plusieurs Conventions internationales relatives aux droits de l'homme l'ONU. Peut- on déduire qu'il y a la volonté politique des États africains de promouvoir et de protéger les droits de l'homme et des peuples ? La question mérite d'être abordée avec tact. La mise en œuvre des mécanismes de protection tant au niveau national, au niveau des CER qu'au niveau régional est souvent butée à plusieurs difficultés.

172. Pour rencontrer les aspirations de la nouvelle génération en Afrique, l'émergence du système africain de promotion et de protection des droits de l'homme passera par l'accélération de la ratification des Conventions internationales africaines et onusiennes pour donner un caractère contraignant aux engagements pris par les États dans ce domaine redouté souvent par les dirigeants. Les mouvements citoyens qui se développent, çà et là, en Afrique traduisent le besoin des grands changements sur la gouvernance, l'évolution

---

[120] Les États ont pris plusieurs engagements renforçant l'égalité des personnes en droits et en dignité notamment entre l'homme et la femme tel que stipulé dans la DUDH. Il en ressort ainsi, par exemple, de ratification de la Convention sur l'élimination de toutes les discriminations à l'égard de la femme, de la Déclaration sur la protection des femmes et des enfants en situation des conflits et de la Déclaration sur l'élimination des violences à l'égard des femmes.

démocratique et la promotion des droits de l'homme[121] qu' il faille promouvoir la vulgarisation, la sensibilisation, la formation et l'appropriation du système africain de promotion et de protection des droits de l'homme et des peuples.

173. En effet, les dirigeants sont des détenteurs des obligations positives et négatives soit abstention pour permettre aux populations de jouir et exercer paisiblement leurs droits et libertés fondamentales. Pour les dirigeants africains, malgré leur volonté exprimée dans les grands fora solennels, suivie parfois par la signature des « Actes historiques », leurs actes, attitudes et comportements imprégnés par les principes et valeurs universelles et africaine de droits de l'homme valent plu que des discours ou déclaration d'intention pour la dignité des africaines et africains. Le renouveau pour un système africain de promotion et de protection des droits de l'homme exige inévitablement l'appropriation des droits garantis par les instruments de l'UA, des CER et de l'ONU et voire les Accords avec d'autres Organisations internationales et États non africains. La CADP est un instrument qui s'impose aux africains ! Le Protocole relatif à la création du conseil de paix et de sécurité de l'UA prie les États membres de l'UA de respecter l'État de droit, les droits fondamentaux et les libertés, le caractère sacré de la vie humaine et le DIH.

174. Soutenir les valeurs africaines et les principes universels des droits fondamentaux appelle des attitudes et des comportements dignes de tout un chacun pour favoriser la réalisation effective de tous les droits de l'homme pour tous, en Afrique. Les valeurs morales, religieuses, sociales et civiques devraient être intériorisées par tous en vue d'instaurer la culture des droits de l'homme et de la paix. Pour ce faire, il y a une nécessité impérieuse pour les États africains d'assurer l'éducation et la formation aux droits de l'homme, tous les niveaux de l'enseignement et au profit de toutes les catégories socio-professionnelles. A cet effet, après la décennie des Nations Unies pour l'éducation aux droits de l'homme, l'Assemblée Générale de l'ONU a adopté le 10 décembre 2004 le Programme mondial d'éducation dans le domaine des droits de l'homme. L'UA a emboité

---

[121] Le Protocole relatif à la création du Conseil de paix et de sécurité de l'Union Africaine prie les États membres de l'UA de respecter les droits fondamentaux et les libertés, le caractère sacré de la vie humaine et le DIH.

le pas mais il faut améliorer les outils de communication et aménager des moyens humains et financiers conséquents.

175. Le 19 décembre 2011, l'AG-NU avait adopté la Déclaration sur l'éducation et la formation aux droits de l'homme par la Résolution 66/37. Selon cette Déclaration, compte tenu de son importance , reprenons in extenso, ce qui suit: « L'éducation et la formation aux DH devraient se fonder sur les principes énoncés dans la DUDH et les instruments pertinents et avoir pour but : faire connaître, comprendre et accepter les normes et principes universels relatifs aux DH, ainsi que les garanties en matière de protection des DH et des libertés fondamentales aux niveaux international, régional et national ; développer une culture universelle des DH où chacun soit conscient de ses propres droits et de sa responsabilité à l'égard des droits d'autrui, et favoriser le développement de la personne en tant que membre responsable d'une société libre et pacifique, pluraliste et solidaire ; tendre vers la réalisation effective de tous les DH et promouvoir la tolérance, la non- discrimination et l'égalité ; assurer l'égalité des chances en donnant à tous accès à une éducation et à une formation aux DH de qualité, sans discrimination aucune et contribuer à la prévention des violations des DH et à la lutte contre la discrimination , le racisme, les stéréotypes et l'incitation à la haine sous toutes les formes , et contre les attitudes et les préjugés néfastes qui les sous-tendent , ainsi qu'à leur élimination[122]». L'attrait à l'éducation[123] aux droits de l'homme est la conséquence logique de la place des DH dans les Relations internationales.

176. De nos jours, les droits de l'homme conditionnent parfois les relations internationales. A l'occasion du Sommet de la Francophonie à La Baule, le Président François Mitterrand et tous les Chefs d'État et de gouvernement ayant en partage la langue française avaient conditionné les Relations internationales au respect des droits de l'homme et de la démocratie. De son côté, dans sa

---

[122] Article 4 de la Déclaration sur l'éducation et la formation aux droits de l'homme. (Annexe 4)

[123] Pour Madame MAIMOUNA, fonctionnaire au HCDH : « L'enseignement des droits de l'homme dans tous les programmes scolaires (cherchent) à instaurer, désormais, la culture de la paix comme nouvelle foi dans l'âme et l'esprit des générations présentes et futures. »

politique étrangère, l'UE entretient un Dialogue sur les droits de l'homme avec les États tiers[124].

177. Bien avant La Baule, Jimmy Carter, le Président honoraire des États-Unis, éleva les droits de l'homme au rang des questions internationales, en 1977. Il fit du thème des droits universels une priorité de la politique étrangère américaine, encourageant les partisans des droits de l'homme dans le monde entier. Il tenta de dégager la question internationale des droits de l'homme des rivalités politiques imposées à l'Est et à l'Ouest par la Guerre froide, et des désaccords Nord-Sud entre pays industrialisés et non industrialisés sur les questions économiques. Cette évolution donna un souffle nouveau et une légitimité accrue aux organisations de défense des droits de l'homme partout dans le monde[125]. A ce jour, TCC implanté dans plusieurs États contribue énormément à la promotion et à la protection des droits de l'homme dans le monde.

178. Les États-Unis et les pays européens commencèrent à prendre en considération la situation des droits de l'homme dans leur politique d'aide économique. Et l'Acte final d'Helsinki, signé en 1975, plaça explicitement les droits de l'homme au cœur des relations américano-soviétiques »[126]. De toute évidence, « La question des DH dans les rapports Est-Ouest aussi bien que dans les rapports Nord –Sud est devenue une arme politique et diplomatique, une arme idéologique aussi utilisée à des fins de subversion ou de déstabilisation. D'où l'intérêt pour les régimes démocratiques libéraux et pluralistes réclamant les mêmes valeurs, d'adopter une ligne de conduite analogue, de se concerter au sein de l'ONU et dans les OI régionales, pour arrêter une conduite commune en matière des DH[127].

179. Abondant dans le même sens, l'ONG américaine HRW considère que : « L'engagement en faveur des droits humains nécessite non seulement que l'on prenne leur défense au niveau national mais aussi

---

[124] Sara Guillet, Dialogues droits de l´homme, dialogue politique : éléments de synthèse, in Droits Fondamentaux, n° 6, janvier - décembre 2006 www.droits-fondamentaux.org

[125] Georges Clark, les droits de l'homme en bref, Bureau international de l'information Département d'État des États-Unis d'Amérique (www.america.gov)

[126] Georges Clark, op. cit., p.11

[127] Daniel Colard, La Déclaration universelle des droits de l'homme a 40 ans, in Défense nationale. Problèmes politiques et économiques, scientifiques et militaires, janvier 1989, pp 65-80

que l'on emploie tous les outils disponibles adaptés pour convaincre d'autres gouvernements de les respecter tout autant »[128].

180. Les pressions publiques faites sur les gouvernants violateurs des droits de l'homme démontrent un soutien indéfectible de toute la communauté internationale aux victimes de violations des droits de l'homme partout dans le monde. Ces pressions exercent indubitablement une influence dans le Chef des dirigeants appelés à améliorer la situation des droits de l'homme dans leurs États[129].

181. A la place de la pression face à la souveraineté des États et la politique de deux poids deux mesures observées lorsqu'il s'agit de dénoncer les violations des droits de l'homme commises par les Grandes Puissances et les Pays en développement, il y a lieu d'encourager un degré élevé de dialogue ou de coopération avec ceux des dirigeants qui manifestent ouvertement leur volonté d'améliorer la situation des droits humains, tel que démontré par Kenneth Roth dans le Rapport précité.

182. Les Gouvernements indexés de violations massives des droits de l'homme s'opposent catégoriquement aux pressions externes au nom de la diversité culturelle[130], de l'égalité souveraine des États et du principe de non-ingérence dans les affaires internes d'un État. A titre d'exemple, prenons le cas de la Chine. Celle-ci, acculée sur la situation de la Birmanie et du Prix Nobel Liu Xiaobo[131], son gouvernement déclara que : « Soumettre une résolution spécifique (à l'Assemblée générale) contre un pays (...) politise la question des droits humains et n'est pas favorable à une réelle coopération en matière de droits humains ».

---

[128] Kenneth Roth, « L'inaction face aux abus. Les risques du dialogue et de la coopération avec les gouvernements qui violent les droits humains », in Rapport mondial 2011 Événements de 2010 de HRW, 2011, pp18-27.

[129] La tendance actuelle de la diplomatie secrète, le dialogue et la coopération bilatérale ne remettent pas en cause la valeur politique des droits de l'homme sur le plan international bien qu'elle risque de cautionner l'abandon des populations martyrisées et de leurs défenseurs des droits de l'homme.

[130] La diversité culturelle ne devra pas servir d'alibi pour violer les droits de l'homme et empêcher un droit de regard de la communauté internationale sur les déviations des dirigeants politiques. Avant les années 1990, les Chefs d'États africains ont beau justifier le monopartisme comme adapté au peuple africain mais ils ont fini par se raviser que la pensée unique est incompatible avec la démocratie et les aspirations légitimes des citoyens dans nos sociétés modernes.

[131] Le chinois LIU XIAOBO, Prix Nobel de la Paix 2010 et sa femme ont été victimes des détentions, sans motif.

183. Dans le même ordre d'idée, le Groupe africain à l'ONU avait affirmé qu'il ne soutiendrait les résolutions spécifiques sur un pays qu'avec le consentement du gouvernement ciblé, autrement dit qu'à condition que la résolution n'exerce aucune pression. A une époque, l'UA était considérée comme un Club d'amis[132]. Il est curieux de constater que pour certaines raisons, parfois, les dirigeants africains indexés pour violation des DH, recourent même aux menaces ». Le Burundi avait menacé de se retirer de l'ONU en s'opposant contre le renouvellement du mandat de la Commission d'enquête internationale sur les violations des droits de l'homme au Burundi. De son côté, la RDC avait refusé la création d'une Commission d'enquête internationale pour enquêter sur les violations des droits de l'homme graves dans le KASAI. Par contre, une Commission[133] d'enquête mixte[134] 31 21 était créée pour enquêter sur la répression des manifestations du 31 décembre 2016 et 21 janvier 2017 revendiquant la tenue des élections présidentielle et législative dans le délai constitutionnel.

184. Quant au prétexte culturel, parfois défendu par quelques politiciens africains, avec des mots flatteurs pour les afro-asiatiques, M. SIDIKI KABA dit : « Il est rigoureusement faux de soutenir que les droits de l'homme sont un luxe pour les africains ou les asiatiques et que l'autoritarisme est le trait dominant de leur culture. Quel est l'africain qui veut être victime de l'arbitraire, de la tyrannie, de l'abus de pouvoir, de la torture, de la discrimination, de la violence d'État, de la misère, de la famine, de la maladie, de l'ignorance, du chômage, de la faim ? »[135].

---

[132] Au sujet du monopartisme justifié par la culture africaine, le Président finit par déclarer que « Face à la tempête de l'histoire, un fruit mûr ou pas mûr, il finit par tomber. »

[133] L'auteur était membre de la CEM3121. Le REPRODEV avait participé aussi aux travaux de la CEM 1919 ayant enquêté sur les violations des droits de l'homme du 19 septembre et 19 décembre 2017 suite aux manifestations pacifiques des catholiques revendiquant le respect de l'Accord du 31 décembre 2016 relatif à la tenue des élections présidentielle et législatives, et mesures de décrispation politique.

[134] Une Commission présidée par la dame Ministre des Droits humains MUSHOBEKWA avec représentants du Ministère de la justice, Ministère des Droits humains, CNDH, délégués des Organisations de la société civile et observateur de la MONUSCO et UA. Le mérite de pareille Commission était d'entendre les victimes

[135] SIDIKI KABA, op. cit., p.95

185. Sans aucune réserve, les DH sont l'aspiration commune de tous les êtres humains, malgré quelques spécificités d'expression culturelle pour les groupes d'individus. Et d'ailleurs, les OI et les États recourent souvent au dialogue avec les autorités étatiques pour échanger autour des questions des droits de l'homme tenant compte des réalités locales. Le dialogue des droits de l'homme instauré sur le plan international dans le cadre du G8 peut nous édifier. Une Déclaration de G8/Afrique dit : « Pour atteindre nos objectifs, nous sommes déterminés à continuer de promouvoir ensemble nos valeurs communes, à savoir la paix, les droits de l'Homme, la gouvernance démocratique et le développement durable ; et nous continuerons d'assumer nos responsabilités respectives et partagées à cet égard, dans un esprit de transparence mutuelle »[136]

186. L'un des mérites du Droit international africain des droits de l'homme, on peut insister, c'est d'avoir produit et accepter un arsenal important des normes pertinentes relatives aux droits de l'homme à la suite de la DUDH et la Charte internationale des droits de l'homme ainsi que les Traités de l'ONU y relatifs , les Déclarations et principes directeurs ou Règles adoptés par l'AG-NU et la Commission africaine des droits de l'homme et des peuples.

187. Toutes les conventions internationales reprises supra sont contraignantes pour les États qui les ont ratifiées et la multitude de Déclarations fait l'objet d'une concertation et solidarité remarquables des citoyens du monde engagés à apporter des solutions aux problèmes qui touchent les femmes et les hommes ainsi que les enfants du monde entier. Les Déclarations non contraignantes aboutissent souvent à la signature des Conventions. Les normes internationales relatives aux DH sont élaborées par les États qui décident de promouvoir le respect et la dignité de la personne humaine à telle enseigne que même si les États ne les ont pas ratifiées, elles jouent un rôle important en Droit international des droits de l'homme.

188. En effet, si les conventions internationales sont contraignantes, les Déclarations, les Règles minima, les Principes directeurs relèvent de ce qu'on appelle « soft law » soit le (Droit mou) ou Droit international coutumier qui s'impose aux États tant qu'ils sont

---

[136] Déclaration conjointe G8/Afrique : des valeurs communes et des responsabilités partagées du Sommet du G8 de Deauville du 26-27 mai 2011. (La Déclaration conjointe était signée entre le G8 et l'Afrique du Sud, l'Algérie, l'Égypte, l'Éthiopie, le Nigéria et le Sénégal, ainsi que la Commission de l'Union africaine.)

considérés comme des principes fondamentaux des nations civilisées, des règles erga-omnes ou normes impératives. La DUDH sous examen, relevant du Droit mou, il y a lieu de répondre à la question de savoir « quelle est sa valeur au sein des OI et des États »?

B. LA DUDH ET L'UNION AFRICAINE

« Les droits de l'homme se présentent comme un ensemble cohérent de principes juridiques fondamentaux qui s'appliquent partout dans le monde tant aux individus qu'aux peuples et qui ont pour but de protéger les prérogatives inhérentes à tout homme et à tous les hommes pris collectivement en raison de l'existence d'une dignité attachée à leur personne et justifiée par leur condition humaine. » Kéba MBAYE.

189. L'influence de la DUDH s'étend de l'ONU aux organisations régionales et sous régionales. En effet, l'Union africaine, l'Union européenne, l'Organisation des États américains et bien d'autres Organisations sous régionales et culturelles ont adopté leur propre mécanisme de protection et de promotion des droits de l'homme. Il est évident que les droits de l'homme sont partagés par toutes les composantes de la Communauté internationale et apportent une évolution et des innovations importantes au Droit international classique[137]. Inspirées ou pas par la DUDH, les Organisations régionales défendent, mutatis mutandis, les mêmes idéaux et valeurs que ceux garantis par la DUDH.

190. La DUDH a inspiré la CADHP. La FIDH explique le processus de la création de la CADHP. En effet, la création d'un système continental cohérent de protection des droits de l'Homme en Afrique répond à un mouvement international plus large d'élaboration de systèmes régionaux de protection des droits de l'Homme initié par l'adoption de la Convention européenne de sauvegarde des droits de l'Homme et des libertés fondamentales en 1950 suivie de la mise en place d'une Cour européenne des droits de l'Homme et par l'entrée en vigueur de la Convention américaine des droits de l'Homme en 1969 créant la Cour interaméricaine des droits de l'Homme. Le retard pris dans l'établissement du système africain correspond

[137] Pour la Conférence mondiale sur les droits de l'homme, Vienne 1993 Déclaration et Programme d'action de Vienne en son paragraphe 4, « Aujourd'hui, la promotion et la protection des droits de l'homme sont reconnues comme une préoccupation et une responsabilité légitimes de la communauté internationale.»

principalement à l'environnement politique des années 1960 et 1970 marqué par certains chefs d'État plus soucieux de brandir le principe de la souveraineté nationale pour cacher les violations des droits de l'Homme commises dans leur pays que de construire un système supra national de protection des droits de l'Homme.[138]

191. L'Afrique a la particularité de considérer à la fois les droits de la personne humaine et ceux de tout un peuple. C'est fort de cette philosophie que l'idée d'un instrument de protection des droits de l'homme avait germé depuis janvier 1961 parmi les juristes africains. Le 28 juin 1981 soit vingt ans plus tard sous la dénomination de Charte africaine des droits de l'homme et des peuples, l'Afrique avait adopté son Instrument régional à Nairobi[139]. La Charte a été en fait le fruit des souffrances atroces subies par les peuples africains en République centrafricaine, en Guinée équatoriale, en Afrique du Sud et en Ouganda. (Voir l'histoire de l'Empereur Bokassa 1er, Président Marcia N'gemma et le Maréchal Idi Amin Dada). L'Union africaine (Ex Organisation de l'Unité africaine) a adopté la Charte africaine des droits de l'homme et des peuples le 21 octobre 1986 en reprenant les droits proclamés par la DUDH et tout en y ajoutant quelques aspects des droits importants dans le contexte africain.

192. Au regard de l'analyse de Maurice KAMTO, les seize premiers articles de la Charte consacrés à ces droits sont en effet des réécritures ou des adaptations de diverses dispositions de la DUDH[140].

- L'article 2 reproduit textuellement l'article 2 de la DUDH relatif à l'interdiction de différentes formes de discrimination avec l'ajout « d'Ethnie » dans le cas spécifique de l'Afrique.
- L'article 3 de la Charte est une reproduction de l'article 7 de la DUDH avec amputation du dernier paragraphe.

---

[138] Préface de Souhayr Belhassen dans le livre de FIDH : Guide pratique : La Cour africaine des droits de l'homme et des peuples. Vers la Cour africaine de justice et des droits de l'Homme, avril 2010, p.5

[139] Cour africaine des droits de l'homme et des peuples : Manuel de pratique relatif aux procédures de la Cour africaine des droits des droits de l'homme et des peuples, 2013, p.1

[140] Maurice KAMTO, Charte africaine, instruments internationaux de protection de droits de l'homme, Constitutions nationales : articulations respectives, in Droit et justice, éd. Bruylant, Belgique, 2004, pp 11-47.

- L'article 4 de la Charte nous renvoie à une présentation laconique et significative de l'article 3 de la DUDH qui se limite à dire que Tout individu a droit à la vie, à la liberté et à la sureté de sa personne.
- L'article 5 de la Charte combine les articles 4 et 5 de la DUDH tout en insistant sur le respect de la dignité humaine et la reconnaissance de la personnalité juridique.
- L'article 6 de la Charte bien que reprenant l'article 9 de la DUDH ajoute une condition du respect des conditions et des formes justifiant la privation de la liberté, avec l'acceptation des arrestations arbitraires justifiées par l'existence de la loi, même liberticide.
- L'article 7 de la Charte englobe les articles 8,10 et 11 de la DUDH avec la particularité de centrer autour du Droit de toute personne à ce que sa cause soit entendue en justice avec toutes les garanties de procès équitable.
- L'article 8 de la Charte reprend une partie de l'article 18 de la DUDH, en ajoutant une limitation relative au respect de l'ordre public. Ceci confirme l'aspect du devoir attaché aux droits de l'homme.
- La Charte a prévu la liberté d'opinion à l'article 9 à côté de la liberté d'information[141] en ajoutant la clause limitant la liberté par l'exercice des droits et libertés, dans le cadre des lois comme il apparait aussi aux articles 11 et 12 de la Charte. Bien plus, on peut constater que la liberté de pensée a été élaguée.
- L'article 14 de la Charte a repris l'article 17 de la DUDH relatif au droit à la propriété, malheureusement sans intégrer le droit à la propriété collective prévu dans la DUDH bien que l'Afrique soit confrontée sérieusement aux conflits fonciers et des peuples.

193. En effet, dans son étude sur les « Droits de l'homme et l'Afrique », Monsieur Karel VASAK dit : « Ce qui frappe tout d'abord (dans la CADHP), c'est que les Constitutions africaines insistent beaucoup plus que les textes européens, asiatiques ou américains, sur les devoirs qu'a l'individu envers la communauté »[142]. Les

[141] En novembre 2011, seulement six États étaient dotés de lois sur l'accès à l'information notamment l'Afrique du Sud, l'Angola, l'Ethiopie, le Liberia, l'Ouganda et le Zimbabwe.

[142] Karel Vasak cité par René Degni-SEGUI, Les droits de l'homme en Afrique noire francophone (Théories et réalités), Abidjan, 1998, p.58.

conséquences de cet état de choses, selon Karel VASAK, c'est que le système africain plonge ses racines dans les valeurs de la civilisation africaine. Dans celle-ci en effet, l'individu étant intégré au groupe dont la primauté s'impose, ses droits sont indissociables de ses devoirs qui constituent des droits correspondants de celui-ci... la primauté du groupe implique la prévalence des devoirs de celui-ci sur ces droits »[143].

194. De même, pour René Déni-SEGUI, la spécificité des droits de l'homme, dans le contexte africain, c'est aussi l'insistance sur les droits de solidarité. Il enseigne que : « Appelés droits de la 3° génération, les droits de la solidarité sont ceux pour lesquels le Tiers-Monde en général et l'Afrique en particulier peuvent s'enorgueillir d'avoir apporté une contribution inestimable. On peut à cet effet, évoquer le droit à l'autodétermination ou droit des peuples à disposer d'eux-mêmes, droit au développement, droit à la jouissance égale du patrimoine commun de l'humanité, droit à la paix et au double plan national et international, et droit à un environnement sain »[144].

195. Les dispositions de la Charte africaine des droits de l'homme et des peuples tout comme le contenu de la DUDH réverbéré dans les principaux Traités de l'ONU sont applicables en complément avec tout l'arsenal du Droit international des droits de l'homme[145]. La CADHP est, dans son inspiration première, une expression de la volonté des États africains de se démarquer de l'approche occidentale des droits de l'homme exclusivement centrée sur l'individu (Cette thèse est un peu fragilisée par l'article 14 de la Charte sur le droit à la propriété collective tel que stigmatisé ci-dessus) et projetée au reste du monde sous le couvert de l'universalisme. Cette conception est à la base de la DUDH de 1948 dont les textes régionaux latino-américains et européens constituent un instrument d'application privilégié[146].

196. L'Afrique s'est dotée de la CADHP inspirée largement de la DUDH. Quelques Cours constitutionnelles des États africains se sont référées à la Charte africaine notamment au Bénin, Cap Vert,

---

143 Degni-SEGUI, op.cit., p.40

144 Idem

145 Lire les articles 60 et 61 de la Charte africaine des droits de l'homme et des peuples.

146 P. M. DUPUY, cité par Maurice KAMTO, Charte africaine, instruments internationaux de protection des droits de l'homme, constitutions nationales : articulations respectives, in Droit et justice 54, éd.Bruylant, 2004, pp11-47

Gambie, Nigeria, Sénégal et Togo tel qu'il est démontré dans les recherches sur 15 pays de l'Afrique de l'Ouest[147].

197. La Commission et la Cour africaine des droits de l'homme et des peuples appliquent les normes africaines composées de quelques instruments contraignants et plusieurs instruments non contraignants ainsi que les instruments onusiens. En effet, la Commission africaine des droits de l'homme et des peuples a produit un nombre important des normes relatives aux droits de l'homme en complément à la CADHP. Les instruments de la CADHP sont complétées par les normes de la Conférence des Chefs d'État et de gouvernement qui sont constituées essentiellement de Recommandations, de Résolutions, de Principes et de Règles conformément à l'article 45 de la CADHP qui précise les missions de la Commission africaine des droits de l'homme et des peuples notamment la promotion des droits de l'homme et des peuples, leur protection, l'interprétation de toutes dispositions de la Charte et l'exécution de toutes les tâches lui confiées par la Conférence des Chefs d'État et de gouvernement.

198. Depuis 1988 à 2004, il était répertorié environ 57 Résolutions et 4 Recommandations dont : Recommandation relative aux rapports périodiques (avril 1988), Recommandation relative à quelques modalités de promotion des DH et des Peuples en Afrique (avril 1989) et plusieurs Résolutions[148]...

199. Quant aux normes contraignantes , on peut citer notamment la Convention africaine pour la conservation de la nature et des ressources naturelles, la Convention régissant les aspects propres aux problèmes des réfugiés en Afrique, la Charte culturelle de l'Afrique, la Convention sur l'élimination du mercenariat en Afrique , la Charte africaine des droits de l'homme et des peuples(CADHP) de 1981, la Charte africaine des droits et du bien-être de l'enfant (CADBEE) adoptée à Addis-Abeba en juillet 1990, le Protocole à la Charte de 1981 relatif aux droits des femmes adopté en juillet 2003 à Maputo, le Protocole relatif à la Charte africaine des droits de l'homme et des peuples portant création d'une cour africaine des droits de l'homme et des peuples , la Convention sur la prévention

---

[147] Jean François Flauss, Elisabeth Lambert-Abdelgawad, L'application nationale de la Charte africaine des droits de l'homme et des peuples, éd. Bruylant , Droit et justice, 2004, Belgique, p.266

[148] Les Résolutions de la Commission africaine des droits de l'homme et des peuples : https://www.achpr.org/fr

et la lutte contre le terrorisme , et la Convention sur la prévention et la lutte contre la corruption, la Charte africaine de la démocratie, des élections et de la gouvernance[149]...

200. Les États relèvent de plusieurs Organisations régionales et sous-régionales. En effet, d' une part, la Ligue des États arabes, la plus ancienne des organisations régionales compte en son sein neuf États africains à savoir : Algérie, Djibouti, Egypte, Libye, Maroc, Mauritanie, Somalie, Soudan et Tunisie. D'autre part, plus de vingt pays africains sont membres de l'Organisation de la Conférence Islamique (OCI). Dans les textes fondateurs de ces Organisations, la question des droits de l'homme n'est pas abordée de façon directe.

201. Par-delà les normes relatives aux droits de l'homme, les États africains ont accepté d'autres engagements dont le Nouveau Partenariat pour le Développement de l'Afrique (NEPAD[150]) en octobre 2001. Au point 71 du NEPAD, les Chefs d'États africains disaient que : « l'expérience a appris aux dirigeants africains que la paix, la sécurité, la démocratie, une bonne gouvernance, le respect des droits de l'homme et une saine gestion économique sont les conditions préalables indispensables au développement durable. Ils s'engagent à promouvoir ces principes, individuellement et collectivement, dans leur pays, leur région et le continent.»

202. D'après le rapport de Gillian concernant le Mécanisme Africain d'Auto-Surveillance[151] (APRM), le Sénégal et l'Afrique du Sud

---

[149] La Charte africaine de la démocratie, des élections et de la gouvernance a été adoptée depuis le 30 janvier 2007 mais très peu d'États africains l'ont ratifié.

[150] Aux points 79 et 80 du NEPAD, les Chefs d'États africains exprimaient leur volonté et leur engagement de se consacrer au développement durable, en passant par le respect des valeurs démocratiques universelles et la promotion des droits humains. En effet, avec le NOPADA, « Le continent prend l'engagement de respecter les normes mondiales en matière de démocratie, dont les principales composantes sont le pluralisme politique, l'existence de plusieurs partis politiques et de plusieurs syndicats, l'organisation périodique d'élections démocratiques libres, justes et transparentes afin de permettre aux populations de choisir librement leurs dirigeants. L'objectif de l'initiative pour la démocratie et la gouvernance est de contribuer à renforcer le cadre politique et administratif des pays participants, en accord avec les principes de démocratie, de transparence, de responsabilité, d'intégrité de respect des droits de l'homme et de la primauté du droit. Elle est renforcée par l'initiative pour la gouvernance économique qu'elle soutient et avec laquelle elle partage des caractéristiques clés. Ensemble, elles doivent contribuer à utiliser l'énergie du continent pour progresser sur la voie du développement et de l'éradication de la pauvreté ».

[151] Giliane Cherubin-Doumbia, « Les engagements africains pour les droits de l'homme : Un rapport sur huit pays du NEPAD », in Africa Human Security initiative, Rapport

semblaient avoir en 2004 la meilleure situation globale des droits de l'homme, tandis que l'Algérie, l'Ethiopie, l'Ouganda et le Nigeria se situaient parmi les plus grands violateurs des droits de l'homme et au milieu le Kenya et le Ghana sur les 8 pays, objet d'étude de la situation des droits de l'homme. Cet examen par les pairs est une bonne expérience[152]. Le mécanisme africain d'Auto-Surveillance mérite une attention plus particulière dans le prochain tome de ce livre en vue de comprendre la situation préoccupante des DH en Afrique.

203. Dans un passé récent, la Commission Africaine des Droits de l'Homme et des Peuples (CoADHP) a essuyé quelques défaites notamment le refus par les États de coopérer. On peut citer les cas symboliques et malheureux de Ken Saron WIWA et ses huit compagnons condamnés et exécutés au Nigeria malgré les mesures provisoires de leur protection prises par la Commission et celui de Madame Mariette SONJALEEN Bosch condamnée à mort et exécutée par le Président du Botswana malgré l'interdiction faite par la Commission. La CoADHP est certainement limitée face aux crimes internationaux. C'est ainsi que l'Afrique regorge un nombre considérable des personnes poursuivies par la CPI, ce qui justifia des remous parmi les Chefs d'État africains. Le Professeur NYABIRUNGU mwene SONGA soutient que : « Si les juridictions nationales africaines s'acquittent de leur obligation de juger les plus grands crimes et les plus grands criminels, la CPI n'aurait rien à redire. Malheureusement, livrée à elle-même , l'Afrique apparaît comme une terre de l'impunité[153] , comme l'illustre si bien l'exil doré au Zimbabwe de l'Empereur rouge MENGISTU Mariam

---

HRSI n°2, 2004, p.10. La revue est trouvable en ligne : www.africanreview.org L'idée du mécanisme de l'examen par les pairs en Afrique est comparable à l'Examen périodique universel au sein du Conseil des droits de l'homme de l'ONU créé en 2006. 151

[152] L'idée du mécanisme de l'examen par les pairs en Afrique est comparable à l'Examen périodique universel au sein du Conseil des droits de l'homme de l'ONU créé en 2006.

[153] L'impunité constitue un manquement aux obligations qu'ont les États d'enquêter sur les violations, de prendre des mesures adéquates à l'égard de leurs auteurs, notamment dans le domaine de la justice, pour que ceux dont la responsabilité pénale serait engagée soient poursuivis, jugés et condamnés à des peines appropriées, d'assurer aux victimes des voies de recours efficaces et de veiller à ce qu'elles reçoivent réparation du préjudice subi, de garantir le droit inaliénable à connaître la vérité sur les violations et de prendre toutes mesures destinées à éviter le renouvellement de telles violations.

d'Ethiopie ou l'incapacité qui fut celle du démocrate WADE de faire juger le boucher de Djamena Hissen HABRE »[154].

204. Le Statut de Rome a hissé les DH au sommet de la hiérarchie de toutes les sources du Droit. Cela fait au moins des droits de l'homme la première source applicable devant la CPI et devant toutes les juridictions des États parties au Statut, à l'exclusion de toute autre source qui lui serait incompatible[155]. En fait, le Statut de Rome dispose que : « L'application et l'interprétation du Droit prévue au présent article doivent être compatibles avec les droits de l'homme internationalement reconnus et exemptes de toute[156] discrimination fondée sur des considérations telles que l'appartenance à l'un ou l'autre sexe tel que défini à l'art. 7, paragraphe 3, l'âge, la race, la couleur, la langue, la religion ou la conviction, les opinions politiques ou autres, l'origine nationale, ethnique ou sociale, la fortune, la naissance ou toute autre qualité[157] ».

205. En dépit du nombre et de la qualité des mécanismes internationaux de promotion et de protection des DH, les efforts internes des États africains sont plus déterminants pour la promotion et la protection des droits de l'homme. Il appartient aux dirigeants actuels et futurs en Afrique de comprendre que les DH sont devenus une préoccupation majeure de l'humanité et qu'il y a lieu d'en accorder une attention particulière. Pour Giliane, « Lorsque des allégations de violations des droits de l'homme sont faites, elles doivent être investiguées et les officiels poursuivis et sanctionnés lorsque les violations sont prouvées. Les États doivent aussi faire des efforts concertés pour réparer les atrocités contre les droits de l'homme lorsqu'elles se sont produites. Ceci peut impliquer la fin de l'impunité et raviver la confiance en l'État[158]». De toute évidence,

---

154 NYABIRUNGU mwene SONGA, Droit international pénal. Crimes contre la paix et la sécurité de l'humanité, éd. Dés, Kinshasa, p.58 On peut consulter le site de la juridiction qui avait jugé le Président honoraire du Tchad : http://chambresafricaines.org/index.php/l-affaire-habre/presentation.html et le site https://www.ihrda.org/

155 NYABIRUNGU mwene SONGA, op.cit., p.59

156 Article 21 alinéa 3 du Statut de Rome de la CPI.

157 Article 21 alinéa 3 du Statut de Rome de la CPI.

158 Giliane Cherubin-Doumbia, « Les engagements africains pour les droits de l'homme: Un rapport sur huit pays du NEPAD », in Africa Human Security initiative, Rapport HRSI n°2, 2004, p.10 La revue est trouvable en ligne : www.africanreview.org

il apparaît clairement que la DUDH a influencé, de manière considérable, les droits de l'homme en Afrique.

206. Les DH sont hissés à un niveau élevé de la hiérarchie des normes. Ils permettent de mettre un garde-fou au pouvoir arbitraire comme l'exprimait Adama KPODAR: « Le constitutionnalisme répond à une idéologie libérale fondée sur la croyance au droit comme promoteur de l'ordre légitime universel, et de la constitution comme limite à l'arbitraire du pouvoir. Ainsi, à l'idée de constitution, de constitutionnalisme et de droit constitutionnel correspond une philosophie, ou une idéologie juridique par laquelle le bonheur devait arriver c'est-à-dire la liberté et la paix »[159]

207. On ne peut pas négliger le fait que les Constitutions ne reflètent toujours pas la véritable face des dirigeants par rapport à la protection et la promotion des droits de l'homme. Les juges d'une manière générale et le juge constitutionnel ont œuvré dans plusieurs États en véritable gardien des droits fondamentaux pour éviter ce que Luc SINJOUN considère comme l'esthétisation ou la stylisation des droits fondamentaux qui participe de la distinction et relève du dispositif étatique de séduction des bailleurs de fonds et de la communauté internationale plutôt que la volonté politique de promouvoir les droits fondamentaux. Il s'agit de « Constitution-carte de visite[160] ».

208. Dans le même ordre d'idée, Maurice KAMTO constate que : « L'élévation des droits de l'homme au sommet de la hiérarchie des normes dans l'ordre juridique de l'État[161] quant à l'importance accordée à ces droits et à leurs bénéficiaires même s'il y a lieu de craindre qu'il s'agit surtout d'une opération de charme contagieuse avant tout destinée à rassurer les bailleurs de fonds internationaux est, de façon générale, à faire plaisir à une Communauté internationale aussi pressante sur les principes que peu regardante sur l'effectivité[162] ».

---

[159] Adama KPODAR, Bilan sur un demi-siècle de constitutionnalisme en Afrique noire francophone, ss (voir net)

[160] SINDJOUN L., « Les nouvelles constitutions africaines et la politique internationale : contribution à une économie internationale des biens politico-constitutionnels » , in Etudes internationales, Vol 26, n°2, 1995, p 334.

[161] Le Professeur NYABIRUNGU enseigne que dans l'enseignement des sources du Droit, les droits de l'homme occupent une place de choix. Propos à l'occasion d'un Atelier sur l'indépendance du Pouvoir judiciaire en 2012 à Kinshasa.)

[162] KAMTO M., cité par WETSH'OKONDA KOSO, La protection des droits de l'homme constitutionnellement garantis dans la jurisprudence de la Cour suprême de

209. Dans le contexte de Congo-Brazzaville, pour Monsieur Félix BANKOUNDA, « L'idée de Constitution, corollaire de l'État de droit, n'emballe pas une large partie de l'élite congolaise. L'histoire politique de ce pays, depuis l'indépendance, apparaît comme le désaveu d'une Constitution écrite. Il est vrai que généralement, en Afrique, ces textes ne se sont pas justifiés par des exigences endogènes mais par l'application d'une pédagogie internationale très bien présentée, sous le mode métaphorique, par deux constitutionnalistes: « Prétendre entrer dans la société internationale sans Constitution serait un peu comme se présenter à une soirée en costume de bain » (Expression de André Hauriou) »[163].

210. Comme déjà effleuré ci-dessus, le Droit constitutionnel revalorise la DUDH dans plusieurs États et systèmes juridiques. En fait, selon GAMBARAZA et DODD, depuis son adoption, des dispositions issues de la DUDH ont été incorporées au sein des ordres juridiques de la Common Law. Cette incorporation résulte le plus souvent de décisions des cours qui ont jugé que certaines de ces dispositions appartiennent au Droit international coutumier et ont donc une portée juridique contraignante. Les législateurs et les juges ont toutefois rarement conféré force obligatoire à l'ensemble du texte[164].

211. Il ne faut pas se leurrer. Dans certains États, la référence de la DUDH dans les Constitutions, loin de servir la promotion et le respect des droits de l'homme, c'est un trompe- l'œil ! Le cas ivoirien est éloquent à ce sujet. Selon Madame Pélagie, « Les Constitutions de 1959 et 1960 proclament l'attachement du peuple ivoirien aux droits de l'homme tels que définis par les Déclarations de 1879 et de 1948[165] ». Quant à la RDC, dans sa première Constitution élaborée par les congolais[166] le 1er août 1964, dans son préambule, elle

---

justice : bilan à mi-parcours et perspectives d'avenir, in Revue du Barreau de Kinshasa-Gombe, n° 03/2009, Kinshasa, pp117-134.

[163] Félix BANKOUNDA, « CONGO-BRAZZAVILLE Une septième Constitution pourquoi faire ? », in Politique africaine, n° 81 (Magazine-Débat 163 Brazzaville), mars 2001.

[164] Marc GAMBARAZA et Adrien RODD, Le statut juridique de la DUDH dans les États de Droit anglo-saxon, in Droits Fondamentaux, n°8, janvier 2010-décembre 2010, Trouvable en ligne : www.droits-fondamentaux.org

[165] K.A. N'DRI THEOUA Pélagie, Constitution et démocratie en Côte d'Ivoire.

[166] WETSH'OKONDA KOSO SENGA Marcel, « Les textes constitutionnels congolais annotés », éd. CDHC-Asbl, Kinshasa, s.d. p.85. Le constituant originaire de la Loi Fondamentale du 17 juin 1960 relative aux structures du Congo et la Loi Fondamentale du 17 juin 1960 relative aux libertés publiques n'était pas à proprement parler congolais.

proclama son adhésion à la DUDH en lui consacrant le titre II sur les Droits et les libertés fondamentaux soit de l'article 11 à l'article 46. La Constitution de la RDC du 18 février 2006 dont le titre II porte sur les droits et libertés fondamentales comprend environ 50 articles sur ses 229 soit de l'article 11 à l'article 61[167].

212. Nous lisons ce qui suit dans la Loi fondamentale de l'Allemagne : « Conscient de sa responsabilité devant Dieu et devant les hommes, animé de la volonté de servir la paix du monde en qualité de membre égal en droits dans une Europe unie, le peuple allemand s'est donné la présente Loi fondamentale en vertu de son pouvoir constituant[168].» La Constitution de la RFA du 23 mai 1949 comprend 18 articles sur les Droits fondamentaux. Les idées défendues par la DUDH se retrouvent dans la Constitution sans en faire référence. La Constitution détermine clairement les obligations des Pouvoirs publics. « La dignité de l'être humain est intangible. Tous les pouvoirs publics ont l'obligation de la respecter et de la protéger. En conséquence, le peuple allemand reconnaît à l'être humain des droits inviolables et inaliénables comme fondement de toute communauté humaine, de la paix et de la justice dans le monde. Les droits fondamentaux énoncés ci-après lient les pouvoirs législatif, exécutif et judiciaire à titre de droit directement applicable »[169].

213. Aux États-Unis, la Constitution est très brève. Elle présente l'idéal de la société américaine en ces termes : « Nous, Peuple des États-Unis, en vue de former une Union plus parfaite, d'établir la justice, de faire régner la paix intérieure, de pourvoir à la défense commune, de développer le bien-être général et d'assurer les bienfaits de la liberté à nous-mêmes et à notre postérité, nous décrétons et établissons cette Constitution pour les États-Unis d'Amérique ». Vers les années 1791, 10 Amendements à la Constitution américaine étaient adoptés en vue d'ajouter et ou de préciser certains droits et libertés fondamentales. Il s'agissait des amendements en rapport

---

[167] J.O. de la RDC : La Constitution du 18 février 2006. Le préambule dispose : « Réaffirmant notre adhésion et notre attachement à la Déclaration Universelle des Droits de l'Homme, à la Charte Africaine des Droits de l'Homme et des Peuples, aux Conventions des Nations Unies sur les Droits de l'Enfant et sur les Droits de la Femme, particulièrement à l'objectif de la parité de représentation homme-femme au sein des institutions du pays ainsi qu'aux instruments internationaux relatifs à la protection et à la promotion des droits humains ».

[168] Préambule de la Constitution Fédérale de l'Allemagne.

[169] Article 1er de la Constitution de la Fédérale d'Allemagne.

avec les libertés des citoyens notamment la liberté de religion, la liberté de la parole ou de la presse, ou le droit qu'a le peuple de s'assembler paisiblement et d'adresser des pétitions au gouvernement pour la réparation des torts dont il a à se plaindre, le droit de porter les armes, la liberté d'association et de pétition, l'interdiction des cautions excessives, ni des amendes excessives imposées, ni des châtiments cruels et exceptionnels infligés ; le droit d'être jugé promptement et publiquement par un jury impartial de l'État...

214. La Constitution américaine et les droits de l'homme qui y sont attachés appartiennent ainsi à un patrimoine commun dont chaque citoyen est à la fois le titulaire, l'interprète et le gardien. Dans la pratique, les droits de l'homme figurent au premier plan des débats nationaux, au point qu'une bataille politique a peu de chance d'être gagnée si elle ne peut pas être présentée comme un combat en faveur des droits de l'homme. L'histoire américaine s'est ainsi construite à travers des grands débats, tels que la lutte contre l'esclavage, celle pour les droits civiques, ou plus récemment l'affirmative action[170].

215. Tout en mentionnant les DH dans leur Constitution, ils ont cependant insisté sur les devoirs des citoyens. Il en est ainsi, par exemple, de l'URSS qui disposait à l'article 59 ce qui suit dans sa Constitution de 1977 : « L'exercice des droits et libertés est inséparable de l'exécution de ses devoirs par le citoyen. Le citoyen de l'URSS est tenu de se conformer à la Constitution de l'URSS et aux lois soviétiques, de respecter les règles de la vie en société socialiste et de porter dignement le haut titre de citoyen de l'URSS[171] ».

216. Bon nombre de pays africains disposent de cadres juridiques obsolètes et inadaptés destinés à entraver la liberté d'action de la société civile. Pareils cadres sont typiquement conçus sur la base d'une philosophie répressive et d'une politique de mainmise sur les associations, les rassemblements et la société civile de manière plus générale[172]. De nos jours, la Commission africaine des DHP a

---

[170] Roseline Letteron, L'Universalité des droits de l'homme : apparences et réalités de l'idéologie des droits de l'homme en France et aux États-Unis, p.152

[171] Fréderic Sudre, Droit européen et international des droits de l'homme, Puf, 8°édition, 2006, p.42

[172] La Commission africaine des droits de l'homme et des peuples a adopté des Résolutions et ou contribué aux travaux de réflexion sur les Lois types dont la Loi type de reconnaissance juridique et protection des défenseurs des droits humains, Loi type

proposé des lois types relatives à l'accès à l'information et la liberté d'expression si bien que toute Loi nationale dont les clauses sont contraires aux Lois types est considérée comme infrahumaine dans la mesure où elle est en deçà des standards minimum acceptables malgré le relativisme culturel. Il est recommandé aux législateurs et experts de recourir aux Lois types selon les domaines spécifiques et les autres normes internationales.

217. Les ONG nationales et internationales de droits de l'homme œuvrent pour harmoniser les législations de manière respectueuse des principes de base et valeurs acceptables dans une société civilisée. A titre d'exemple, le Service international des Droits de l'Homme (SIDH) milite avec les Organisations de la Société civile des États pour adopter des lois pour la reconnaissance juridique et la protection des défenseurs[173] des droits de l'homme conformes aux standards internationaux. Le combat d'autres associations portent sur les Lois relatives à l' accès à l'information[174], la lutte contre la torture[175], les actions humanitaires (Oxfam), les groupes vulnérables, les DESC… Le cadre légal est inspiré par les principes fondamentaux relatifs aux droits de l'homme et les Lois types qui sont des modèles de lois échangés et partagés par les États.

218. Quelques États africains ont publié des lois d'accès à l'information publique. Si certains États pour avoir pareil, d'autres par contre fixent beaucoup de limites pour le public en présentant une longue liste ou non exhaustive des catégories de documents administratifs non accessibles au public. On évoque parfois, à tort , la crainte de porter atteinte au secret des délibérations du gouvernement, au secret de la défense nationale ou la politique extérieure, à la sûreté de l'État et à la sécurité publique, au déroulement des procédures engagées devant les juridictions ou d'opérations préliminaires à de telles procédures (sauf autorisation donnée par l'autorité compétente), au secret de la vie privée, des dossiers personnels et médicaux, au secret

---

sur la liberté des Associations, Loi stype sur la liberté d'expression et l'accès à l'information en Afrique…

[173] Loi type pour la protection des DDH trouvable en ligne : https://www.ishr.ch/sites/default/files/documents/05_jan2017_french_modellaw_all.pdf pour l'Afrique et pour l'OEA : https://mail.google.com/mail/u/0/

[174] Loi type pour l'accès à l'information en Africaine : https://www.achpr.org/public/Document/file/French/model_law_fr.pdf

[175] Le modèle des lois pour l'interdiction absolue de la torture existe. Lire Redress sur l'état de cadre juridique relatif à la torture en Afrique.

en matière commerciale et industrielle, à la recherche d'infractions fiscales et douanières ou, d'une façon générale, aux informations protégées par la loi[176].

C. LA DECOLONISATION DES ÉTATS AFRICAINS

219. La DUDH a contribué à la décolonisation des États africains et elle a servi à l'édification de textes juridique de base des États. Quelques États, nous donnent l'exemple. On pourra constater les déclarations de principe d'attachement à travers les préambules des Constitutions. « Le peuple congolais proclame son attachement aux principes de la démocratie et des droits de l'homme tels qu'ils ont été définis par la Déclaration universelle des droits de l'homme du 10 décembre 1948 et par la Charte africaine des droits de l'homme et des peuples de 1981 complétée par la Charte de l'unité nationale et la Charte des droits et libertés adoptées par la Conférence nationale souveraine le 29 mai 1991 ».

220. D'après la Constitution du Burundi, adoptée après le référendum du 13 mars 1992, la DUDH fait « partie intégrante » de la Constitution. Les Constitutions du 13 mars 1992 et celle du 18 mars 2005, actuellement en vigueur, affirment de manière similaire que la DUDH fait « partie intégrante de la Constitution ».Les deux Constitutions se réfèrent à la Déclaration universelle dans leurs préambules. Celle du 18 mars 2005 est écrite de la manière suivante: « Proclamant notre attachement au respect des droits fondamentaux de la personne humaine tels qu'ils résultent notamment de la Déclaration universelle des droits de l'homme du 10 décembre 1948, des Pactes internationaux relatifs aux droits de l'homme du 16 décembre 1966 et de la Charte africaine des droits de l'homme et des peuples du 18 juin 1981»

221. En outre, l'article 19 de la Constitution de 2005, qui est identique à l'article 10 de la constitution de 1992, dispose : « Les droits et devoirs proclamés et garantis, entre autres, par la Déclaration universelle des droits de l'homme, les pactes internationaux relatifs aux droits de l'homme, la Charte africaine des droits de l'homme … La Constitution du 13 mars 1992 ajoutait parmi les références la Charte de l' unité nationale. Pour la Constitution de

[176] Friedrich , Barometre des medias africains : Première analyse locale du paysage médiatique en Afrique, Mali, 2012

2005, la Convention sur l'élimination de toutes les formes de discrimination à l'égard des femmes et la Convention relative aux droits de l'enfant font partie intégrante de la Constitution de la République du Burundi. Ces droits fondamentaux ne font l'objet d'aucune restriction ou dérogation, sauf dans certaines circonstances justifiables par l'intérêt général ou la protection d'un droit fondamental ».

222. Les Accords de paix d'Arusha, signés le 18 septembre 1992 se réfèrent et confèrent à la DUDH une supériorité juridique sur l'ordre interne du RWANDA. La Constitution rwandaise affirme, en son alinéa 9, l'attachement de son peuple à la DUDH, sans que cet attachement ne procure à ce texte force obligatoire dans l'ordre juridique interne rwandais. L'article premier du Protocole d'accord entre le gouvernement du Rwanda et Front Patriotique Rwandais qui constitue le second volet des Accords d'Arusha, stipule que « l'unité nationale doit être basée sur l'égalité des citoyens devant la loi, l'égalité de chance dans tous les domaines, y compris le domaine économique et les droits fondamentaux tels que stipulés dans la Constitution du 18 mars 2005.

223. L'article 6 de ce même protocole d'accord susdit établit les principes fondamentaux de la démocratie et confère à la DUDH une portée juridique plus générale. En effet, le Gouvernement du Rwanda et le Front Patriotique Rwandais acceptent « l'universalité et les implications des principes fondamentaux suivants de la démocratie: (…) [parmi d'autres principes] la garantie des droits fondamentaux de l'individu telle qu'énoncée dans la Déclaration universelle des droits de l'Homme ainsi que dans la Charte africaine des droits de l'Homme et des peuples, entre autres, la liberté d'expression, d'entreprise et d'association politique, sociale et économique».

224. Quant à l'article 17 du Protocole d'Accord susdit, il affirme de manière très explicite la suprématie de la DUDH sur la Constitution dans les termes suivants : « En ce qui concerne les libertés publiques et les droits fondamentaux, les principes énoncés dans la Déclaration universelle des droits de l'Homme du 10 Décembre 1948 doivent prendre le pas sur les principes correspondants inscrits dans la Constitution de la République du Rwanda, en particulier lorsque ceux-ci sont contraires à l'autre».

225. Dans d'autres ordres juridiques francophones comme au Cap-Vert et en Guinée-Bissau, la Déclaration universelle sert d'instrument d'interprétation des droits de l'Homme. En effet, d' après la Constitution du Cap -Vert, la DUDH est un instrument d'interprétation des dispositions constitutionnelles et législatives relatives aux droits de l'Homme. L'article 16 paragraphe 3 de la Constitution du Cap -Vert du 14 février 1981 dispose clairement que: « Les règles constitutionnelles et légales relatives aux droits fondamentaux doivent être interprétées et intégrées conformément à la Déclaration Universelle des Droits de l'Homme». Dans son rapport oral à l'EPU, la ministre de la Justice du Cap-Vert a indiqué que la Constitution en vigueur de son pays « confère un caractère juridique contraignant à la Déclaration en stipulant que les règles législatives et constitutionnelles doivent être interprétées et intégrées en harmonie avec cet instrument ».

226. Quant à la Guinée-Bissau, selon la Constitution, la DUDH est un texte d'interprétation de l'ordre juridique interne. D'après son rapport à l'EPU, « la République de la Guinée -Bissau, depuis le début de la lutte pour la libération nationale, a opté pour le respect de la dignité de la personne humaine et le caractère supérieur de la Déclaration Universelle des Droits de l'Homme. Cette préoccupation a été inscrite dans les différentes Constitutions de l'État. La référence aux droits de l'homme consacrés par la DUDH apparaît clairement en ses termes : « Les procédures constitutionnelles et juridiques relatives aux droits fondamentaux doivent être interprétées en harmonie avec la Déclaration universelle des droits de l'Homme [177]».

227. Quelques États nous offrent l'exemple de référence à la DUDH et à la CADHP. En fait, la Constitution ivoirienne du 23 juillet 2000 affirme dans son préambule que : « Le peuple de Côte d'Ivoire (…) proclame son adhésion aux droits et libertés tels que définis dans la Déclaration universelle des Droits de l'Homme de 1948 et dans la Charte africaine des Droits de l'Homme et des Peuples de 1981 ». Il sied de signaler que dans d'autres Constitutions ivoiriennes , la Déclaration des droits de l'homme et du citoyen de 1789 était aussi citée comme référence des valeurs et principes démocratiques.

---

[177] Article 29.2 de la Constitution Bissau -Guinéenne de 1996.

228. La Constitution béninoise en vigueur adoptée le 11 décembre 1990 fait explicitement référence à la DUDH. En effet, cette Constitution distingue dans son préambule, d'une part la Charte de l'ONU et la DUDH, et d'autre part, la Charte africaine. Elle dispose que : « Nous, peuple béninois (…) réaffirmons notre attachement aux principes de la démocratie et des droits de l'Homme tels qu'ils ont été définis par la Charte des Nations Unies de 1945 et la Déclaration universelle des droits de l'Homme de 1948, à la Charte africaine des droits de l'Homme et des peuples adoptée en 1981 par l'Organisation de l'Unité Africaine, ratifiée par le Bénin le 20 janvier 1986 ».

229. Au Tchad, dans la Loi fondamentale du 31 mars 1996, comme dans la quasi-totalité d'États africains, la référence et l'attachement à la DUDH est un refrain. La Loi fondamentale du Tchad affirme ce qui suit : « Nous Peuple Tchadien (…) réaffirmons notre attachement aux principes des Droits de l'Homme tels que définis par la Charte des Nations-unies de 1945, la Déclaration universelle des Droits de l'Homme de 1948 et la Charte Africaine des Droits de l'Homme et des Peuples de 1981 »

230. Le préambule de la Constitution gabonaise souligne «l'attachement» du peuple gabonais à la DUDH, sans pour autant consacrer la force obligatoire de ce texte. Il marque une distinction entre les Déclarations de 1789 et 1948, d'une part, et la Charte africaine et la Charte nationale des libertés, d'autre part: «Le peuple gabonais (…) Affirme solennellement son attachement aux droits de l'Homme et aux libertés fondamentales tels qu'ils résultent de la Déclaration des droits de l'Homme et du Citoyen de 1789 et de la Déclaration universelle des droits de l'Homme de 1948, consacrés par la Charte africaine des droits de l'Homme et des peuples de 1981 et par la Charte nationale des libertés de 1990 (loi n° 1/97 du 22 avril 1997)».

231. La récente Constitution de la Guinée, adoptée par décret le 7 mai 2010, fait référence à l a Déclaration universelle, dans les mêmes termes que sa Loi fondamentale du 23 décembre 1990, et ajoute aux textes relatifs aux droits de l'Homme ceux qui ont été adoptés depuis la précédente Constitution. D'après cette Constitution, « le peuple de Guinée » proclame : « son adhésion aux idéaux et principes, droits et devoirs établis dans la Charte de l'Organisation des Nations Unies, la DUDH , les Conventions et Pactes internationaux relatifs aux droits de l'Homme, l'Acte constitutif de l'Union Africaine, la Charte africaine des droits de l'homme et des peuples et ses protocoles additionnels relatifs aux droits de la femme, ainsi que le traité révisé de la CEDEAO et ses protocoles sur la démocratie et la bonne gouvernance.

232. La nouvelle Constitution de Madagascar, adoptée le 11 décembre 2010, fait indirectement référence à la Déclaration universelle, sans pour autant lui conférer un statut contraignant. Le préambule de la Constitution de 2010, fait comme celui de la précédente Constitution du 18 septembre 1992, référence à la « Charte internationale des droits de l'Homme », qui comprend la Déclaration universelle ainsi que les deux Pactes internationaux relatifs aux droits de l'Homme ainsi que les Protocoles facultatif. Elle affirme : « Le peuple malagasy souverain (...) Considérant la situation géopolitique de Madagascar et sa participation volontariste dans le concert des nations, et le pays faisant siennes, notamment : la Charte internationale des droits de l'homme.

233. (VIIe République) proclame « l'attachement » aux principes et droits énoncés par la DUDH sans lui conférer force obligatoire. La Constitution du Niger affirme dans son préambule : « Nous, Peuple nigérien souverain (...) proclamons notre attachement aux principes de la démocratie pluraliste et aux droits humains tels que définis par la Déclaration universelle des droits de l'Homme de 1948, le Pacte international relatif aux droits civils et politiques de 1966, le Pacte international relatif aux droits économiques, sociaux et culturels de 1966 et la Charte africaine des droits de l'Homme et des Peuples de 1981[178] ».

234. Le préambule de la Constitution de la République démocratique du Congo, de février 2006, se réfère de la manière suivante à la DUDH : Toutefois, s'agissant du second point portant sur les conventions relatives aux droits de l'Homme, il convient de noter que la Constitution précédente se référait uniquement aux « Conventions relatives aux droits de la femme et de l'enfant ».

235. « Nous, Peuple congolais, (...) réaffirmant notre adhésion et notre attachement à la Déclaration Universelle des Droits de l'Homme, à la Charte Africaine des Droits de l'Homme et des Peuples, aux Conventions des Nations Unies sur les Droits de l'Enfant et sur les Droits de la Femme, particulièrement à l'objectif de la parité de représentation homme -femme au sein des

---

[178] La Constitution du Niger du 25 novembre 2010

institutions du pays ainsi qu'aux instruments internationaux relatifs à la protection et à la promotion des droits humains » Bien que cette disposition ne semble pas conférer de caractère obligatoire à la DUDH, d'après NGONDANKOY NKOY-EA- LOONGYA, cet Instrument juridique comme d'autres déclarations est invocable « devant les mécanismes congolais de protection des droits de l'homme ». Cette opinion est partageable bien que dans la pratique nombreux justiciers sont allergiques aux instruments internationaux même s'ils sont dûment ratifiés par l'État et occupe une position supérieure aux lois.

236. Le recours aux mécanismes internationaux comme la Charte africaine des droits de l'homme a été en hibernation pendant un temps du fait de rejet de plusieurs requêtes pour motif pris de la tardivité de la requête et le non épuisement des voies de recours internes. Une jurisprudence est très encourageante quant à ce à la Cour africaine des droits de l'homme et des peuples. « La Cour observe que le recours exercé devant la Cour de justice de la CEDEAO n'est pas un recours à épuiser aux sens des articles 56(5) et 56(6) de la Charte. Toutefois, puisque l'article 56(7) lui en donne la faculté, le fait pour le Requérant de saisir la Cour de justice de la CEDEAO avant de saisir la Cour de céans est un facteur qui peut être pris en compte dans l'évaluation du caractère raisonnable du délai évoqué à l'article 56(6)[179]. De ce qui précède, la Cour conclut que le délai de deux ans et un mois mis par le Requérant pour la saisir est raisonnable au sens de l'article 56(6).Elle rejette en conséquence l'exception de l'État défendeur tirée de sa saisine tardive[180]».

237. Le préambule de la Constitution de la République centrafricaine du 5 décembre 2004 fait référence, comme la précédente Constitution du 14 janvier 1995, à la Déclaration universelle. Il est écrit : « Le Peuple centrafricain (...) Réaffirme son adhésion à la Charte de l'Organisation des Nations Unies, à la déclaration Universelle des droits de l'Homme du 10 décembre 1948, aux

---

[179]Voir Requête 003/2015. Arrêt du 28/09/17 sur le fond, *Kennedy Owino Onyachi et Charles John Mwanini Njoka c. Tanzanie*, para. 65. La Cour de céans a considéré que lorsque le Requérant a choisi d'exercer un recours supplémentaire tel que la révision, il ne doit pas être sanctionné pour l'avoir fait. La détermination du caractère raisonnable du délai de saisine doit, dans ce cas, prendre en compte le délai mis à épuiser le recours concerné.

[180] Lire Arrêt Jean –Claude Roger Gombert C. / République de Côte d'Ivoire Requête n° 038/2016 du 22 mars 2018 à la Cour d' Arusha.

Pactes Internationaux du 16 décembre 1966 relatifs aux droits économiques, sociaux et culturels d'une part et aux droits civils et politiques ». Cette référence est générique dans toutes autres constitutions qui ont suivi.

238. Dans les États anglophones africains, la Déclaration universelle a été incorporée suite à des décisions des organes juridictionnels. Dans cet espace, les Constitution de l' Ethiopie et de la Tanzanie ont conféré à la DUDH une valeur juridique contraignante dans les ordres internes de ces États.

239. Suite à la politique de l'Apartheid pratiquée en Afrique du Sud, ce pays n'avait pas adopté la DUDH, en 1948. Il est encourageant qu'à ce jour, la DUDH a une légitimité particulière en Afrique du Sud, la Cour constitutionnelle l'a incorporé dans l'ordre juridique interne sud –africain, d'une part et d'autre part, la Constitution sud-africaine adoptée au lendemain de l'Apartheid, le 4 décembre 1996, dispose en ses articles 232 et 233 que : « Le droit coutumier international est applicable dans la République… et lors de l'interprétation de toute loi, tout tribunal doit préférer une interprétation raisonnable de la législation qui est conforme au droit international sur toute autre interprétation qui est incompatible avec le droit international ».

240. Dans le système juridique moniste de la Common Law, le droit coutumier international s'applique automatiquement dans le droit interne, bien qu'en pratique les cours s'y réfèrent assez peu. Dans un jugement qui portait en 2004 sur la validité de la condamnation à mort de 69 ressortissants sud-africains poursuivis en Guinée Equatoriale et au Zimbabwe, la cour sud-africaine s'est référée à l'article 10 de la DUDH (droit à un tribunal indépendant et impartial).

241. Le gouvernement est déterminé à promouvoir l'État de droit afin d'assurer la réalisation des droits énoncés dans la Constitution. Nos tribunaux veillent au respect des valeurs fondatrices de l'Afrique du Sud, comme la dignité humaine, l'égalité et la suprématie de la Constitution[181]. C'est la justice qui entraina le Parlement Sud-africain vers l'abolition de la peine de mort suite à l'arrêt dans l'Affaire Makwanyane. Le personnel judiciaire imprégné des instruments des droits de l'homme est un atout comme relevé par KAMTO qui a noté que : « La constitutionnalisation des normes ou

---

181 Rapport de l'Afrique du Sud à la Commission africaine des DHP.

des instruments internationaux de protection des droits de l'homme hisse ces droits au rang des normes suprêmes dans l'ordonnancement juridique interne des États ; (...) elle fait du juge constitutionnel le juge des droits de l'homme et des libertés fondamentales »[182].

242. La cour fait aussi référence au droit à la vie privée reconnu par la DUDH, faisant ainsi écho implicitement aux dispositions de son article 12, dans un jugement portant sur la légalité d'une poursuite judiciaire fondée sur la détention de vidéo cassettes pornographiques. S'appuyant, parmi d'autres textes, sur l'article 19 relatif à la liberté d'opinion et d'expression, la cour estime que « le droit [à la liberté d'expression] a été décrit comme l'un des fondements essentiels d'une société démocratique, l'une des conditions primordiales de son progrès et pour le développement de chacun de ses membres » Elle fait mention de l'article 21.1 (droit de prendre part aux affaires publiques) portant sur des questions institutionnelles relatives au processus d'adoption des lois. Elle s'est appuyée sur l'article 25.2 de la DUDH relatif aux droits spécifiques de la maternité et de l'enfance dans un jugement portant sur la légalité d'une peine d'emprisonnement d'une personne directement responsable de plusieurs jeunes enfants. La cour fait référence aux objectifs de l'éducation mentionnés dans l'article 26.2 dans un jugement qui portait en 1996 sur la constitutionnalité de la School Education Bill adoptée en 1995. Elle a jugé que l'article 28.2 de la Constitution sud -africaine relative aux droits de l'enfant s'inspirait notamment de l'article 25 de la DUDH.

243. Si la Constitution kenyane n'a pas consacré le caractère obligatoire de la DUDH dans le droit interne, la Haute Cour kenyane l'a incorporée. Ainsi , dans le rapport du Kenya à l'EPU, il est affirmé que ce pays « attache une grande importance à la promotion et à la protection des droits de l'homme, conformément aux principes universellement partagés et aux normes consacrées dans la Charte de l'Organisation des Nations Unies, la Déclaration universelle des droits de l'homme et d'autres instruments relatifs aux droits de l'homme ». Bien que la récente

---

182 KAMTO, cité par Marcel WETSH'OKONDA KOSO, La protection des droits de l'homme par le juge constitutionnel congolais essai d'analyse critique de la juridiction et de sa jurisprudence (2003-2013), éd. L'Harmattan, 2016, p.57

Constitution kenyane soumise au peuple le 4 août 2010 et promulguée le 27 août ne fasse pas mention de la Déclaration de manière explicite, la Haute Cour kenyane a fait référence à plusieurs articles de la DUDH. Dans un jugement dans lequel la Haute Cour à Nairobi devait définir les droits fondamentaux des réfugiés au Kenya , elle s'est référée aux articles 1 (dignité des êtres humains), 3 (droit à la vie, à la liberté et à la sûreté) et 9 (interdiction de l'arrestation, détention et exil arbitraires).

244. La Haute Cour à Nairobi a mentionné dans ses jugements les articles 6 et 7 de la DUDH qui se réfèrent respectivement à la reconnaissance de la personnalité juridique et au principe de l'égalité devant la loi. La Haute Cour à Nakaru a souligné le principe de présomption d'innocence en citant l'article 11 de la DUDH qui s'y rapporte. La Haute Cour à Nairobi se réfère à l'article 12 relatif au droit à la protection de la vie privée. La Haute Cour à Nairobi a fait écho implicitement à l'article 20 de la DUDH (liberté de réunion et d'association) en soulignant dans un jugement que la DUDH est la « mère » des dispositions internationales relatives à la liberté d'association en portant son attention sur la légalité d'un refus des services d'immigration d'octroyer un permis de travail à un ressortissant camerounais.

245. Elle se réfère aux articles 6 et 7 dans KENYA, HIGH COURT AT NAIROBI, R.M. v Attorney General & 4 Others, 2010. Elle mentionne l' article 7 dans KENYA, HIGH COURT AT NAIROBI, Republic v Subordinate Court of the 1st Class. Magistrate at City Hall, Nairobi another Ex-part Youngindar Pall Sennik another, 2006. Nairobi s'est appuyée dans son jugement sur l'article 23 de la DUDH qui porte sur le droit au travail. La Haute Cour du Kenya à Kakamega s'est aussi référée à l'article 25.2 de la DUDH relatif aux droits particuliers de l'enfance et de la maternité.

246. Bien que la Constitution du Lesotho ne fasse pas mention de la DUDH, les cours de cet État se sont appuyées sur plusieurs des droits qu'elle énonce. En 2006, la Haute Cour a jugé la légalité d'une décision qui soumettait les magistrats du pays aux Direct Administrators du Ministère du service public, eu égard le principe de séparation des pouvoirs consacré par la Constitution. Dans son jugement, la cour a fait référence à l'article 10 de la DUDH relatif au droit à un tribunal indépendant et impartial. Elle s'est aussi référée à l'article 23-4 de la DUDH consacrant le droit au syndicat pour juger la constitutionnalité de l'interdiction pour les fonctionnaires d'adhérer à un syndicat en vertu de la Public Service Act adoptée en 1995.

247. L'incorporation de la DUDH dans l'ordre juridique du Malawi a été consacrée par la Cour suprême et confirmée, malgré les changements de Constitution, par la Haute Cour. La Cour suprême a consacré le caractère obligatoire de la Déclaration universelle dans l'ordre juridique interne en se basant sur sa Constitution du 6 juillet 1966. La Déclaration universelle était citée à l'article 2 de la Constitution du Malawi de 1966, qui pourtant instituait le parti unique, dans les termes suivants : « Le gouvernement et le peuple de Malawi doit continuer à reconnaître le caractère sacré des libertés personnelles énoncées dans la Déclaration des droits de l'Homme (sic) des Nations Unies et en adhérant aux lois des Nations ».

248. La Cour suprême d'Appel a consacré la force juridique contraignante de la Déclaration universelle dans l'ordre interne dans un jugement prononcé en 1993 en interprétant l'article 2 de la Constitution qui était alors en vigueur. Dans cette affaire, la Cour suprême d'Appel de Malawi a jugé une personne qui avait était condamnée pour importation de « publications séditieuses». En se basant sur l'article 2 de sa Constitution de 1966, la cour affirme que la Déclaration universelle a valeur de loi, mais elle souligne ensuite que la valeur de ce texte demeure inférieure à celle des lois établies par le Malawi. Etant donné la portée de cette décision sur la nature juridique de la DUDH dans l'ordre interne de Malawi, il convient de citer le paragraphe in extenso : « Nous acceptons que la Déclaration universelle des droits de l'Homme de l'ONU fasse partie de la loi du Malawi et que les libertés que garantit la Déclaration doivent être respectées et peuvent être appliquées par ses tribunaux . Il nous semble donc que c'est le droit de tout citoyen de la République du Malawi d'avoir une discussion franche, complète et ouverte sur toute question d' intérêt public. Tout citoyen de la République peut exprimer son inquiétude sur n'importe quel aspect de la politique gouvernementale. Cette Cour doit être le protecteur des droits fondamentaux de l'homme qui font partie de notre droit. Toutefois, ce droit à la liberté de parole ou d'expression peut être soumis à des restrictions et limitations : bien que l'article 2 (1) (iii) de la Constitution reconnaît le caractère sacré de la liberté personnelle énoncée dans la DUDH, le chapitre 2 (2) de la Constitution admet que des restrictions raisonnables et des limitations soient imposées à ces libertés. Cet article prévoit expressément dans les termes suivants : « Nulle disposition d'une loi, ni rien de ce qui est fait sous l'autorité d'une loi, ne peut être considéré comme incompatible ou en contravention du paragraphe (1) dans la mesure où la loi en question est raisonnablement nécessaire dans l'intérêt de la défense, la sécurité publique, l'ordre public ou l'économie nationale » »

249. En 1994, après la chute de Hastings Banda, une nouvelle Constitution du Malawi avait élagué les termes de l'article 2 de la Constitution de 1966 faisant référence à la DUDH mais la Haute Cour avait rappelé en 2009 la portée juridique de la DUDH, en ces termes : « Ces droits à la vie, à la dignité, à la liberté personnelle, à la liberté et la sécurité de la personne sont aussi consacrés dans la Charte africaine des droits de l'Homme et des peuples, le Pacte international relatif aux droits civils et politiques , auxquels le Malawi est partie, et également la DUDH qui a été tenue pour applicable au Malawi dans le jugement célèbre Chakufwa Tom Chihana C./ The Republic MSCA Criminal Appeal.

250. De même, la Cour suprême de Namibie s'est référée à l'article 16 de la DUDH relatif au droit de « l'homme et la femme » de se marier et de fonder une famille. En fait, pour la Cour, cet article consacre l'institution familiale fondée sur la « relation formelle entre les hommes et les femmes, dans laquelle les rapports sexuels entre eux dans le contexte familial est la méthode pour garantir la progéniture et ainsi assurer la pérennité et la survie de la nation et de la race humaine.

251. La Cour suprême et la Haute Cour de l'Ouganda se sont appuyées sur plusieurs articles de la DUDH sur base de l'article XXVIII qui dispose que la politique étrangère de l'Ouganda se fonde sur le principe du respect du droit international et des obligations conventionnelles relevant du droit coutumier international faisant automatiquement partie intégrante du droit interne, dans le système de Common Law. Ainsi, la Cour suprême et la Haute Cour se sont référées à l'article 21 de la DUDH relatif au droit de prendre part aux affaires publiques au sujet de la contestation de la légalité d'élections[183].

---

[183] BESI GYE KIZZA c./ Museveni Yoweri Kaguta (Arret de 2001 lors de la réélection du Président MUSEVENI.

252. Aux Seychelles, la Cour constitutionnelle a considéré que l'article 16 de sa Constitution qui dispose que : « Toute personne a le droit d'être traitée avec la dignité inhérente à un être humain et ne pas être soumise à la torture, aux traitements cruels, inhumains ou dégradants » incarne l'esprit des articles 1 et 5 de la DUDH relatifs respectivement à la dignité des êtres humains et à l' interdiction de la torture.

253. En Tanzanie et en Ethiopie, la Constitution fait référence à la DUDH et a permis l'incorporation de celle -ci dans les ordres juridiques de ces États. En effet, en Tanzanie, la Constitution de 1977 qui fait référence à la DUDH a conduit la Haute Cour à l'incorporer. La Constitution tanzanienne de 1977 affirme à son article 9 que « L'autorité étatique et toutes ses agences sont obligées de diriger leurs politiques et programmes en vue de garantir … que la dignité humaine est préservée et élevée en conformité avec l'esprit de la Déclaration universelle des droits de l'Homme».

254. Devant les juridictions, les dispositions de la DUDH ont été appliquées dans l'Affaire Ephrahim v. Pastory & Kaizilege. Devant la Haute Cour qui jugea inconstitutionnel le refus de la vente d'un terrain à une femme en se fondant sur le sexe de l'acquéreuse. La Haute Cour s' était appuyée dans son argumentaire sur l'article 7 de la DUDH relatif à l'interdiction de la discrimination tout en précisant que « La DUDH est au cœur du droit international des droits de Droits de l'Homme, elle est incorporée dans l'article 9 (f) de Constitution tanzanienne[184] ». Dans une autre Affaire, la Cour affirma que la DUDH constitue « la norme minimale pour le traitement des étrangers [185] ».

255. En Ethiopie, la Constitution de 1994 affirme que la DUDH doit servir pour interpréter les dispositions relatives aux droits de l'Homme. L'article 13.2 dispose, en effet que : « Les droits fondamentaux et les libertés (…) doivent être interprétés en conformité avec la DUDH, les Pactes internationaux et les Conventions relatifs aux droits de l' Homme ratifiés par l'Ethiopie ».

---

[184] Declaration of Human Rights". TANZANIE, JUDICIARY, The Constitution of the United Republic of tanzania, 1977 : http://www.judiciary.go.tz/downloads/constitution.pdf.

[185] C'est l'expression de Madame Eleanor Roosevelt pour dire que la DUDH est un texte juridique important et fondamental pour les DH.

256. Comme le souligne Nana Busia Junior, l'article 12 de la quatrième Constitution de 1992 du Ghana, bien que ne faisant pas explicitement référence à la DUDH, établit une importante liste de droits de l'Homme qui fait écho aux droits énoncés par la DUDH. Le Rapport du Ghana destiné à l'Examen périodique universel affirme que le pays a pris des mesures pour mettre en œuvre les principes de la Charte des Nations Unies et de la Déclaration, sans toutefois préciser lesquels. Cependant, dans les rapports du Nigeria et du Liberia à l'EPU, ses États affirment avoir souscrit à tous les principaux instruments internationaux relatifs aux droits de l'homme et au droit humanitaire.

D. LA DUDH ET LA CONSTITUTIONNALISATION DES DH EN AFRIQUE

257. A juste titre, la DUDH, incorporée dans les Constitutions nationales, est considérée comme la magna carta[186]. L'appropriation de ce texte par tous les êtres humains, les citoyen (ne)s africains permet de relever les multiples défis auxquels sont confrontés les africains pour une plus grande liberté, la dignité du peuple africain et la réalisation des Objectifs du Développement Durable (ODD) à l'Horizon 2030. La DUDH et la CADHP référencées font partie du bloc de constitutionnalité.

258. La conséquence fondamentale de ce bloc de constitutionnalité est que le juge et les personnes peuvent invoquer les dispositions de ces instruments dans les litiges judiciaires. Ils explicitent la portée des droits de l'homme dans la Constitution et dans toutes les lois censées être conformes à celle-ci. S'agissant de la Charte africaine des droits de l'homme et des peuples invoquée dans les préambules des Constitutions, elle confère à l'organe de contrôle qu'est la Commission africaine des droits de l'homme et des peuples, le pouvoir de jauger la conformité de tous les actes législatifs , règlementaires et judiciaires des États africains[187].

---

[186] C'est l'expression de Madame Eleanor Roosevelt pour dire que la DUDH est un texte juridique important et fondamental pour les DH.

[187] Résolution de 1989 sur l'intégration de dispositions de la Charte africaine des droits de l'homme et des peuples dans le Droit national des États. RACHITADOU ILLA MAIKASSOUA, La Commission africaine des droits de l'homme et des peuples. Un organe de contrôle au service de la Charte africaine, Karthala, p.55

259. Le Bloc de constitutionnalité devra élargir le contenu et la portée des libertés fondamentales et les droits de l'homme plutôt que de les restreindre. C'est dans cette optique que dans la Constitution des États-Unis du 17 septembre 1787, on peut retenir un amendement important de 1791 selon lequel l'énumération de certains droits dans la Constitution ne devra pas être interprétée comme annulant ou restreignant d'autres droits concernés par le peuple[188].

260. Quant à la RDC, déjà avant l'indépendance, la Loi fondamentale du 19 mai 1960 relative aux libertés publiques consacrait des dispositions relatives aux droits et libertés des citoyens et disposait entre autres que : « La présente loi traduit l'indéfectible attachement des populations congolaises aux droits de l'homme et aux principes de la démocratie. Elle s'inspire de leur primordial souci d'assurer le respect de la personne humaine sans distinction aucune de race, de couleur, de sexe, de langue, de religion, de nationalité, d'opinion ou autre, d'origine sociale, de fortune, de naissance ou de toute autre situation. Elle a pour but de définir les droits dont les individus jouissent au Congo et dont les autorités doivent assurer le respect ou favoriser la réalisation[189] ».

261. La Constitution de la République libanaise en vigueur donne un bon modèle pour les aspirations et les engagements à respecter les droits et les libertés fondamentales des personnes. Son préambule[190] proclame que : « Le Liban est une Patrie souveraine, libre et indépendante. Patrie définitive pour tous ses fils, unitaire dans son territoire, son peuple et ses institutions, à l'intérieur de ses frontières fixées dans cette Constitution et reconnues internationalement.

262. Le Liban est arabe dans son identité et son appartenance. Il est membre fondateur et actif de la Ligue des États Arabes et engagé par ses pactes, de même qu'il est membre fondateur et actif de l'ONU, engagé par ses Pactes et par la DUDH. L'État concrétise ces principes dans tous les champs et domaines, sans exception. Le Liban est une République démocratique, parlementaire, fondée sur le respect des libertés publiques et en premier lieu la liberté d'opinion et de conscience, sur la justice sociale et l'égalité dans les droits et obligations entre tous les citoyens sans distinction ni préférence.

---

[188] 9° amendement de la Constitution des États-Unis.

[189] L'article 1er de la loi fondamentale de la RDC du 19 mai 1950, commentée par Me WETSH'OKONDA KOSO Marcel, Les textes constitutionnels congolais annotés, éd. CDHC-Asbl, p.69

[190] Constitution de la République libanaise.

263. Le peuple est la source des pouvoirs et le détenteur de la souveraineté qu'il exerce à travers les Institutions constitutionnelles ». L'article 8 de la Constitution du Liban, dès sa première rédaction en 1926, parlait de la liberté individuelle garantie et protégée, et de « l'habeas corpus » anglais en affirmant que « Nul ne peut être arrêté ou détenu que suivant les dispositions de la loi[191]».

264. On peut passer en revue toutes les Constitutions des États. La plupart d'entre elles, si pas toutes, elles garantissent de nos jours les droits de l'homme et les libertés fondamentales. L'analyse de Maître Franck WEIS, le responsable d'Amnesty international Luxembourg en fournit un bel exemple. En fait, selon l'article 10 bis de la Constitution de Luxembourg : « Tous les Luxembourgeois sont égaux devant la loi » tandis que l'article 16 qui garantit le droit de propriété, précise que « nul » ne peut être privé de sa propriété que pour cause d'utilité publique et moyennant une juste indemnité. Curieusement, l'article 111 de la même Constitution prévoit des restrictions pour les personnes de nationalités étrangères en précisant que s'ils se trouvent sur le territoire du Grand-duché, ils jouissent de la protection accordée aux personnes et aux biens, à moins que la loi ne prévoie des exceptions à cette protection[192].

265. En dépit de la constitutionnalisation des droits de l'homme, le traitement différencié des personnes en fonction de leur nationalité est souvent pratiqué, dans plusieurs États. Cette différenciation devra être raisonnable et ne pas remettre en cause le principe de l'universalité[193] des DH et la reconnaissance juridique garantie par l'article 6 de la DUDH tel que démontré avec quelques Arrêts de la Cour constitutionnelle luxembourgeoise.

---

[191] Commentaire de Antoine KHAIR sur les Droits fondamentaux et Droit constitutionnel libanais, et son livre sur: « Les communautés religieuses au Liban, personnes morales de droit public », in DROIT et RELIGION, éd. Bruylant, Bruxelles 2003, p. 457 et s.

[192] Franck WEIS, « La Constitution luxembourgeoise et les droits et libertés fondamentales de l'être humain », in forum 286, mai 2006, pp 40-42.

[193] La Charte des droits sociaux fondamentaux de la SADC (acronyme anglais de la Communauté de développement de l'Afrique australe) affirme à son article 3(1) que : « Cette Charte incarne la reconnaissance par les gouvernements, employeurs et travailleurs de la Région de l'universalité et l'indivisibilité des droits de l'Homme fondamentaux proclamés dans les instruments tels que la Déclaration universelle des droits de l'Homme des Nations Unies, la Charte africaine des droits de l'Homme et des peuples, la Constitution de l'OIT, la Déclaration de Philadelphie et d'autres instruments internationaux pertinents »

266. On peut se frotter les mains car la Cour constitutionnelle luxembourgeoise a offert une bonne jurisprudence notamment dans une affaire d'adoption d'un enfant péruvien par une célibataire alors que l'enfant à adopter se trouvait encore à l'étranger dans son pays d'origine. Les juges ont décidé que le principe d'égalité était applicable « à tout individu touché par la loi luxembourgeoise si les droits de la personnalité sont concernés[194]».

267. Pour mieux promouvoir et protéger les DH, s'il faut effectuer une comparaison exhaustive entre les libertés publiques et les droits fondamentaux de la Constitution, le meilleur instrument est (...) la Déclaration universelle des droits de l'homme[195]. Il est vrai que la lecture combinée et efficiente de la DUDH avec les instruments internationaux pertinents, les Observations générales, les Recommandations générales et la jurisprudence internationale ainsi que les Avis des mécanismes non contentieux internationaux et régionaux contribue indubitablement à la compréhension, à la réalisation et au respect des droits proclamés par la DUDH et de manière générale, à la compréhension de la notion ou portée exacte de « droits de l'homme ».

268. Il apparaît nettement, dans le cadre des Constitutions et des Déclarations précitées que la proclamation des droits et la promotion de la liberté, de la dignité humaine et de l'égalité des personnes sont circonscrites dans un cadre purement géographique limité et réduit. Avec les instruments relatifs aux droits humains, aujourd'hui, les compétences en cette matière se sont étendues du niveau national au niveau régional et international. On parle de l'internationalisation des DH.

269. Malgré cette internationalisation des DH, d'aucuns n'ignorent l'instrumentalisation de la souveraineté internationale[196] par quelques dirigeants africains. En effet, Monsieur VYSHINSKY, le représentant de l'URSS, le jour de l'adoption de la DUDH, avait

---

[194] Franck Weis recommande la lecture de Patrick Kinsch, L'égalité devant la loi, la jurisprudence de la Cour constitutionnelle de Luxembourg, 1997-2007, Pasicrisie luxembourgeoise 2008, pp. 85-103.

[195] Franck WEIS, op cit., pp 40-42

[196] En Europe, le Ministre allemand, Joseph Goebbels avait répondu aux attaques contre son gouvernement en ses termes : « Charbonnier est maître chez soi. Nous sommes un État souverain ; tout ce qu'a dit cet individu ne vous regarde pas. Nous faisons ce que nous voulons de nos socialistes, de nos pacifistes et de nos juifs, et nous n'avons à subir de contrôle ni de l'humanité, ni de la SDN ».

répondu à un intervenant qui avait évoqué ces mots de « charbonnier est maître chez soi » en précisant que l'interprétation des causes de la Seconde Guerre mondiale selon que les crimes contre les droits de l'homme allemands avaient conduit à de plus grands crimes contre les droits de l'homme dans d'autres pays et l'affirmation de la souveraineté absolue par l'URSS ne correspondait pas à la réalité. La souveraineté peut-elle servir de prétexte à un gouvernement pour violer les droits de l'homme[197], impunément et sans aucune indignation des humains ?Pareils propos de souveraineté absolue étaient, jadis, prononcés par Hitler mais hélas le Droit international des droits de l'homme les soustrait de la compétence exclusive des États.

270. Le Droit international ne concernait jadis que les États. C'était à titre exceptionnel que l'on parlait du droit des minorités, du droit des étrangers, du droit des réfugiés[198] et la protection internationale des travailleurs grâce à l'Organisation internationale du travail. La situation des réfugiés[199] africains est toujours dramatique malgré les Conventions ratifiées. Point n'est besoin, à ce sujet, de rappeler l'immigration clandestine et la tragédie humaine des déplacés internes, suite aux différents conflits en Afrique. Le phénomène de l'esclavage en Lybie a inquiété plus d'une personne alors que les

---

[197] Mario BETTATI, Le Droit d'ingérence, mutation de l'ordre international, Paris, Odile Jacob, 1996, cité par WETSH' OKONDA KOSO Marcel, « La compétence des juridictions congolaises en matière d'examen des conditions d'application des traités internationaux relatifs aux droits de l'homme », Revue du Barreau de Kinshasa/Gombe, n°03/2009, Kinshasa, pp117-134.

[198] En Afrique, Mme Maya Sahli Fadel, la Rapporteure spéciale sur les Réfugiés, les Demandeurs d'asile, les Personnes déplacées et les Migrants en Afrique, à l'occasion de la Célébration de la Journée mondiale des Réfugiés en 2016, rappela aux États africains leurs obligations en vertu de la Convention de 1969 de l'OUA régissant les aspects propres aux problèmes des réfugiés en Afrique. Cette convention a été ratifiée par la majorité des pays africains.

[199] A titre d'exemple, la crise politique au Burundi, plus de 178000 personnes ont fui le pays et cet exode se poursuit. Au cours du mois de septembre 2016, le Soudan du Sud a rejoint la Syrie, l'Afghanistan et la Somalie dans le cercle des pays ayant généré plus d'un million de réfugiés. La plupart de ses réfugiés sont des femmes et des enfants, qui ont pour beaucoup été victimes d'attaques violentes et d'agressions, ainsi que des handicapés et des personnes âgées. Il y a également un grand nombre d'enfant non accompagnés. (Lire Maya Sahli-Fadel 59ème Session ordinaire de la Commission Africaine des Droits de l'Homme et des Peuples RAPPORT D'INTERSESSION, Banjul, 21 octobre au 4 novembre 2016).

conséquences des conflits, de l'extrême pauvreté, de la crise humanitaire, des déplacements internes et l'immigration clandestine négligés au nom de la souveraineté nationale méritent une attention de tous et des solutions concertées.

271. En vertu de l'Article 2 (1) de la Convention et au nom de l'hospitalité africaine, les États membres de l'UA s'engagent à faire de leur mieux, conformément à leurs législations respectives, pour accueillir les réfugiés et assurer des solutions durables dont la réinstallation , l'intégration locale de ceux qui, pour des raisons bien fondées, ne peuvent pas ou refusent de retourner dans leur pays d'origine ou de nationalité. Tenir aussi compte de la Convention de 1951 relative au statut des réfugiés qui est aussi un document-clé dans la définition du réfugié, ses droits et les obligations légales des États pour protéger les réfugiés et demandeurs d'asile et adopter des mesures locales et régionales pour gérer les conflits armés en cours et mettre en place des plans d'actions pour la prévention des catastrophes naturelles.

272. Avec l'ONU, on est passé à l'internationalisation des droits de l'homme, comme dit ci-haut. Ceci implique que les droits de l'homme ne relèvent plus exclusivement de la compétence réservée des États. Les organisations internationales coopèrent avec les États, dans le domaine des droits de l'homme. C'est une nouvelle donne comme nous le démontrerons dans les pages qui suivent. En fait, juste après la 2° Guerre mondiale et la création de l'ONU, la communauté internationale avait réagi vigoureusement aux atrocités perpétrées et qualifiées d'atteinte à la conscience de l'humanité. De toute évidence, la communauté internationale avait levé l'option de ne plus tolérer à l'avenir pareils actes déplorés par toute l'humanité notamment les crimes nazis, les bombardements historiques avec leurs conséquences...

273. Le préambule de la Charte de l'ONU dispose que : « Nous, Peuples des Nations Unies résolus à préserver les générations futures du fléau de la guerre… à proclamer à nouveau notre foi dans les droits fondamentaux de l'homme, dans la dignité et la valeur de la personne humaine, dans l'égalité des droits des hommes et des femmes, ainsi que des nations, grandes et petites… et à favoriser le progrès social et instaurer de meilleures conditions de vie dans une liberté plus grande». En effet, dans la Charte de l'ONU, les buts de l'ONU sont : ... Réaliser la coopération internationale en résolvant les problèmes internationaux d'ordre économique, social, intellectuel ou humanitaire, en développant et en encourageant le respect des droits de l'homme et des libertés fondamentales pour tous, sans distinctions de race, de sexe, de langue ou de religion. ».[200]

274. Il y a lieu de noter aussi que les États se sont engagé, au sein de l'ONU, à agir tant conjointement que séparément pour la réalisation des DH. « En vue de créer les conditions de stabilité et de bien-être nécessaires pour assurer entre les nations des relations pacifiques et amicales fondées sur le respect du principe de l' égalité des droits des peuples et de leurs droits à disposer d'eux-mêmes, les Nations Unies favoriseront : Le relèvement des niveaux de vie, le plein emploi et des conditions de progrès et de développement dans l'ordre économique et social; la solution des problèmes internationaux dans les domaines économique, social, de la santé publique et autres problèmes connexes, et la coopération internationale dans les domaines de la culture intellectuelle et de l'éducation; Le respect universel et effectif des droits de l'homme et des libertés fondamentales pour tous, sans distinction de race, de sexe, de langue ou de religion.»[201].

275. De ces dispositions de la Charte, il apparaît clairement que, sur le plan international, il s'agit bien de ce document constitutif de l'ONU qui a balisé la voie à la rédaction et à l'adoption de la DUDH. Sitôt créée le 26 octobre 1945, l'ONU avait, lors de la première session de l'AG-NU en 1946, élaboré le projet de Déclaration sur les libertés et les droits fondamentaux. Ce projet était examiné et fut transmis au Conseil économique et social pour un examen profond par la Commission des droits de l'homme avec comme objectif de rédiger une Charte internationale des droits.

276. A sa première session, au début de 1947, la Commission autorisa ses membres à formuler ce qu'elle qualifia de « projet préliminaire de Charte internationale des droits de l'homme ». Cette tâche fut ultérieurement confiée officiellement à un comité de rédaction. La Commission de rédaction de la Déclaration universelle des droits de l'homme (DUDH[202]) comprenait[203] notamment Messieurs René Cassin, Stéphane Hessel, Peng-Chun Chang, Charles HABIB

---

200 Article 1er de la Charte de l'ONU.

201 Art. 56 de la Charte de l'ONU.

202 Le texte de la Déclaration Universelle des Droits de l'Homme est trouvable dans ce site : http://www.un.org/fr/documents/udhr

203 L'annexe 1 présente les photos des membres du Comité de rédaction de la DUDH, leur expérience et leur nationalité respective.

MALIK,William HODGSON, Hernan Santa Cruz, Alexander E. Bogomolov, Charles Dukes, John Peter Humphrey et Eléonore Roosevelt, la dame qui présidait la Commission comme quoi la DUDH ne concerne pas seulement les hommes mais aussi les femmes[204]. La DUDH est devenue un instrument interne très important de l'ONU et de tous les États membres de l'ONU. Elle a inspiré plusieurs Conventions internationales dont la Charte africaine des droits de l'homme et des peuples. Ces deux instruments constituent la base de l'édifice du système africain des droits de l'homme et des peuples. Quels sont les principes fondamentaux garantis ou promus par ces deux instruments ?

277. «L'universalité constitutionnelle qui apparait dans le nouveau constitutionnalisme africain doit être réalisé à cause de la prégnance du Droit traditionnel et surtout de l'influence des facteurs anthropologiques (culture, religion, tradition…) dans la société.[205]

E. LES PRINCIPES DES DROITS DE L'HOMME DANS LA DUDH ET LA CADHP

278. Est-ce que les valeurs qui sous-tendent les droits garantis par la DUDH sont partagées par les États africains tant il est démontré que presque tous ces États ont affirmé leur attachement à la DUDH, à la CADHP et voire à la Charte de l'ONU ? Quelles sont les particularités des valeurs et des principes africains pour promouvoir les droits de l'homme ? D' emblée, il y a lieu de repréciser que la DUDH proclame des droits inhérents à la personne humaine, sans aucune discrimination de race, d'origine nationale ou régionale. Elle proclame des droits universels. Ces droits sont aussi proclamés par des règles juridiques, morales, religieuses …et sont parfois observés au sein des OI universelles, régionales, sous- régionales et culturelles. Ces droits sont promus par les États du Pouvoir central jusqu'aux Entités locales et coutumières.Les principes constituent

---

[204] Le concept « homme » dans la DUDH tout comme « droits de l'Homme » inclut tout être humain sans distinction de sexe. Il s'agit de l'Homme avec le H majuscule, c'est-à-dire homme et femme. Vous nous excuserez parce que, dans ce document, nous n'avons pas écrit partout « droits de l'homme » avec « H » en majuscule.

[205] Aubain Didier Mbousngok, La protection constitutionnelle des droits de l'homme dans les États Africains francophone, Thèse soutenue le 18/11/2016 à l'Université de Lorraine sous la Direction de Stéphane Pierre.

aussi des droits garantis dans les instruments africains de promotion et de protection des DH.

279. Ces droits sont sous-tendus par quelques idées- forces acceptées par les nations civilisées et qui forment le Droit international coutumier. « Les règles concernant les droits fondamentaux de la personne humaine » sont des obligations ergonomes et que, comme il est indiqué au quatrième alinéa du préambule du Pacte, la Charte des Nations Unies impose aux États l'obligation de promouvoir le respect universel et effectif des droits de l'homme et des libertés fondamentales ».[206]

280. En effet, dans la DUDH, on peut dégager quelques principes fondamentaux ou idées -forces acceptées par la majorité d'États. Ces principes doivent être connus et acceptés par toute personne dans la mesure où ils reflètent l'aspiration profonde de l'humanité et de tout être humain. Ils proclament et garantissent certaines valeurs qui sont à la fois un idéal pour l'humanité et un guide ou un repère de comportement et d'attitude dans la vie de tout individu et de tout État, au quotidien.

281. Ce faisant, nous parlerons de quelques principes clés notamment les principes de l'égalité des personnes en dignité et en droit, l'universalité des droits de l'homme, l'inaliénabilité des droits de l'homme, la « justiciabilité » des droits de l'homme, l'indivisibilité et l'interdépendance des droits de l'homme ; les principes de l'interdiction de la torture et les traitements cruels, inhumains et dégradants, de la fraternité, de la présomption d'innocence, du respect des droits de la défense, de l'interdiction de l'esclavage, de la solidarité et de la responsabilité ou du sens du devoir …

282. Il convient de noter que notre énumération des principes des droits de l'homme n'est pas exhaustive. La Déclaration sur le droit et la responsabilité des individus, groupes et organes de la société de promouvoir et protéger les droits de l'homme et les libertés fondamentales universellement reconnus dispose que : « Chacun a le droit, individuellement ou en association avec d'autres¸ d'élaborer de nouveaux principes et idées dans le domaine des droits de l'homme, d'en discuter et d'en promouvoir la reconnaissance »[207].

---

[206] Observation n° 31 du Comité des droits de l'homme précise la nature de l'obligation juridique générale imposée aux États parties au Pacte.

[207] Article 7 de la Déclaration sur le droit et la responsabilité des individus, groupes et organes de la société de promouvoir et protéger les droits de l'homme et les libertés fondamentales universelles reconnus (Annexe 3), Fiche d'information du HCDH, Les

283. Les principes fondamentaux des droits de l'homme sont ce que le cœur représente pour la vie d'un homme. Sans cœur ou si le cœur cesse de battre, l'homme n'existe pas. Quelques principes constituent en eux-mêmes des droits qu'il faudra protéger. La maîtrise et le respect des valeurs et des principes ont un grand prix dans la mesure où elle permet de forger une conviction, une orientation de comportement et une force d'action pour assumer sa dignité et celle des autres. Les agents publics de l'État conscients et ayant à cœur les principes fondamentaux des droits de l'homme pourront assurer correctement leur mission et ce, dans le respect des droits des usagers des services publics et des tiers. Les principes fondamentaux des droits de l'homme, fort de leur acceptation par les nations civilisées, ils constituent une source importante qui irrigue le Droit positif et revalorise en priorité la dignité de la personne humaine, même face aux lois injustes. Comment ses principes fondamentaux sont-ils utiles, en Afrique ?

1. LE PRINCIPE DE L'EGALITE DES DROITS EN DIGNITE ET EN DROITS

284. D'entrée de jeu, l'ODD 10 vise la réduction des inégalités dans les États et entre les États. L'égalité des droits en dignité et en droits est un principe et droit fondamental qui implique l'égalité de tous devant la loi d'où « à situation semblable, il faut des solutions semblables » et de surcroit, la loi devra conduire la société vers l'égalité des chances pour toutes les personnes sans aucune discrimination[208]. Parler de l'égalité des personnes en dignité et en droit[209] apparaît, de prime abord, simple mais en réalité, la notion de l'égalité est très complexe et a beaucoup d'implications quant à la promotion des droits humains. L'égalité des personnes en dignité et en droits a une valeur matricielle sur laquelle se fonde plusieurs droits, principes et actions de promotion et de protection des droits

---

défenseurs des droits de l'homme : Protéger le droit de défendre les droits de l'homme, Fiche d'information, n°29, Genève, 2004, p.57.

[208] Gilles LEBRETON, Les Droits fondamentaux de la personne humaine en 1995 et 1996, éd. L'Harmattan, Paris, 1998, p.31

[209] Les êtres humains sont différents de par quelques caractéristiques notamment le sexe, l'âge, la couleur, l'ethnie, la religion mais ils naissent et demeurent sur le plan juridique libres et égaux en dignité et en droits. La reconnaissance des droits de l'Homme inhérents à tout être humain implique l'interdiction de la discrimination

de l'homme. Selon son étymologie, en latin "aequalis", de "aequus", on peut penser à ce qui est uni et juste. L'égalité est l'état, la qualité de deux choses égales ou ayant une caractéristique identique (égalité d'âge, de taille...). Pour l'être humain, l'égalité est le principe qui fait que tous les êtres humains doivent être traités de la même manière, ils bénéficient de la même protection par les mêmes lois et ont droit à la même dignité. Ils sont soumis aux mêmes devoirs.

285. L'égalité se présente sous diverses formes notamment l'égalité morale portant sur la dignité, le respect et la liberté. Elle est considérée comme étant au-dessus de toutes les autres formes d'égalité. L'égalité civique, c'est-à-dire l'égalité devant la loi, par opposition aux régimes des privilèges. Tous les citoyens sont égaux devant les services publics et peuvent y accéder comme travailleurs ou bénéficiaires dans les conditions d'égalité. L'égalité sociale qui cherche à égaliser les moyens ou les conditions d'existence. L'égalité politique (par rapport au gouvernement de la cité). L'égalité des chances mise en avant par le libéralisme. L'égalité des chances a comme objectif corriger les inégalités de fait en vue d'assurer tant soit peu l'égalité en droit devant la loi et par la loi.

286. L'Afrique du Sud offre une bonne pratique en matière de lutte contre la discrimination. Elle rapporte devant la Commission africaine son initiative de la crémation des tribunaux d'égalité (accès gratuit à tous). Une des jurisprudences importante dans l'Affaire Bhe c. Magistrate, Khayelitsha11, la Cour constitutionnelle a déclaré inconstitutionnelle et invalide la règle coutumière africaine de la primogéniture masculine, qui permet au descendant ou parent de sexe masculin le plus âgé de recueillir la succession d'un défunt[210].

287. Dans le souci de promouvoir l'égalité des chances, Monsieur l'Avocat Général Tesauro avait développé la notion d'action positive autrement appelée discrimination positive. En effet, dans ses conclusions dans l'affaire Kalanke, l'Avocat général dit : " Les actions positives ont pour objectif l'exigence d'éliminer les obstacles de fait qui pèsent sur certaines catégories déterminées ou certains groupes déterminés de personnes, qui sont donc désavantagés dans le domaine de l'emploi. Il s'agit de l'un des instruments utilisés pour réaliser l'égalité des chances des groupes

---

[210] Deuxième rapport périodique combine de la République d'Afrique du sud présente sur la mise en œuvre de la Charte africaine des droits de l'homme et des peuples et rapport initial présente au titre du protocole a la charte africaine des droits de l'homme relatif aux droits des femmes en Afrique, point 22, Août 2015 p.15

minoritaires ou autres groupes désavantagés: la méthode consiste, en règle générale, à accorder un traitement préférentiel à ces groupes[211].

288. Certains auteurs n'acceptent pas l'expression « discrimination positive »au motif que le terme discrimination est lui-même négatif et logiquement, on ne peut pas associer la discrimination à la qualification positive d'où au lieu de la discrimination positive, on doit privilégier le terme « Action positive » dans la mesure où les mesures (actions) prises sont salutaires pour les marginalisés, les victimes de la discrimination, les victimes de comportements indélicats et scélérats.

289. Dans la pratique, le principe d'égalité nécessite parfois de la part des États parties, l'adoption des mesures exceptionnelles en faveur de groupes désavantagés, lesquelles mesures visant à atténuer ou à supprimer les conditions qui font naître ou contribuent à perpétuer la discrimination interdite par le Pacte. C'est ainsi que dans les États où la situation générale de certains groupes de population empêche ou compromet leur jouissance des droits de l'homme, l'État doit prendre des mesures spéciales pour corriger ces erreurs[212]. Le Comité des Nations Unies pour l'élimination de la discrimination raciale à sa soixante et onzième session du 30 juillet au 17 août 2007 rappela à la RDC que le principe de non-discrimination commande que les caractéristiques culturelles des groupes ethniques soient prises en considération. Il l'engagea vivement à respecter et à protéger l'existence et l'identité culturelle de tous les groupes ethniques vivant sur son territoire. Il l'invita en outre à revoir sa position à l'égard des peuples autochtones et des minorités et, dans cette optique, à prendre en considération la façon dont les groupes concernés se perçoivent et se définissent eux-mêmes[213].

290. L'égalité des personnes en droit et en dignité trouve son fondement dans plusieurs dispositions conventionnelles et légales. A titre d'exemple, dans la Charte de l'ONU , comme déjà dit ci-haut, permettez la répétition : « Les buts des Nations Unies sont les suivants : (…) réaliser la coopération internationale en résolvant les problèmes internationaux d'ordre économique, social, intellectuel

---

[211] Les particuliers et l'ordre juridique communautaire, p. 143

[212] Point 10 de l'Observation générale 18 du Comité des droits de l'homme : Non-discrimination. 37° Session du Comité des Droits de l'homme en 1989.

[213] Rapport du comité pour l'élimination de la discrimination raciale : Observations finales du Comité pour l'élimination de la discrimination raciale à la RDC, 71° Session du 30/7/2001 au 17 /08/2012, p.4

ou humanitaire, en développant et en encourageant le respect des droits de l'homme et des libertés fondamentales pour tous sans distinction de race, de sexe, de langue ou de religion. »

291. Fréderic SUDRE renseigne que la Cour interaméricaine des droits de l'homme n'a pas hésité à élever ce principe au rang de norme de Jus cogens à travers son Avis n°18 du 13 septembre 2003, sur la condition des travailleurs migrants en situation irrégulière[214].

292. Le droit à l'égalité recommande le principe de non-discrimination. L'égalité et la non- discrimination[215] sont au cœur des droits de l'homme. La DUDH et tout le corpus juridique relatif aux droits de l'homme proclament l'égalité des personnes en dignité et en droits. La mise en œuvre de ce principe permet à tout État à travers les options politiques et les actions administratives, judiciaires et législatives de faire face, d'atténuer ou de prévenir des frustrations des groupes d'individus vulnérables, pour un motif ou un autre. Ce principe présente l'avantage d'assurer la paix et l'harmonie sociale ayant pour objectif principal le respect des droits des uns et des autres. C'est, certes, une bonne façon de limiter, prévenir et faire l'économie des conflits à partir des attitudes et des comportements évitables. La non-discrimination contribue à promouvoir la paix sociale, la sécurité, le progrès social et la réalisation effective des droits de l'homme. Le respect de ce principe renforce la légitimité et la crédibilité des détenteurs du pouvoir politique qu'ils soient issus des élections ou de la nomination.

293. Il est recommandé dans le code de conduite des agents et fonctionnaires de l'État d'éviter toute discrimination dans l'exercice de leurs fonctions et que tous les services étatiques à travers les agents de l'État à tous les niveaux prêtent attention à l'application de ce principe fondamental de droits de l'homme car il contribue à la promotion de la dignité de la personne humaine et de l'humanité.

294. A l'occasion de la formation des défenseurs des droits de l'homme africains au Bénin, en 2006, M. Félix AHOUANSOU soutint que : « C'est l'égalité devant la Charte et non devant le Droit en général qui est proclamé dans la Charte africaine des droits de l'homme et

---

214 Fréderic SUDRE, Droit européen et international des droits de l'homme, PUF, 8°édition, Paris,1989, 786 p.

215 Daniel TURP, Egalité et non-discrimination, Les Droits fondamentaux, Diplôme interuniversitaire de 3°Cycle, Université de Nantes, AUPELF-UREF, UNISAT, France, s.d. (L'Université de Nantes a consacrés un module sur l'égalité et non-discrimination destiné au diplôme des Droits fondamentaux.).

des peuples[216]». Il faut donc comprendre que l'égalité[217] et la non-discrimination ne sont pas en soi des droits, mais des principes directeurs et transversaux qui couvrent tous les droits garantis.

295. Dans les bonnes pratiques et la jurisprudence, on peut signaler le code des pensions militaires en France qui prévoyait à l'article 71 de la loi n°51-561 du 18 mai 1951 (et le Décret n°51-590 du 23 mai 1951) que : « Les militaires servant ou ayant servi à titre d'étrangers ont les mêmes droits que les militaires servant ou ayant servi à titre français, sauf dans le cas où ils participeraient à un acte d'hostilité contre la France. »

296. Face à la non application du code des pensions militaires[218] par le gouvernement français, Monsieur Ibrahim Gueye et 742 autres militaires retraités d'origine sénégalaise mais vivant en France avaient introduit la Communication n°196/1985 au Comité des droits de l'homme. A l'examen de la recevabilité de la communication conformément à l'article 87 de son Règlement intérieur, le Comité rejeta l'argument du gouvernement alléguant l'incompétence temporis du Comité au motif que les violations dont prétendaient les demandeurs portaient sur le droit de pension qui ne concerne pas l'article 26 du PIRDCP et bien plus, le Comité ne pouvait examiner les violations dont l'origine résidait dans des actes ou événements antérieurs au 17 mai 1984, date à laquelle le Protocole facultatif était entré en vigueur à l'égard de la France.

297. Le comité a estimé ne pas avoir compétence pour examiner la question de savoir si les auteurs de la communication avaient été victimes d'une discrimination à un moment quelconque avant le 17 mai 1984. Mais, il restait à savoir si, après cette date, il n'y avait pas eu violation du Pacte, du fait d'actes ou d'omission liés au maintien en vigueur de lois et décisions relatives aux droits des auteurs de la communication. En conséquence, la Communication était déclarée recevable le 5 novembre 1987.

---

[216] Commission européenne : Manuel de formation à l'intention des défenseurs des droits de l'homme en Afrique. Les droits individuels garantis par la charte africaine des droits de l'homme et des peuples, Bénin, juillet, 2009, pp 11-42

[217] Le droit à l'égalité de traitement peut être revendiqué en justice ainsi une Loi discriminatoire peut être attaquée en inconstitutionnalité tout comme un règlement est attaquable devant le juge administratif.

[218] L'article 71 de la loi n°51-561 du 18 mai 1951 (et le Décret n°51-590 du 23 mai 1951) que : « Les militaires servant ou ayant servi à titre d'étrangers ont les mêmes droits que les militaires servant ou ayant servi à titre français, sauf dans le cas où ils participeraient à un acte d'hostilité contre la France. »

298. Tenant compte des droits de l'homme et de l'égalité des personnes, à l'instar du jugement de Poitiers du 22 décembre 1980 en faveur de Dia Abdourahmane et l'Arrêt du Conseil d'État du 22 juin 1982 tendant à payer les retraités sénégalais au même titre que les français, le Comité des droits de l'homme avait constaté une violation de l'article 26 du PIRDCP relatif à l'interdiction de la discrimination dans la mesure où la différence de traitement[219] dont les auteurs étaient victimes n'était pas fondée sur des critères raisonnables et objectifs.

299. Pour insister, la question de l'égalité des personnes en dignité et en droit dans les États est capitale pour la paix, le développement et la démocratisation des systèmes politiques. La recherche de cette égalité a été à la base des revendications politiques violentes et non violentes, très souvent réprimée énergiquement. Les personnalités importantes ont payé de leur vie la quête de l'égalité, de la liberté et de la dignité de tout être humain notamment de Patrice-Emery LUMUMBA, Che Gue Vara, Martin LUTHER KING, Steve BIKO, MADIBA MANDELA …

300. D'autres personnalités croupissent dans les prisons, même dans le silence, l'anonymat et l'oubli de toute la communauté. Le témoignage d'AUNG San SUU Kyi, Prix Nobel de la paix 1991 et Chef de l'opposition en Birmanie, est interpellateur. Il dit : « Certaines firmes multinationales ne craignent pas de faire des affaires avec des régimes répressifs. Elles justifient leur engagement économique en Birmanie en prétendant que leur présence aidera en fait le processus de démocratisation. Un investissement qui ne sert qu'à enrichir une élite prospère, toute entière occupée à monopoliser le pouvoir à la fois économique et politique, ne peut contribuer à l'avènement de l'égalité et de la justice, fondement d'une saine démocratie[220] ».

301. Au niveau national, l'adoption des politiques nationales avec la participation des groupes[221] marginalisés, stigmatisés et victimes de

---

[219] Le principe d'égalité devant la loi et protection de la loi implique qu'à situation semblable, solution semblable. La loi doit aussi être neutre et juste. Les lois qui consacrent les inégalités et le favoritisme sont des lois injustes.

[220] Mario BETTATI, op. cit., pp120-122 Lire « Notre combat pour la société démocratique », rédigé par AUNG San SUU Kyi en 1997 et traduit de l'anglais par Sylvestre Gleize.

[221] Comment identifier les Groupes marginalisés, stigmatisés et victimes de violations des droits de l'homme ? Le problème ne se pose pas pour les groupes classiques

la discrimination est un atout. Le HCDH relève quelques bonnes pratiques dans quelques États qui s'attaquent aux inégalités et exige de faire porter ses efforts en priorité sur les groupes marginalisés et vulnérables. « Les pratiques de bonne gouvernance dans le domaine des droits de l'homme peuvent conférer une autonomie accrue aux membres des groupes défavorisés ou minoritaires afin de leur permettre de défendre leurs droits en veillant à ce qu'ils soient pris en compte et représentés dans les politiques et leur élaboration. En Norvège, le Parlement a fait entendre la voix des Samis au Gouvernement norvégien et a permis au peuple Sami d'obtenir son autonomie concernant plusieurs questions importantes pour la survie de sa culture et de son mode de vie. Les cas fournis par l'Ouganda et la Roumanie démontrent que, grâce à l'élaboration de politiques de type participatif, les politiques sociales peuvent être respectueuses des cultures locales et protéger les droits de l'homme. En Ouganda, le droit à l'éducation a été protégé par des politiques respectueuses de la culture, ce qui a permis aux communautés locales de participer à l'élaboration et à l'exécution des politiques. En Roumanie, les réformes de gouvernance ont facilité la communication sur la santé entre la population rom et les pouvoirs publics. Ces réformes ont permis aux membres de la communauté rom de se prendre en charge pour améliorer leur droit à la santé en leur donnant des informations accessibles d'un point de vue culturel sur des questions de santé et le système de santé publique»[222].

302. Jadis, la discrimination a revêtu plusieurs formes. C'est le cas aux États-Unis d'Amérique où les Noirs américains ont bravé une histoire héroïque pour défendre l'égalité de tous les citoyens américains, au fil du temps. La discrimination s'était imposée sur plusieurs fronts. Dans le domaine de l'éducation, avec le fameux principe « séparé mais égal » interdisant aux enfants noirs d'être inscrits dans les meilleures écoles réservées aux Blancs, dans le refus

---

bénéficiant des Déclarations et des Conventions internationales spécifiques tels les enfants, les PVH, les PVV/VIH-SIDA, les femmes, les migrants et leurs membres de famille… Dès lors, qui peut être considéré comme membre du groupe/ population autochtone, groupe/minorités éthiques, religieuses et linguistiques ou encore comment apprécier que tel groupe est stigmatisé, marginalisé ? Le mieux à faire, c'est d'écouter les membres du Groupe qui se considèrent comme tel et intégrer ses membres plutôt que de nier toute revendication ou dénonciation de la marginalisation, la stigmatisation et la discrimination !

[222] ONU, Pratique de bonne gouvernance pour la protection des droits de l'homme, New York et Genève, 2007, 88 p.

de participer aux élections en multipliant des stratégies jusqu'à soumettre les Noirs instruits à un examen en vue de participer aux élections. Dans le domaine judiciaire, dans quelques États, le fait pour un Noir d'introduire une requête en justice fondée sur la discrimination était érigé en une infraction d'atteinte à l'ordre public. La lutte contre la discrimination par les Blancs et les Noirs américains a eu un impact positif jusqu'à l'éradication du sentiment et pratiques racistes, de manière progressive, jusqu'au point d'élire un Président américain Noir, en la personne de Monsieur BARAK OBAMA !

303. L'indépendance des juges a été un remède efficace pour dompter le racisme. En ce qui concerne, par exemple, la discrimination en rapport avec l'éducation, la question constitutionnelle de la validité des systèmes étatiques d'instruction primaire séparée pour les deux races fut soulevée, dès 1951, dans quatre États, le Delaware, la Virginie, le Kansas et la Caroline du Sud. Les quatre pourvois joints parvinrent en 1952 à la Cour Suprême qui, après 18 longs mois de débats et consultations, rendit, le 17 mai 1954, son arrêt historique Brown c/ Board of Education. La Cour déclara que la ségrégation raciale dans les écoles primaires, en vertu de la loi étatique, était incompatible avec le principe d'égalité. La séparation engendrait chez les enfants minoritaires un complexe d'infériorité en les privant de certains avantages dont ils auraient bénéficié dans une école mixte en vertu des principes qui sont à la base de l'instruction publique dans une démocratie. Ainsi la Cour dit: « Nous avons conclu que, dans le domaine de l'instruction publique, la doctrine de « séparé mais égal » ne trouve pas de place[223] ».

304. La discrimination est un phénomène social. Ce phénomène existe sous plusieurs formes, dans toutes les sociétés et dans des circonstances diverses mais le mérite des sociétés, c'est d'en prendre conscience et lutter pour l'éliminer, tant soit peu à l'instar de tous les efforts de luttes ci-dessus. Les Européens sont confrontés à la question des minorités nationales et religieuses quand les africains se lèvent contre la discrimination ethnique, clanique et tribale. Ce phénomène est un obstacle à la paix sociale, au développement et à la démocratie. Et d'ailleurs, la Cour européenne des droits de l'homme a tenté de préciser les éléments constitutifs d'une société

---

[223] Alessandra LUINI DEL RUSSO, l'œuvre jurisprudentielle de la cour suprême des États-Unis en matière d'égalité raciale, pp 85-101

démocratique. Lesquels éléments sont le pluralisme, la tolérance[224] et l'ouverture. Dans l'Arrêt Young, James et Bebster, la Cour dit : « La démocratie ne se ramène pas à la suprématie constante de l'opinion d'une majorité, elle commande un équilibre qui assure aux minorités un juste traitement et qui évite tout abus d'une position dominante »[225].

305. L'écho de l'égalité des personnes s'est répercuté dans la DUDH et dans les États. A titre d'exemple, l'égalité défendue par le christianisme est suivie par les États comme le Bénin où la Constitution consacre l'égalité devant les juridictions. Cette égalité doit impulser tout le comportement sociétal. « Les principes d'égalité et de non-discrimination sont certainement ceux qui recèlent le plus de possibilités, de potentialités et d'intérêt compte tenu de leurs multiples applications, des nombreuses dispositions constitutionnelles qui leur sont consacrées ainsi que des études et jurisprudence y consacrées. Ainsi, au Bénin, en dehors des dispositions générales des articles 26 de la Constitution, les articles 3 et 56 de la Charte africaine des droits de l'homme et des peuples ainsi que la Constitution reconnaît, en son article 6, l'égalité de suffrage. De même en son article 8, elle garantit l'égalité d'accès à la santé, à l'éducation, à la culture, à l'information, à la formation professionnelle et à l'emploi ; en son article 39, l'égalité sur le territoire du Bénin, des droits et libertés entre béninois et étrangers.

2. LE PRINCIPE DE LA NON-DISCRIMINATION

306. Le principe de l'égalité et celui de la non-discrimination sont comme les deux faces d'une même monnaie. La discrimination est une pathologie sociale qui remet en cause l'égalité des personnes. La discrimination est entendue comme : « Toute distinction, exclusion, restriction ou préférence fondée sur la race, la couleur, le sexe, la religion, l'opinion politique, l'ascendance nationale ou l'origine sociale (ou tout autre situation) qui a pour effet de détruire ou

---

[224] L'intolérance est le plus grand pourvoyeur des conflits entre les individus et les sociétés. Napoléon Hill avait écrit : « Lorsque l'aube de l'intelligence se sera répandue sur l'horizon du Levant du progrès humain, l'Ignorance et la Superstition auront laissé leurs dernières empreintes sur les sables du temps, il sera écrit dans le dernier chapitre du livre sur les crimes de l'homme que l'Intolérance a été son péché le plus terrible. » Consulter le site de Moise Zannou : www.ebooks-a-telecharger.com

[225] Lire Frédéric Sudre, op.cit. , p.214

d'altérer l'égalité de chance ou de traitement, détruire ou compromettre la reconnaissance, la jouissance ou l'exercice , dans des conditions d'égalité des droits de l'homme et des libertés fondamentales… » A la lecture de plusieurs Conventions et autres normes internationales notamment la Convention n°111 de l'OIT concernant la discrimination en matière d'emploi et de profession du 5 juillet 1958 et la Convention internationale sur l'élimination de toutes les formes de discrimination raciale adoptée par l'AG-NU le 21 décembre 1965, la Convention concernant la lutte contre la discrimination dans le domaine de l'enseignement adoptée par la Conférence générale de l'UNESCO, la Convention sur l'élimination de toutes les formes de discrimination à l'égard des femmes adoptée par l'AG-NU du 18 décembre 1979... ,

307. Le principe de non- discrimination est un corollaire du principe de l'égalité devant la loi et la protection par la loi, l'égalité de chance ainsi que l'égalité de traitement entre les personnes. Les situations de discrimination ne sont pas énumérées, de manière limitative[226]. C'est pour cette raison qu'on évoque aussi « Tout autre situation ». Il suffit de constater des violations des droits de l'homme récurrentes pour une cause quelconque autre que celles énumérées par la loi et les Traités avec l'effet de remettre en cause l'égalité de chance et de traitement et par ricochet l'empêchement ou l'obstacle à la jouissance ou l'exercice des droits garantis aux personnes pour déclencher un monitoring sur la question pouvant déboucher aux Règles spécifiques.

308. Dans son opinion individuelle de OUGUERGOUZ dans l'Affaire Tanganyika Law Society, the Legal and Human Rights Centre et Reverend Christopher R. Mtikila c. Tanzanie (fond) (2013) 1 RJCA 34 devant la Cour africaine, il dit : « Le principe de non-discrimination d'une part, et ceux d'égalité devant et dans la loi, d'autre part, entretiennent des relations étroites. Ils sont pour ainsi dire les deux faces de la même pièce, le premier étant le corollaire des seconds. Leur différence essentielle dans le cadre de la Charte africaine réside dans leur champ d'application respectif. En effet, aux termes des articles 2 et 3 de la Charte, le principe de non-discrimination ne s'applique qu'aux seuls droits garantis par la

[226]Mario BETTATI et alii , op .cit., p.34 (Pour Emmanuel DECAUX, la Déclaration Universelle des Droits de l'Homme comporte des omissions et la plus grosse lacune qui se trouve au cœur de l'Article 2 de la DUDH, c'est la colonisation qui n'est pas remise en cause explicitement.)

Charte, alors que les principes d'égalité s'appliquent à tous les droits garantis par la législation nationale d'un État partie même s'ils ne sont pas protégés par la Charte.

309. A ce sujet, on peut faire allusion à la maltraitance, à la stigmatisation et à la discrimination dont souffrent les albinos et les populations autochtones en Afrique. Du fait de l'anomalie congénitale des albinos, par exemple, caractérisée par une absence de pigment dans la peau, les cheveux, les poils et l'iris, ils sont privés du droit à l'emploi, le respect à la dignité due à toute personne humaine notamment cracher à leur passage pour marquer le dédain, le fait de cacher un enfant albinos à la cuisine pour qu'il ne soit pas à la portée de vue des visiteurs de « marque » et pire encore, tuer vif les albinos en vue de prendre certaines parties de leurs organes croyant être investis des chances surnaturelles pour ramasser les pierres précieuses dans les chantiers miniers ! Dans les meilleures pratiques, on peut signaler le concours de beauté organisé au Kenya en 2016 et au Zimbabwe, en 2018.

310. La jurisprudence est éloquente sur le terme « tout autre situation » précité. En effet, dans la Communication n°196/1985, Ibrahima Gueye et al. c/France, dans ses constatations, le Comité des droits de l'homme a explicité le concept, en se référant à ses Constatations N°182/1994. « Le droit à l'égalité devant la loi et à une protection égale de la loi sans discrimination ne rend pas toutes les différences de traitement discriminatoires ». Pendant que les auteurs de la communication prétendaient être victimes de la discrimination raciale par le paiement différent de la pension entre les retraités français et étrangers, le Comité des droits de l'homme avait retenu la violation de l'article 26 du PIDCP non sur la base de la discrimination raciale, qui n'était pas prouvée, mais sur base de toute autre situation[227] ».

311. La Cour de cassation française, en Assemblée plénière, interprétant les textes de Droit interne (Code de sécurité sociale) conformément aux articles 14 et 18 de la Convention européenne des droits de l'homme et en suivant sa propre jurisprudence[228] écarta la condition

---

[227] Dans la Communication n°196/1985, Ibrahima Gueye et al. c/France devant le Comité des droits de l'homme. Les auteurs de la Communication ont prétendu être victime de la discrimination raciale par le paiement différent de la pension entre les retraités français et étrangers ayant combattu pour la France avant 1960 mais le Comité a retenu la discrimination avec autres motivations ci haut commentées.

[228] Cass. Ass., 16 avril 2004, Drass c/ M. et Mme Lingouala.

tenant à la régularité de la situation de séjour sur le territoire et affirma que la jouissance de prestations sociales telles les prestations familiales doit être assurée sans aucune distinction faite sur l'origine nationale[229].

312. La Cour européenne avait conféré à l'article 14 de la CEDH un effet horizontal en admettant que le droit à la non- discrimination trouve son application dans le cadre des relations interindividuelles et ouvre la voie à un contrôle de la compatibilité des actes purement privés, sources d'une différence de traitement, avec l'article 14. Les cours et tribunaux ainsi que les parquets qui y sont rattachés peuvent promouvoir l'égalité et la non- discrimination en élargissant la compréhension de la notion grâce à la jurisprudence internationale, le Droit comparé et l'application de diverses voies à leur portée. La réalisation effective et universelle des droits de l'homme est au prix de l'ingéniosité du personnel judiciaire connecté à la jurisprudence internationale des droits de l'homme et au Droit comparé ainsi qu'à l'irrigation de la législation nationale par les droits de l'homme.

313. De toute évidence, les droits de l'homme avec tous ses instruments et mécanismes à tous les niveaux sont à même de faciliter la compréhension et les aspirations profondes et justes de tout Droit positif. Il est important de raisonner aujourd'hui aux garde-fou proposés à la Commission de la rédaction de la DUDH par l'URSS qui préconisait que : « La Déclaration doit garantir le respect des droits de l'homme et des libertés fondamentales pour tous , sans distinction de race, de nationalité, de classe, de religion, de langue ou de sexe[230], conformément aux principes de la démocratie, de la souveraineté nationale et de l'indépendance politique des États »[231]. Le principe de l'égalité et celui de non- discrimination se complètent l'un et l'autre avec le principe de la protection des minorités.

314. Quid de la situation en Afrique ? Il est évident que …Le thème choisi pour la célébration de cette année : « Engagement en faveur de la parité », qui s'inscrit en droite ligne avec le thème des Nations Unies

---

229 Frédéric SUDRE, Droit européen et international des droits de l'homme, Puf,8°édition, France, 2006, p.263.

230 Les articles 2, 18, 60 et 61 de la Charte africaine des droits de l'Homme et des peuples demande à tous les États d'éliminer toutes formes de discrimination à l'égard des femmes et d'assurer la protection des droits des femmes, tel que stipulé dans les déclarations et conventions internationales.

231 France Libertés Fondation Danielle Mitterrand, et le Comité spécial des ONG internationales pour les droits de l'homme : op cit, p.247

(NU) « Planète 50-50 d'ici 2030 : franchissons le pas pour l'égalité des sexes » est conforme aux thèmes précédents de la Journée internationale de la Femme des Nations Unies et va également dans le sens de la déclaration de l'Union africaine (UA) de l' année 2017 soit « Année africaine des droits de l'homme, avec un accent particulier sur les droits de la femme ». En ce moment, les femmes africaines comme OBIAGELI au Nigeria et Catherine SAMBA RCA ont joué des rôles au sommet de l'État.

315. D'emblée, en rapport avec l'égalité des sexes, les africains proclament reconnaitre le rôle crucial des femmes dans la préservation des valeurs africaines basées sur les principes d'égalité, de paix, de liberté, de dignité, de justice, de solidarité et de démocratie dans le Protocole à la Charte africaine des droits de l'homme , relatif aux droits de la femme. Le thème de l'année s'inscrit également dans le cadre du nouvel Agenda 2030 pour le développement durable (17 ODD[232]), adopté par les Chefs d'État et de Gouvernement et les Hauts Représentants réunis au siège de

[232] 17 ODD : 1. Éliminer la pauvreté sous toutes ses formes et partout dans le monde Objectif 2. Eliminer la faim, assurer la sécurité alimentaire, améliorer la nutrition et promouvoir l'agriculture durable Objectif 3. Permettre à tous de vivre en bonne santé et promouvoir le bien-être de tous à tout âge Objectif 4. Assurer l'accès de tous à une éducation de qualité, sur un pied d'égalité, et promouvoir les possibilités d'apprentissage tout au long de la vie Objectif 5. Parvenir à l'égalité des sexes et autonomiser toutes les femmes et les filles Objectif 6. Garantir l'accès de tous à l'eau et à l'assainissement et assurer une gestion durable des ressources en eau Objectif 7. Garantir l'accès de tous à des services énergétiques fiables, durables et modernes à un coût abordable Objectif 8. Promouvoir une croissance économique soutenue, partagée et durable, le plein emploi productif et un travail décent pour tous Objectif 9. Bâtir une infrastructure résiliente, promouvoir une industrialisation durable qui profite à tous et encourager l'innovation Objectif 10. Réduire les inégalités dans les pays et d'un pays à l'autre Objectif 11. Faire en sorte que les villes et les établissements humains soient ouverts à tous, sûrs, résilients et durables Objectif 12. Établir des modes de consommation et de production durables Objectif 13. Prendre d'urgence des mesures pour lutter contre les changements climatiques et leurs répercussions Objectif 14. Conserver et exploiter de manière durable les océans, les mers et les ressources marines aux fins du développement durable Objectif 15. Préserver et restaurer les écosystèmes terrestres, en veillant à les exploiter de façon durable, gérer durablement les forêts, lutter contre la désertification, enrayer et inverser le processus de dégradation des terres et mettre fin à l'appauvrissement de la biodiversité Objectif 16. Promouvoir l'avènement de sociétés pacifiques et ouvertes à tous aux fins du développement durable, assurer l'accès de tous à la justice et mettre en place, à tous les niveaux, des institutions efficaces, responsables et ouvertes à tous Objectif 17. Renforcer les moyens de mettre en œuvre le Partenariat mondial pour le développement durable et le revitaliser.

l'ONU à New York, du 25 au 27 septembre 2015. L'Objectif cinq (5) encourage spécifiquement l'égalité des sexes et l'autonomisation des femmes et des filles. La réalisation de l'égalité des sexes et l'autonomisation des femmes et des filles sera une contribution essentielle à la promotion de tous les objectifs de l'Agenda 2030. L'intégration systématique de la perspective genre dans la mise en œuvre des Objectifs est également encouragée…. (pour) l'égalité des sexes et l'autonomisation des femmes, en adoptant diverses mesures sur l'égalité des sexes, et en mettant en place des institutions et cadres stratégiques pour combattre la discrimination et la marginalisation des femmes. La mise en œuvre pratique de cette égalité pose problème. Quelle est la situation sur terrain ?

316. La question de la parité homme femme demeure un défi important en Afrique, dans plusieurs États malgré la ratification des instruments africains et onusiens[233] et voire l'adoption de quelques lois de mise en œuvre de la parité comme en RDC. La loi spécifique est une avancée mais du fait des stéréotypes négatifs et la volonté politique non équivoque sur la question, le statut de la femme n'a pas suffisamment évolué. Leur participation politique, leur autonomisation, leur implication effective dans les instances de prise de décision à tous les niveaux évoluent, à pas de tortue. Par contre, elles sont le plus exposée aux violences sexuelles[234] surtout dans les zones des conflits armés sans oublier les violences domestiques jusque-là considérées comme sujet tabou et voire aussi la prostitution quasi-généralisée à cause du contexte de la pauvreté.

317. Selon la Rapporteuse spéciale de l'UA sur les droits de la femme, « Pour réaliser l'égalité des sexes d'ici 2030, comme prévu par les Nations Unies, il faudrait redoubler d'efforts et renforcer nos actions dans le domaine du développement, de l'autonomisation de la femme et de l'égalité des sexes... En effet, une femme autonome, c'est une nation autonome. Cependant, l'autonomisation des

---

[233] Les 2 Pactes de l'ONU relatifs aux droits de l'homme ont été ratifiés par les États africains en plus de la Convention sur l'élimination de toutes les formes de discrimination à l'égard des femmes Adoptée par l'Assemblée générale dans sa résolution 34/180 du 18 décembre 1979.

[234] Pour le Docteur Denis MUKWEGE, Prix Nobel de la paix de 2018. « Seule la lutte contre l'impunité peut briser la spirale des violences sexuelles ». C'est le modèle d'un médecin soignant les victimes de violences sexuelles s'est mis debout pour le plaidoyer et pour la dénonciation des actes face à l'impunité des auteurs connus, impunis et recidivistes.

femmes sans la garantie de leur droit à l'égalité des sexes est assez difficile, voire impossible. Pour ce faire, nous avons des opportunités à saisir : l'un des principes directeurs de l'Acte constitutif de l'UA est l'égalité des sexes »[235].

318. L'Afrique est partie prenante aux ODD dont l'Objectif 5 relatif à l'égalité des sexes et à l'Agenda 2063 pour l'Afrique (Objectif 17 : parité homme femme). Combiner ses approches contribue à l'implémentation de l'aspiration de la parité homme femme. En effet, l'aspiration six de l'Agenda 2063 appelle à : « Inclure les femmes dans la prise de décision indépendamment du sexe, de l'affiliation politique, de la religion, de l'appartenance ethnique, de la localité, de l'âge ou d'autres facteurs. Renforcer l'autonomisation des femmes dans tous les domaines grâce à des droits sociaux, politiques et économiques égaux, y compris le droit de posséder et d'hériter des biens, de signer des contrats, d'enregistrer et de gérer des entreprises. Permettre aux femmes vivant en milieu rural d'avoir accès à des actifs productifs : terres, crédit, intrants et services financiers. Éliminer la violence et la discrimination (sociale, économique, politique) fondées sur le sexe à l'égard des femmes et des filles. Atteindre la parité totale entre les sexes, et un taux d'au moins 50 % de femmes détentrices[236]. Si les engagements sont acceptés honnêtement, l'aspiration peut devenir une réalité et les mesures pour y arriver se prennent aisément ».

319. En Afrique, les revendications de parité homme – femme sont récentes. Dans le cadre de célébration de la journée des droits de femmes, l'UA avait placé l'année 2016 sous le thème : « L'autonomisation des femmes et du développement de l'Afrique pour la concrétisation de l'Agenda 2063 ». En fait, l'Agenda 2063 élaboré depuis 2013 pour une période de 50 ans avec un Cadre stratégique partagé pour une croissance inclusive et un développement durable et une Stratégie globale pour optimiser l'utilisation des ressources de l'Afrique au profit de tous les Africains »[237].

---

[235] Réaliser l'égalité du genre et l'autonomisation des femmes et des filles.

[236] UA : DEUXIÈME PROJET Stratégie de l'Union africaine en matière de genre 2018-2027.

[237] UA : AGENDA 2063. L'Afrique que nous voulons DOCUMENT-CADRE. « Un Cadre stratégique partagé pour une croissance inclusive et un développement durable et une Stratégie globale pour optimiser l'utilisation des ressources de l'Afrique au profit de tous les Africains ».

320. La Charte africaine, le Protocole à la Charte africaine des droits de l'homme et des peuples relatif aux droits de la femme en Afrique (Protocole de Maputo), les Instruments sous- régionaux et les instruments onusiens applicables dans le système africain des droits de l'homme devraient inspiré les justiciers, les Avocats, les dirigeants et la population. Les temps des évaluations et des bilans sont fixés en 2020 par rapport à la Décennie de la femme africaine à partir de 2010 ; 2023 pour les 10 premières années de l'Agenda 2063 et 2030 pour la fin des ODD. Les paris de la parité homme femme et l'autonomisation des femmes ramènent à la surface l'intérêt accordé aux groupes vulnérables et aux groupes minoritaires dans la communauté.

321. L'égalité en dignité et en droits concerne aussi les enfants malgré leur incapacité juridique. Quelques mesures ont été identifiées comme importantes pour promouvoir les droits des enfants. Sur le plan judiciaire, il a été recommandé, par le Comité pour les droits de l'enfant à la RDC de : « Augmenter le nombre de tribunaux et de procédures spéciaux pour mineurs et les doter de suffisamment de ressources humaines, techniques et financières, y nommer des juges pour mineurs et faire en sorte que ces juges spécialisés reçoivent un enseignement et une formation adaptés. Assurer l'assistance légale aux enfants en conflit avec la loi et promouvoir des mesures de substitution à la détention, telles que le recours à des moyens extrajudiciaires, le sursis probatoire, la médiation, l'accompagnement psychologique ou le travail d'intérêt général, dans la mesure du possible, et faire en sorte que la détention ne soit qu'une mesure de dernier ressort, imposée pour la durée la plus courte possible et réexaminée de manière régulière, en vue d'y mettre un terme[238] ».

3. LE PRINCIPE DE LA PROTECTION DES MINORITES

322. Pour la CPJI, « L'idée qui est à la base de la protection des minorités est d'assurer à des groupes sociaux incorporés dans un État dont la population est d'une race, d'une langue ou d'une religion autre que la leur la possibilité tout en gardant les caractères par lesquels ils se distinguent de la majorité »[239].

---

[238] CDE 2017 RDC p.14 et 15

[239] Frédéric SUDRE, op.cit, p.35

323. En fait, les droits des minorités sont à la fois des droits individuels et des droits collectifs en ce qu'ils sont garantis du fait de l'appartenance à un groupe considéré comme minoritaire dans un État. La cohabitation pacifique dans la société et dans un État est une valeur fondamentale et universelle acceptée par les nations civilisées. La question d'appréciation de la minorité ne relève pas de la volonté absolue de l'État mais de l'appréciation des critères plus ou moins objectifs. Ce principe est bien explicité par le Pacte[240] qui dispose que : « Dans les États où il existe des minorités ethniques, religieuses ou linguistiques, les personnes appartenant à ces minorités ne peuvent être privées du droit d'avoir, en commun avec les autres membres de leur groupe, leur propre vie culturelle, de professer et de pratiquer leur propre religion , ou d'employer leur propre langue. » C'est de bon droit que l'Assemblée générale de l'ONU adopta dans sa Résolution 47/135 du 18 décembre 1992 la Déclaration des droits des personnes appartenant à des minorités nationales, ou ethniques, religieuses et linguistiques.

324. Francesco Capotorti a défini la minorité comme : « Un groupe numériquement inférieur au reste de la population d'un État, en position non dominante, dont les membres — ressortissants de l'État — possèdent du point de vue ethnique, religieux ou linguistique des caractéristiques qui diffèrent de celles du reste de la population et manifestent même de façon implicite un sentiment de solidarité, à l'effet de préserver leur culture, leurs traditions, leur religion ou leur langue.

325. Dans l'histoire, la question des minorités s'est posée avec acuité après la première Guerre mondiale et plusieurs conventions ont permis de résoudre ce problème. On peut citer les traités des minorités conclus en 1919-1920 par les Puissances alliées et associées avec cinq États (Pologne, Tchécoslovaquie, Grèce, Roumanie et Yougoslavie) ; des traités bilatéraux tels que les conventions polono-dantzigoises de 1920 et 1921, polono-tchécoslovaque de 1920-1925 ou germano-polonaise de 1922 ainsi que les Déclarations unilatérales des États au moment de leur admission à la SDN (Albanie, Estonie, Lettonie, Lithuanie, Finlande et Irak).

326. De nos jours, la question se pose encore dans plusieurs États qu'il faille des études plus approfondies et envisager des solutions

---

[240] Article 27 du Pacte international relatif aux droits civils et politiques.

adaptées à chaque cas surtout en Afrique où l'on trouve des États multi-linguistes, multiraciaux ou multiethniques et plusieurs groupes claniques. Il y a aussi des États dont certaines ethnies sont disséminées entre deux ou plusieurs États avec la conséquence d'apparaître comme minoritaire surtout lorsqu'elles ont une culture ou des souches très différentes d'autres groupes et lorsque les politiques s'en mêlent. C'est le cas des Tutsi disséminés au Burundi, au Ruanda, en RDC, en Tanzanie... La particularité de ce groupe est la célèbre histoire du génocide ruandais et gestion de ce conflit tant sur le plan national que sur le plan international.

327. La notion de minorité n'est pas à confondre avec celle des populations autochtones. En effet, les pygmées bénéficient d'une protection spéciale en Droit international des droits de l'homme[241]. De manière générale, le principe du respect des minorités interpelle les États à prendre des mesures spéciales pour la protection des membres de ces groupes minoritaires. On peut appliquer des mesures plus spéciales allant jusqu'au traitement préférentiel en leur faveur en cas de compétences égales (Discrimination positive ou actions positives). Il y a lieu de réfléchir sur les questions de fondamentalisme islamiste et voire de tribalisme. Le Professeur Georges NZONGOLA stigmatise la gouvernance qui ne tient pas compte de l'égalité des personnes et en conséquence, il y a des frustrations et des conflits latents ou ouverts. L'extrême pauvreté affecte la majorité des populations et l'effectivité de la dignité humaine. Le problème devrait être abordé avec l'approche des droits de l'homme qui est holistique[242]. Dans le système africain de protection des droits de l'homme et des peuples, ci-dessous est signalée l'importance accordée aux populations autochtones.

---

[241] L'Assemblée générale de l'ONU adopta dans sa Résolution 47/135 du 18 décembre 1992 la Déclaration des droits des personnes appartenant à des minorités nationales, ou ethniques, religieuses et linguistiques.

[242] Les Principes directeurs sur l'Extrême pauvreté et droits de l'homme pour la mise en œuvre des droits de l'homme dans les efforts pour lutter contre la pauvreté. Ils sont conçus comme un outil destiné à la conception et la mise en œuvre des politiques de réduction, de conception et la mise en œuvre des politiques de réduction et d'éradication de la pauvreté. Ils servent de guide sur la façon de respecter, protéger et mettre œuvre les droits des personnes qui vivent dans l'extrême pauvreté. Tous les domaines des politiques publiques sont concernés et peuvent contribuer à la lutte contre la pauvreté qui sévit en Afrique.

4. LE PRINCIPE DE LA DIGNITE DE LA PERSONNE HUMAINE

328. « Le droit sans dignité n'est que médiocrité et la dignité sans droit n'est que déraison. », avait dit Blaise Pascal. La dignité apparaît comme une valeur fondamentale qui sous-tend les droits de l'homme. On peut dire mieux que la finalité du Droit et des droits de l'homme qui irriguent le Droit positif, c'est le respect de la dignité de la personne humaine et la promotion de l'humanité.

329. La DUDH est le premier instrument international des droits de l'homme qui a proclamé l'égalité des personnes en dignité et en droits, sans toutefois la définir. On est donc passé d'une approche philosophique à une consécration juridique[243]. Le PIDCP et le PIDESC ainsi que d'autres Conventions internationales ultérieures se réfèrent aussi à la dignité inhérente à la personnalité humaine.

330. « La dignité telle que conçue dans les instruments internationaux renvoie à la dignité de l'individu et le respect de l'Humanité. Elle joue un rôle central comme l'une des valeurs inspirant les droits de l'Homme et la société démocratique »[244]. La dignité humaine est considérée à la fois comme une source des droits de l'Homme et comme l'objectif ou l'essence de ces droits[245]. Comment le principe est-il appliqué dans la pratique ? Comment cette dignité est-elle enseignée et cultivée[246] dans le système éducatif des États ? On peut recommander aux enseignants de recourir aux activités pratiques pour mieux enseigner les droits de l'homme[247], l'éducation à la citoyenneté, le civisme, l'éducation à la paix…

331. Dans la Déclaration de Bamako[248], les États membres de l'OIF confirment leur adhésion aux principes fondamentaux dont la démocratie, système de valeurs universelles, fondée sur la reconnaissance du caractère inaliénable de la dignité et de l'égale valeur de tous les êtres humains. Par ailleurs, plusieurs Constitutions reprennent, de nos jours, la notion de respect de la dignité humaine

---

243 Emine EYLEM AKSOY, La notion de dignité humaine dans la sauvegarde des droits fondamentaux des détenus

244 Emine EYLEM AKSOY, op cit, p.20

245 Idem: p.49

246 ONU&HCDH : L'enseignement des droits de l'homme. Activités pratiques pour les écoles primaires et secondaires, Genève, 2004, p.160

247 AFCNDH et OIF : L'éducation aux droits de l'Homme. Comprendre pour agir ensemble. Guide de l'enseignant(e) pour l'éducation aux droits de l'Homme dans l'espace francophone, éd. Sépia, 2009, 212 p.

248 OIF : Déclaration de Bamako (Lire l'extrait de la Déclaration en annexe6).

érigée en principe. « Le principe du respect de la dignité humaine est un bouclier qui peut se justifier comme moyen d'empêcher toute entrave à la condition humaine. ».

332. Outre les Constitutions[249] qui ont intégré le principe dans leur bloc de constitutionnalité, la jurisprudence offre des décisions éloquentes sur la valeur fondamentale de la dignité humaine sur le plan moral et juridique. A titre d'exemple, la Cour européenne des droits de l'homme dans l'affaire Kudla c. Pologne a rendu son Arrêt du 26 octobre 2000 constatant la violation de l'article 3 de la Convention européenne des droits de l'homme. En fait, la Cour dit : « Le fait de ne pas être détenu dans des conditions décentes viole directement la Convention ». Dans leurs commentaires sur ces Arrêts, M. SUDRE propose d'ajouter un article 3bis à la CEDH alors que pour Tulkens, il s'agit pour la jurisprudence de passer "du stade de l'ignorance des conditions générales de détention à celui de la reconnaissance du droit de tout détenu à des conditions respectueuses de la dignité humaine[250].

333. L'Affaire Kalashnikov c/ Russie du 15 juillet 2002 illustre la volonté de la Cour Européenne des droits de l'homme d'imposer des conditions de détention compatibles avec la dignité humaine. La Cour estime que le requérant était soumis à un traitement dégradant eu égard à ses conditions de détention: surpeuplement, absence d'aération, insectes nuisibles, toilettes exposées à la vue des codétenus. Pour la Cour, le seul fait qu'un détenu ait été contraint de vivre, de dormir et d'utiliser les toilettes dans une cellule qu'il partageait avec de très nombreux codétenus était suffisant pour le soumettre à une détresse ou à une épreuve d'une intensité excédant le niveau inévitable de souffrance inhérent à la détention et était de nature à lui inspirer des sentiments de peur, d'angoisse et d'infériorité propres à l'humilier et à l'avilir »[251]. Que dire des lieux de détentions dans lesquels les détenus font tous leurs besoins physiologiques ?

334. Le principe de la dignité se rapproche à d'autres principes précités notamment l'égalité et la non- discrimination. Tout être humain doit

---

[249] « Le respect de la dignité humaine prescrit à l'article 7 de la Constitution suisse s'entend comme le noyau des droits fondamentaux. Il ne s'agit pas toutefois d'un droit subjectif, mais un droit objectif qui représente une valeur clé dans l'interprétation des droits fondamentaux ».

[250] Emine EYLEM AKSOY, op.cit., p.57

[251] Emine EYLEM AKSOY, op.cit.,p.59

être traité comme une fin en soi, sans considération de la nationalité, de la race, de l'âge, du sexe, de la religion, de la classe sociale, de l'ethnie, des opinions politiques ou de toute autre caractéristique personnelle ou collective. Il mérite d'être traité avec humanité et l'État doit non seulement le protéger contre toute atteinte à son intégrité physique et morale, à sa liberté, à son honneur mais il devra aussi prendre des mesures adéquates pour son épanouissement intégral conforme à la dignité dû à tout être humain en tant que créature sacrée et à l'image de Dieu. De même que la torture, tout traitement dégradant dans nos lieux de détention comme partout ailleurs, la privation des droits légitimes, le dénuement ou l'extrême pauvreté, la crainte des catastrophes environnementales et l'humiliation portent atteinte à la dignité de la personne humaine.

335. C'est au nom du respect de la dignité de la personne humaine que suite aux Arrêts Marie et Hardouin du 17 février 1995, les magistrats ont cessé d'analyser les punitions disciplinaires infligées aux détenus et aux militaires comme « des mesures d'ordre intérieur » insusceptibles de tout recours contentieux[252]. C'est toujours, soucieux du respect de la dignité de la personne humaine que se justifie le refus d'extradition pour des raisons politiques. En effet, « L'État doit refuser l'extradition lorsqu'elle est demandée dans un but politique»[253]. Dans la pratique administrative, le Décret du 2 avril 1996 tirant conséquence de l'Arrêt Marie transposa, en France, le principe de la légalité des incriminations et des sanctions à la discipline militaire.

336. La notion de dignité humaine telle qu'interprétée par la doctrine et les juges contient en elle-même une valeur objective contraignante. Par ailleurs, elle interdit un certain nombre de comportements qui lui portent atteinte[254]. La notion du respect de la dignité humaine vise à protéger les intérêts multiples et interdépendants de la personne allant de son intégrité corporelle à son intégrité morale et à son épanouissement personnel. Parmi les comportements interdits, avant d'entrer dans les détails, on peut énumérer la torture. Elle est encore pratiquée dans plusieurs États malgré son interdiction absolue, c'est-à-dire l'interdiction dans toutes les circonstances comme l'expliquait KANT.

---

[252] Gilles LEBRETON, Op.cit. , p., 218.
[253] Idem : Arrêt Koné du 3 juillet en France.
[254] Emine EYLEM AKSOY, La notion de dignité humaine dans la sauvegarde des droits fondamentaux des détenus, p.46

337. Les Lignes directrices sur les conditions d'arrestation, de garde à vue et de détention provisoire en Afrique (les Lignes directrices de Luanda) ont été adoptées par la Commission Africaine des Droits de l'Homme et des Peuples (la Commission) au cours de sa 55ème Session Ordinaire à Luanda, Angola du 28 avril au 12 mai 2014. Les Articles 2, 3, 4, 5, 6, 7 et 26 de la Charte de Banjul impose les obligations des États à fournir à tous les peuples le droit à la vie, la dignité, la sécurité, un procès équitable et l'indépendance du système judiciaire. Les Directives de Luanda aideront les États à mettre en application ces obligations dans le contexte spécifique de l'arrestation, de la garde à vue et de la détention provisoire.

338. Selon l'Article 45 (1) (b) de la Charte Africaine, la Commission est mandatée pour formuler des normes, des principes et des règles pour guider les Gouvernements africains en vue d'adopter des législations conformes aux normes internationales et à la dignité de la personne humaine. Les Lignes directrices tiennent compte des préoccupations pour les droits de l'homme spécifiquement liées à la justice pénale en Afrique, à savoir, l'arrestation et la détention arbitraire, et les mauvaises conditions de garde à vue et de détention préventive ou provisoire. Les personnes en détention provisoire subissent des conditions de détention qui ne répondent pas au droit à la vie et à la dignité, et sont vulnérables aux violations des droits de l'homme, y compris l'arrestation et la détention arbitraire, le risque de torture et d'autres mauvais traitements. La surpopulation pénitentiaire est due parfois au dysfonctionnement du système pénal.

339. Le Rapporteur Spécial des Prisons et Conditions de Détention en Afrique veille à l'application de la Charte et des lois nationales pertinentes par les autorités judiciaires et les agents pénitentiaires. L'adoption des Lignes directrices de Luanda est une étape importante vers la promotion d'une approche fondée sur les droits pour les décisions d'arrestation et de détention des suspects, pour les conditions et garanties par rapport à la garde à vue et la détention provisoire. Elles reflètent les aspirations collectives des États, des Institutions nationales des Droits de l'Homme et des Organisations de la Société Civile pour la promotion d'une approche fondée sur les droits dans ce domaine critique de la justice pénale. Les Lignes directrices méritent d'être vulgarisées pour leur application effective[255]. La bonne compréhension de ces normes requiert une vue générale des directives internationales[256].

340. La Commission a connu quelques Affaires relatives à la torture notamment la Communication 325/06 – entre l'Organisation Mondiale Contre la Torture et Ligue de la Zone Afrique pour la Défense des Droits des Enfants et Elèves (pour le compte de Céline) c. République Démocratique du Congo. La fille portant pseudonyme de Céline était victime de viol collectif sur mineure. La Communication était déclarée recevable sans l'épuisement des voies de recours internes pour la simple et bonne raison que la Cour considère comme dans la Communication DAWDA Jawara contre la Gambie qu'un recours est disponible lorsqu'il peut être utilisé sans obstacle par le requérant. Efficace, s'il offre des perspectives de succès et satisfaisant lorsqu'il est à même de donner satisfaction au Plaignant et de réparer la violation alléguée.

341. Toute personne placée en garde à vue ou en détention provisoire doit avoir le droit, personnellement ou par l'intermédiaire de son représentant, de se pourvoir, sans délais, devant une autorité judiciaire, afin que la légalité de sa détention soit examinée. Si l'autorité judiciaire considère que la détention est illégale, la personne a le droit d'être immédiatement libérée. Le pouvoir judiciaire, garant des droits de l'homme et des libertés fondamentales, est le recours ultime pour empêcher l'arbitraire contre toute personne placée en détention illégale[257]. La législation

---

[255] Honorable Med SK Kaggwa, Lignes directrices sur les conditions d'arrestation, de garde à vue et de détention provisoire en Afrique (Commissaire à la Commission Africaine des Droits de l'Homme et des Peuples).

[256] Les normes pertinentes relatives à la gestion des lieux de détention et des droits des détenus se complètent tant sur le plan régional qu'international. Ainsi les normes africaines se complètent avec l'Ensemble de règles minima pour le traitement des détenus (1957), l'Ensemble de principes pour la protection des personnes soumises à une forme quelconque d'emprisonnement (1988), le Code de conduite pour les responsables de l'application des lois (1978) et les Principes d'éthique médicale applicables au rôle du personnel de santé, en particulier des médecins, dans la protection des prisonniers et des détenus contre la torture et les autres peines ou traitements cruels, inhumains ou dégradants (1982).

[257] L'article 14 alinéa 2 du PIDCP dispose que : « Toute personne accusée d'une infraction pénale est présumée innocente jusqu'à ce que sa culpabilité ait été légalement établie. Toute personne accusée d'une infraction pénale a droit, en pleine égalité, au moins aux garanties suivantes: a) À être informée, dans le plus court délai, dans une langue qu'elle comprend et de façon détaillée, de la nature et des motifs de l'accusation portée contre elle; b) À disposer du temps et des facilités nécessaires à la préparation de

nationale prévoit le système approprié pour la surveillance judiciaire de la détention ou l'habeas corpus. En application du Statut de la CPI, toute personne peut saisir l'autorité judiciaire en vue de faire examiner la régularité de sa détention. Ce pouvoir des juges est un mécanisme utile pour éviter les arrestations arbitraires pourvu qu'il soit exploité à bon escient par les justiciables et mis en œuvre par des juges indépendants[258].

342. Outre les Constitutions[259] qui ont intégré le principe dans leur bloc de constitutionnalité, la jurisprudence offre des décisions éloquentes sur la valeur fondamentale de la dignité humaine sur le plan moral et juridique. A titre d'exemple, la Cour européenne des droits de l'homme dans l'affaire Kudla c. Pologne a rendu son Arrêt du 26 octobre 2000 constatant la violation de l'article 3 de la Convention européenne des droits de l'homme. En fait, la Cour dit : « Le fait de ne pas être détenu dans des conditions décentes viole directement la Convention ». Dans leurs commentaires sur ces Arrêts, M. SUDRE propose d'ajouter un article 3bis à la CEDH alors que pour Tulkens, il s'agit pour la jurisprudence de passer "du stade de l'ignorance des conditions générales de détention à celui de la reconnaissance du droit de tout détenu à des conditions respectueuses de la dignité humaine[260].

343. L'affaire Kalashnikov c/ Russie du 15 juillet 2002 illustre la volonté de la Cour Européenne des droits de l'homme d'imposer des conditions de détention compatibles avec la dignité humaine. La Cour estime que le requérant était soumis à un traitement dégradant eu égard à ces conditions de détention: surpeuplement, absence d'aération, insectes nuisibles, toilettes exposées à la vue des codétenus. Pour la Cour, le seul fait qu'un détenu ait été

---

sa défense et à communiquer avec le conseil de son choix; c) À être jugée sans retard excessif; d) A être présente au procès et à se défendre elle-même ou à avoir l'assistance d'un défenseur de son choix; si elle n'a pas de défenseur, à être informée de son droit d'en avoir un, et, chaque fois que l'intérêt de la justice l'exige, à se voir attribuer d'office un défenseur, sans frais, si elle n'a pas les moyens de le rémunérer ».

[258] Les juges qui manquent d'indépendance considèrent que leur tâche, en contrôle de la régularité de la détention, seraient de régulariser les détentions irrégulières ou arbitraires.

[259] « Le respect de la dignité humaine prescrit à l'article 7 de la Constitution suisse s'entend comme le noyau des droits fondamentaux. Il ne s'agit pas toutefois d'un droit subjectif, mais un droit objectif qui représente une valeur clé dans l'interprétation des droits fondamentaux »

[260] Emine EYLEM AKSOY, op.cit., p.57

contraint de vivre, de dormir et d'utiliser les toilettes dans une cellule qu'il partageait avec de très nombreux codétenus était suffisant pour le soumettre à une détresse ou à une épreuve d'une intensité excédant le niveau inévitable de souffrance inhérent à la détention et était de nature à lui inspirer des sentiments de peur, d'angoisse et d'infériorité propres à l'humilier et à l'avilir[261]». Que dire des lieux de détentions dans lesquels les détenus font tous leurs besoins physiologiques ou sont obligés de toucher leurs cacas et vider les fosses septiques en sanction disciplinaire infligée par les codétenus au sein de la prison ?

344. Le principe de la dignité se rapproche à d'autres principes précités notamment l'égalité et la non- discrimination. Tout être humain doit être traité comme une fin en soi, sans considération de la nationalité, de la race, de l'âge, du sexe, de la religion, de la classe sociale, de l'ethnie, des opinions politiques ou de toute autre caractéristique personnelle ou collective. Il mérite d'être traité avec humanité et l'État doit non seulement le protéger contre toute atteinte à son intégrité physique, à sa liberté, à son honneur mais il devra aussi prendre des mesures adéquates pour son épanouissement intégral conforme à la dignité dû à tout être humain comme créature sacrée et créée à l'image de Dieu. De même que la torture, tout traitement dégradant dans nos lieux de détention comme partout ailleurs, la privation des droits légitimes, le dénuement ou l'extrême pauvreté, la crainte des catastrophes environnementales et l'humiliation portent atteinte à la dignité de la personne humaine.

345. C'est au nom du respect de la dignité de la personne humaine que suite aux Arrêts Marie et Hardouin du 17 février 1995, les magistrats ont cessé d'analyser les punitions disciplinaires infligées aux détenus et aux militaires comme « des mesures d'ordre intérieur » insusceptibles de tout recours contentieux[262]. C'est toujours, soucieux du respect de la dignité de la personne humaine que se justifie le refus d'extradition pour des raisons politiques. « L'État doit refuser l'extradition lorsqu'elle est demandée dans un but politique. »[263] Dans la pratique administrative, le Décret du 2 avril 1996 tirant conséquence de l'Arrêt Marie transposa, en France, le

---

[261] Emine EYLEM AKSOY, op.cit.,p.59

[262] Gilles LEBRETON, Op.cit. , p., 218.

[263] Idem : Arrêt Koné du 3 juillet en France.

principe de la légalité des incriminations et des sanctions à la discipline militaire.

346. La notion de dignité humaine telle qu'interprétée par la doctrine et les juges contient en elle-même une valeur objective contraignante. Par ailleurs, elle interdit un certain nombre de comportements qui lui portent atteinte[264]. La notion du respect de la dignité humaine vise à protéger les intérêts multiples et interdépendants de la personne allant la vie, les conditions de vie, son intégrité corporelle et intégrité morale et à son épanouissement personnel intégral. Parmi les comportements interdits, avant d'entrer dans les détails, on peut énumérer la torture. Elle est encore pratiquée dans plusieurs États malgré son interdiction absolue, c'est-à-dire l'interdiction dans toutes les circonstances comme l'expliquait KANT.

347. Les Lignes directrices sur les conditions d'arrestation, de garde à vue et de détention provisoire en Afrique (les Lignes directrices de Luanda) ont été adoptées par la Commission Africaine des Droits de l'Homme et des Peuples au cours de sa 55ème Session Ordinaire à Luanda, Angola du 28 avril au 12 mai 2014. Les Articles 2, 3, 4, 5, 6, 7 et 26 de la Charte Africaine des Droits de l'Homme et des Peuples (la Charte Africaine) stipulent les obligations des États à fournir à tous les peuples entre autres le droit à la vie, la dignité, la sécurité, le droit à un procès équitable et l'indépendance du système judiciaire. Les Directives de Luanda aideront les États à mettre en application ces obligations dans le contexte spécifique de l'arrestation, de la garde à vue et de la détention provisoire.

348. Selon l'Article 45 de la Charte Africaine, la Commission est mandatée pour formuler des normes, des principes et des règles sur lesquelles les Gouvernements Africains pourront se fonder pour légiférer. C'est sur cette base que ces Lignes directrices ont été développées. La Commission reconnait les préoccupations pour les droits de l'homme spécifiquement liées à la justice pénale en Afrique, à savoir, l'arrestation et la détention arbitraire et les mauvaises conditions de garde à vue et de détention provisoire. Ce sont des domaines répandus mais sous examinés des pratiques et des réformes de la justice pénale. Les détenus en attente de jugement sont souvent dans l'ombre du système de justice pénale car leur

---

[264] Emine EYLEM AKSOY, La notion de dignité humaine dans la sauvegarde des droits fondamentaux des détenus, p.46

détention et leur traitement ne sont pas soumis aux mêmes niveaux de surveillance que les prisonniers condamnés. Ils sont parfois privés du droit à la vie et à la dignité, et sont vulnérables aux violations des droits de l'homme, y compris l'arrestation et la détention arbitraire, le risque de torture et d'autres mauvais traitements, ainsi que la corruption. Généralement, dans les Etablissements pénitentiaires africains, le taux de détenus préventifs est le plus élevé, ce qui entraine la surpopulation pénitentiaire. Cette triste réalité met en épreuve l'État de Droit et le respect des droits des détenus. Le système pénal et pénitentiaire a déjà un paquet d'instruments africains à appliquer pour relever le défi dans les lieux de détention secrets et des prisons mouroirs quitte aux justiciers, personnels judiciaires et pénitentiaires et population à les connaitre et à les appliquer.

5. LE PRINCIPE DE L'UNIVERSALITE DES DROITS DE L'HOMME

349. En Afrique, l'universalité des droits de l'homme suscite des questionnements surtout parmi les acteurs politiques sur qui reposent les obligations de l'État en matière de protection des droits humains. Comme son nom l'indique, la DUDH se veut un document universel. Les droits qu'elles proclament sont aussi acceptés et protégés partout, dans le monde. En fait, par le caractère universel de la DUDH, il faut considérer que la Déclaration concerne tous les États et tous les êtres humains dans le monde. C'est dans ce même ordre d'idée que la Charte de l'ONU prévoyait entre autres objectifs de l'ONU : la réalisation effective et universelle des droits de l'homme.

350. Pour Monsieur René Cassin, l'un des rédacteurs de la DUDH et le prix Nobel de la paix[265] en 1965, « La DUDH est universelle par son inspiration, par son expression, par son contenu, par son champ d'application, par son potentiel, et elle proclame directement les droits de l'être humain au regard de tous autres, à quelques groupes sociaux auxquels ils appartiennent les uns les autres. »[266]

351. De l'objectif et le souhait proclamés, peut-on parler aujourd'hui, dans le monde, de la réalisation effective et universelle des droits de

[265] Voir le Tableau des Prix Nobel de la Paix à la page 302.
[266] Fréderic SUDRE, op. cit., p. 43

l'homme? Quoiqu'on dise et quel que soit le souhait, entre la théorie et la pratique, il y a un écart. L'attention, parfois sélective, accordée aux questions des droits de l'homme dans le monde par les États et quelques Organisations internationales accuse la politisation des droits de l'homme et non l'idéal ou la vocation universelle à la dignité humaine. La question mérite une étude plus approfondie pour stigmatiser certaines violations massives des droits de l'homme dans certains États et proposer des solutions concrètes et appropriées en éclairant la religion de différents mécanismes soit le mécanisme onusien, les mécanismes régionaux et les mécanismes nationaux œuvrant pour la réalisation de tous les droits fondamentaux.

352. Aujourd'hui, dans plusieurs Constitutions nationales, on parle des citoyens et des étrangers. En outre, on doit reconnaître que l'universalité est parfois contestée pour plusieurs raisons notamment la culture. Alfred FERNANDEZ dit : « D'une part, nous assistons à une revendication des particularités et à une revalorisation du pluralisme et d'autre part des idéologies ou mieux, des pensées « fortes » et des religions renaissent et se renforcent alors que les décennies précédentes étaient dominées par des consensus »[267].

353. Monsieur Koffi Annan, le Secrétaire Général honoraire de l'ONU, a dit que : « Les droits de l'homme ne sont étrangers à aucune culture, ils appartiennent à tous les pays; ils sont universels »... « Les droits de l'Homme sont le bien de tous. Nul gouvernement, nulle puissance n'a le droit de les accorder à certains pour les refuser à d'autres. Les droits de l'Homme ne sont étrangers à aucun pays et sont inhérents à toutes les cultures : ils sont universels, civiques, culturels, économiques, politiques et sociaux. Les droits de l'Homme ne peuvent être hiérarchisés ou appliqués de façon sélective: ils sont indivisibles et interdépendants »[268].

354. C'est dans ce même ordre d'idée que disait Monsieur Sergio VIERA DE MELLO : « Il faut que tous les droits de l'homme soient à la portée de tous »[269]. En fait, les droits de l'homme sont indivisibles

[267] Alfred FERNANDEZ, Pour l'universalité des droits de l'homme. Des idées pour penser l'universalité,

[268] Kofi A. ANNAN cité par M. Manfred NOWAK : « Droits de l'homme guide à l'usage des parlementaires », l'Union Interparlementaire et le HCDH, n°8, 2005, p.3

[269] L'AUDF a adopté cette vision comme devise et présente les émissions de vulgarisation des droits de l'homme à la Chaîne Radio Télé Catholique Elikya sous le label « DH à la portée de Tous.» (www.audf-rdc.org)

et se complètent les uns les autres. Les droits civils et politiques ont un impact sur les droits économiques, sociaux et culturels, et les droits collectifs et cela, vice et versa. L'ensemble de ses droits fonde la dignité de l'être humain où qu'il se trouve dans le monde malgré quelques différences tolérables tenant au contexte socioculturel.

355. Est-ce que le relativisme culturel menace l'universalité des droits fondamentaux ? L'Organisation Internationale de la Francophonie parle mieux du respect des diversités culturelles qui ne remettent pas en cause les droits fondamentaux attachés à tout être humain dans le monde. L'universalité des droits de l'homme entraîne la reconnaissance, l'acceptation et la promotion des droits de l'homme à l'échelle planétaire.

356. L'universalité des droits de l'homme justifie l'intérêt que l'on accorde à ces derniers et la valorisation de la personne humaine partout dans le monde. Les mécanismes régionaux et sous-régionaux de protection des droits de l'homme sont une opportunité pour une appropriation locale des valeurs universellement reconnues et garanties. Que la Charte africaine des droits de l'homme et des peuples s'inspirent de la DUDH, la tolérance de la diversité culturelle et ces capacités ne remettent pas en cause l'universalité des droits de l'homme. Les autorités publiques doivent encourager une observation participative permanente de la mise en œuvre des DH. Cette observation doit impliquer toutes les parties impliquées dans le système social pour la réalisation de tous les DH. L'observation des capacités personnelles et institutionnelles contribue à l'information et à la formation de tous et chacun sur ses propres droits, les droits d'autrui et la responsabilité individuelle et collective pour la réalisation universelle des DH.

357. La DUDH est une bonne illustration de l'universalité des droits de l'homme car tous les États signataires ont accepté tous les droits garantis par ce texte en faveur de toute personne humaine où qu'elle se trouve. Du fait de l'universalité, les droits de l'homme sortent de la compétence exclusive des États, ce qui implique que les États ont des engagements sur le plan international par rapport à leur pratique de la promotion et de la protection des droits de l'homme. Les instances internationales ouvrent leur portes aux privés notamment les ONG qui œuvrent dans tous les États pour la promotion et la protection des droits de l'homme à telle enseigne qu'une ONG américaine seule ou en partenariat avec d'autres ONG dans le monde peut dénoncer les violations des droits de l'homme dans un État africain, asiatique ou européen. De même, les missions diplomatiques peuvent s'intéresser et faire le rapportage des questions des droits de l'homme dans l'État d'accueil !

358. Le Professeur Patrice MEYER-BISCH parle de l'exercice de recueil de la diversité et de l'universalité par éclairage mutuel qui devrait être la vie quotidienne de la démocratie. La démonstration par la « contre-argumentation culturelle[270]», développée par A. Sow, apporte une vérification contrastée de la protection mutuelle de la diversité et des droits culturels. Elle dénonce des pratiques néfastes, contraires aux droits de l'homme, gênant l'épanouissement de la vie sociale et apporte la démonstration du caractère nocif et irrationnel de ces pratiques en faisant appel à une critique et à une valorisation des ressources culturelles[271].

359. Au-delà de la diversité culturelle, la « Parole de Dieu », la loi, l'État et la nature sont unanimes sur certains points de la condition humaine. En effet, les pensées et les religions, de par le monde, ont en commun la reconnaissance et l'acceptation de la dignité humaine à observer soit comme fruit divin, fait et besoin naturel, normes sociales…

360. A titre illustratif, prenons la 3° Déclaration de l'Organisation de la Conférence Islamique de 1990 qui dispose que : « Tous les êtres humains forment une famille dont les membres sont unis par leur soumission à Dieu et par le fait qu'ils descendent d'Adam. Tous les hommes sont égaux[272] dans la dignité humaine... ». Cette pensée est ancrée dans l'esprit des arabes tout comme des batetela[273] et dans plusieurs tribus. Cette pensée se transmet de génération en génération avec comme conséquence une résistance naturelle à la domination.

---

[270] Patrice MEYER-BISCH, « L'universalité des droits de l'homme, développée par les droits culturels », in Observatoire de la diversité et des droits culturels », 2009, p.7

[271] Patrice MEYER-BISCH, op.cit., p.7

[272] Norbert ROULAND, À propos des droits de l'homme : un regard anthropologique, in Droits fondamentaux, n° 3, janvier – décembre 2003. Trouvable en ligne : www.droits-fondamentaux.org

[273] Le Professeur Thomas TURNER, Ethnogenèse et nationalisme en Afrique centrale. Aux racines de Patrice LUMUMBA, éd. L'Harmattan, Paris, 2000, 454 p.

361. Quant aux États asiatiques, réunis lors d'une conférence régionale organisée en amont de la conférence de Vienne, ils ont adopté la Déclaration de Bangkok qui affirme que l'universalité des droits de l'Homme implique le respect des particularismes. Ils ont affirmé que : « Si les droits de l'homme sont par nature universels, ils doivent être envisagés dans le contexte du processus dynamique et évolutif de fixation des normes internationales, en ayant à l'esprit l'importance des particularismes nationaux et régionaux comme des divers contextes historiques, culturels et religieux ».

362. Concrètement, pour démontrer l'universalité des droits de l'homme au-delà du relativisme culturel, on peut noter qu'aujourd'hui, tous les États Membres de l'ONU, y compris les États africains, ont ratifié au moins un des 9 principaux[274] traités internationaux relatifs aux droits de l'homme et 80 % d'entre eux en ont ratifié quatre ou plus, tout en imprimant ainsi une expression concrète à l'universalité de la DUDH et des droits de l'homme.

363. La discrimination motivée par la diversité culturelle n'est pas acceptable car « La diversité culturelle a besoin, pour prospérer, d'un environnement qui sauvegarde les libertés fondamentales et les droits de l'homme, qui sont universels, indivisibles, liés entre eux et interdépendants. Nul ne peut prétexter de la diversité culturelle pour porter atteinte aux droits de l'homme garantis par le Droit international ou pour en limiter la portée. La diversité culturelle ne doit pas être utilisée pour défendre la ségrégation et des pratiques traditionnelles néfastes visant, au nom de la culture ou la coutume, à consacrer des différences qui vont à l'encontre de l'universalité, de l'indivisibilité et de l'interdépendance des droits de l'homme ».

6. LE PRINCIPE DE JUSTICIABILITE DES DROITS DE L'HOMME

364. Dans le rapport entre créanciers et débiteurs, comme signalé supra, les personnes victimes des violations des droits de l'homme peuvent recourir aux instances judiciaires et autres instances en vue d'obtenir réparation, cessation de violation et autres mesures de protection. La « justiciabilité » des droits de l'homme est très importante et

[274] Les principaux traités relatifs aux droits de l'homme sont ceux qui ont des organes de traité. (Voir le Tableau sur les organes de traité.

marque le point de démarcation entre les obligations morales et les obligations juridiques.

365. A ce stade, il faut encourager les victimes des actes ayant porté atteinte à leurs droits de dénoncer ces violations et leurs présumés auteurs pour obtenir réparation, cessation de violation et pour en éviter d'autres ou la violence de la vengeance privée, les frustrations et le cycle de conflits. La fréquence des violations des droits de l'homme et l'approche ou l'attention y accordée par les acteurs étatiques constituent le thermomètre de la bonne gouvernance, de la démocratie et de l'État de Droit.

366. Il y a lieu de déplorer que, dans plusieurs États, certaines violations des droits de l'homme atteignent le chiffre noir très élevé du fait que les personnes victimes refusent de les dénoncer et ce, pour multiples raisons comme l'impunité, la corruption et la résignation. La résignation se manifeste dans les cas de violences sexuelles en famille ou dans les milieux professionnels et carcéraux. Il est important d'insister sur la nécessité des dénonciations et le recours en justice. Les enquêtes d'office du parquet et la police judiciaire sont importantes ainsi que la collaboration d'autres services et personnes. Les hôpitaux, les Eglises, les ONG, les Médias et les hommes et femmes de bonne foi peuvent contribuer à la lutte contre les violences sexuelles, la torture et autres atteintes à la dignité humaine par la sensibilisation de l'opinion publique.

367. Bon nombre d'instruments ont consacré le principe qui tend à sanctionner et réparer tous les préjudices subis du fait de la violation des droits humains. En effet, le Pacte international relatif aux droits civils et politiques en son article 2.3, la Déclaration universelle des droits de l'homme en son article 8, la Convention contre la torture et autres peines ou traitements cruels, inhumains ou dégradants en son article 13, la Charte Africaine des droits de l'homme et des peuples en son article 7.1 prévoient le droit de recours en justice. Les juridictions et mécanismes quasi-juridictionnels sont chargés d'examiner les plaintes ou communications des victimes des violations des droits de l'homme. Ce droit est très important car, «Sans un accès à la justice, les plus pauvres sont dans l'incapacité de faire valoir leurs droits ou dénoncer les crimes, abus ou violations dont ils sont victimes, ce qui les piège dans un cycle d'impunité, de privation et d'exclusion». L'ODD 16 consacre l'accès à la justice pour tous. Les recommandations des Organes des traités et de l'EPU reviennent sur la nécessité des enquêtes et des poursuites pour tous les cas avérés des violations des DH. Les mesures disciplinaires ont leur impact non seulement contre les auteurs des violations mais aussi en faveur du crédit de tout un corps et leurs membres, s'ils tiennent à leur dignité[275].

368. Par ailleurs, les droits économiques, sociaux et culturels étaient souvent perçus comme des droits de "seconde classe" qui ne sont pas obligatoires ni susceptibles de recours judiciaire et qui ne peuvent être assurés que "progressivement" avec le temps[276]. C' est une méprise de la dignité humaine. Il s' agit d'une lecture partielle et partiale du PIDESC et autres instruments juridiques qui se complètent et constituent des engagements internationaux des États et voire des promesses de campagnes électorales[277]. Le PIDESC et son protocole facultatif garantit des droits aux personnes et engage les États à fournir tous les efforts pour les réaliser avec des ressources disponibles par ses moyens propres ou en recourant à la coopération bilatérale ou multilatérale[278].La réalisation progressive ne signifie pas du tout une excuse et un prétexte pour dissiper les revenus ou ressources naturelles, minières et autres à d'autres fins que la réalisation effective des DESC et voire la réalisation de tous les droits de l'homme. La redevabilité des agents auprès des populations et la transparence dans la gestion permettent aux débiteurs des droits de l'homme et aux créanciers qui sont les populations à évaluer et apprécier la pertinence des mesures prises et la réalisation progressive des DESC. C'est cette évaluation qui est à la base de ce qu'on appelle « Budget participatif » et « Contrôle citoyen ou Participation citoyenne ».

---

[275] C'est dans cet ordre d'idées que certains services et corps professionnels ont demandé à leurs membres et responsables d'éclairer l'opinion sur un scandale éventuel et en tirer toutes les conséquences en faveur du corps.

[276] HCDH : Fiche d'information n° 16 (Rev.1) - Le Comité des droits économiques, sociaux et culturels,

[277] Les dirigeants élus et ayant des ambitions pour des élections futures ainsi que les populations ne devraient pas oublier les promesses des monts et merveilles faites même s'il n'existe pas de ma,ndat impératif.

[278] Article 2 du PIDESC : Chacun des États parties au présent Pacte s'engage à agir, tant par son effort propre que par l'assistance et la coopération internationales, notamment sur les plans économique et technique, au maximum de ses ressources disponibles, en vue d'assurer progressivement le plein exercice des droits reconnus dans le présent Pacte par tous les moyens appropriés, y compris en particulier l'adoption de mesures législatives.

369. La bonne gestion des richesses et la mise en œuvre des bonnes politiques avec Approche basée sur les droits de l'homme aboutissent à la satisfaction des besoins sociaux de base et l'éradication de la pauvreté qui n'est jamais une fatalité mais plutôt une conséquence de l'échec des Gouvernements. L'approvisionnement en eau, en électricité, des aliments de quantité et de qualité et les bonnes conditions pour les soins médicaux ainsi que la gratuité de l'éducation de base et l'offre du travail à la majorité de la population constituent le fondement et l'objectif de tout pouvoir politique dans un État sans quoi les populations devraient suivre de près les politiques mises en œuvre et revendiquer leurs droits légitimes. Les ODD 1, 2, 3, 4,6 , 7 , 8, 9, 10, 11,12, 14 et 17 ont des liens avec les DESC et les projets partagés entre les Chefs d'Etats dans le cadre de l'Agenda 2063 pour l'Afrique. Les projets phares sont un Réseau intégré de trains à grande vitesse, Université virtuelle panafricaine, Stratégies des matières, un Forum africain annuel, la Zone de libre-échange continentale comprenant des Institutions financières, Passeport africain et circulation des personnes, faire taire les armes d'ici 2020, Mise en œuvre du projet du Barrage d'Inga, un Réseau virtuel panafricain, projet de l'Espace , Espace aérien unique en Afrique et Institutions financières continentales[279].

370. Le principe de justiciabilité impose aux États d'organiser des voies de recours effectives. Les personnes ont droit à l'accès à une justice indépendante, impartiale et de qualité. Le défi est de grande importance car il permet d'éviter l'impunité et de faire respecter les droits de tous sans aucune discrimination. S'il est respecté, ce principe peut dissuader tous les agents publics pour respecter les droits de l'homme. La Justiciabilité des droits de l'homme est un principe fondamental qui permet aux personnes et aux peuples de revendiquer leurs droits. Est-ce que tous les droits de l'homme peuvent-être revendiqués ? En quoi consiste le principe de Justiciabilité ? Ce principe va au-delà du recours judiciaire et concerne les voies administratives, arbitrales et autres mécanismes utiles. « Le droit à un recours effectif ne doit pas systématiquement être interprété comme un droit à un recours judiciaire. Les recours administratifs sont, dans bien des cas, suffisants, et les personnes qui

[279] Commission africaine de l'UA : Agenda 2063. L'Afrique que nous voulons.Document- cadre, septembre 2015, 227 p.

relèvent de la juridiction d'un État partie s'attendent légitimement à ce que toutes les autorités administratives tiennent compte des dispositions du Pacte dans leurs décisions, conformément au principe de bonne foi » [280].

371. Il convient de signaler que jusqu' avant l'entrée en vigueur du Protocole facultatif au PIDESC, il était considéré que le statut juridique et l'importance accordée au PIDCP et PIDESC n'était pas le même parce que la procédure de plainte n'était pas prévu devant le Comité des DESC. « L'absence de procédure à cet effet restreint beaucoup la possibilité pour le Comité de créer une jurisprudence et, bien évidemment, limite sérieusement les chances qu'ont les victimes de ces violations d'obtenir réparation au niveau international »[281].

372. L'indépendance du pouvoir judiciaire est un droit fondamental qui contribue à la sauvegarde d'autres droits. Les réformes judiciaires et pénitentiaires s'imposent dans la quasi-totalité des États d'Afrique. Les dotations financières par des lignes budgétaires conséquentes, la formation des Magistrats et personnel judiciaire dans le domaine des droits de l'homme, les infrastructures adéquates, le respect des délais légaux et raisonnables pour les actes et procédures judiciaires, l'interdiction de l'impunité et des interférences des autorités de l'exécutif, des autorités militaires, des supérieurs hiérarchiques dans les juridictions et Offices, et des parlementaires dans l'œuvre judiciaire ainsi que l'assistance judiciaire gratuite pour les démunis et l'application des conventions internationales relatives aux droits de l'homme et voire les instruments non contraignants sont recommandés en vue de relever le système judiciaire dans plusieurs États africains.

7. LE PRINCIPE DE L'INTERDICTION DE LA TORTURE

373. Le Principe de l'interdiction absolue de la torture et des traitements inhumains, cruels et dégradants est consacré dans les instruments africains. En fait, la torture, les traitements cruels et inhumains ainsi que l'esclavage sont interdits dans les instruments africains même si la lutte contre ses actes méritent des mécanismes adéquats et une

[280] Comité des DESC.

[281] HCDH : Fiche d'information n° 16 (Rev.1) - Le Comité des droits économiques, sociaux et culturels

volonté politique éprouvée. En effet, la dignité de la personne humaine et l'intégrité physique sont incompatibles avec les actes de torture, les traitements inhumains, cruels et dégradants auxquels les africains ajoutent l'esclavage, de triste mémoire. L'interdiction de ces comportements reprouvés par tous les États a la valeur de principe général et d'obligation impérative « jus cogens » pour les États.

374. Sur le plan normatif, depuis les Conventions de Genève de 1948, la torture était interdite dans toutes les circonstances même en temps de guerre. Par la Résolution de l'AG-NU 3452 (XXX) du 09/12/1975, la Déclaration sur la protection de toutes les personnes contre la torture et autres peines ou traitements cruels, inhumains ou dégradants était votée. Selon l'article 2 de cette Déclaration, tout acte de torture ou toute autre peine ou traitement cruel, inhumain ou dégradant est un outrage à la dignité humaine et doit être condamné comme un reniement des buts de la Charte de l'ONU et comme une violation des droits de l'homme et des libertés fondamentales proclamés dans la DUDH.

375. Comme pour recommander, de manière contraignante, à tous les États de donner effet aux droits garantis pour qu'ils soient à la portée de tous sans aucune discrimination d'origine, du lieu où on se trouve, de son origine nationale, la Convention contre la torture et autres peines ou traitements inhumains ou dégradants était adoptée par la Résolution39/46 de l'AG-NU du 10/12/1984. La Convention est entrée en vigueur le 26 juin[282] 1987 et désormais la date du 26 juin de chaque année est célébrée comme journée internationale de soutien aux victimes de la torture.

376. Tous les États avec les autorités politiques, administratives, militaires, parlementaires et les personnes privées doivent prendre ou faire prendre des mesures efficaces en vue d' empêcher que des actes de torture ne soient commis sur toute l'étendue de leur juridiction dans n'importe quelles circonstances de paix ou de guerre, menace de guerre, instabilité politique intérieure ou de toute autre état d'exception ce qui signifie qu'il y a interdiction absolue de la torture.

377. Les allégations de torture doivent entraîner des enquêtes judiciaires. Les autorités judiciaires sont invitées à rejeter et à refuser la valeur

---

[282] La journée du 26 juin est célébrée dans tous les États comme la journée internationale de soutien aux victimes de la torture.

probante des preuves en justice et aveux obtenus par la torture lorsqu'il y a des motifs raisonnables de croire qu'on a recouru à cette pratique qui sape l'honneur et la crédibilité des Institutions étatiques censées promouvoir la dignité de la personne humaine[283].

378. Le principe d'interdiction absolue de la torture n'accepte aucune justification même si elle est tirée de l'ordre de l'autorité hiérarchique. Ainsi, tout ordre tendant à faire commettre des actes de torture est considéré comme un ordre manifestement illégal[284]. Si dans certaines législations nationales, les autorités hiérarchiques qui commettent ou encouragent la torture bénéficient elles-mêmes des immunités, le Statut de Rome de la CPI énonce, de manière plus explicite, le principe du défaut de pertinence de la qualité officielle, d'ailleurs applicable aussi pour l'infraction de la torture, sur le plan international.[285]

379. En effet, l'article 27 du Statut de Rome dispose que : « Le présent Statut s'applique à tous de manière égale, sans aucune distinction fondée sur la qualité officielle. En particulier, la qualité officielle de chef d'État ou de gouvernement, de membre d'un gouvernement ou d'un parlement, de représentant élu ou d'agent d'un État, n'exonère en aucun cas de la responsabilité pénale au regard du présent Statut, pas plus qu'elle ne constitue en tant que telle un motif de réduction de la peine. Les immunités ou règles spéciales qui peuvent s'attacher à la qualité officielle d'une personne, en vertu du droit interne ou du droit international, n'empêchent pas la Cour pénale internationale d'exercer sa compétence à l'égard de cette personne ». La mise en œuvre du Statut de Rome pose problème dans certains États africains dans la mesure où ce sont les juridictions militaires qui continuent à statuer sur les crimes de la compétence de la CPI.

---

[283] La législation du Sénégal, un des modèles africains sur la question des preuves, contient une disposition expresse et claire qui recommande les justiciers de rejeter tous les aveux qui seraient obtenus par la torture conformément à l'article 15 de la Convention contre la torture.

[284] L'article 28 de la Constitution de la RDC du 18 février 2006 dispose que : « Nul n'est tenu d'exécuter un ordre manifestement illégal. Tout individu, tout agent de l'État est délié du devoir d'obéissance, lorsque l'ordre reçu constitue une atteinte manifeste au respect des droits de l'homme et des libertés publiques et des bonnes mœurs. La preuve de l'illégalité incombe à la personne qui refuse de l'exécuter. »

[285] L'article 27 du Statut de Rome de la CPI est une disposition salutaire rappelant à l'ordre les autorités bénéficiant des immunités absolues, de fait ou de droit au sein de leurs États. La CPI apparaît comme un spectre pour les dirigeants qui se reprochent des violations graves des droits de l'homme de la compétence de la CPI. 0814001478

380. Comme dit ci-haut, la torture est considérée par la communauté internationale comme un outrage à l'humanité et à la dignité humaine[286]. C'est ainsi que la communauté internationale a accordé une attention particulière aux actes de torture et des peines ou traitements cruels, inhumains ou dégradants. En effet, l' Assemblée générale de l'ONU avait adopté le 9 décembre 1975 la Déclaration sur la protection de toutes les personnes contre la torture et autres peines ou traitements cruels, inhumains ou dégradants suivie de la Convention contre la torture et des peines ou traitements cruels, inhumains ou dégradants adoptée par l'AG-NU le 10 décembre 1984 et entrée en vigueur le 26 juin 1987. Un protocole facultatif se rapportant à cette convention contre la torture pour la prévention de la torture avait suivi en 2000 avec un mécanisme spécial des visites des lieux de détention et voire l'exigence de la création d'un Mécanisme National de Prévention (MNP). La ratification du Protocle facultatif à la Convetion contrela torture et la création d'un MNP est encore problématique en Afrique.

381. Que faut-il entendre par la torture ? Ils'agit de « Tout acte par lequel une douleur ou des souffrances aigues, physiques ou mentales, sont intentionnellement infligées à une personne aux fins notamment d'obtenir d'elle ou une tierce personne a commis ou est soupçonnée d'avoir commis, de l'intimider ou de faire pression sur une tierce personne , ou pour tout motif fondé sur une forme de discrimination quelle qu'elle soit, lorsqu'une telle douleur ou de telles souffrances sont infligées par un agent de la fonction publique ou toute autre personne agissant à titre officiel ou à son instigation ou avec son consentement exprès ou tacite »[287].

382. En matière de la lutte contre la torture, sur le plan légal, quelques États dont la RDC offre une bonne pratique en instituant l'imprescriptibilité de cette infraction et en reprenant dans toute sa substance la définition prévue par la Convention des Nations Unies. En fait, à l'état actuel de la législation, les tortionnaires ne peuvent bénéficier indéfiniment de l'impunité pour actes de torture parce qu'ils ont appui et protection d'un système de corruption et

[286] Amnesty International : Combattre la torture. Manuel pour l'action, éd. Francophones, Paris, 2004, p.187. (Lire le Programme en 12 points d'Amnesty International pour la prévention des actes de torture commis par les agents de l'État.)

[287] Art.1er de la Convention contre la torture et autres peines ou traitements cruels, inhumains ou dégradants. (Cette convention est entrée en vigueur depuis le 26 juin 1987)

d'impunité dans la mesure où tôt ou tard, sans aucun délai de prescription, ils devront répondre de leur fait, au pays ou ailleurs[288].

383. Dans le cadre de bonnes pratiques, à l'issue de l'examen du deuxième Rapport périodique du Cameroun au titre de la Charte Africaine des Droits de l'Homme et des Peuples en mai 2010, ce pays a organisé du 24 au 26 janvier 2012 à Yaoundé le Séminaire sur la prévention et la répression de la torture. Le Cameroun a insérer dans son Code pénal l'article 132 bis intitulé « torture », il a ratifié le Protocole facultatif à la Convention et institué le MNP y relatif avec une innovation importante en prévoyant les modalités particulières pour l'indemnisation des victimes de la garde à vue et détention provisoire abusive. Il a signalé l'existence de fonds d'aide aux victimes à l'instar du Fonds des contributions volontaires des Nations Unies pour les victimes de torture et le Fonds d'aide aux victimes de la Cour pénale internationale.

384. De la torture aux traitements cruels, inhumains ou dégradants, il n'y a que le degré d'intensité de la souffrance infligée à la personne humaine qui diffère. Les conditions de détention lorsqu'elles sont particulièrement mauvaises constituent des traitements inhumains et dégradants. Comment, par exemple, comprendre et accepter que des êtres humains soient entassé, comme des sardines, dans un local insalubre et non aéré ? On peut découvrir le Rapport de BCNUDH présentant la situation de quelques prisons surpeuplées de la RDC où notamment au lieu de 1500 personnes conformément à la capacité de la prison, on y retrouve plus de 5000 détenus[289].

385. De même que la torture et les traitements inhumains sont interdits, les châtiments corporels le sont aussi. Le Rapporteur spécial sur la torture est d'avis que le châtiment corporel est en contradiction avec l'interdiction de la torture et autres traitements cruels, inhumains et dégradants. Il n'est pas acceptable d'appliquer des châtiments corporels même s'ils sont prévus par des textes juridiques, parfois coloniaux. De même, en rapport avec les sanctions dites disciplinaires dans les lieux de détention, « Les peines corporelles, la mise au cachot obscur ainsi que toute sanction cruelle, inhumaine

---

[288] Amnesty International, op.cit. , p.186

[289] BCNUDH/MONUSCO : Rapport sur les cas de décès dans les lieux de détention de la RDC de décembre 2010 à décembre 2012, mars 2012 (Consulter le site web de la Monusco.) L'auteur a rédigé en 2010 son mémoire de Master 2 en Droit international et européen des Droits Fondamentaux de l'Université de Nantes sur l'évaluation du traitement pénitentiaire en RDC. Cas de la prison de Makala, U Nantes, inédit.

ou dégradante doivent être complètement considérées comme fautes disciplinaires (dans le chef des agents et fonctionnaires pénitentiaires)». Dans les systèmes éducatifs, certains enseignants tentent de justifier les châtiments corporels. C'est pareil, dans les services de sécurité comme l'Armée et la police et voire dans les familles.

386. En Afrique, quelques précisions sont nécessaires quant au rôle du Comité pour la Prévention de la Torture en Afrique.[290] Il est chargé de faire appliquer les Lignes directrices de Robben Island (Lignes Mandela) avec le mandat de :

- Organiser, avec le soutien d'autres partenaires intéressés, des séminaires pour diffuser les Lignes directrices de Robben Island auprès des acteurs nationaux et internationaux.
- Développer et proposer à la Commission africaine des stratégies de promotion et de mise en œuvre des Lignes directrices de Robben Island au niveau national et régional.
- Promouvoir et faciliter la mise en œuvre des Lignes directrices de Robben Island au sein des États Membres.
- Faire rapport à la Commission africaine, à chaque session ordinaire, sur l'état de la mise en œuvre des Lignes directrices de Robben Island.

387. L' interdiction absolue de la torture et autres traitements inhumains est en lien direct avec le droit à l'intégrité physique et mentale dont les spécificités africaines sont développées au point concernant lesdroits civils et politiques dans le second chapitre.

388. Les actes de violence sexuelle et sexiste, ainsi que l'absence d'action de la part des États pour les prévenir ou de réaction à leur égard, peuvent constituer des actes de torture ou de mauvais traitement, en violation de l'article 5 de la Charte africaine. L' Observation générale 4 sur la Charte africaine fait expressément référence à son point 57 aux actes de violence sexuelle et sexiste comme étant une forme de torture et de mauvais traitements en raison de l'impact spécifique, traumatique et sexospécifique de la violence sexuelle sur les victimes, y compris aux plans individuel, familial et collectif. Cette Observation générale adoptée pendant la session de la Commission africaine des DHP du 23 février au 4 mars 2017 à

---

[290] Le Comité a été appelé à l'origine le Comité de suivi de Robben Island, qui a été créé par l'adoption de la Résolution 61 à la 32ème Session ordinaire tenue à Banjul, Gambie, en octobre 2002. Résolution 158 adoptée lors de la 46ème Session ordinaire tenue à Banjul, en Gambie en novembre 2009.

Banjul, Gambie concerne le droit à réparation des victimes de torture et autres peines ou traitements cruels, inhumains ou dégradants pour expliciter l' Article 5 de la Charte africaine des DHP, faudra t- il que les États africains désaralisent le pouvoir politique et répriment les agents de l'État qui recourent à la pratique de la torture dans toutes les circonstances.

8. LE PRINCIPE DE L'INALIENABILITE DES DROITS DE L'HOMME

389. Les droits de l'homme sont innés et inaliénables, en ce sens que nul ne peut en être privé, si ce n'est dans des situations spécifiques, clairement définies par la loi. C'est en naissant que tout être humain est porteur des droits. La seule condition pour être titulaire des droits de l'homme, c'est d'être un homme ou une femme. « Les droits de l'homme et les libertés fondamentales sont inhérents à tous les êtres humains ; leur promotion et leur protection incombent au premier chef aux gouvernements »[291]. En rapport avec l'inaliénabilité des droits de l'homme et les libertés fondamentales ainsi que le caractère inné de ses droits, plusieurs questions sont posées et plusieurs théories développées. Une personne peut –elle renoncer à son droit à la vie, en cas de souffrance grave due à une maladie ? Dans le processus de la formation d'un enfant, celui-ci n'est –t-il pas titulaire des droits avant la naissance ? La réponse à ses questions fondamentales mérite une attention particulière pour les défenseurs des droits de l'homme et les politiciens car les États sont appelés à prendre position en rapport à la question de l'interruption volontaire de la grossesse[292] et de l'euthanasie.

390. De toute évidence, les droits de l'homme sont inhérents à tout être humain. Les constitutions des États précisent à cet effet qu' ils s'imposent à tous les agents de l'État et à toute personne, d'une part et d'autre part, la possibilité de se plaindre, de prévenir la violation et d'obtenir réparation est donnée à tout le monde. La constitution sud-africaine offre un bel exemple en ce que son article 38 dispose à propos de la mise en œuvre des droits que : « Toute personne mentionnée ci-dessous a le droit de s'adresser à un tribunal

---

[291] Déclaration et Programme d'action de Vienne adoptés par la Conférence mondiale sur les droits de l'homme à Vienne, le 25 juin 1993.

[292] L'article 14 du protocole à la Charte africaine des droits de l'homme relatif aux droits des femmes (Protocole de Maputo) encourage l'avortement dans certaines conditions.

compétent pour se plaindre qu'un droit énoncé dans la Déclaration des droits a été violé ou risque de l'être, et le tribunal peut accorder une réparation appropriée, y compris un énoncé des droits. Les personnes pouvant ester en justice sont :

- toute personne agissant en son nom ;
- toute personne agissant au nom d'une autre personne qui ne peut pas agir en son propre nom ;
- toute personne agissant en tant que membre d'un groupe de personnes ou dans l'intérêt de celui-ci ;
- toute personne agissant dans l'intérêt général, et
- toute association agissant dans l'intérêt de ses membres ».

391. L' Observation Générale n° 9 du Comité des DESC à l'instar des Instruments internationaux recommandent que toute personne ou groupe lésé (dans ses droits) doit disposer de moyens de réparation ou de recours appropriés, et les moyens nécessaires pour faire en sorte que les pouvoirs publics rendent compte de leurs actes. On peut lire à cet effet : le Pacte international relatif aux droits civils et politiques (article 2.3), la Convention contre la torture et autres peines ou traitements cruels, inhumains ou dégradants (article 13), la Convention internationale sur l'élimination de toutes les formes de discrimination raciale (article 16), la Convention internationale sur la protection de toutes les personnes contre les disparitions forcées (articles 12, 20 et 24), la Déclaration universelle des droits de l'homme (article 8), les Principes des Nations Unies relatifs à la prévention efficace des exécutions extrajudiciaires, arbitraires et sommaires (principes 4 et 16), la Déclaration des principes fondamentaux de justice relatifs aux victimes de la criminalité et aux victimes d'abus de pouvoir (principes 4 à 7), la Déclaration et le Programme d'action de Vienne (article 27), le Programme d'action de la Conférence mondiale contre le racisme, la discrimination raciale, la xénophobie et l'intolérance qui y est associée (articles 13, 160 à 162 et 165), la Déclaration sur les défenseurs des droits de l'homme (article 9), la Convention européenne des droits de l'homme et des libertés fondamentales (article 13)…

9. LE PRINCIPE DE L'INDIVISIBILITE DES DROITS DE L'HOMME

392. Le principe de l'indivisibilité des droits de l'homme a comme conséquence l'interdépendance des droits de l'homme qui se complètent. Il n'y a pas de droits humains plus importants que d'autres. En fait, si jadis, les droits économiques, sociaux et culturels étaient considérés comme des droits programmatoires et non justiciables d' où non exigibles à l'immédiat mais dépendant du niveau ou croissance économique des États. Cette conception a été battue en brèche et stigmatisée du fait de l'indivisibilité des droits de l'homme. Aucun État ne peut préférer certains droits au détriment des autres pour sa population étant donné qu'un droit bafoué se répercute sur la dignité de la personne et sur tous les droits de l'homme. La Conférence mondiale des droits de l'homme tenue en 1993 à Vienne avait proclamé l'indivisibilité des DH. Dans la Déclaration de Vienne issue de cette Conférence, le principe de l'indivisibilité des droits y consacré implique l'interdépendance des droits de l'homme à telle enseigne que les classifications en 3 générations[293] ne sont que pédagogiques. A titre d'exemple, le non-paiement des soldes conséquents aux militaires et policiers entraînent des extorsions et des violations des DH dont sont victimes les populations! Le non-paiement des salaires décents aux enseignants implique une éducation à rabais et la criminalité des jeunes accroît. A défaut des rémunérations conséquentes, les familles gardiennes des traditions africaines sont en perte des repères. La réalisation de Tous les DH exige des attitudes et comportements conséquents.

393. Tous les droits de l'homme sont universels, indissociables, interdépendants et intimement liés. La communauté internationale doit traiter des droits de l'homme globalement, de manière équitable et équilibrée, sur un pied d'égalité et en leur accordant une égale valeur. S'il convient de ne pas perdre de vue l'importance des particularismes nationaux et régionaux et la diversité historique, culturelle et religieuse, il est du devoir des États, quel qu'en soit le système politique, économique et culturel, de promouvoir et de protéger tous les droits de l'homme et toutes les libertés fondamentales[294].

---

[293] Les droits de l'homme et les libertés fondamentales sont classées en première (droits civils et politiques), deuxième (droits économiques, sociaux et culturels) et troisième génération (droits collectifs : droit à la paix ; droit au développement et droit à un environnement sain).

[294] DÉCLARATION ET PROGRAMME D'ACTION DE VIENNE (Partie I, par. 5)

10. LE PRINCIPE DE LA FRATERNITE

394. A l'occasion du Troisième Congrès de l'Association des Cours constitutionnelles ayant en partage l'usage du français (A.C.C.P.U.F.) à Ottawa du 17–22 juin 2003, il a été développé le principe de Fraternité énoncée dans la DUDH. Selon les congressistes ci-haut évoqués, « Le principe de fraternité nous apparaît beaucoup plus général que ceux de solidarité, de justice sociale, voire même d'égalité avec lequel il se trouve en étroite connexité… La notion d'État, plus précisément de Patrie ou de Nation, permet l'émergence d'un sentiment de fraternité qui ne soit plus seulement religieux ou philosophique, mais aussi politique, c'est–à–dire fondé sur une appartenance à une même collectivité souveraine, disposant d'un pouvoir d'identification particulièrement important[295] ».

395. Peut-on invoquer ce principe de fraternité en justice? La question est pertinente. La fraternité conçue plus comme valeur universelle et selon la religion comme une recommandation divine et voire naturelle se trouve hissée au rang d'un principe fondamental dont les contours méritent d'être bien définis. D'ores et déjà, il appartient aux esprits avisés et œuvrant en faveur de la promotion des droits de l'homme de l'intégrer dans leur travail quotidien. A titre d'exemple, certains constituants ont revalorisé le principe de fraternité en l'insérant dans le bloc de constitutionnalité avec comme conséquence la possibilité de son invocabilité devant le juge. On peut lire dans la constitution du septembre 1992 du Madagascar ce qui suit : « LE PEUPLE MALAGASY SOUVERAIN, Résolu à promouvoir et à développer son héritage de société pluraliste et respectueuse de la diversité, de la richesse et du dynamisme de ses valeurs éthico-spirituelles et socioculturelles, notamment le « fihavanana » et les croyances au Dieu Créateur; Conscient, au nom de l'humanisme, de la nécessité de la réconciliation de l'homme tant avec son Créateur et ses semblables qu'avec la nature et son environnement ainsi que de l'importance exceptionnelle des richesses et ressources végétales, animales et minières à fortes

[295] Agnès LEJBOWICZ, La Fraternité en droit international (Consulté dans le site du CEDROMA (Centre D'Etudes Des Droits Du Monde Arabe : www.cedroma.usj.edu.lb)

spécificités dont la nature a doté Madagascar et qu'il importe de préserver pour les générations futures »[296].

396. Sur le plan international, les États en dépit de leurs divergences diverses d'ordre religieux, politique, philosophique ... signent des conventions internationales en se fondant sur l'esprit de fraternité qui caractérise les rapports humains et entre les peuples de différents États. Le positivisme consensualiste du Droit international est l'exemple même de la mise en œuvre d'un « esprit de fraternité[297] ». Combien ne voyons- nous les Agences du système des Nations Unies intervenir pour des actions humanitaires et autres dans différents États suite aux conflits armés, catastrophes ou différents motifs pour soutenir, secourir ou appuyer les États.

397. Il y a lieu de constater que les peuples, les groupes ethniques et minoritaires sont éparpillés dans le monde dans tous les États à telle enseigne que le monde est composé de personnes se retrouvant dans tous les États sans exclusivité. La citoyenneté est liée à un État mais aussi à une région spécifique comme la citoyenneté européenne et la citoyenne mondiale. Il y a des enjeux qui concernent toute l'humanité et il y a aussi des intérêts à protéger pour toute l'humanité (le patrimoine commun de l'humanité fondé sur l'esprit de fraternité liant et rassemblant tous les êtres humains). Les mouvements de la société civile se développent en société civile internationale pour affronter les enjeux nationaux et internationaux grâce à l'esprit de fraternité.

398. D'une valeur fondamentale pour la société, la fraternité mérite d'être défendue comme un principe clé à observer pour le respect et la promotion de la dignité de la personne humaine. C'est d'ailleurs dans ce sens que milite l'A.C.C.P.U.F[298]. Les Cours

---

[296] Lire le préambule de la constitution de Madagascar du 12 septembre 1992 avant la révision constitutionnelle du 17 novembre 2010. (Constitution trouvable en ligne : http://jurismada.com/documentation/Collectivites/Constitution%202010.pdf)

[297] Déclaration des droits des personnes appartenant à des minorités nationales ou ethniques, religieuses et linguistiques, adoptée par l'AG des NU dans sa résolution 45/135 du 18 déc. 1992.

[298] En lisant le Rapport de l'A.C.C.P.U.F., il apparaît qu'à la Cour constitutionnelle de Moldavie, le concept de fraternité (égalité) a donné lieu à un nombre relatif de censures. Par exemple, dans son arrêt n° 21 du 19/4/2001, la Cour a jugé que les dispositions de l'article 30.5 de la Loi du service public viole le principe d'égalité devant la loi, consacré par l'article 16 de la Constitution parce que « ...on établit un régime de procédure pénale non favorable pour une catégorie bien définie de citoyens et notamment les fonctionnaires publics... ».

constitutionnelles de certains États francophones ont donné aux droits de l'homme et libertés fondamentales une valeur constitutionnelle de plusieurs manières à travers leurs décisions. Les magistrats ont un rôle important à jouer pour promouvoir et protéger les droits humains qu'il faille repenser les enseignements de Droit et redynamiser la formation continue des Magistrats et personnel judiciaire.

399. La DUDH oblige à tout être humain, dans les rapports interpersonnels, d'être guidé par l'esprit de fraternité. Cet esprit de fraternité peut bannir le mépris, l'avilissement, la torture, la misère, la stigmatisation, la discrimination…qui portent non seulement atteinte aux droits de la victime mais dégradent la dignité de l'espèce humaine[299]. En effet, les êtres humains sont doués de raison et de conscience. Ils doivent agir les uns les autres avec un esprit de fraternité qui est la conséquence logique de la conscience et la raison dont ils sont dotés et les distinguent d'autres espèces comme les animaux et les végétaux.

400. Le principe de fraternité peut mieux s'expliquer par la science et être renforcé par la religion. En fait, la philosophie, la religion, la morale, le Droit… et toutes sciences devraient collaborer pour placer l'homme au milieu de toute activité et ainsi promouvoir la dignité de tout être humain dans un environnement sain, sur toute la surface de la planète Terre. Certaines catégories de personnes plus vulnérables mériteraient une attention particulière. Les recherches telles celles menées par Felisa TIBBITTS et plusieurs autres chercheurs ainsi qu'Institutions sur l'éducation aux droits de l'homme méritent une attention particulière[300].

401. Dans une conférence dédiée à titre posthume à M. Charles Doherty Gonthier par Monsieur Guy CANIVET sur la fraternité dans le droit constitutionnel français, ce dernier rapporte que M. Charles disait que:" Le droit de l'environnement est un de ceux qui impose à l'homme de dépasser son égoïsme et de se tourner vers l'esprit de

[299] L'être humain est un être transcendantal dans l'univers car doué de raison et de conscience. L'être humain est noble (le semblable né libre et porteur de la dignité et des droits qu'il faille promouvoir la fraternité entre les êtres humains.la fraternité est manifestement contraire à la colonisation, le racisme, le sectarisme, l'esclavage, l'apartheid, le génocide, le crime contre l'humanité, la torture…)

[300] AFCNDH et OIF : L'éducation aux droits de l'Homme. Comprendre pour agir ensemble. Guide de l'enseignant(e) pour l'éducation aux droits de l'Homme dans l'espace francophone, éd. Sépia, 2009, 212 p.

partage. Ne pas polluer l'espace des autres pays, respecter la biosphère comme un bien commun des hommes et laisser un environnement viable aux générations futures est un devoir de fraternité. ».

402. Le concept « fraternité » figure à l'heure actuelle dans plusieurs constitutions notamment la Constitution du 4 octobre 1958 qui s'y réfère dans son Préambule et dans son article 2. Le concept ne figure pas dans d'autres constitutions. D' autres concepts sont utilisés, par exemple, la solidarité, la communauté, l'union et la responsabilité à l'égard comme dans la constitution vaudoise (Suisse) adoptée en 2002. « Sans doute, le concept même de fraternité a-t-il connu, à partir de la fin du siècle dernier, un certain déclin : puisque aussi bien s'est-il vu progressivement et partiellement remplacé, en tant que principe inspirateur des lois, par un autre concept voisin mais néanmoins différent, le concept de solidarité. Pour autant, ce déclin ne saurait être surestimé: non seulement parce que l'idée de fraternité n'a jamais véritablement cessé - même au plus fort de la vogue "solidariste" - d'agir et de cheminer de manière plus ou moins souterraine ; non seulement encore parce que le concept qui prétendait la supplanter n'est jamais véritablement parvenu, en dernière analyse, à absorber et à épuiser toute sa substance. », Selon Philippe ARDA.

11. LE PRINCIPE DE DROITS INDEROGEABLES

403. Certaines valeurs et droits sont considérés comme indérogeables, intangibles et impératifs dans toutes circonstances. En effet, lorsque l'État d'exception ou d'urgence est décrété dans un État, conformement à la Constitution et aux règles acceptables dans une société démocratique, certains droits peuvent souffrir de restriction. A titre d'exemple, la liberté d'expression pourrait être contrôlée pendant que l'État est assiégé par les forces extérieures pour ne pas livrer tous les plans ou stratégies de guerre à l'ennemi cependant, certains droits sont intangibles ou indérogeables. Cinq droits indérogeables et communs à la CADHP et au Pacte international relatif aux droits civils et plitiques sont le droit à la vie, le droit de ne pas être torturé ni de subir des traitements inhumains et dégradants, le principe de l'interdiction de l'esclavage et de la servitude ainsi que le principe de la non rétroactivité de la loi pénale.

404. Le droit à la reconnaissance de la personnalité juridique et le droit à la liberté de pensée , de conscience et de religion sont aussi acceptés dans cette catégorie. Curieusement, ce qui semble un peu complaisant, la CADHP gonfle le nombre de ses droits indérogeables allant de l'interdiction de la prison pour dette à la protection de la famille, droit à un nom, droits de l'enfant, droit à une nationalité et droits politiques. A l'instar d'instruments internationaux précités, les 3 premières Convention de Genève sur le Droit de guerre prévoient aussi les droits indérogeables dont l'interdiction absolue de la torture[301] et traitement inhumain et dégradant repris à l'article 3 commun de toutes ces conventions. Les droits indérogeables font partie des normes impératives du Droit international des droits de l'homme et DIH.

405. La notion des droits indérogeables est évoquée dans quelques instruments de promotion et de protection des droits de l'homme. Il s'agit des valeurs fondamentales protégées dans toutes les circonstances, de paix ou de guerre. Le principe des droits indérogeables n'établit pas une échelle des valeurs entre les droits mais renforce la potection impérieuse de certaines valeurs comme la vie et l'intégrité physique face aux actes de torture ou les exécutions extrajudiciaires. Le principe des droits indérogeables est renforcé par le pricipe d'interdiction de la desruction des droits de l'homme. Ces deux principes raisonnent les agents de l'État sur leurs obligations. L'État est certes la personne morale qui a des obligations de respecter, de protéger et de mettre en œuvre les droits de l'homme. Par ricochet, il est interdit à toutes les Institutions publiques et les personnes qui les animent de poser des actes ou de se livrer aux activités tendant à détruire les droits de l'homme. L'art. 61 de la Constitution de la RDC consacre les droits comme la présomption d'innocence, l'interdiction de l'emprisonnement pour dette et la torture en droits indérogeables.

406. Aucun État, comprenons les agents publics, aucun groupe d'individus quelle que soit la dénomination ou le caractère civil , militaire, politique, commercial et voire même aucun individu au monde n'a le droit de violer les droits et les libertés des personnes

---

[301] En 2014, un pays sur deux pratique toujours la torture. Et les régimes autoritaires ne sont pas seuls en cause. Certains États démocratiques aussi. Tous les jours, des milliers d'hommes, de femmes, d'enfants parfois, sont livrés à l'omnipotence de bourreaux si souvent impunis. Lire ACAT : Monde tortionnaire. Rapport ACAT 2014, Paris, 2014, 366p.

garantis par la Constitution, les lois ou autres textes juridiques du système africain de promotion et de protection des droits de l'homme sous prétexte de la jouissance ou de l'exercice des droits qui sont consacrés dans la DUDH et dans la CADHP. Pour protéger les droits humains, l'interprétation des dispositions des instruments juridiques devra être large en ce qui concerne les droits garantis tandis que l'application des restrictions qui les affectent devra être étroite. Cela se traduit par le principe « In dubio pro libertate (Le doute profite à la liberté)». Il est recommandé à tout agent public et toute personne d'accorder plus de valeur et de priorité à la liberté de la population qu'aux exigences de sécurité d'une personne plutôt que la restriction des libertés et droits fondamentaux. Par ailleurs, certains droits sont déclarés non- dérogeables (noyau dur des droits de l'homme) dans n'importe quelles circonstances.

407. Les droits et les libertés fondamentales consacrés par la DUDH constituent « l'idéal commun à atteindre par tous les peuples et toutes les nations afin que tous les individus et tous les organes de la société, ayant cette Déclaration constamment à l'esprit, s'efforcent, par l'enseignement et l'éducation, de développer le respect de ces droits et libertés et d'en assurer, par des mesures progressives d'ordre national et international, la reconnaissance et l'application universelle et effective ». Plusieurs personnes se sont sacrifié ou enduré des sacrifices pour défendre les libertés fondamentales. Il convient de préciser que toutes les activités en vue de promouvoir les droits fondamentaux et les libertés fondamentales sont honorées par la communauté internationale, les États, les milieux locaux, les Associations et toutes les personnes qui sont épris de paix à l'instar de ceux qui ont bénéficié du Prix Nobel de la Paix[302].

408. Si la responsabilité des États et de leurs agents publics est bien assumée, la réalisation effective et universelle des droits de l'homme sera possible. Ainsi, tout agent public de l'État devra s'imprégner des notions de base des droits de l'homme pour relever la dignité de la personne humaine, dans l'exercice de leur pouvoir. Bien plus, tous les africains et les africaines y compris les agents publics des États africains devront s'approprier les droits et libertés fondamentales garantis par la DUDH, la CADHP et les autres normes relatives aux Droits de l'Homme. Une bonne formation en droits humains offre la

---

[302] Parmi les bénéficiaires du Prix Nobel depuis 1944, on peut signaler quelques africains à l'instar de KOFFI ANAN et le Docteur Dénis MUKWEGE.

chance à chacun de se défendre et de défendre les autres. Tout agent conscient de ses responsabilités pour le respect des droits de l'homme et voire tout agent informé et bien formé en droits humains, c'est une opportunité pour éviter plusieurs cas de violations des droits de l'homme car cet agent ne se rangera pas du côté des fossoyeurs des droits de l'homme et des ennemis de l'humanité.

409. De la proclamation à l'appropriation des droits par les personnes, il y a lieu de signaler que pour l'application de la DUDH, on proposait un amendement à l'article 30 tendant à ajouter un paragraphe devant faire mention des mesures nationales d'application de la DUDH. C'est la question des mécanismes de protection des DH. « Les droits de l'homme et les libertés fondamentaux de l'homme et de citoyen énumérés dans la présente Déclaration sont garantis par les lois des États. Toute violation, toute restriction directe ou indirecte de ces droits constituent une violation de la présente Déclaration et est incompatible avec les principes élevés proclamés par la Charte des Nations Unies »[303].

410. Les organes de surveillance des Traités[304] à l'instar du Comité des droits de l'homme formule des Recommandations[305] aux États pour

[303] France Libertés Fondation Danielle MITTERRAND et le Comité des ONG internationales pour les droits de l'homme : op.cit., p.249

[304] Au sein de l'ONU, les 9 principaux instruments internationaux relatifs aux droits de l'homme ont des Organes de traités ou Comités chargés chacun de surveiller l'application dudit traité et à cet effet les experts de ces Organes examinent les Rapports soumis par les États parties et les autres parties prenantes comme les ONG, les INDH, les États, et Agences du sytème des Nations- Unies. En plus, ils examinent les plaintes interétatiques et individuelles des personnes ou ONG lésés par les violations des droits garantis par tel ou tel autre instrument et enfin, ils formulent des Observations générales pour faciliter la compréhention ou l'interprétation de dispositions de chaque Traité.

[305] A titre d'exemple pour la RDC, le Comité attira l'attention de l'État partie sur sa déclaration intitulée «Appréciation de l'obligation d'agir "au maximum de ses ressources disponibles" dans le contexte d'un Protocole facultatif au Pacte» (E/C.12/2007/1) et recommanda que l'État partie revoie à son budget annuel pour 2010 à la hausse en augmentant de manière substantielle ses dépenses nationales consacrées aux services sociaux et à l'assistance sociale, notamment le logement, l'alimentation, la santé et l'éducation, de façon à assurer, conformément au paragraphe 1 de l'article 2 pour assurer la réalisation progressive des DESC. Le Comité demanda en outre à l'État partie de suivre une approche fondée sur les droits de l'homme dans le cadre de l'élaboration de son budget et de l'utilisation de l'aide internationale au développement, en prévoyant des lignes budgétaires stratégiques claires en faveur des groupes et des provinces les plus désavantagés et marginalisés. Il encouragea aussi l'État partie à promouvoir la transparence et la responsabilité afin d'améliorer l'efficacité de la mise en œuvre des programmes de développement financés par les donateurs internationaux.

les aider techniquement à mettre en œuvre les droits de l'homme consacrés dans les principaux instruments des DH en complément aux dispositions pertinentes de la DUDH. On peut lire à propos ses recommandations du Comité des droits de l'homme formulées à l'intention d'un État au PIDSCP : « L'État partie devrait prendre toutes les mesures appropriées pour s'assurer que toutes les violations des droits de l'homme portées à sa connaissance fassent l'objet d'enquêtes, et que les responsables de telles violations soient poursuivis et sanctionnés.

411. Le Comité invite instamment l'État partie à recenser d'urgence la population pénitentiaire et à allouer les fonds nécessaires pour distribuer de la nourriture aux détenus. Il lui demande également de doter chaque prison d'un budget raisonnable et de réduire le surpeuplement des prisons, notamment en recourant à des méthodes substitutives à la détention provisoire et en relâchant toutes les personnes encore détenues en violation des normes internationales. L'État partie devrait également fermer immédiatement tous les lieux de détention illégaux et garantir l'accès des organisations internationales et des organisations non gouvernementales à tous les lieux de détention».

412. En définitive, on peut retenir avec l'Observation n° 31 point 6 du Comité des droits de l'homme que : « L'obligation juridique énoncée au paragraphe 1 de l'article 2 du Pacte international relatif aux droits civils et politiques est à la fois négative et positive. Les États parties doivent s'abstenir de violer les droits reconnus par le Pacte, et toute restriction à leur exercice doit être autorisée par les dispositions pertinentes du Pacte. Dans les cas où des restrictions sont formulées, les États doivent en démontrer la nécessité et ne prendre que des mesures proportionnées aux objectifs légitimes poursuivis afin d'assurer une protection véritable et continue des droits énoncés dans le Pacte. De telles restrictions ne peuvent en aucun cas être appliquées ou invoquées d'une manière qui porterait atteinte à l'essence même d'un droit énoncé dans le Pacte. »

413. « Pour que les droits de l'homme deviennent une réalité juridique, trois conditions doivent être remplies: - I1 faut qu'il existe une société organisée sous la forme d'un État de droit; - I1 faut qu'à l'intérieur de l'État, les droits de l'homme s'exercent dans un cadre juridique préétabli, variable, cependant, en fonction de la nature des droits et en fonction des circonstances. - I1 faut, enfin, que l'exercice des droits de l'homme par leurs titulaires soit assorti de garanties juridiques précises et que, en particulier, des recours soient prévus permettant d'en obtenir le respect. »[306]

414. Les mesures législatives et constitutionnelles tendant à remettre en cause les acquis de l'État de Droit et de la démocratie ainsi que les mesures régressives des droits humains garantis par des normes préétablies entrainent la destruction des droits de l'homme. Il en est ainsi de quelques droits indérogeables et quelques valeurs constitutionnelles intangibles, selon l'expression populaire. A titre d'exemple, quelques valeurs fondamentales dans la Constitution de la RDC : « La forme républicaine de l'État, le principe du suffrage universel, la forme représentative du Gouvernement, le nombre et la durée des mandats du Président de la république, l'indépendance du pouvoir judiciaire, le pluralisme politique et syndical, ne peuvent faire l'objet d'aucune révision constitutionnelle. Est formellement interdite toute révision constitutionnelle ayant pour objet ou pour effet de détruire les droits et les libertés de la personne ou de réduire les prérogatives des provinces et des entités territoriales décentralisées »[307].

12. LE PRINCIPE DE LA PROTECTION SPECIALE DES CATEGORIES VULNERABLES

415. La protection de toute personne est un devoir constitutionnel de tout État cependant, le principe de protection spéciale des groupes vulnérables constitue un garde-fou, des garanties et des voies à suivre de manière quasi-obligatoire pour promouvoir et protéger tous les droits de l'homme en vue de les réaliser en faveur de tous y compris ceux qui n' ont pas toutes les chances du fait de leur état, de leur statut et de leur condition. Ainsi, face à certaines catégories de personnes plus vulnérables notamment les enfants, les femmes, les personnes handicapées, les albinos, les personnes stigmatisées et les personnes dans des conditions de détresse comme les personnes en détention[308] et voire aussi les travailleurs migrants, les minorités

---

306 KAREL Vassak, op.cit., p.2

307 Article 220 de la Constitution de la RDC.

308 En souvenir à la détenttinon de Nelson MANDELA à la prison de Robben Island en Afrique du Sud pendant 30 ans , les instruments qui régissent les conditions de détention portent le nom de Règles Nelson MANDELA (Ensemble de règles minima des Nations Unies sur la détention et les Lignes directrices de Robben Island sur les droits de détentus (Lignes directrices MANDELA).

ethniques ou linguistiques et les populations autochtones, le devoir de protection et l'attention de l'État à travers ces agents devront croître. La non-discrimination et le respect de l'égalité restent maintenus mais une protection spéciale oblige ! C'est en vertu de la Déclaration sur le Droit de défendre les droits de l'homme qui dispose que chacun a le droit, individuellement ou en association avec d'autres, d'élaborer de nouveaux principes et idées dans le domaine des droits de l'homme, d'en discuter et d'en promouvoir la reconnaissance que ce principe et ce besoin pressant dans toutes les sociétés humaines a été accepté[309].

416. Un Avis célèbre de l'Avocat général dans l'affaire Kalanke[310] fait référence. Il y a lieu que dans les politiques et les programmes de promotion et de protection des droits de l'homme, un accent soit mis sur la protection spéciale des groupes vulnérables. Il convient de souligner que si les actions positives visées par Monsieur l'Avocat général T. étaient limitées à éliminer les obstacles de fait qui pèsent sur certaines catégories déterminées ou certains groupes déterminés de personnes, qui sont donc désavantagés dans tel ou tel autre domaine, il faudra envisager des mesures positives en vue de rendre la réalisation des droits de l'homme effective et universelle pour la concorde nationale et un nouvel ordre mondial respectueux des droits de l'homme pour tous.

---

[309] L'article 7 de la Déclaration sur le droit et la responsabilité des individus, groupes et organes de la société de promouvoir et protéger les droits de l'homme et les libertés fondamentales universellement reconnus. (Voir annexe 3).

[310] Lire Agence des droits fondamentaux de l'Union européenne, Cour européenne des droits de l'homme - Conseil de l'Europe : Manuel de droit européen en matière de non-discrimination, 2011, p.48. (Relire la notion de discrimination positive évoquée supra. Voir Affaire Marschall. L'affaire Abrahamsson concernait la validité d'une législation suédoise se situant à mi-chemin entre la priorité inconditionnelle établie par les dispositions mises en cause dans l'affaire Kalanke et la marge discrétionnaire prévue dans l'affaire Marschall. La législation suédoise litigieuse disposait qu'un candidat appartenant au sexe sous-représenté et possédant des qualifications suffisantes pour l'emploi concerné devait être choisi prioritairement à un candidat de sexe opposé, pour autant que « la différence entre les mérites respectifs des candidats n'est pas d'une importance telle qu'il en résulterait un manquement à l'exigence d'objectivité lors de l'engagement». La CJCE a estimé que, de fait, la législation accordait automatiquement la priorité aux candidats appartenant au sexe sous-représenté. Le fait que les dispositions en cause empêchaient qu'il en soit ainsi uniquement lorsqu'il existait une différence importante entre les mérites respectifs des candidats n'était pas de nature à remédier au caractère disproportionné de la législation dans ses effets.)

417. Pour la meilleure protection spéciale de ses catégories vulnérables, des mesures spéciales positives s'imposent pendant un laps de temps. C'est dans ce sens que pour la promotion des droits des femmes dans le domaine de la participation politique, il y a un pourcentage de sièges bloqué en leur faveur (free seat) c.à.d. un pourcentage est réservé et bloqué pour les femmes compétentes comme 30%, 40 % ou (50% et l'on parle du principe de Parité Homme-Femme), Approche genre, les défis relatifs aux inégalités entre les sexes, les déséquilibres de pouvoir et la domination de l'homme doivent être éliminés afin de permettre aux femmes d'exercer et de jouir du droit de ne pas subir la violence, les abus, la contrainte et la discrimination.

418. Un accent particulier mérite d'être accordé à la situation des femmes étant donné que la mortalité maternelle, par exemple, détruit le fondement même de la famille africaine qui, selon l'article 18 de la CADHP est l'élément naturel et la base de la société et gardienne de la morale et des valeurs traditionnelles reconnues par la Communauté[311].

419. Selon la Commission africaine[312], il existe de multiples formes de discrimination basées sur divers fondements tels que la race, le sexe, la sexualité, l'orientation sexuelle, l'âge, la grossesse, le statut matrimonial, le statut sérologique, le statut économique et social, le handicap, les pratiques traditionnelles néfastes et/ou la religion.

420. S'agissant de la protection de l'enfant, toutes les mesures qui le concernent doivent tenir compte de l'intérêt supérieur de l'enfant, la participation de l'enfant selon son âge à la mesure le concernant, la non-discrimination et la survie ou croissance/ développement de l'enfant[313]. Ainsi , les droits conférés aux enfants dès leur naissance sont notamment la protection de la santé maternelle (Avant la naissance de l'enfant) , les droits de la famille, le Statut juridique de l'enfant, l'irresponsabilité pénale des enfants de moins de 16 ans et droit pénal au regard des enfants, la Protection sanitaire des enfants, la Protection spéciale des enfants, protection contre la violence, la maltraitance et l'exploitation, la protection spéciale de certaines

---

[311] Commission africaine des droits de l'homme et des peuples.

[312] Observations Générales sur l'article 14 (1) (d) et (e) du Protocole à la Charte africaine des droits de l'homme et des peuples relatif aux droits des femmes en Afrique.

[313] WEMBOLUA OTSHUDI Henri, Anachronisme du Décret du 6 décembre 1950 sur l'enfance délinquante : cas du flou sur la majorité pénale en R.D.C, in DEI - Nouvelle tribune internationale des droits de l'enfant, n°10-11, décembre 2005, pp 27-32.

catégories vulnérables dont les enfants handicapés, les enfants des migrants, les enfants relevant des groupes minoritaires... le droit à l'éducation, l'interdiction du travail des enfants, les conditions de travail spécifiques entre 15 et 18 ans, le droit à une justice spéciale[314]...

421. La nécessité des mesures spéciales pour les différentes catégories des personnes handicapées est impérieuse au risque d'exclure de la société plusieurs personnes. Les malentendants, les aveugles, les infirmes, les malades mentaux ont méritent protection de l'État et dignité. Une attention particulière et technologie appropriée, infrastructures adaptées, équipements spéciaux doivent être dotés aux personnes handicapées sinon, droits fondamentaux ne seront jamais respectés.

422. Dans le Rapport périodique de l'Algérie, quelques bonnes pratiques sont édifiantes. En effet, en application de l'article 18 de la CADHP, des mesures ont été prises pour rapprocher la justice du citoyen, en particulier la catégorie des personnes handicapées, les pouvoirs publics ont entrepris avec la participation des d'associations, plusieurs mesures spécifiques ayant pour objet d'adapter les structures aux besoins des personnes handicapées et ce, à travers des réalisations matérielles qui se traduisent par l'aménagement des accès des juridictions et l'adaptation des couloirs et guichets à la nature des personnes handicapées moteurs[315]. Bien plus, la loi 02-09 du 8 mai 2002, relative à la protection et à la promotion des personnes handicapées, ne dispose à travers son article 27 que : « Tout employeur doit consacrer au moins 1% des postes de travail aux personnes handicapées dont la qualité de travailleur est reconnue ». Dans le cas contraire, il est tenu de s'acquitter d'une contribution financière versée au compte d'un fond spécial de financement de l'activité de protection et de promotion des personnes handicapées. Bon nombre d'États africains ont le challenge d' adopter des lois spéciales de promotion des droits des personnes handicapées à l'instar de l'Algérie.

423. Les États africains ont adopté le Protocole à la Charte africaine des droits de l'homme et des peuples relatif aux droits des personnes

---

[314] Fabrice CREGUT, Compendium sur les instruments internationaux Relatifs à la justice juvénile - Terre des hommes, Suisse, 2014, 508 p.18

[315] Dans le 5e et 6e Rapport périodique de l'Algérie destiné et présenté en décembre 2014 à la Commission africaine des droits de l'homme et des peuples conformément à l'article 62 (Points 112 et 263)

handicapées le 28 février 2018 à Addis-Abbéba. Des initiatives intéressantes comme au sein de la Communauté Economique des États de l'Afrique Centrale (CEEAC) militent pour la ratification de cette Convention par tous les États africains, la création d'un Conseil multisectoriel sur l' Handicap dans tous les États africains et la création d'une Commission spéciale chargée de la question des personnes vivant avec handicap au sein de la CEEAC[316].

424. Dans la logique des actions positives, la jurisprudence de l'Afrique du Sud a renchéri la nécessité des actions positives. Le juge Ngcobo dit : «… Notre Constitution diffère des autres constitutions qui supposent que tous sont égaux et, ne font ainsi que renforcer les inégalités existantes. Notre Constitution reconnaît que les séquelles de décennies de discrimination raciale systématique renforcée par l'ordre juridique de l'apartheid ne peuvent être éliminées sans prendre des actions positives à cet effet. Nous sommes tenus de faire plus que cela. Les effets de la discrimination pourraient se poursuivre indéfiniment, tant qu'il n'y aura pas d'engagement à y mettre fin »[317].

425. Pour la meilleure protection spéciale des personnes de ces groupes vulnérables, des mesures spéciales positives s'imposent pendant un laps de temps. C'est dans ce sens que pour la promotion des droits des femmes dans le domaine de la participation politique, des bonnes pratiques envisagent un pourcentage de sièges bloqué en leur faveur (free seat = sièges libres/ réservés aux femmes) ou l'on applique le principe de Parité Homme-Femme. Un accent particulier mérite d'être accordé à la situation des femmes étant donné que l' écart des hommes et des femmes au sein des institutions et plus particulièrement aux postes de décision est très criant non seulement que les femmes ne méritent pas ou ne sont pas compétitives mais du fait de l'inattention, de l'égoïsme des hommes, de l'orgueil des femmes élevées qui estiment qu'elles se sont battues pour briguer des postes ou mandats ainsi que des pesanteurs coutumières et traditionnelles. On développe l'Approche genre dans tous les programmes et toutes les études ou projets.

---

[316] Voir Table Ronde entre la CEEAC et les orgaisations des Personnes Handicapées de l'Afrique Centrale prévues les 17 et 18 au Gabon (Forum des Organisations des personnes Hndicapées en Afrique Centrale et les Pays des Grands Lacs / FOPHAC et NED).

[317] Affaire Bato Star Fishing (Pty) Ltd c. Ministre de l'Environnement et du Tourisme. Rapport périodique Afrique du Sud, p.23

426. La promotion des droits de la femme [318]et la lutte contre les violences faites à la femme est une question fondamentale pour promouvoir les droits humains en Afrique de la base au sommet en passant par les États. En effet, la famille dont l'homme, la femme et les enfants constitue l'élément naturel et la base de la société est consacrée gardienne de la morale et des valeurs traditionnelles reconnues par la Communauté[319]. La Charte africaine [320] précise la notion de valeurs positives traditionnelles africaines ainsi que la responsabilité des États africains dans leur devoir de protéger les enfants contre les pratiques négatives sociales et culturelles qu'il faille épingler l'obligation des États africains de prendre toutes les mesures appropriées pour abolir les coutumes et les pratiques négatives, culturelles et sociales qui sont au détriment du bien-être, de la dignité, de la croissance et du développement normal de l'enfant, en particulier :

a) les coutumes et pratiques préjudiciables à la santé, voire à la vie del'enfant

b) les coutumes et pratiques qui constituent une discrimination à l'égard de certains enfants, pour des raisons de sexe ou autres raisons.

427. S'agissant de la protection de l'enfant, toutes les mesures qui le concernent doivent tenir compte de l'intérêt supérieur de l'enfant, la participation de l'enfant selon son âge à la mesure le concernant, la non-discrimination et la survie ou croissance/ développement de

---

[318] Les instruments africains pour la promotion et la protection des droits des femmes : Résolution sur la situation des femmes et enfants en Afrique, Résolution sur le statut de la femme en Afrique et sur l'entrée en vigueur du Protocole à la Charte africaine des droits de l'homme et des peuples relatif aux droits de la femme en Afrique (2005), Résolution sur la situation des droits des femmes en République Démocratique du Congo, Résolution sur le droit à la santé reproductive des femmes en Afrique (2007), Résolution sur le droit à un recours et à réparation pour les femmes et les filles victimes de violence sexuelle (2007), Résolution sur la Déclaration des Nations Unies sur les droits des peuples autochtones, Résolution sur la mortalité maternelle en Afrique, Résolution sur le changement climatique et les droits de l'homme et la nécessité d'une étude sur son impact en Afrique, Résolution de la Commission africaine des droits de l'homme et des peuples sur les crimes commis contre les femmes en République démocratique du Congo (RDC), Résolution sur la détérioration de la situation des populations autochtones dans certaines parties de l'Afrique et Résolution sur la protection des droits des femmes autochtones en Afrique.

[319] Commission africaine des droits de l'homme et des peuples : op.cit., p. 268-269.

320 Article 21 de la Charte des droits et du bien –être de l'enfant juillet 1990 et entrée en vigueur en décembre 1999.

l'enfant[321]. Ainsi , les droits conférés aux enfants dès leur naissance sont notamment la protection de la santé maternelle (Avant la naissance de l'enfant) , les droits de la famille, le Statut juridique de l'enfant, l'irresponsabilité pénale des enfants de moins de 16 ans et droit pénal au regard des enfants, la Protection sanitaire des enfants, la Protection spéciale des enfants, protection contre la violence, la maltraitance et l'exploitation, la protection spéciale de certaines catégories vulnérables dont les enfants handicapés, les enfants des migrants, les enfants relevant des groupes minoritaires… le droit à l'éducation, l'interdiction du travail des enfants, les conditions de travail spécifiques entre 15 et 18 ans, le droit à une justice spéciale[322]…

428. Il convient de souligner que si les actions positives visées par Monsieur l'Avocat général T. étaient limitées à éliminer les obstacles de fait qui pèsent sur certaines catégories déterminées ou certains groupes de personnes, qui sont donc désavantagés dans tel ou tel autre domaine, il y a lieu d'envisager des mesures positives en vue de rendre la réalisation des droits de l'homme effective et universelle pour la concorde nationale et un nouvel ordre mondial respectueux des droits de l'homme pour tous.

13. LE PRINCIPE DE SOLIDARITE

429. Le principe de solidarité en Afrique emporte plusieurs applications et autres principes secondaires notamment les principes de bon voisinage et de non subversion, la fraternité ainsi que l'interdiction des expulsions massives. En fait, ces principes garantissent des droits à travers quelques dispositions dont l'article 23 de la CADHP qui stipule que :

1. Les peuples ont droit à la paix et à la sécurité tant sur le plan national que sur le plan international. Le principe de solidarité et de relations amicales affirmé implicitement par la Charte de l'Organisation des Nations unies et réaffirmé par celle de l'Organisation de l'unité africaine est applicable aux rapports entre les États.

---

321 WEMBOLUA OTSHUDI Henri, Anachronisme du Décret du 6 décembre 1950 sur l'enfance délinquante : cas du flou sur la majorité pénale en R.D.C, in DEI - Nouvelle tribune internationale des droits de l'enfant, n°10-11, décembre 2005, pp 27-32

322 Fabrice CREGUT, Compendium sur les instruments internationaux Relatifs à la justice juvénile - Terre des hommes, Suisse, 2014, 508 p.

2. Dans le but de renforcer la paix, la solidarité et les relations amicales, les États, parties à la présente Charte, s'engagent à interdire:

(a) qu'une personne jouissant du droit d'asile aux termes de l'article 12 de la présente Charte entreprenne une activité subversive dirigée contre son pays d'origine ou contre tout autre pays, parties à la présente Charte;

(b) que leurs territoires soient utilisés comme base de départ d'activités subversives ou terroristes dirigées contre le peuple de tout autre État, partie à la présente Charte.

430. L'interdiction des expulsions massives a été affirmée par la Haute Cour du Kenya (Cfr point 127). Une bonne pratique à suivre par les États africains qui refoulent des milliers de personnes de leur territoire sans tenir compte de la dignité humaine. (Bon nombre de ruandais ont trouvé refuge au Zaïre après le génocide du Ruanda, les burundais vers le Ruanda, les congolais vers la République du Congo et l'Angola, Soudanais vers RCA et RDC… Fface à ces crises politiques, seule la solidarité des peuples l'emporte pour le secours aux réfugiés. La situation en Afrique centrale exige une intégration dans la Sous- Région. A la lumière de l'attraction culturelle dont les cultures africaines renforcent la solidarité des peuples ainsi de Haiti au Bénin en passant par la RDC, le vaudou au- delà du tam-tam, du rythme et de la danse rassemble les peuples.

431. La responsabilité de protéger est un pouvoir reconnu ç la communauté internationale de passer outre la souveraineté des États et exercer un devoir d'assistance humaine pour sauver des vies humaines nonobstant le refus des dirigeants de l'État. La souveraineté internationale perd son sens et son but si les dirigeants doivent s'en servir pour brimer et chosifier leurs concitoyens ou les abandonner dans une crise humanitaire.

14. LE PRINCIPE DE LA PARTICIPATION ET D' INCLUSSION

432. Le processus d'élaboration de toutes les politiques notamment celle de mise en œuvre des droits économiques et sociaux ne peut se faire sans tenir compte des désidératas, des opinions et des réalités des sujets bénéficiaires. C'est l'exigence de la participation des bénéficiaires à la prise de décision qui les concerne. La large participation de différentes parties prenantes relève de l'exigence d'inclusivité.

433. L'État doit mettre en place des mécanismes permettant aux citoyens de prendre part à la vie politique, tels que le droit de vote, la possibilité d'adhérer à un parti politique, de suivre un débat politique, d'organiser des référendums, de se prononcer sur les questions publiques, renforcer le partenariat avec les Organisations de la société qui suivent pas à pas les actions du Gouvernement et exigent redevabilité et transparence. Cet exercice devra être élargi aux jeunes et aux enfants dans le cadre de l'école, des mouvements des jeunes et de l'&éducation aux droits de l'homme et l'éducation civique et morale.

434. Participer à la prise de décision ne signifie pas seulement prendre part au jeu politique. Les individus doivent également être consultés ponctuellement lors de la mise en place de programmes qui les concernent. Ils doivent être inclus dans les prises de décisions à l'échelle nationale et locale. Cette inclusion constitue non seulement un droit, mais elle permet également de mettre en place des politiques qui correspondent effectivement aux besoins concrets de la population. Si l'État agit de la sorte, les droits des individus seront d'autant plus susceptibles d'être garantis. La non-inclusion des titulaires de droits dans le processus décisionnel peut en effet aboutir à une non-jouissance effective des droits, en dépit des efforts consentis.

435. Soulignons que la non-inclusion dans les mécanismes de décision est une caractéristique de la pauvreté. En effet, les personnes en situation d'extrême pauvreté sont les victimes d'un cycle vicieux: Impuissance, stigmatisation, discrimination, exclusion, privation matérielle – tous ces facteurs se renforçant mutuellement. Et dans ce cercle vicieux, le fossé se creuse de plus en plus : plus les inégalités sont grandes, moins les individus ont un pouvoir de participation ; moins les individus ont un pouvoir de participation, plus les inégalités sont grandes.

436. La participation ne représente donc pas seulement un moyen en soi, il s'agit là d'un principe fondamental à part entière. C'est à la fois un droit pour les citoyens et un devoir pour les Gouvernements. En effet, les États parties sont recommandés de prendre des mesures pour établir et maintenir un dialogue politique et social, ainsi que la transparence et la confiance entre les dirigeants politiques et les populations en vue de consolider la démocratie et la paix[323].

---

[323] Article 13 de la Charte africaine de la démocratie, la gouvernance et les élections.

15. LE PRINCIPE DE L' ALTERNANCE DU POUVOIR POLITIQUE

437. Voltaire avait dit : « Le voleur ordinaire : c'est celui qui vous vole votre argent, votre portefeuille, votre vélo, votre parapluie… Le voleur politique vous vole votre avenir, vos rêves, votre savoir, votre salaire, votre éducation, votre santé, votre force, votre sourire… La grande différence entre les deux types de voleurs, c'est que le voleur ordinaire vous choisit pour vous voler tandis que le voleur politique, c'est vous qui le choisissez pour qu'il vous vole. Et l'autre grande différence, qui n'est pas des moindres, c'est que le voleur ordinaire est traqué par la police tandis que le voleur politique est le plus souvent protégé par une escorte de la police ».

438. Tout pouvoir politique émane du peuple qui désigne ses représentants à travers des élections périodiques, démocratiques et transparentes. La force des dirigeants ou leur bénédiction pour réussir leur politique pendant leur mandat provient du souverain primaire qui est la population. Cette population est sans aucun doute le bénéficiaire de l'action des dirigeants qui acceptent le pouvoir politique en vue de s'occuper de l'intérêt général de la population. Avant 1990, constate Ibrahim MOUICHE, les pays au sud du Sahara n'avaient quasiment pas connu d'alternatives démocratiques. Comme déjà dit ci-haut, les coups d'État militaires avaient prédominé la vie politique en Afrique. Les conflits armés ont été une voie de prise du pouvoir politique ou de sa conservation. Un jargon populaire partagé par les politiciens dit tout haut : « On n'organise pas les élections pour les perdre ».

439. C'est pour contrôler et changer cette conception erronée que les africains ont adopté Charte africaine de la démocratie, des élections et de la gouvernance en fixant des objectifs clairs et en définissant des principes et devoirs assignés aux États en matière de l'alternance du pouvoir politique. Cette Charte prône une culture d'alternance politique fondée sur la tenue régulière d'élections transparentes, libres et justes, conduites par des organes électoraux nationaux, indépendants, compétents et impartiaux. Les révisions Constitutionnelles touchant au principe de l'alternance politique sont astreintes à un large consensus national[324], l'interdiction des

---

[324] Article 10 de la Charte de la Démocratie, des Elections et de la Gouvernance.

changements anticonstitutionnels[325] à sanctionner par l'union africaine et l'interdiction de modifier les textes électoraux dans le temps suspect.

440. Le symptôme de manque de l'alternance est l' une de causes de changement anticonstitutionnel de Gouvernement qui se révèle un véritable fléau et une source quasi-permanente de menace à la paix et à la sécurité, en Afrique. Les décisions d'Alger de juillet 1999, la Déclaration sur le Cadre d'action sur les changements anticonstitutionnels de Gouvernement, adoptée par la 36è session ordinaire de la Conférence des chefs d'État et de Gouvernement de l'OUA, tenue à Lomé du 10 au 12 juillet 2000, ainsi que les dispositions pertinentes de l'Acte constitutif de l'UA et du Protocole relatif à la création du Conseil de paix et de sécurité[326] en appui à la Charte africaine sur la démocratie, la gouvernance et les élections renforcent le principe de l'alternance du pouvoir politique en Afrique sont significatives.

441. L'alternance politique est l'un des remèdes à la gouvernance décriée. C'est une culture à développer. Il y va de la responsabilité citoyenne. En effet, l'élection semble un geste banal. Pour le citoyen irréfléchi, il peut voter par sentiment ou pour avoir reçu un présent mais pour l'acteur politique, le pouvoir politique est comme une marchandise à revendre pour accumuler ses bénéfices. Les citoyens devraient comprendre le sens de leur vote.

442. L'UA a initié vers les années 2010 la politique « Tolérance zéro » pour les coups d'État mais également pour les transgressions des normes démocratiques dont la persistance et la répétition pouvant conduire à des changements anticonstitutionnels. Malgré l'adoption de la Charte africaine sur la démocratie, la gouvernance et la démocratie, le principe de l'alternance n'est pas encore bien intériorisé. Durant les 10 ans passés, on a assisté aux modifications des constitutions, report des élections et prolongations des mandats présidentiels notamment au Burundi, au Congo, au Rwanda, en Ouganda et en République Centrafricaine. Les coups d'État prennent d'autres formes et subtilités comme au Zimbabwe et en RDC, on a constaté un cas d'école avec la non- organisation des élections dans

---

[325] Article 23 de la Charte de la Démocratie, des Elections et de la Gouvernance.

[326] Décision sur la prévention des changements anticonstitutionnels de gouvernement et le renforcement des capacités de l'Union africaine à gérer de telles situations (Doc. Assembly/au/4(xiv) adoptée le 2 février 2010).

le délai constitutionnel de 2016 au « motif » de manque des ressources financières avec un processus électoral sous haute tension jusqu' à la tenue des élections ayant conduit à l'alternance politique en janvier 2019. Par ailleurs, avec le printemps arabe[327], des manifestations populaires ont emporté quelques dirigeants notamment en Egypte et en Tunisie. Quelles sont les conséquences de ce principe ?

443. Tout naturellement, les conséquences du principe de l'alternance politique sont multiples et l'on peut signaler notamment que :

- Tout dirigeant doit intérioriser et intégrer dans ses actions la donne de l'organisation des élections qui contribuent à l'instauration de la démocratie et de l'état de droit. Les élections périodiques et honnêtes sont un des droits fondamentaux des citoyens qui s'imposent aux dirigeants ;
- Tous les agents publics doivent respecter, protéger et mettre en œuvre les droits de l'homme qui constituent un pacte républicain entre Gouvernants et Gouvernés ;
- Le peuple a l'opportunité de sélectionner et de renouveler la classe politique dirigeante et cela contribue à la résorption de la crise de légitimité constatée dans plusieurs États africains où certains dirigeants, partis ou regroupements politiques peuvent s'imposer et voire imposer leur volonté et modifier Constitution et Lois avant les élections en vue de garantir la conservation du pouvoir et ses avantages ;
- Les citoyens et les peuples ont le pouvoir quasi-judiciaire de sanctionner les auteurs des violations de droits de l'homme par leur vote-sanction ;
- La diminution des tentatives de coups d'États, de révolution[328], de conflits armés, d'actes de terrorisme et de rejet des Gouvernements issus des changements anticonstitutionnels. (Le cas du Gouvernement de YAYI JAMEY au Bénin, MUGABE au Zimbabwe et le coup d'État de janvier 2019 au Gabon).

---

[327] Le mouvement politique arabe qui n' a pas réussi à contaminer les États subsahariens du fait du niveau bas de l'éducation au sud du Sahara, la religion arabe différente des religions en Afrique, l'absence de classe moyenne au sud du Sahara pour soutenir les mouvements de changement et l'extrême pauvreté qui décourage l'idée des longues durées de manifestation , au lieu de vivre le jour au jour.

[328] Le cas de la révolution au Burkina-Faso est édifiant. Le 31 octobre 2014, Blaise Compaoré était contraint à démissionner de la présidence burkinabè après 27 ans de pouvoir sans alternance.

16. LE PRINCIPE DE LA TRANSPARENCE ET LE DROIT À L'INFORMATION

444. L'exécution des obligations concernant les droits économiques et sociaux suppose l'établissement de politiques raisonnées tenant compte des droits humains et la mise en place de mécanismes facilitant la transparence à l'égard du public. La transparence exige que les concernés soient suffisamment informés sur ce qui se fait pour garantir leurs droits. Un manque de transparence lors de la formulation, de l'application et de la mise en œuvre des politiques peuvent laisser la place à une possible corruption et/ou d'éventuelles pratiques pouvant porter préjudice à la réalisation des droits. La lutte contre la corruption part d'un état d'esprit et la prise de conscience individuelle[329] et collective.

445. Par exemple, s'il existe un manque de transparence sur l'élaboration d'un budget, cela peut conduire à des allocations inégales pour certaines régions au détriment d'autres et donc discriminatoires, ou bien à une absence de fonds alloués aux dépenses sociales, ce qui entraine des conséquences néfastes aux droit à la santé, à l'éducation, à l'alimentation, au logement, aux salaires décents... La transparence permet à la population de voir que les fonds alloués sont réellement ceux qu'ils reçoivent, et à la société civile d'exercer son contrôle citoyen pour la promotion des droits de l'homme civils et politiques, économiques, sociaux et culturels, à la démocratie et à la réalisation des ODD ainsi que l'Agenda 2063 pour l'Afrique.

446. Sur le plan normatif, la transparence est régie par de codes de bonne conduite des agents publics, des Conventions contre la corruption en vue de promouvoir et respecter les droits humains notamment la Convention contre la corruption de l'ONU, de l'UA et les instruments y relatifs de la CEDEAO et de la SADC ont été signées ou ratifiés par la majorité d' États africains.

447. Bon nombre d'États africains ont adopté la loi d'accès à l'information. Il s'agit là d'un indicateur de la volonté politique d'assurer la transparence de la gestion du pouvoir politique et l'implication directe de la population ou de la société civile à la

---

[329] Voir l'œuvre grandiose de la Députée européenne, EVA Joly d'origine norvégienne dans l'Affaire OGIEK du Kenya et enquêtes menées sur la corruption des dirigeants africains au détriment de leurs populations. Elle recommande un mécanisme de Régistre de biens des dirigeants en vue de surveiller les paradis fiscaux et corruption.

gouvernance. La Commission africaine des droits de l'homme et des peuples se fondant sur l' article 9 de la Carte de Banjul , article 19 du Pacte international relatif aux droits civils et politiques, l'article 9 de la Convention de l'Union africaine sur la prévention et la lutte contre la corruption, l'article 6 de la Charte africaine sur les valeurs et les principes du service public et de l'administration et la Charte africaine de la démocratie, des élections et de la gouvernance, l' UA a initié une Loi type pour l'Afrique sur l'accès à l'information. La Loi envisage la création d'un mécanisme de contrôle de l'accès à l'information en complément aux fonctions du Rapporteur spécial sur la liberté d'expression et l'accès à l'information en Afrique[330].

[330] Madame Pansy TLAKULA, Rapporteur spécial sur la liberté d'expression et l'accès à l'information en Afrique avait mené la consultation sur la Loi type et le plaidoyer pour l'adoption des lois conformes aux standards africains.

Chapitre deuxième

DES INSTRUMENTS ET DE L'INVENTAIRE DES DROITS DE L'HOMME ET DES PEUPLES EN AFRIQUE

Section 1

DES INSTRUMENTS DES DROITS DE L'HOMME DANS LE SYSTEME AFRICAIN DES DH

448. Dans le cadre du système africain de promotion et de protection des droits de l'homme, l'UA a adopté quelques Conventions internationales relatives aux droits de l'homme. Ces conventions scellent un pacte républicain comprenant les obligations de l'État à promouvoir, protéger et réaliser les droits humains en faveur des individus et des peuples en Afrique. Ces Conventions ou Instruments ont un caractère contraignant à l'instar de la Charte africaine des DHP inspirée de la DUDH, d'une part (A) et d'autre part, plusieurs instruments non contraignants[331] notamment les Résolutions, les Déclarations, les Directives, les Principes directeurs, les Lois types… élaborés par les experts et signés par les États africains(B).

A. DES INSTRUMENTS DES DROITS DE L'HOMME CONTRAIGNANTS DU SYSTEME AFRICAIN DES DHP

449. Sans doute, la DUDH est le socle des droits de l'homme comme l'expliquait René Cassin, en ces termes : « La DUDH est le premier jalon de la construction d'un véritable système onusien de protection des droits de l'homme »[332]. Elle a été consacrée comme telle par son adoption par l'AG-ONU à titre de premier instrument des droits de

[331] Les normes non contraignantes sont très importantes. Elles relèvent souvent du jus cogens (normes impératives pour les États). Selon l'Article 45 (1)(b) de la Charte Africaine, elles guident les États pour adopter des Lois conformes à leurs engagements internationaux.

[332] Jean-Manuel Larralde, Lorsque René Cassin commentait la DUDH ; propos du cours publié dans le Recueil des cours de l'Académie de Droit international de 1951, CRDFED, n°7, 2009, p.23-32

l'homme. Dès lors, les problèmes et stratégies en rapport avec les droits de l'homme tournent autour de ce document. C'est un document précieux pour le système de l'ONU et de l'UA comme pour tous les autres mécanismes régionaux de promotion et de protection des droits de l'homme. Des adhésions massives de la DUDH, 53 États africains sur 54 ont ratifié la Charte de Banjul.

450. L'Afrique a déjà un Droit international et africain des droits de l'homme à connaitre et à développer davantage. En effet, les États africains ont élaboré et adopté plusieurs conventions internationales. Il y a tout un système régional des DH à découvrir. Quelles sont ses sources et quel en est le contenu ? Les sources classiques du Droit sont notamment la Constitution, les conventions internationales, la loi (au sens large), la jurisprudence, la doctrine, la coutume, les principes généraux, l'équité et le bon sens. Les sources du Droit international des droits de l'homme sont, en fait, les sources du Droit international public et du Droit positif des États.

451. A propos, l'article 38 du Statut de la Cour Internationale de Justice dispose que : « La Cour dont la mission est de régler conformément au droit international les différends qui lui sont soumis applique : les conventions internationales, la coutume comme preuve d'une pratique générale acceptable comme étant le droit, les principes généraux de droit reconnus par les nations civilisées, les décisions judiciaires et la doctrine des publicistes les plus qualifiés des différentes nations comme moyen auxiliaire de détermination de la règle de droit. La cour peut statuer « (ex aequo et bono) c'est-à-dire selon l'équité et le bon sens, si les parties sont d'accord. ».

452. Par ailleurs, de même qu'il existe le Droit national des droits de l'homme[333], il existe aussi un Droit international des droits de l'homme et voire le Droit international et africain des droits de l'homme. En effet, si à l'international, les Conventions internationales, les Déclarations, la Jurisprudence et les principes généraux des droits de l'homme font partie du Droit positif des États, il y a d'autres sources nationales comme la Loi au sens large et voire aussi les Déclarations unilatérales comme à titre d'exemple une Déclaration officielle d'un Chef d'État ou un représentant du Gouvernement dans une instance internationale qui s'engage à prendre des mesures tendant à promouvoir ou protéger les droits de

[333] NKOY –ea-LONGYA NGONDANKOY, Droit congolais des droits de l'homme, 2004, éd. Academia-Bruylant, 489 p.

l'homme. La Commission africaine des droits de l'homme et des peuples a reçu la mission de, inter alia, formuler et élaborer, en vue de servir[334] de base à l'adoption de textes législatifs par les gouvernements africains, des principes et règles qui permettent de résoudre les problèmes juridiques relatifs à la jouissance des droits. C'est dans cet ordre d'idées que la Commission n'a cessé de proposer des Lois types pour que les lois des États soient conformes aux instruments africains et internationaux.

453. La promotion de la dignité humaine recherchée par les droits de l'homme n'est pas étrangère aux valeurs d'éthique, de morale, de religion et de l'éducation à la citoyenneté. Toutes les disciplines scientifiques devraient y concourir. A travers ses leçons d'éthique, KÉBA MBAYE aura marqué son temps et les générations futures, en Afrique. Il avait dit : « Debout pour le travail et pour l'éthique avant qu'il ne soit trop tard… Demandons ce que serait la société délateurs, les profiteurs ; les corrupteurs et les corrompus, les indisciplinés, les insouciants, les égoïstes, les fraudeurs, … c'est une société vouée à l'échec et à la déchéance, peut-être à la misère matérielle et intellectuelle. Alors évitons de tels comportements. Condamner ce qui ruine ce pays ou le desserve les corrompus et les antinationaux, les roublards et paresseux que chacun au poste où il est du Ministre au planton, du chef d' Entreprises aux manœuvres considère comme se reposant sur ces seules épaules le dessein de la nation ».

454. Les intellectuels africains et tous les hommes et femmes responsables, à tous les niveaux ou couches sociales, devraient s'accrocher à défendre les valeurs universelles et spécificités africaines, faut- il rappeler qu'il s'agit d'un devoir assigné à tout individu par la Charte africaine des DHP. Il y a cinq instruments contraignants qui ne sont pas encore ratifiés par tous les États. Comment justifier l'ignorance, le mépris et le rejet de ces instruments africains de droits de l'homme et les mécanismes ? Les Convention sur les réfugiés, le Protocole sur les Femmes, la Charte sur les Enfants, sur la démocratie et la bonne gouvernance non ratifiés et l' opérationnalité de la Cour africaine dans tous les États africains interpellent dirigeants africains et peuples africains sur leur conscience, rationnalité, solidarité, vouloir vivre ensemble et avenir de l'Agenda 2063 pour l'Afrique.

---

[334] Article 45 (1) de la Charte africaine des droits de l'homme et des peuples.

455. Selon le Professeur Auguste MAMPUYA, la protection des droits de l'homme est l'une des grandes préoccupations des O.I. et a fait l'objet d'un très grand nombre d'instruments internationaux. Dans ce sens, les droits de l'homme constituent une frange très étendue du Droit international contemporain[335]. En conséquence, toute personne engageant l'État à travers ses fonctions officielles devrait s'accommoder aux engagements internationaux de l'État et à l'éthique professionnelle. Il y a lieu de préciser qu'à chaque Convention internationale relative aux droits de l'homme ratifiée par un État, des mesures législatives d'harmonisation des normes aux conventions internationales sont recommandées. Les États acceptent souverainement et de bonne foi certaines obligations à exécuter aussi de bonne foi. L'application effective des conventions est assurée par les agents publics de l'État qui rendent comptent aux Organes chargés de la surveillance de l'application des dits traités.

456. L'Observation générale n° 3 du Comité des droits de l'homme précise la nature des obligations des États parties. En fait, les États signataires des Traités relatifs aux DH ont des obligations de comportement et des obligations de résultat en appliquant les dits traités[336]. Ils « s'engagent à garantir» que les droits considérés «seront exercés sans discrimination». On peut aussi apprécier tout le sens de l'expression qui figure dans le texte en considérant certaines de ses versions. Dans le texte anglais, l'obligation est «to take steps» (prendre des mesures). En français, les États s'engagent «à agir». Dans le texte espagnol, « a adoptar medidas» (à adopter des mesures). Ainsi, alors que le plein exercice des droits considérés peut n'être assuré que progressivement, les mesures à prendre à cette fin doivent l'être dans un délai raisonnablement bref à compter de l'entrée en vigueur du Pacte pour les États concernés. Ces mesures doivent avoir un caractère délibéré, concret et viser aussi clairement que possible la réalisation effective des droits garantis par la Convention. Les autres mesures qui peuvent être considérées comme «appropriées» aux fins du paragraphe 1 de l'article 2 comprennent, entre autres des mesures administratives, financières, éducatives et sociales soit par tous les moyens appropriés estimés utiles selon le contexte comme Circulaires, Directives, Instructions, Plan ou

---

335 MAMPUYA Auguste, op.cit, p.768

336 Lire article 2 du PIDCP.

Programme national ou création de mécanismes de mise en œuvre d'un droit spécifique.

457. Dans le cadre de la coopération avec l'ONU, 9 Conventions internationales relatives aux droits de l'homme comprennent chacune un Organe de surveillance à l'exception de la Convention contre la torture qui comprend un Comité et un Sous –comité pour la prévention de la torture. On peut signaler aussi les 4 Conventions de Genève et leur protocole sur le DIH, le Statut de Rome sur la CPI et les conventions de l'OIT sur les droits des travailleurs, les conditions de travail et la liberté syndicale. Les États africains ont majoritairement ratifié la plupart de ces Conventions et sont tenus aux engagements internationaux y relatifs.

458. Les États signataires de 9 Conventions internationales précitées ont l'obligation de présenter périodiquement des Rapports concernant leur mise en œuvre. Ils indiquent non seulement quelles sont les mesures qui ont été prises mais aussi les raisons pour lesquelles elles sont jugées le plus «appropriées» compte tenu des circonstances et voire signaler les difficultés rencontrées. La Commission africaine des droits de l'homme qui est l'organe de la Charte a emboité le pas dans le cadre système africain qui est attaché aux spécificités africaines inspirées des traditions africaines quitte à les identifier et les promouvoir.

459. Les instruments internationaux africains imposent des obligations aux agents publics de respecter les droits de l'homme. Ces obligations renforcent le patrimoine culturel africain et ne doivent pas être considérées comme des emprunts culturels néfastes et étrangers aux cultures africaines ou traditionnelles. Par Agent public de l' État, on entend : « Toute personne qui détient un mandat législatif, exécutif, administratif ou judiciaire d'un État Partie, qu'elle ait été nommée ou élue, à titre permanent ou temporaire, qu'elle soit rémunérée ou non rémunérée, et quel que soit son niveau hiérarchique. Toute autre personne qui exerce une fonction publique, y compris pour un organisme»[337].

460. L'agent public engage l'État dans ses actions, omissions ou activités professionnelles. Il est donc l'œil et le bras de l'État pour accomplir les obligations internes et les engagements internationaux de l'État. Son manquement constitue une violation des droits de l'homme à charge de l'État outre que l'Agent engage aussi sa responsabilité

---

[337] ONU : Convention des Nations unies contre la corruption, New York, 2004, p.7

pénale, disciplinaire ou morale. Les sources du Droit international et africain des droits de l'homme recommandent des attitudes et comportements emprunts d'humanité et du respect des droits des autres sous peine de violations des droits de l'homme souvent décriées. A propos, du fait du comportement d'un agent public ou d'un tiers et voire des décisions de l'État, la responsabilité de ce dernier peut être engagée qu'il faille des observations suivantes :

- Sur le plan législatif, judiciaire et administratif, les agents, les députés et sénateurs, les magistrats et fonctionnaires de l'État de l'État à tous les niveaux sont soumis au respect des instruments internationaux et principes directeurs universellement acceptés par les nations civilisées et des bonnes pratiques tant pour la création des institutions que pour la législation et le contrôle de la gouvernance.
- La liberté d'opinion et la liberté d'expression sont garanties par l'article 19 de la DUDH, par exemple. Tout fonctionnaire de l'État qui restreint la liberté d'expression ou tout court empêche une personne de s'exprimer ou de diffuser son opinion, d'une manière ou d'une autre et voire la sanctionne du fait de l'expression de son opinion constitue une violation de droits de l'homme et une atteinte aux droits de base de tout État de droit et un État démocratique.
- Le respect des droits de l'homme sous-entend le fait pour les agents et les fonctionnaires de l'État de ne pas prendre des mesures rétrogrades ou régressives qui constituent des restrictions, une destruction ou des atteintes aux droits acquis pour les personnes.
- Sur le plan administratif, tout acte devra être suffisamment motivé lorsqu'il touche aux droits des personnes.
- L'obligation pour l'État, à travers ses agents et fonctionnaires, de protéger de manière spéciale les personnes, les groupes de personnes vulnérables notamment les enfants, les personnes handicapées, les albinos, les femmes, les vieillards, les indigents, les minorités et les peuples autochtones contre les violations des droits de l'homme.
- L' État reçoit de toutes les personnes physiques et morales, le pouvoir politique souverain de coordination et de superposition ainsi que le monopole de la contrainte en vue de protéger les personnes et leurs biens, tant sur le plan interne que sur le plan externe cependant dans leurs missions respectives, les services

de sécurité notamment les Forces armées, la gendarmerie, les cours et tribunaux, les Services d'intelligence ... ont la mission de protéger les personnes et non pas utiliser la force de l'État pour écraser les paisibles citoyens.

- L'État et les agents publics sont justiciables devant les instances internes et/ ou internationales en cas de violations graves des droits de l'homme nonobstant la souveraineté et les immunités...
- Les États sont soumis aux principes fondamentaux notamment l'interdiction de l'esclavage, de la torture, du recours à la violence, des exécutions sommaires ou extrajudiciaires..., dans toutes les circonstances de paix ou de guerre.
- Les agents de l'État ont le droit de refuser tout ordre manifestement illégal et le chef hiérarchique voit sa responsabilité engagée pour les faits de ses subalternes lorsqu'il n'a pas pu empêcher le comportement et attitudes qu'ils connaissaient.

461. La protection des personnes sous-entend plusieurs actes tendant à éviter que les droits des personnes ne soient violées[338] ou que lorsque les droits d'une personne sont violés, l'État doit le constater, identifier l'auteur, obtenir réparation de la personne victime et prendre des mesures pour que pareil acte ne se reproduise dans ces circonstances. Pour ce faire, ce sont les services judiciaires et de la police ou de sécurité qui doivent être formés et efficaces[339]. En cas de violations massives ou récurrentes des droits par des personnes sans fonctions de l'État, on peut crier à la défaillance et à la responsabilité de l'État[340] appelé à protéger les citoyens contre les tiers.

---

[338] Certaines lois nationales ont dépénalisé le délit de presse. La liberté d'expression est limitée par le respect de l'ordre public, les droits et libertés d'autrui et le respect de la loi. NZANGI BATUTU explique la législation nationale dans ce domaine précis.

[339] Blaise PASCAL disait : « La justice sans la force est impuissante ; la force sans la justice est tyrannique. La justice sans la force est contredite parce qu'il y a toujours des méchants ; la force sans la justice est accusée. Il faut donc mettre la force et la justice ensemble et pour cela, faire que ce qui est juste soit fort ou ce qui est fort soit juste ».

[340] Lorsque l'État est incapable de protéger sa population ou ne le veut pas, la communauté internationale peut recourir à « la responsabilité de protéger ». Éric Marclay a écrit : « La Responsabilité de Protéger est un nouveau paradigme ou une boîte à outils ? ». Il démontre le dilemme moral et les contraintes juridiques qui opposent la non-ingérence au Droit, au devoir ou à la responsabilité d'intervenir dans les affaires intérieures d'un pays défaillant à ses responsabilités vis-à-vis de sa population.

462. L'obligation de donner effet ou mettre en œuvre les droits de l'homme, tel que signalé ci-dessus, consiste à prendre des mesures législatives, administratives, politiques et judiciaires pour la réalisation effective des droits de l'homme ou en faciliter l'exercice. De manière concrète, le Parlement vote les lois justes (conformes aux normes internationales et à l'amélioration des conditions de vie ou le bien être de toute la population), ratifier les conventions internationales notamment les conventions relatives aux droits de l'homme et contrôler, au nom du peuple toutes les institutions publiques pour leur bon fonctionnement en faveur de l'État compris comme la sécurité des personnes et leurs biens ainsi que la fourniture des services à la population pour la satisfaction des besoins divers.

463. Pour le Gouvernement, il s'occupe de la gestion de l'État au quotidien pour servir la population. Quant au Pouvoir judiciaire, les cours et tribunaux ont la mission de rendre la justice. Le juge est le garant des droits de l'homme. Toutes les contestations ou litiges sont susceptibles d'être portés devant les justiciers, cependant le danger d'un pouvoir judiciaire non indépendant est que les Cours et tribunaux apparaissent aux yeux des justiciables et de toute la population comme garant non des droits de l'homme mais plutôt garant inconditionnel de la pérennité du pouvoir ou des dirigeants.

464. La réalisation des droits de l'homme nécessite la collaboration des institutions de l'État y compris les Organisations de la société civile en vue de renforcer l'État de droit et de respecter les droits humains. Sur le plan international, les institutions sont tenues solidairement pour répondre des violations des droits de l'homme et pour en améliorer la situation. La position de la Cour européenne en rapport avec la liberté des manifestations publiques est édifiante. En effet, pour la Cour européenne, « Le non-encadrement par des règles et l'abandon à l'arbitraire de l'action des agents de l'État sont incompatibles avec un respect effectif des droits de l'homme. Cela signifie que les opérations de police, en plus d'être autorisées par le droit national, doivent être suffisamment bornées par ce droit, dans le cadre d'un système avec des garanties adéquates et effectives contre l'arbitraire et l'abus de la force, et même contre les accidents inévitables»[341]. Les allégations des violations des droits humains par les éléments de police pendant leurs opérations obligent les États à mener des enquêtes pour ne pas légitimer ses actes et abus. Le but

[341] Jean François AKANDJI, op cit. , p.25

de pareille enquête, ainsi que le souligne de manière récurrente la jurisprudence, est d'assurer la mise en œuvre effective des dispositions protectrices du droit interne[342].

465. La confiance des africains à leurs États dépendra de la diligence que l'Administration publique et les services publics apporteront aux cas des violations des droits humains. Comment sont menées les enquêtes en cas d'allégation des violations des droits de l'homme ? En cas de mort violente ou suspecte, mort en détention, crimes crapuleux, les violations massives des droits de l'homme, les autorités sont tenues d'agir d'office dès que les faits sont portés à leur attention, sans attendre une plainte formelle des proches. Comme la Cour constitutionnelle polonaise l'a souligné, à juste titre. La nécessité de maintenir la confiance légitime des citoyens en l'État et en ses lois, inhérente à l'État de droit, exige que les autorités éliminent de l'ordre juridique les dispositions entraînant des dysfonctionnements et corrigent les pratiques contraires à la législation en vigueur comprenant évidemment tous les instruments internationaux ratifiés par les États.

466. Fort de ces trois obligations à la charge de l'État, celui-ci est considéré comme débiteur des droits de l'homme tandis que les citoyens sont les titulaires, les bénéficiaires ou créanciers des droits de l'homme. En plus des personnes, il faut considérer d'autres bénéficiaires des droits de l'homme tels que les peuples, les groupes spécifiques et donc toute la communauté. Les peuples ont des droits à revendiquer notamment le droit à l'autodétermination et les individus ont des droits inaliénables et inhérents non seulement à leur qualité d'africain mais en qualité d'êtres humains protégés par des instruments nationaux et africains imbriqués dans un système international du fait de la ratification des traités relatifs aux droits de l'homme.

467. Avec l' internationalisation des droits de l'homme qui sont de surcroit universels , de nos jours, ils ne relèvent plus du pouvoir discrétionnaire des États ou de leur compétence réservée comme par le passé car en ratifiant les conventions internationales et en étant membres des OI, les États abandonnent une partie de leur souveraineté d'une part et d'autre part, les Conventions

---

342 Cour européenne : Affaires Mastromatteo c. Italie, 24 octobre 2000, § 89; Nachova et autres c. Bulgarie, 26 février 2004 (« lorsque le comportement d'agents ou autorités de l'État pourrait être mis en cause, (l'État devra) veiller à ce que ceux-ci répondent des faits survenus sous leur responsabilité »).

internationales dûment ratifiées ont une autorité supérieure à celle des lois, dans les systèmes monistes. La ratification des traités relatifs aux droits de l'homme oblige les États parties à présenter leur rapport concernant les actions prises en faveur de l'application des dites conventions et les défis à relever. Les dits rapports sont destinés aux Organes[343] de traité institués au sein de l'ONU et en Afrique notamment le Comité d'experts sur les droits et le bien -être de l'enfant et la Commission africaine qui surveille l'application de la Charte africaine des droits de l'homme et des peuples.

468. Les Agents publics de l'État, les Magistrats, les Avocats, les Défenseurs des droits humains et les intellectuels africains devront s'imprégner de ces mécanismes de protection des DH. Outre les Organes des traités, il y a le Conseil des Droits de l'Homme avec l'Examen périodique universel (EPU) qui a l'avantage de passer en revue toute la situation des droits de l'homme dans un pays. L'EPU est instauré par le Conseil des Droits de l'homme de l'ONU en vue d'engager un dialogue constructif entre les États représentés par les Experts désignés (La troïka) et la délégation de l'État examiné. C'est presque le même exercice qui s'effectue devant les Organes de traités à l'ONU. La Commission africaine procède également à cet exercice avec les États africains pour surveiller l'application des instruments africains.

469. Il est intéressant de constater que tous les mécanismes relatifs aux droits de l'homme qu'ils soient de l'ONU ou de l'Union africaine, ils donnent une grande importance aux Instruments juridiques ratifiés par les États et recommandent la ratification d'autres compte tenu l'indivisibilité des droits de l'homme.

[343] Les 9 principales Conventions internationales relatives aux droits de l'homme de l'ONU ont des organes de surveillance ou de contrôle de l'application des dites conventions.

Instruments internationaux des droits de l'homme	*Date adoption*	*Nombre de Ratification Par les États sur 54*	*Organe de supervision/ Comité*
Convention internationale sur l'élimination de toutes les formes de discrimination raciale	21 Déc. 1965		CERD
Pacte international relatif aux droits civils et politiques	16 déc. 1966		CCPR Comité
Pacte international relatif aux droits économiques, sociaux et culturels	16 déc. 1966		CESCR Comité DESC
Convention sur l'élimination de toutes les formes de discrimination à l'égard des femmes	18 déc. 1979		CEDAW CEDEF
Convention contre la torture et autres peines ou traitements cruels, inhumains ou dégradants	10 déc. 1984		CAT
Convention relative aux droits de l'enfant	20 nov. 1989		CRC CDE
Convention internationale sur la protection des droits de tous les travailleurs migrants et des membres de leur famille	18 déc. 1990		CMW
Convention internationale pour la protection de toutes les personnes contre les disparitions forcées	20 déc. 2006		CED
Convention relative aux droits des personnes handicapées	13 déc. 2006		CRPD
Protocole facultatif se rapportant au Pacte international relatif aux droits économiques, sociaux et culturels	10 déc. 2008		CESCR
Protocole facultatif se rapportant au Pacte international relatif aux droits civils et politiques	16 déc. 1966		CCPR
Deuxième protocole facultatif se rapportant au Pacte international relatif aux droits civils et politiques, visant à abolir la peine de mort	15 déc. 1989		CCPR

Protocole facultatif à la Convention sur l'élimination de toutes les formes de discrimination à l'égard des femmes	6 oct. 1999		CEDAW
Protocole facultatif à la Convention relative aux droits de l'enfant, concernant l'implication d'enfants dans les conflits armés	25 mai 2000		CRC
Protocole facultatif à la Convention relative aux droits de l'enfant, concernant la vente d'enfants, la prostitution des enfants et la pornographie mettant en scène des enfants	25 mai 2000		CRC
Protocole facultatif à la Convention relative aux droits de l'enfant établissant une procédure de présentation de communications	14 avr. 2014		CRC
Protocole facultatif à la Convention contre la torture et autres peines ou traitements cruels, inhumains ou dégradants	18 déc. 2002		SPT
Protocole facultatif à la Convention relative aux droits des personnes handicapées	13 déc. 2006		CRPD

Commentaire : Dans ce tableau, les Principaux instruments de l'ONU relatifs aux droits de l'homme sont présentés avec leurs Organes de traités. Quelles sont les recommandations, Combien de ratifications par Traités ? Quelles observations et les constatations de chaque Organe pour chaque État ? A approfondir. Ces recommandations inspirent et s'intègrent dans le système africain de protection des DH. La ratification est trouvable dans le Site du HCDH. (www.ohchr.org)

470. Les États africains non seulement boudent parfois les instruments ratifiés de l'ONU mais rejettent aussi quelques Instruments et mécanismes africains. On peut évoquer la réticence de la majorité d'États africains à ratifier la Charte africaine de la démocratie, de l'élection et de la Gouvernance et le Protocole relatif à la Charte africaine des droits de l'Homme et des peuples portant création d'une Cour africaine des droits de l'Homme et des peuples.

Tableau : État de ratification des instruments africains

Conventions internationales	Année adoption	Année Entrée en vigueur	Nombre Ratifications
Charte Africaine de la Démocratie, des Elections et de la Gouvernance[344]	25.10.2011	15.02.2012	10
Protocole à la Charte africaine des droits de l'Homme et des peuples relatif aux droits des femmes en Afrique	07.11.2003	25.11.2005	36
Acte constitutif de l'Union africaine	11.07.2000	26.05.2001	53
Protocole relatif à la Charte africaine des droits de l'Homme et des peuples portant création d'une Cour africaine[345] des droits de l'Homme et des peuples	10.06.1998	25.01.2004	24
Charte Africaine des droits et du bien-être de l'enfant	01.07.1990	29.11.1999	41
Charte africaine des droits de l'homme et des peuples	27.06.1981	21.10.1986	53
Convention de l'UA régissant les aspects propres aux problèmes des réfugiés en Afrique	10.09.1969	20.06.1974	45

[344] Cet instrument très important dans le contexte africain n'est pas signé par 16 États notamment Algerie, Angola, Botswana, Cameroun, Cap-Vert, Egypte , Erythrée, Lybie , Madagascar, Malawi, Seychelles , Somalie, Soudan Sud , Tanzanie , Tunisie et Zimbawée. Il est aussi bouleversant de constater que 28 États ont signé la Charte mis ne l'ont pas encore ratifié. Il s'agit de Burundi, Bénin, Comores, Congo, Cote d'ivoire, Djibouti, Gabon, Gambie, Guinée Bissau, Guinée équatorial , Iles Maurice, Kenya, Libéria, Mali, Mozmiue, Namibie, Niger, Nigeria, Ouganda, RDC, République Arabe Saraouie, Soudan Swazilnd, Swaziland, Sao Tomé, iles Principes, Sénégal, Tchad et Togo. Faudra aussi signaler que le Ruanda a signé la Charte le 29/06/2007 et ratifié le 09/07/2010 mis n'a jamais déposé les instruments.

[345] La Cour africaine des droits de l'homme et des peuples a de la peine à prospérer. 24 États africains soit moins de la moitié ont signé, ratifié et déposé le Protocole créant la Cour africaine des droits de l'homme et des peuples pour le rendre opérationnelle. Il s' agit de : Afrique du Sud, Algérie, Burkina Faso , Burundi, Comores, Cote d'Ivoire, Gabon , Zambie, Ghana, Togo , Tunisie, Iles Maurice, Kenya, Lesotho , Lybie, Mali, Mauritanie, Mozambique, Niger , Nigeria , Ouganda, Ruanda , Sénégal et Tanzanie. La RDC ne manque que le dépôt des instruments de ratification.

Commentaire : Ce tableau présente les principales conventions, leurs dates de ratification et le nombre d'États les ayant ratifiés.

B. DES INSTRUMENTS NON CONTAIGNANTS (SOFT LAW) DANS LE SYSTEME AFRICAIN DES DROITS DE L'HOMME

471. Les instruments relatifs aux droits de l'homme sont soit des instruments contraignants soit des instruments mous (soft law) c'est-à-dire des actes juridiques qui ne sont pas soumis à la procédure de ratification par les États. Les instruments mous peuvent devenir à la longue des instruments contraignants. Dans le système africain de promotion et de protection des droits de l'homme, il y a plusieurs instruments non contraignants notamment les Résolutions, les Déclarations, les Décisions, les Directives, les Principes, les Lois type… Tous ces instruments prônent des valeurs fondamentales de la vie dans la société, de la dignité des personnes et de la liberté de tous dans la société. La société dont il s'agit, c'est l'État et l'Afrique.

472. La protection internationale des droits de l'homme est postérieure à l'histoire des sociétés africaines de même que la DUDH adoptée en 1948 a été élaborée par les États européens et américains prenant compte des aspirations de tout être humain et partout dans le monde. La Charte Mandé du XIII siècle défendait déjà l'humanité et les valeurs renforcées par les États, de nos jours. D'une manière ou d'une autre, la Commission africaine des droits de l'homme et des peuples a formulé des principes et des directives à observer par les États pour appuyer. Ci-dessous, quelques résolutions clés de la Commission africaine. Nous répondrons aux questions relatives à la portée juridique de ces instruments et leur contenu (1) d'une part et d'autre part, nous présentons une liste de quelques instruments (2). A propos des instruments mous, nous présentons quelques violations des droits de l'homme récurrentes pendant la décennie de 2010 à nos jours et des instruments dits « mous » qui doivent être considérés par les agents et fonctionnaires de l'État, au nom des normes impératives même si les États n'ont pas ratifié des Conventions internationales précises.

1. LA PORTEE JURIDIQUE DES INSTRUMENTS MOUS ET LEUR CONTENU

473. La question de la portée juridique taraude les esprits des politiciens et des professionnels de Droit. Pour les DDH, les États ont des engagements découlant des instruments juridiques qu'ils soient soumis à la ratification ou pas. Comme signalé ci-dessus les instruments considérés mous peuvent devenir des Conventions internationales à ratifier par les États. Dans les relations entre les États, le principe « Pacta sunt servanda » est de grande importance. En effet, c'est par un consentement libre qu'un État s'engage dans les relations interétatiques et c'est toujours de bonne foi qu'il accepte des engagements qu'il faille les honorer sans contraintes.

474. Les instruments non contraignants exercent une certaine contrainte sur les États car ils ont à un niveau quelconque exprimé leur volonté et leur consentement. Les hommes d'État, les diplomates et les fonctionnaires ont des lourdes missions tant dans les États que dans la Communauté des États. Ces instruments abordent plusieurs questions intéressantes de droits de l'homme et de plusieurs manières. Ratification des conventions de l'UA et de l'ONU, la situation des DDH, la situation des zones de conflits et crise humanitaire, la situation de cadre légal, la situation de la fonction publique et obligations des agents de l'État en matière des droits de l'homme…

a. LA RATIFICATION DES INSTRUMENTS

475. Les résolutions et observations de la Commission africaine des DHP demandent aux États de prioriser et d' accélérer le processus de signature et de ratification ou d'adhésion aux Traités de l'OUA/UA qui ne sont manifestement pas en contradiction avec les législations nationales déjà en place et invite particulièrement les États membres, qui ne sont pas encore parties aux traités représentant les valeurs africaines communes, lesquelles constituent les fondements de l'action collective et les solutions aux défis politiques, économiques et sociaux qui entravent l'intégration de l'Afrique ainsi qu'à la mise en œuvre de l'Agenda 2063 de l'Union africaine, à leur accorder une priorité impérieuse[346]

---

[346] Décision sur le Rapport d'étape du Comité ministériel sur les défis liés à la rtification /l'adhésion et la mise en œuvre des traités de l'UA. Doc. EX.CL/950(XXVIII

476. Les États africains ont décidé de créer des Comités ministériels nationaux et une Commission au sein de la Commission africaine des DHP pour relever les défis liés à la ratification ou à l'adhésion des Instruments africains et internationaux pour permettre une meilleure coordination avec les ministres compétents en ce qui concerne la question de la ratification ou de l'adhésion et de la mise en œuvre des Traités de l'OUA/UA au niveau national.

477. Les instruments mous complétés par les autres sources du Droit international transmettent des valeurs et règles de conduite pour une appropriation des droits de l'homme par les agents de l'État qui sont les débiteurs des droits de l'homme. Au demeurant, les Fonctions Publiques et les Mandats publics devraient, pour légitimité, efficacité et objectivité, réunir quelques conditions et critères[347] notamment de la transparence, du respect des droits de l'homme et des principes de la démocratie et en toute circonstance placer les usagers de service au centre de leurs préoccupations.

478. Les instruments mous ont défini des principes généraux de l'administration publique qui plus tard ont été coulés dans des textes juridiques. Il s'agit notamment du Principe d'égalité des citoyens devant la loi (devant les services publics) , l'interdiction de toute discrimination fondée sur l'origine, la race, le sexe, la religion, l'ethnie, les convictions politiques ou philosophiques, ou d'autres considérations liées à la personne ; la proportionnalité de toutes mesures d'administration pour ne pas nuire aux droits acquis et intérêts des citoyens et viser que l'intérêt général , le Principe de neutralité (neutre á l'égard de régime en place et les Administratifs ne sont membres de partis politiques) ; le Principe de légalité (Tout agent est soumis au strict respect de la loi dans l'exercice de sa fonction) ; le Principe de continuité signifie la permanence du service public (pas d'interruption du service du fait que le Chef est malade ou il est en voyage. Le citoyen préjudicié par l'interruption abusive du service peut être indemnisé)[348].

---

[347] Toute bonne adminsutration doit se préoccuper de proximité et accessibilité des services; participation, consultation et médiation des usagers ; la qualité et l' efficience des services rendus ; évaluation des services et des mesures prises par l'Administration ; la transparence et l' information à livrer aux usagers sont quasi-inexistants dans un système autocratique et pas de célérité et délais de réponse alors que ce sont des critères de base ; fiabilité et confidentialité des informations.

[348] Article 4 et suivants

b. LES OBLIGATIONS DES AGENTS PUBLICS

479. La jouissance et l'exercice des droits de l'homme dépendent en grande partie des attitudes et comportements des agents de l'Administration. Par conséquent, les décisions administratives doivent être prises selon des procédures transparentes, simples et compréhensibles, assorties d'une obligation fondamentale de rendre compte. Ainsi, toute administration doit rendre disponibles les informations nécessaires concernant les actes et procédures relevant de sa compétence et les informations permettant d'apprécier sa gestion, afin de permettre aux intéressés d'en prendre connaissance de manière complète et suffisante. L'administration doit informer l'intéressé de toute décision prise à son égard, en indiquant les motifs de cette décision et en précisant, en tant que de besoin, les voies de recours dont il dispose en cas de contestation. L'administration est tenue de créer ou de renforcer les services d'accueil et d'information des usagers, afin d'assister ceux-ci dans l'accès aux prestations et de recueillir leurs avis, suggestions ou réclamations. Des lois ou règlements doivent préciser exiger de la célérité dans le traitement des demandes d'information et des délais précis pour la réponse a donné aux usagers des services et voire les conditions et modalités d'exécution des prestations. Les instruments de droits de l'homme contraignants ou non, ils peuvent guider les agents publics dans leurs prestations pouvant impacter positivement ou négativement la réalisation des droits de l'homme.

c. LA SITUATION DES DEFENSEURS DES DROITS DE L'HOMME

480. Pendant la décennie de 2010 à nos jours[349], l' Afrique a excellé dans la répression des DDH soit restreindre la liberté d'association avec des lois et projets de loi liberticides comme en Ethiopie , Ouganda, Soudan, RDC, Gambie, Zimbabwe, Ethiopie, Soudan, Ruanda, Côte d'Ivoire, Burkina Faso, Congo… Ils ont été harcelés et arrêtés, et les médias ont été fermés pour avoir exercé la liberté d'expression en dénonçant les violations des droits de l'homme et enquêtant sur les présumés auteurs ; la dénonciation des actes de corruption et

[349] Analyse régionale Afrique Subsaharienne, Observatoire pour la protection des défenseurs des droits de l'homme rapport annuel 2011.

mauvaise gouvernance dans le secteur minier et forestier n'est pas excusable ; les DDH engagés contre les flous au sujet des élections, révisions constitutionnelles pour rallonge des mandats ont payé de leur vie ou de leur liberté dans presque tous les États africains à l'exception des États rares comme le Botswana et l' Afrique du Sud.

481. La situation des DDH est peu reluisante dans la mesure où les médias, les syndicalistes, les associations sont fréquemment soumises aux restrictions de libertés d'expression et d'association. Les entraves à la liberté d'association en 2010-2011 ont été enregistrées dans un grand nombre d'États. Ces restrictions ont notamment pris la forme de textes de loi réglementant l'enregistrement des organisations de la société civile susceptibles, dans leur mise en œuvre, d'affecter aussi bien l'autonomie que l'indépendance des organisations (Ethiopie, Ouganda). De plus, les règles relatives aux procédures d'enregistrement des ONG ont parfois été utilisées à des fins de harcèlement judiciaire (Gambie, Zimbabwe) ou encore pour refuser ou retirer l'agrément d'organisations ou de syndicats jugés gênants (Ethiopie, Soudan). Enfin, le gel des avoirs a été utilisé pour réduire à néant la capacité d'action de certaines organisations (Ethiopie, Soudan, Egypte, Tunisie…). Les DDH sont souvent harcelés.

482. Les défenseurs luttant pour le droit à la vérité et contre l'impunité et les violations des droits de l'Homme sont souvent ciblés. En 2010-2011, la répression s'est accentuée à l'encontre des défenseurs contribuant activement à la lutte contre l'impunité et à la défense des victimes, particulièrement devant la CPI, au Kenya, en RDC et au Soudan, où de hauts responsables civils et/ou militaires sont accusés de "crimes de guerre", "crime contre l'humanité" et/ou "génocide" ont été tués ou harcelés et arrêtés notamment CHEBEYA de la Voix des Sans Voix pour les Droits de l'Homme, Fidèle BAZANA, Norbert Zongo, trois défenseurs des droits de l'Homme du Darfour/Soudan Les journalistes ayant dénoncé les graves violations des droits de l'Homme et la corruption ont été réprimés et les chaines de radio ou télévision fermées. La Commission africaine a produit des Lois types pour clarifier certains droits garantis par la Charte de Banjul.

483. Les membres des forces de sécurité ont été très hostiles contre les DDH dans plusieurs États africains notamment en Côte d'Ivoire, Ouganda, Somalie, RDC, Soudan, Ruanda. La répression par des tirs de balles réelles ont tué plusieurs manifestants pacifiques (Burkina

Faso, Egypte, Burundi, Togo…), les poursuivant jusque dans les Eglises comme en RDC.

484. Les DDH qui dénoncent les violations graves des droits de l'homme sont vite présentés comme des politiciens ou des agents au service de l'ennemi qui est peut-être la CPI, le TPIR, les Nations Unies… Les journalistes, les syndicalistes font souvent l'objet de représailles, menaces de mort et/arrestation arbitraires (Gambie, Rwanda, Burundi, Cameroun, Côte d'Ivoire, Gabon, Guinée Bissau, Ouganda, République centrafricaine, Rwanda, Sénégal, Soudan, RDC, Congo, Togo, Zimbabwe). Peut-on considérer que l'absence d'une Convention internationale vaut une légitimation de l'exclusion, des menaces contre les Défenseurs des droits de l'homme et les campagnes médiatiques de stigmatisation? La Commission africaine a recommandé à travers ces Résolutions et autres instruments dont une Loi Type l'élaboration de loi de reconnaissance juridique et de protection des DDH. La majorité des cas d'assassinat des DDH sont demeurés impunis ou les véritables auteurs ont été épargnés et les innocents frappés.

485. En représailles, leur parution a été suspendue pour des durées variables (Gabon, Rwanda, Togo) allant jusqu'à une suspension indéterminée (Cameroun) ou définitive (Togo), et leur site Internet bloqué (Rwanda). Les activistes luttant contre la corruption ont également fait l'objet d'arrestation (Burundi, Gabon). En outre, les assassinats de deux défenseurs ayant dénoncé la corruption en 2009 sont restés impunis au Kenya et au Burundi. Entraves et répression des manifestations et réunion pacifiques visant à dénoncer les mauvaises conditions de vie et de travail et le pillage des ressources naturelles A la multiplication des protestations sociales dénonçant la hausse des prix ainsi que les difficultés économiques croissantes des populations, les autorités ont répondu par des restrictions de plus en plus importantes à la liberté de manifestation et de réunion pacifiques. Des manifestations ont ainsi été interdites et/ou violemment réprimées par les forces de l'ordre. Il en a été ainsi des protestations sociales pacifiques visant à dénoncer les mauvaises conditions de travail des docteurs et les difficultés d'accès aux soins (Soudan), les mesures d'austérité et la hausse des prix (Ouganda, Soudan, Togo), celles demandant des améliorations dans le secteur de l'éducation (Zimbabwe) ou encore de la distribution d'électricité (Sénégal, Zimbabwe) ainsi que les revendications des élections comme en RDC.

d. LA SITUTATION DE CADRE LEGAL

486. Certains États s'attaquent au cadre légal pour restreindre les libertés publiques. Les lois antiterroristes paraissent comme une opportunité qui permet de tolérer les restrictions faites aux activités des ASBL et des DDH. Fort heureusement, les Lois types et les Lignes directrices ou Directives pour l'élaboration des lois permettent de lever les équivoques. Ces instruments mous devraient inspirer les législateurs pour ainsi tenir compte des diversités culturelles et les exigences des standards internationaux sinon l'exercice de contrôle de conventionnalité à l'instar du contrôle de constitutionnalité peut établir le caractère liberticide de certaines lois qui seront considérées injustes lorsqu'elles ne respectent les droits garantis par les instruments internationaux.

e. LA SITUTATION DANS LES ZONES DE CONFLIT ET CRISES HUMANITAITRES

487. L'Afrique ressemble à un champ de bataille du Nord au Sud et de l'Est à l'Ouest. Les conflits armés sont quasi-permanents et en conséquence la crise humanitaire décime des milliers de personnes. Les conflits armés et les conflits intercommunautaires sont quasi-permanents à tel point que les personnes déplacées internes se comptent par des milliers. L'assistance humanitaire des États et de la communauté internationale est une priorité dans plusieurs pays ! Les femmes, les enfants, les jeunes et les déplacés internes sont les plus grandes victimes dans les zones de conflits et voire des catastrophes naturelles. Il est du pouvoir régalien de chaque État de maintenir son autorité sur tout le pays quitte à recourir en cas de besoin à la région, à la sous- région ou à la communauté internationale sinon un devoir d'ingérence humanitaire est érigé en droit sur le plan international.

f. LA COOPERATION AVEC LES MECANISMES REGIONAUX ET INTERNATIONAUX

488. Les États du monde ont ratifié plusieurs Conventions internationales relatives aux droits de l'homme. Presque tous les États africains ont ratifié le PIDCP à l'exception du Soudan. Ils ratifié en plus les autres instruments principaux relatifs aux droits de l'homme notamment le

PIDCP, le PIDESC, la CDE, la CEDEF, la Convention contre la torture, la Convention sur les travailleurs migrants et leurs membres de famille, le Comité contre la discrimination raciale, le comité contre les disparitions forcées soit 9 Comités. Un autre sous-comité pour la prévention de la torture est à signaler parmi les mécanismes conventionnels alors que les mécanismes non conventionnels notamment l'Examen périodique universel et les rapporteurs spéciaux coopèrent avec les autres États pour l'évaluation et la réalisation des droits de l'homme. La Cour pénale internationale contribue également à réprimer et dissuader les violations massives des droits de l'homme.

489. Sur le plan régional, il y a tout un système régional africain de promotion et de protection des droits de l'homme. Le système africain comprend notamment la Commission africaine des droits de l'homme et des peuples, la Cour africaine des droits de l'homme et des peuples fusionnée avec la Cour africaine de justice dont le siège se trouve en Tanzanie à Arusha. Les États africains sont appelés à collaborer aussi avec le comité d'experts africains sur les droits et le bien-être de l'enfant ainsi que les juridictions de différents tribunaux des Communautés économiques régionales (CER : CEDEAO, SADC, CEAC…). La bonne collaboration avec tous ses mécanismes est un indicateur de la volonté et la bonne foi de réaliser les droits de l'homme et appliquer les différents instruments ratifiés. Parfois, les rapports des dirigeants et ses mécanismes sont en dents de scie et souvent les africains sont privés du droit d'y recourir par défaut de la déclaration de la reconnaissance de cette compétence. Cette matière du système africain des droits de l'homme reste une préoccupation qui nécessite plaidoyers et actions concrètes.

2. LA LISTE DE QUELQUES INSTRUMENTS MOUS

Tableau des instruments mous (soft law) de la Commission Africaine des droits de l'homme et des peuples :

Résolution sur la protection des défenseurs des droits de l'homme en Afrique (2004)
Résolution sur le mandat du rapporteur spécial sur les réfugiés, les demandeurs d'asile et les personnes déplacées en Afrique (2004)
Résolution sur le mandat et la désignation d'un rapporteur spécial sur la liberté d'expression en Afrique (2004)
Processus électoral et gouvernance participative (1996)

Résolution sur le statut des institutions nationales des droits de l'homme auprès de la Commission africaine des droits de l'homme et des peuples (1998)
Déclaration de Pretoria sur les droits économiques, sociaux et culturels en Afrique (2004)
Résolution sur le statut de la femme en Afrique et sur l'entrée en vigueur du Protocole a la Charte africaine des droits de l'homme et des peuples relatifs aux droits de la femme en Afrique (2005)
Résolutions sur les lignes directrices et mesures d'interdiction et de prévention de la torture et des peines ou traitements cruels, inhumains ou dégradants en Afrique (« les lignes directrices de Robben Island sur la torture ») (2002)
Directives et principes sur le droit à un procès équitable et à l'assistance judiciaire en Afrique (2003)
Résolution sur l'adoption de la déclaration de principes sur la liberté d'expression en Afrique (2002)
Résolution sur la pandémie du VIH/SIDA, menace contre les droits de l'homme et l'humanité (2001)
Résolution appelant les États à envisager un moratoire sur la peine capitale (1999)
Résolution sur le droit à un procès équitable et à l'assistance judiciaire en Afrique (« Déclaration de Dakar ») (1999)
Résolution sur la révision des critères d'octroi et de jouissance du statut d'observateur aux organisations non-gouvernementales s'occupant des droits de l'homme auprès de la Commission africaine des droits de l'homme et des peuples (1999)
Résolution pour mettre un terme à l'impunité en Afrique et sur l'incorporation et la mise en œuvre du Statut de Rome de la Cour pénale internationale (2005)
Résolution sur la protection des droits de l'homme et de l'état de droit dans la lutte contre le terrorisme (2005)
Résolution sur la situation des droits de l'homme dans la région du Darfour au Soudan (2005)
Résolution sur l'importance de la mise en œuvre des recommandations de la commission africaine des droits de l'homme et des peuples par les États parties (2006)
Résolution sur le droit à un recours et à réparation pour les femmes et les filles victimes de violence sexuelle (2007)
Résolution sur l'élargissement du domaine de compétence et la reconduction du Rapporteur spécial sur la liberté d'expression et l'accès à l'information en Afrique (2007)
Résolution sur les élections dans les pays africains (2008)
Résolution sur la situation des droits de l'homme en république de la Gambie (2008)
Résolution sur la mortalité maternelle en Afrique (2008)
Résolution exhortant les états parties à observer le moratoire sur la peine de mort (2008)
Résolution sur l'accès à la santé et aux médicaments essentiels en Afrique (2008)
Résolution sur la création d'un groupe de travail sur les industries extractives, l'environnement et les violations des droits de l'homme en Afrique (2009)
Résolution sur la création d'un comité consultatif sur les questions budgétaires et du personnel (2009)

Résolution sur la transformation du point focal sur les droits des personnes âgées en Afrique (2009)
Résolution sur la coopération entre la Commission africaine des droits de l'homme et des peuples et le comité africain d'experts sur les droits et le bien-être de l'enfant (2009)
Résolution sur la détérioration de la situation des droits de l'homme en République de Gambie (2009)
Résolution sur la création d'un comité sur la protection des droits des personnes vivant avec le VIH (PVVIH) et les personnes à risque (2010)
Résolution sur l'abrogation des lois pénalisant la diffamation en Afrique (2010)
Résolution sur la sécurité des journalistes et des professionnels des médias en Afrique (2011)
Résolution sur la situation des défenseurs des droits de l'homme en Afrique (2011) Résolution sur l'extension du mandat du groupe de travail sur la peine de mort en Afrique (2012)
Résolution sur le droit à un logement décent et à la protection contre les expulsions forcées (2012)
Résolution sur le droit à la nationalité (2013)
Résolution sur la fuite illicite des capitaux en provenance d'Afrique (2013)
b Observation générale no 4 (1991) concernant le droit un logement suffisant (art. 11, par. 1, du Pacte), par. 6; observation générale no 7 (1997) concernant le droit un logement suffisant (art. 11, par. 1, du Pacte): expulsions forcées, par. 10. c Observation générale no 12 (1999) concernant le droit une nourriture suffisante (art. 11 du Pacte), par. 26. d'Observation générale no 11 (1999) concernant les plans d'action pour l'enseignement primaire (art. 14 du Pacte), par. 3; observation générale no 13 (1999) concernant le droit l'éducation (art. 13 du Pacte), par. 6, al. b, et 31 et 32. e Observation générale no 14 (2000) concernant le droit au meilleur état de santé susceptible d'être atteint (art. 12 du Pacte), par. 18 22. f Observation générale no 15 (2002) concernant le droit à l'eau (art. 11 et 12 du Pacte), par. 13 et 14.
Questions indicatives posées aux états parties au titre de l'article 5 de la charte africaine (29.04.2019)
Lignes directrices et principes de l'établissement des rapports d'état en vertu des articles 21 et 24 de la charte africaine relatifs aux industries extractives, droits de l'homme et à l'environnement (30.10.2018)
Principes sur la dépénalisation des petits délits en Afrique (25.10.2018)
Les Lignes directrices sur la lutte contre les violences sexuelles et leurs conséquences en Afrique (05.11.2017)
21.09.2017
Observation générale n° 4 sur la Charte africaine des droits de l'homme et des peuples, concernant le droit à réparation des victimes de torture et autres peines ou traitements cruels, inhumains ou dégradants (Article 5) (11.05.2017)
Déclaration de Banjul à la 59ème session ordinaire de la Commission africaine des droits de l'homme et des peuples sous le thème : « Les droits de la femme : notre responsabilité collective (04.03.2017)
Le maintien de l'ordre lors des réunions en Afrique (04.03.2017)
Principes et directives sur les droits de l'homme et des peuples dans la lutte contre le terrorisme en Afrique (03.08.2016)

Soft Law

Instrument légal	Adopté
Observation générale n° 4 sur la Charte africaine des droits de l'homme et des peuples, concernant le droit à réparation des victimes de torture et autres peines ou traitements cruels, inhumains ou dégradants (Article 5)	11.05.2017
Déclaration de Banjul à la 59e session ordinaire de la commission africaine des droits de l'homme et des peuples sous le thème « les droits de la femme : notre responsabilité collective »	04.03.2017
le maintien de l'ordre lors des réunions en Afrique	04.03.2017
principes et directives sur les droits de l'homme et des peuples dans la lutte contre le terrorisme en Afrique	03.08.2016
Observation générale n° 3 sur la charte africaine des droits de l'homme et des peuples: le droit à la vie (article 4)	12.12.2015
Lignes directrices sur les conditions d'arrestation, de garde à vue et de détention provisoire en Afrique	09.03.2015
Observations Générales N ° 2 sur l'Article 14.1 (a), (b), (c) et (f) et Article 14. 2 (a) et (c)) du Protocole à la Charte Africaine des Droits de l'Homme et des Peuples relatif aux Droits de la Femme en Afrique	28.11.2014
Observations Générales sur l'article 14 (1) (d) et (e) du Protocole à la Charte africaine des droits de l'homme et des peuples relatif aux droits de la Femme en Afrique	06.11.2012
Directives de l'Union africaine pour les missions d'observation et de suivi des élections	24.10.2011
Directives et Principes sur les Droits Economiques, Sociaux et Culturels dans la Charte Africaine des Droits de l'Homme et des Peuples	24.10.2011
Lignes directrices relatives aux rapports des États Parties sur les droits économiques, sociaux et culturels dans la Charte Africaine des Droits de l'Homme et des Peuples (Lignes directrices de Tunis)	24.10.2011
Loi Modèle pour les États Membres de l'Union Africaine sur l'Accès à l'Information	24.10.2011
Déclaration de Pretoria sur les droits économiques, sociaux et culturels en Afrique	17.09.2004
Déclaration Solennelle pour l'Egalité de Genre en Afrique (DSEGA)	08.07.2004
Déclaration de Kigali, 2003	08.05.2003
Résolution sur les Lignes Directrices et Mesures d'interdiction et de Prévention de la Torture et des Peines ou Traitements Cruels, Inhumains ou Dégradants en Afrique, 2008	23.10.2002

Plan d'Action d'Ouagadougou	20.09.2002
Déclaration et Plan d'Action de Grande Baie (Maurice), 1999	16.04.1999
Observation générale no 4 concernant le droit un logement suffisant (art. 11, par. 1, du Pacte), par. 6;	(1991)
c Observation générale no 12 concernant le droit une nourriture suffisante (art. 11 du Pacte), par. 26.	(1999)
f Observation générale no 15 concernant le droit à l'eau (art. 11 et 12 du Pacte), par. 13 et 14.	(2002)
e Observation générale no 14 concernant le droit au meilleur État de santé susceptible d'être atteint (art. 12 du Pacte), par. 18 22.	(2000)
d'Observation générale no 11 concernant les plans d'action pour l'enseignement primaire (art. 14 du Pacte), par. 3;	(1999)
observation générale no 13 concernant le droit l'éducation (art. 13 du Pacte), par. 6, al. b, et 31 et 32.	(1999)
observation générale no 7 concernant le droit un logement suffisant (art. 11, par. 1, du Pacte): expulsions forcées, par. 10.	(1997)
observation générale no 7 concernant le droit un logement suffisant (art. 11, par. 1, du Pacte): expulsions forcées, par. 10.	(1997)

Section 2

DE L'INVENTAIRE DES DH DANS LE SYSTEME AFRICAIN DES DHP

490. Les instruments africains des droits de l'homme ont été énumérés ci-dessus. La CADHP procède de la décision 115 (XVI) de la Conférence des chefs d'État et de gouvernement, en sa seizième session ordinaire tenue à Monrovia (Liberia) du 17 au 20 juillet 1979. Dans son préambule, la CADHP renvoie à la Charte de l'OUA qui préconisait pour l'Afrique quelques objectifs notamment la liberté, l'égalité, la justice et la dignité qui sont essentiels à la réalisation des aspirations légitimes des peuples africains décidés à éliminer sous toutes ses formes le colonialisme de l'Afrique, de coordonner et d'intensifier la coopération entre les États en vue d'offrir de meilleures conditions d'existence aux peuples d'Afrique, de favoriser la coopération internationale en tenant dûment compte de la Charte des Nations unies et de la Déclaration universelle des droits de l'homme. Quelle est la portée de droits de l'homme dans la

CADHP et dans le système africain de promotion et de protection des droits de l'homme ?

491. Les rédacteurs de la CADHP ont impulsé une dynamique particulière tendant à revaloriser les valeurs de civilisation africaine qui doivent inspirer et caractériser nos réflexions sur la conception des droits de l'homme et des peuples ainsi que les vertus de nos valeurs traditionnelles. La CADHP comprend 68 articles dont 39 consacrés à la Commission africaine et les dispositions finales. La réalité et le respect des droits du peuple doivent nécessairement garantir les droits de l'homme. L'Afrique mise beaucoup et insiste sur le lien existant entre la jouissance des droits et libertés d'une part et d'autre part, l'accomplissement des devoirs de chacun dans la société et dans les rapports interindividuels.

492. Le principe de l'indivisibilité et de l'interdépendance des droits civils et politiques, et des droits économiques, sociaux et culturels est affirmé bien que l'Afrique soit le continent le plus pauvre du monde avec le taux d'indice humain déplorable selon les estimations de l'ONU. En principe, il est accepté que la satisfaction des droits économiques, sociaux et culturels contribue à la jouissance des droits civils et politiques et cela vice versa.

493. L'engagement et le devoir de libérer totalement l'Afrique dont les peuples continuent à lutter pour leur indépendance véritable et leur dignité est aussi affirmée dans la CADHP autrement appelée la « Charte de Banjul » qui a été adoptée par l'OUA à Nairobi au Kenya, le 27 juin 1981 et est entrée en vigueur le 21 octobre 1986, pour rappel. La Charte est l'instrument central des droits de l'homme de l'OUA/UA. Elle reconnaît les droits des individus et des peuples, les droits et obligations, et certains droits socio-économiques ainsi que les droits civils et politiques et droit au développement et à l'environnement

494. Eliminer le colonialisme, le néocolonialisme, l'apartheid, le sionisme, les bases militaires étrangères d'agression et toutes formes de discrimination, notamment celles fondées sur la race, l'ethnie, la couleur, le sexe, la langue, la religion ou l'opinion politique constituent encore de nos jours, dans une certaine mesure, un défi pour les africains. Les libertés fondamentales et les droits de l'homme et des peuples ont été garantis dans des Conventions et autres instruments adoptés dans le cadre de l'Organisation de l'unité africaine (UA), du Mouvement des pays non-alignés et de l'Organisation des Nations Unies.

495. Les africains affirment leur attachement ferme aux valeurs traditionnelles africaines notamment valeurs basées sur les principes d'égalité, de paix, de liberté, de dignité, de justice, de solidarité et de démocratie[350]. De surcroit, la CADHP a chargé les États d'une lourde mission qui est ouverte et nécessite des études, des recherches et des réflexions, si pas des États généraux. En effet, selon l'article 17 de la CADHP, « Toute personne a droit à l'éducation. Toute personne peut prendre part librement à la vie culturelle de la Communauté. La promotion et la protection de la morale et des valeurs traditionnelles reconnues par la Communauté constituent un devoir de l'État dans le cadre de la sauvegarde des droits de l'homme ».

496. Avant d'ausculter les valeurs traditionnelles africaines à travers les droits garantis, il convient de préciser que les africains ont certes un héritage culturel, un passé historique et certaines valeurs de civilisation à même d'inspirer les nouvelles générations. Faut- il aussi préciser que la dignité humaine est universelle et les droits garantis dans les instruments africains ne contredisent pas fondamentalement les principes et valeurs défendus par les Instruments adoptés sous l'égide de l'ONU d'autant plus que les États africains ont adopté la majorité d'instruments principaux de l'ONU et bien plus, la Charte de Banjul renvoi les africains à la lecture des normes onusiennes. Quoi de plus encourageant que les DH se recoupent avec les 8 aspirations communes et partagées aux termes de l'Agenda 2063 pour l'Afrique dont une Afrique prospère fondée sur une croissance inclusive et un développement durable, un continent intégré, politiquement uni, basé sur les idéaux du panafricanisme et sur la vision de la renaissance de l'Afrique, une Afrique où règne la bonne gouvernance, la démocratie, le respect des DH, la justiceet l'État de droit ; une Afrique en paix et sûre ; une Afrique dotée d'une identité culturelle forte, de valeurs, d'une éthique et d'un patrimoine communs ; une Afrique dont le développement est axé sur les citoyens , s'appuyant sur le potentiel de ses populations , en particulier de ses femmes e de ses jeunes et penant soin des enfants et une Afrique en tant qu'acteur et partenaire fort et influent sur la scène mondiale. De toutes les aspirations

350 Protocole à la Charte africaine des droits de l'homme et des peuples relatif aux droits des femmes.

précitées, il ressort les droits civils et politiques (A), les DESC (B) et les droits de solidarité (C).

A. DES DROITS CIVILS ET POLITIQUES

497. La promotion et la protection des droits de l'homme sont à situer à un niveau plus élevé et ne se limitent pas aux discours et aux intentions. Les jérémiades, les remords ou les mauvais souvenirs comme ils apparaissent dans le préambule de la DUDH sont stériles, inutiles et incapables de soulager la souffrance des victimes et moins contribuer à un monde plus juste, aujourd'hui et demain. En fait, la réalisation effective et universelle des droits de l'homme requiert une volonté politique des Gouvernements, des magistrats et des Avocats, des Défenseurs des droits humains, des intellectuels et des peuples africains ainsi que les partenaires de la communauté internationale.

498. Quelle politique et actions à déployer pour instaurer une culture des droits de l'homme et jeter les bases solides des Sociétés démocratiques en Afrique ? L'éducation, la justice et la liberté devraient recevoir une attention particulière d' où la mise en œuvre de la Déclaration des Nations Unies sur l'éducation et la formation aux droits de l'homme, la DUDH, la CADHP et autres instruments des droits de l'homme grâce à la formation et à la sensibilisation des agents publics de l'État, des leaders de la société civile et de toute la population est une nécessité impérieuse. La connaissance, l'apprentissage, l'appropriation et les attitudes et comportements de toutes les personnes à tous les niveaux de la société sont à recommander à tous. Si toute personne est consciente de son rôle à jouer dans la société voulue juste et respectueuse des droits de l'homme, chacun de nous tous dans la société est leader et est appelé à défendre la dignité humaine, en tout lieu et en tout temps[351].

499. A propos de leader, Henry Kissinger disait : « La tâche du leader est de mener des gens de là où ils se trouvent jusqu'à un point où ils n'ont jamais été ». Quel message les rédacteurs de la DUDH nous ont-ils transmis à travers les trente articles contenus dans la DUDH et où ont-ils voulu nous amener? Avec tout le temps passé

---

[351] La Déclaration des Nations Unies sur les défenseurs des droits de l'homme mérite d'être incorporée dans le Droit positif des États, à bon escient notamment en donnant la latitude à tout individu de contribuer à la promotion et à la protection des droits de l'homme et despeuples.

soit 70 ans et la multitude de conventions spécifiques ainsi que le laborieux travail des défenseurs des droits de l'homme et des experts à travers le monde, quelle est la portée des dispositions de la DUDH. Comment la DUDH, la CADHP et autres instruments des droits humains peuvent-ils influencer la vie des personnes en Afrique ?

500. En réponse à ces questions, nous allons passer en revue les trente dispositions de la DUDH, article par article. Pour besoin de méthodologie et de pédagogie, nous présentons ces dispositions de la DUDH en trois points portant successivement sur les droits civils et politiques, les droits économiques, sociaux et culturels ,et les devoirs et l'interdiction de la destruction des droits de l'homme.

DUDH	CADHP	ODD
Art.1 Egalité de tous en dignité et en droits/ Esprit de fraternité	Art.3Egalité devant la loi Art 5 Droit au respect de la dignité	Assurer une vie saine et promouvoir le bien- être pour tous à tous les âges (ODD3) Réaliser l'égalité du genre et l'autonomisation des femmes et des filles (ODD5)
Art2 interdiction des motifs de discrimination	Art2 Égalité et Motifs de discrimination (ajout du motif : ethnie)	ODD 5 et 10
Art 3 Droit à la vie	Art 4 Inviolabilité de la personne, droit respect de sa vie et intégrité physique	ODD 16
Art 4 et 5 interdiction de l'esclavage et torture	Art 5 Respect de la dignité humaine et droit de la reconnaissance de la personnalité juridique interdiction d'exploitation torture avilissement,traitements inhumains	ODD 16
Art 6		
Art 7 Égalité devant la loi	Art 3 Totale égalité devant la loi et égale protection de la loi	ODD 5 égalité du genre, réduction des inégalités10 et 16 inclusivité , justice pour tous

Art 8, droit à un recours effectif 10 égalité devant la justice et 11 présomption d'innocence	Art 7 Droit d'accès à la justice, présomption d'innocence, droits de la défense, droit à ce que sa cause soit entendue par un tribunal indépendant, impartial dans un délai raisonnable (droits qui chapeautent les autres)	Promouvoir des sociétés pacifiques et inclusives pour le développement durable, permettre un accès à la justice pour tous et bâtir des institutions efficaces, redevables et inclusives à tous les niveaux ODD 16 Assurer une vie saine et promouvoir le bien- être pour tous à tous les âges (ODD3)
Art. 12 respect de la vie privée et interdiction de violation de domicile, intimité et honneur		Assurer une vie saine et promouvoir le bien être à tous à tous âges (ODD 2)
Art 13 liberté de circulation et art 9 interdiction de l'arrestation arbitraire et exil	Art 4 et 6 : droit à la vie, intégrité physique et morale, interdiction arrestation arbitraire	ODD 16 promouvoir les sociétés pacifiques
Art 14 le droit d'asile		
Art 15 le droit à la nationalité		
Art 16 le droit au mariage ; la protection de la famille	**Art 18** Le droit de la famille à la protection et à l'assistance de l'État, le droit des personnes âgées ou handicapées à des mesures spécifiques de protection et la protection des droits de la femme et de l'enfant	

		ODD 9 : Construire une infrastructure résiliente, promouvoir une industrialisation inclusive et durable et favoriser l'innovation 10 : Réduire les inégalités dans et entre les pays
	Art 6 Droit à la liberté et à la sécurité de l'individu confusion et diminution du caractère obligatoire	ODD 16
Article 17 droit à la propriété	Art 14 le droit de propriété	
Art 18 liberté de pensée, conscience et religion	Art 8 Liberté de conscience et de religion (amputé de la liberté de pensée)	
Art 19 liberté d'opinion et d'expression	Art 9 Liberté d'information et d'opinion Clause restrictive des lois et règlements	
Art 20 liberté de réunion et d'assocation pacifique	Art 10 Liberté d'association (Art 22 PIDCP)	
Art 21 droit à la participation politique	Art 13 le droit de participer librement à la direction des affaires publiques le droit de toute personne d'user des biens et services publics	ODD 13 : Prendre des mesures urgentes pour lutter contre le changement climatique et ses impacts

	dans la stricte égalité de tous devant la loi	
Art 22 droit à la sécurité nationale; satisfaction des DESC; coopération internationale	Art 19 Égalité des peuples	ODD 1 : Éradiquer la pauvreté sous toutes ses formes et partout dans le monde ODD 8 :Promouvoir une croissance économique soutenue, inclusive e durable, ODD 10 : Réduire les inégalités dans et entre les pays
Art 23 droit au travail	Art 15 le droit de travailler dans les conditions équitables et satisfaisantes et de percevoir un salaire égal pour un travail égal	ODD 8 : Promouvoir une croissance économique soutenue, inclusive et un travail décent pour tous
Art 24 Droit au loisir et congé payé		ODD 8 : Travail décent
Art 25 droit à un niveau de vie suffisant : alimentation, logement, habillement, soins médicaux ; assistance spéciale à la maternité et enfance	Art 16 droit de jouir du meilleur état de santé physique et mentale ; protéger la santé de leur population et de leur assurer l'assistance médicale en cas de besoin	ODD 7 : Accélérer l'accès à une énergie abordable, fiable, durable et moderne pour tous
Art 26 droit à l'éducation, la gratuité au degré élementaire ; éducation pour épanouissement intégral et respect des DH et paix, tolérance	Le droit à l'éducation et la liberté de prendre part à la vie culturelle de la communauté (article 17)	ODD 4 : assurer une éducation de qualité inclusive et équitable et promouvoir des opportunités d'apprentissage tout au long de la vie
Art 27 participation à la vie culturelle, artistique et progrès scientifiques; droit d'auteur		ODD 9 : Construire une infraasructure résiliente , promouvoir une industrialisation inclusive et durable / favoriser l'innovation ODD 12 : Assurer le mode de consommation et de production durable

Art 28 droit à un ordre social et international favorable au repect des DH	Art 18 Egalité et Droits des peuples en dignité	ODD 7 : Renforcer les moyens de mise en œuvre et revitaliser le partenaiat mondial pour le développement durable
Art 29 Devoirs envers la communauté pour le développement de sa personnalité ; les droits conformes aux buts et objectifs de l'ONU	Art 20 Droit des peuples à l'existenne et à l'autodétermination	ODD 15 et 16 : Concerver vie Auatique et terrestre
Art 30 Interdiction de la destruction des droits ganarantis par la DUDH et mauvaise interprétation de la DUDH	Art 1 engagement des États à prendre des mesures législatives ou autres pour les appliquer les droits garantis	ODD 17 : Partenariat mondial
		ODD 3
		ODD 4 Assurer une éducation de qualité inclusive et équitable et promouvoir des opportunités d'apprentissage pour tous tout au long de la vie(ODD4)

Commentaire :
Le tableau comparatif des droits garantis par la DUDH, la CADHP et les ODD est à compléter avec l'Agenda 2063 pour l'Afrique repris en annexe.

1. LE DROIT A L'EGALITE ET LA NON-DISCRIMINATION

501. Tous les êtres humains[352] naissent libres et égaux en dignité[353] et en droits. Ils sont doués de raison et de conscience et doivent agir les uns envers les autres dans un esprit de fraternité[354]. La CADHP a

---

[352] Observation générale no 5 (Onzième session 1994): Personnes souffrant d'un handicap, p.24

[353] Article 1er de la Loi Fondamentale de l'Allemagne fédérale (comportant 12 articles sur les droits fondamentaux.)

[354] Permettez la répétition car le principe de fraternité développé supra se complète et est enrichi par ces commentaires. La fraternité est un concept complexe et utilisé dans plusieurs domaines. Outre le domaine religieux, le juriste et le défenseur des droits de l'homme en saisit un principe, un devoir, un sentiment... Dans une conférence dédiée à

rendu, de manière laconique et quelque peu lacunaire, cette disposition de la DUDH en disant : « Toute personne a droit à la jouissance des droits et libertés reconnues dans la présente Charte sans la distinction aucune, notamment… » Cette formulation qui combine les articles 1 et 2 de la DUDH suscitent plusieurs questions et inquiétudes. De surcroit, l'égalité en dignité et endroits entre les individus est à la fois un principe directeur de la conduite des agents publics et de tout être humain au sein d'un État, une valeur fondamentale pour tous les droits de l'homme et un droit fondamental justiciable.

502. Que faut-il entendre par « être humain » ? Dans son sens biologique, il s'agit de toute personne humaine[355]. Seul l'être humain est titulaire des droits de l'homme et libertés fondamentales. « Les membres du genre humain (nous commentons ici, autrement présenté comme membre de la famille humaine dans le préambule de la DUDH) sont dès leur naissance dotés d'une dignité inhérente à leur personne et d'une vocation commune à la liberté, à l'égalité en droits et à l'obtention d'un traitement fraternel de la part des autres hommes[356]».

503. La CADHP utilise mutatis mutandis les concepts « toute personne » et « être humain ». C'est dans cet ordre d'idée que la CADHP dispose à son article 4 que : « La personne humaine est inviolable. Tout être humain a droit au respect de sa vie et à l'intégrité physique et morale de sa personne. Nul ne peut être privé arbitrairement de ce droit. ». La plupart des Constitutions africaines proclament le caractère sacré[357] et inviolable de l'être humain. Aucune condition d'âge, de sexe, d'origine, de race ou autre ne peut légitimer la violation de la dignité et de la liberté des personnes.

---

titre posthume à M. Charles Doherty Gonthier par Monsieur Guy CANIVET sur la fraternité dans le droit constitutionnel français, ce dernier rapporte que M. Charles disait que: " Le droit de l'environnement est un de ceux qui impose à l'homme de dépasser son égoïsme et de se tourner vers l'esprit de partage. Ne pas polluer l'espace des autres pays, respecter la biosphère comme un bien commun des hommes et laisser un environnement viable aux générations futures est un devoir de fraternité. ».

[355] La personne humaine peut-etre une femme ou un homme, un garcon ou une fille (enfant), un vieillard, un personne handicapée, un migrant, un albinos, un prisonnier, un chômeur, un travailleur, un agent de l'État, un militaire ou policier,

[356] René CASSIN, « Liberté et égalité. Vingt ans après la Déclaration Universelle. », in Bulletin de la Commission internationale de Juristes, n°31, Suisse, 1968, pp 1-17.

[357] Article 1er de la Constitution du Mali (DECRET N° 92-0731 P-CTSP PORTANT PROMULGATION de 1992), article 16 de la Constitution de la RDC du 18 février 2006.

504. L'article 1er de la DUDH constitue la racine des droits de l'homme et a inspiré plusieurs instruments nationaux, régionaux et internationaux relatifs aux droits de l'homme. L'appropriation de ce droit et son application dans la vie quotidienne et dans l'exercice professionnel est une contribution incommensurable à la réalisation des droits de l'homme et particulièrement au traitement réservé à toute personne humaine considérée par les chrétien (ne)s et les croyant (es) comme le temple de Dieu.

505. En fait, de tous les êtres vivants, seule l'espèce ou la race humaine bénéficie d'un statut particulier dans le monde. En naissant, dès la maternité et le berceau, tout être humain (homme, femme ou hermaphrodites par erreur biologique) est revêtu de certaines valeurs qui imposent la reconnaissance de son statut particulier par ses semblables. En effet, tout être humain est doté de la raison, de la conscience, de la liberté, de la dignité et de tous les droits proclamés dans les Instruments internationaux et nationaux.

506. La différence entre le statut de l'être humain par rapport à d'autres espèces (animales, minérales et végétales) est fondée sur la raison et la conscience ainsi que l'esprit de fraternité entre eux, espèce supérieure[358]. Si l'on protège les autres espèces telles que les arbres, les animaux et les personnes morales, c'est dans l'intérêt des êtres humains. Dans certains États, la reconnaissance du statut particulier et la protection de tout être humain a acquis une valeur constitutionnelle, dans l'esprit et dans la lettre !

507. En effet, à titre d'exemple, la Loi fondamentale[359] de l'Allemagne insiste sur la dignité de la personne humaine et rend de manière très claire la responsabilité de tous les agents et fonctionnaires de l'État en proclamant que la dignité de l'être humain est intangible. Tous les pouvoirs publics ont l'obligation de la respecter et de la protéger. En conséquence :

- Le peuple allemand reconnaît à l'être humain des droits inviolables et inaliénables comme fondement de toute communauté humaine, de la paix et de la justice dans le monde.

---

[358] Lire Mario BETTATI, Olivier DUHAMEL et Laurent GREILSAMER, « La Déclaration universelle des droits de l'homme », éd. Gallimard, 2008, France, P.28 (Georges VEDEL dit : « L'homme bénéficie au-dessus de tout être vivant d'un statut transcendantal... Il suffit de savoir que l'homme est doué de raison et de conscience pour lui reconnaître une condition sans pareille.)

[359] Article 1er de La Loi Fondamentale de l'Allemagne fédérale (Comportant 12 articles sur les droits fondamentaux).

- Les droits fondamentaux énoncés ci-après lient les pouvoirs législatif, exécutif et judiciaire à titre de droit directement applicable.

508. Les concepts « libre » et « liberté » méritent d'être définis. Le philosophe Montesquieu avait écrit qu'il n'y a point de mot qui ait reçu plus de différentes significations et qui ait frappé les esprits de tant de manières, que celui de **liberté**. Pouvons-nous dire que « Naître libre » signifie tout simplement que l'être humain, en naissant, il est porteur de tous les droits et toutes les libertés bien qu'il ne puisse exercer toutes les libertés et droits compte tenu les facultés mentales ou aptitudes. Il n'est pas esclave, il n'est pas emprisonné... Pour une accoucheuse : « Tout enfant qui naît manifeste sa liberté en poussant un cri de liberté ». La liberté est très chère à l'être humain qu'il faille respecter et faire respecter cette liberté quand on en a le pouvoir car enfreindre injustement et par égoïsme la liberté, c'est une cause des frustrations, des vengeances et des conflits dans la société.

509. Dans la pratique, il est recommandé que la dignité soit garantie par tout agent public de l'État. C'est à ce propos que la Constitution tanzanienne de 1977 dispose à son article 9 que : « L' autorité étatique et toutes ses agences sont obligées de diriger leurs politiques et programmes en vue de garantir (…) que la dignité humaine est préservée et élevée en conformité avec l'esprit de la Déclaration universelle des droits de l'Homme ». Egalité en dignité et en droits marchent ensemble. La dignité proclamée par la DUDH est prescrite dans les Constitutions comme en Tanzanie et la jurisprudence nous en donne quelques cas. Dans l'Affaire Ephraïm c. /Pastory & Kaizilege, la Haute Cour a jugé inconstitutionnel un refus de la vente d'un terrain à une femme fondé sur le sexe de l'acquéreuse. Elle s'est appuyée dans son argumentaire sur l'article 7 de la DUDH relatif à l'interdiction de la discrimination. Pareillement, aux Seychelles, la Cour constitutionnelle a considéré que l'article 16 de sa Constitution (« Toute personne a le droit d'être traitée avec la dignité inhérente à un être humain et ne pas être soumise à la torture, aux traitements cruels, inhumains ou dégradants » « incarne l'esprit » des articles 1 et 5 de la DUDH relatifs respectivement à la dignité des êtres humains et à l' interdiction de la torture[360] ».

---

[360] GAMBARAZA, op.cit. , p.334

510. En Namibie, avec l'Affaire (NAMUNJEMBO et consorts c. Commandant, Prison de Windhoek et un autre), les prisonniers étaient enchaînés parce que l'un d'entre aurait projeté de s'évader et que les autres avaient déjà eu à s'échapper de prison dans le passé. Ils étaient restés enchaînés pendant environ six mois. La Cour suprême namibienne avait décidé que « L'emprisonnement affecte nécessairement en partie les droits d'un détenu, notamment le droit à la dignité. Au demeurant, cela ne signifiait pas que le prisonnier n'avait pas droit à la dignité. Enchaîner une personne « était une expérience humiliante qui rabaisse la personne placée dans les fers au niveau d'un animal entravé dont la mobilité est limitée ». Cette pratique était aussi un fort rappel de l'époque où les Africains étaient vendus en esclavage dans des chaînes. Cette pratique était aussi un fort rappel de l'époque où les Africains étaient vendus en esclavage dans des chaînes3[361].

511. Après ce petit commentaire sur l'être humain, titulaire-créancier ou bénéficiaire des droits de l'homme et des libertés, il y a lieu de s'appesantir sur le concept « personne ». En Droit, on distingue la personne physique et la personne morale. Dès lors, devons-nous comprendre que la DUDH ne vise que les personnes physiques et la CADHP s'étend aux personnes morales ? A lire l'entièreté de l'article 2 de la Charte , la personne visée par la CADHP n'est rien d'autre que la personne physique étant donné qu' entre autre, seule cette personne est susceptible de distinction de race, ethnie , couleur, opinion politique ou toute autre, fortune, naissance ou toute autre situation. Par-dessus tout, les personnes morales sont animées par des personnes physiques.

512. Quid de la différence entre droits de l'homme et libertés publiques? Une définition au sens large et l'autre au sens restreint. En fait, au sens large : « c'est l'ensemble des libertés reconnues à l'individu et aux groupements sociaux et qui apparaissent comme autant de limitations à l'activité de l'État et des gouvernants. ». Quant au sens strict : « ce sont celles des libertés individuelles qui permettent au citoyen d'exercer son action sur la vie publique : liberté d'opinion, de presse, de réunion, d'association ».

513. Selon Jean RIVERO, « Les libertés publiques sont des droits de l'homme qui reconnaissent à, celui-ci, dans les divers domaines de

---

[361] CADHP : 6ème rapport périodique de la République de Namibie sur la mise en œuvre de la charte africaine des droits de l'homme et des peuples, 2015, 136 p.

la vie sociale, le pouvoir de choisir lui-même son comportement, pouvoir organisé par le droit positif, qui lui accorde une protection renforcée et l'élève au niveau constitutionnel en Droit interne, au niveau supra législatif en Droit européen ». L'expression libertés publiques vise toutes les libertés qui nécessitent l'intervention du pouvoir étatique pour les reconnaitre, les organiser et les garantir.

514. Tous les êtres humains (les femmes[362], les hommes et les enfants[363]) sont nés libres par la volonté du Créateur, pour tous les chrétiens et autres croyants ou d'après la nature et la raison, selon les athées. Les êtres humains méritent en égalité avec tous les semblables la dignité et tous les droits. Ils bénéficient de la raison et de la conscience, ce qui fait leur différence avec d'autres créatures. Il est recommandable à tous les peuples, toutes les nations, tous les individus et les organes de la société de reconnaître l'égalité de tous les êtres humains d'abord en dignité et puis en droits tout en agissant les uns envers les autres dans un esprit de fraternité. Le tortionnaire, peut-il torturer ses parents, ses frères et sœurs ou ceux qui lui sont chers à moins d'une pathologie qui se développe en lui ?

515. La fraternité est une valeur cardinale et un principe fondamental au centre des droits de l'homme. La fraternité est un devoir à côté des droits pour promouvoir la dignité de tout Homme et tout l'homme sans aucune exclusion. Un être humain ne peut pas être considéré comme un objet ou un esclave. On peut se demander pourquoi l'exclusion de la femme et la privation du bénéfice d'un traitement, dans certains domaines de la vie en famille et dans la société? Pour Maria-Eugenia RODRIGUEZ Palop dit dans son exposé lors d'une Conférence tenue à l'Université Carlos III de Madrid et lequel exposé était traduit par Beatriz Collantes SANCHEZ et Véronique CHAMPEIL-DESPLATS : « Le problème de la violence à l'encontre des femmes doit s'établir dans le cadre de la violence structurelle et du patriarcat. C'était le féminisme radical (représenté

---

[362] L'article 3 du PIDESC parle clairement de l'égalité des hommes et des femmes. Plusieurs instruments internationaux garantissent cette égalité. Chaque État s'occupe de la mise en œuvre de cette parité par des mesures législatives et administratives. L'article 2 de la CADHP énumère les différentes motivation de la discrimination interdite.

[363] Les enfants âgés de moins de 18 ans représentent une catégorie de personnes vulnérables. Caractérisés par le manque de discernement, d'expérience de la vie la dépendance économique et sociale face aux adultes, les enfants ont des besoins et des droits spécifiques. En fait, ils ont droit à la survie, au développement, à la protection…La convention relative aux droits de l'enfant garantis les droits de l'enfant. En RDC, il existe une loi sur la protection de l'enfant du 18 janvier 2009.

aujourd'hui par des auteurs comme Andrea DWORKIN, Catherine MACKINNON et Katheleen BARRY) qui a révélé d'un côté, que la violence à l'encontre des femmes est misogyne, c'est-à-dire qu'elle surgit de la haine envers les femmes et, de l'autre, a révélé aussi que cette violence est sexiste, étant donné qu'elle prend son fondement dans un sentiment de supériorité de l'homme par rapport aux femmes[364]». Le rejet et la déconsidération du genre (prise en compte du genre homme- femme) avec la conséquence de violences de toutes les formes tirent leur origine des causes structurelles et culturelles à affronter selon les réalités de chaque groupe social. La Décennie de la femme africaine 2010 - 2020 qui a été proclamée par l'Union africaine, offre un autre moyen de demander des comptes aux mécanismes nationaux. L'Union africaine a également adopté en 2003 le Protocole relatif aux femmes, qui offre d'importantes possibilités de garantie des droits des femmes, en définissant des normes et des standards[365] pour promouvoir et protéger les droits des femmes sur le continent. La Communauté de développement de l'Afrique australe (SADC).

516. Les communautés économiques régionales sont également engagées dans des processus visant à promouvoir une approche régionale en matière d'égalité entre les hommes et les femmes. Définir une approche régionale du travail mené par les mécanismes nationaux et permettent d'intensifier les efforts entrepris au niveau national par les mécanismes institutionnels et les organisations de la société civile.

517. Quant à l'enfant, son niveau de maturité et sa responsabilité appellent un comportement et des attitudes appropriés tenant compte de sa dignité, de son intérêt et de la limitation de l'exercice de ses droits par des raisons objectives. La situation de l'enfant exige un comportement approprié et fraternel tenant compte des

---

[364] Maria-Eugenia RODRIGUEZ Palop, La persistance de la violence contre les femmes malgré la Loi Organique 1/2004 portant mesures de protection intégrale face à la violence de genre , in Revue des droits de l'homme du Credof, n°1, juin 2012. L'article est trouvable en ligne :(http://revdh.org/2-les-numeros-de-la-revue-des-droits-de-lhomme-2/numero-1-juin-2012/les-conferences/la-violence-persistante-contre-les-femmes-fr/consulté le 17 août 2013) Centre de recherches et d'études sur les droits fondamentaux (CREDOF-Paris Ouest Nanterre-La Défense)

[365] La mise au point de l'Indice du développement et des inégalités entre les sexes en Afrique (IDISA). Il vient s'ajouter utilement aux 12 instruments de suivi et d'évaluation existants, tels que l'indicateur du développement par sexe (GDI) et l'indicateur de la participation des femmes (GEM) du PNUD.

principes fondamentaux précités notamment la priorité pour la survie et la croissance de l'enfant, la protection de l'enfant, la participation de l'enfant et l'intérêt supérieur de l'enfant.

518. La fraternité combinée avec l'article 29 de la DUDH démontrent à suffisance que « Les auteurs de la Déclaration ont tenu également à marquer leur volonté d'équilibre entre droits et devoirs de l'Homme en proclamant dès l'article 1er le devoir général des êtres humains, tous membres de la même famille, de se comporter dans un esprit de fraternité[366]. »Il se dégage de cet idéal commun à toute l'humanité une recommandation principale notamment adopter des Attitudes et des comportements emprunts d'un esprit de fraternité et respectueux de quelques principes fondamentaux déjà développés supra (le principe de l'égalité et le principe du respect de la dignité de la personne humaine.) Peut-on évaluer la mise en œuvre de cet article d'où découlent le principe de non-discrimination et tous les droits civils , politiques, économiques, sociaux et culturels, plus de 66 après?

519. Les instruments des OI régionales (UA ; UE ; OEA ...) et culturelles comme l'OIF[367] contribuent à l'instauration d'une société juste dans laquelle tous les droits sont à la portée de tous et partout. Les Constitutions et les lois nationales démontrent l'effort de la mise en œuvre de l'article 1er de la DUDH bien que les défis de la réalisation effective et universelle des DH sur terrain soient énormes. La situation de l'égalité[368], de la liberté, de la dignité et de la fraternité des êtres humains dans le monde ne peut passer inaperçue grâce aux moyens de communication à longue vitesse et à l'échelle planétaire bien qu'il faille reconnaître qu'il y a des opportunités et acquis à consolider notamment les normes ou Instruments et quelques mécanismes[369] et jurisprudences[370]. La maîtrise et la prise

---

[366] René CASSIN, op.cit., pp1-17

[367] Découvrir la Déclaration de Bamako de l'OIF à l'annexe 6.

[368] L'égalité en droit est un garde-fou à l'arbitraire. La liberté devra tenir compte de cette égalité entre les personnes, l'égalité devant les charges publiques, l'égalité devant les Services publics, l'égalité devant la loi au sens large, l'égalité de chance...

[369] Lire avec attention, approfondir les connaissances et ou recourir aux mécanismes développés dans la première partie du livre.

[370] Dans l'Arrêt Campo ALGODONERO c/Mexique, la Cour Interaméricaine des droits de l'homme a condamné l'État du Mexique pour n'avoir pas mis en place les diligences et la surveillance nécessaires afin d'éviter la persécution et la violence à l'encontre des femmes à Ciudad Juárez. En définitive, l'État du Mexique a été condamné pour avoir encouragé et n'avoir pas pallié la violence machiste dans son territoire.

de conscience ou l'appropriation des droits et des principes fondamentaux comme la fraternité ainsi que le devoir d'adopter des Attitudes et comportements conséquents méritent d'être renforcées.

520. Les philosophes comme nous l'avons démontré précédemment n'ont pas manqué de s'interroger sur les fondements des droits de l'homme avec cette égalité universelle qui est prônée pour tous les êtres humains. C'est parce qu'ils sont naturels et innés que les droits de l'homme sont inaliénables et imprescriptibles. De nombreux défenseurs de l'idéologie des droits de l'homme s'en tiennent aujourd'hui encore à ce raisonnement. Francis FUKUYAMA, dans son ouvrage intitulé Natural Rights and Natural History in The National Interest affirme que « Toute discussion sérieuse sur les droits de l'homme doit se fonder en dernière instance sur une vision des finalités ou des objectifs de l'existence humaine qui, à son tour, doit presque toujours se fonder sur une conception de la nature humaine »[371].

521. Selon lui, seule « l'existence d'une unique nature humaine partagée par tous les habitants du monde peut fournir, au moins en théorie, un terrain commun pour fonder des droits de l'homme universels ». C'est pourquoi, il reste partisan d'un recours au langage des droits (rights talk), celui-ci étant « plus universel et plus facilement compris ». Il ajoute que le discours des droits vaut parce que tous les hommes ont les mêmes préférences, ce qui montre qu'ils sont « en fin de compte fondamentalement les mêmes ».

522. Chacun peut se prévaloir de tous les droits et de toutes les libertés proclamés dans la présente Déclaration, sans distinction aucune, notamment de race, de couleur, de sexe, de langue, de religion, d'opinion politique ou de toute autre opinion, d'origine nationale ou sociale, de fortune, de naissance ou de toute autre situation[372]. De plus, il ne sera fait aucune distinction fondée sur le statut politique, juridique ou international du pays ou du territoire dont une personne

---

[371] Alain de BENOIST, A la recherche d'un fondement des droits de l'homme « Natural Rights and Natural History », in The National Interest, été 2001.

[372] Les situations des personnes qui méritent attention particulière n'ont pas été énumérées de manière limitative. C'est dans ce sens qu'il faut comprendre l'attention du Comité des droits économiques et sociaux portée aux albinos. Dans ces Observations au Rapport périodique de la RDC, le Comité invite instamment l'État partie à faire d'urgence le nécessaire pour que soient menées dans les meilleurs délais des enquêtes efficaces et que soient poursuivies les personnes responsables du meurtre et de la mutilation d'albinos. Le Comité exhorte de mener des campagnes d'information pour combattre les croyances superstitieuses qui sont préjudiciables au bien-être des albinos.

est ressortissante, que ce pays ou territoire soit indépendant, sous tutelle, non autonome ou soumis à une limitation quelconque de souveraineté[373].

523. D'entrée de jeu, l'article 2 de la DUDH pose le principe de la jouissance des droits et de la liberté à toute personne. Les pouvoirs publics ont l'obligation d'affirmer la primauté de ce principe et de se laisser guider par cet ingrédient de la démocratie comme l'Arrêt de la Cour suprême avait déclaré : « Le Congrès ne fera aucune loi qui touche l'établissement ou interdise le libre exercice d'une religion, ni qui restreigne la liberté de la parole ou de la presse, ou le droit qu' a le peuple de s'assembler paisiblement et d'adresser des pétitions au gouvernement pour la réparation des torts dont il a à se plaindre[374]».

524. La non-discrimination n'est pas in abstracto car elle vise les catégories d'êtres humains qui ne doivent pas souffrir de discrimination et cette énumération n'est pas exhaustive d'où l'expression « Tout autre situation[375]». La formule de toute autre situation est reprise dans le PIDCP au paragraphe 2 de l'article2.

525. Il est reconnu à tout être humain où qu'il soit le droit de revendiquer les droits garantis dans la DUDH. Il apparaît clairement que la première démarche est celle de l'appropriation des droits proclamés et garantis à tous et toutes avant d'examiner les discriminations. Il va sans dire que le principe, c'est l'égalité et l'exception, le recours aux mesures correctives apparemment discriminatoires, selon les catégories spécifiques à protéger.

---

[373] Article 2 de la DUDH. Il est recommandé de maîtriser les principes d'égalité, de non- discrimination et de discrimination dite positive développés dans la première partie de ce livre.

[374] Cet arrêt de la Cour suprême des États Unis a été commenté dans les pages précédentes.

[375] Lisant la Compilation établie par le HCDH en rapport avec le processus de l'EPU pour la RDC à la sixième session du 30 novembre au 11 décembre 2009, il apparaît que le Conseiller spécial du Secrétaire général pour la prévention du génocide a fait allusion à « toute autre situation » de discrimination en RDC, en ses termes : « … il existait un risque très prononcé que des personnes soient prises pour cible en raison de leur origine ethnique, en plus et au-delà des autres causes profondes du conflit. Il a fait observer que le génocide rwandais de 1994 et les allégations contradictoires des divers groupes faisant état d'un génocide en cours à l'est de la République démocratique du Congo étaient des thèmes constamment repris par les acteurs locaux dans de grands discours qui aggravaient radicalement les tensions entre communautés ethniques. »

526. Aujourd'hui, plusieurs instruments internationaux ont vocation à éliminer la discrimination fondée sur la race, le sexe, la religion, l'opinion politique ou toute autre opinion, l'origine nationale ou sociale, de fortune, de naissance ou de toute autre situation. Nous allons passer en revue, tour à tour, quelques situations de discrimination et en évoquer quelques instruments qui contribuent à leur élimination.

a. LA DISCRIMINATION FONDEE SUR LE SEXE

527. La sagesse africaine dit, à propos des femmes : « N'offensez jamais les femmes, nos mères. Ne portez jamais la main sur une femme mariée avant d'avoir fait intervenir sans succès son mari. Les femmes, en plus de leurs occupations quotidiennes doivent être associées à tous nos Gouvernements »[376].

528. La discrimination fondée sur le sexe est à la base de plusieurs violations des droits humains notamment l'exclusion de femmes et filles de la jouissance effective des droits et libertés fondamentales. Cet état des choses justifie des efforts importants pour éliminer les discriminations à l'égard de la femme et de la fille, en Afrique. La pesanteur culturelle et les cadres juridiques jouent encore un rôle néfaste et liberticide dans plusieurs pays africains. Certaines mentalités restées ancrées dans les mémoires des gens comme en Inde considèrent les filles comme une malédiction. Il y en a qui parlent de sexe faible ! Une autre tendance d'actualité et encore disputée se fonde sur les droits des homosexuels[377]. Cela a été facilement digéré dans certains États et pas dans d'autres. Quelques objectifs fondamentaux sont poursuivis à travers la lutte pour la promotion des droits des femmes. Il s'agit de l'autonomisation de la femme, la participation socio-politique- économique de la femme, la protection de la femme contre toutes les discriminations et l'élimination des violences faites à la femme y compris les violences sexuelles et les violences conjugales.

529. Les coutumes traditionnelles africaines ont forgé un statut singulier de la « femme africaine[378] » si bien que malgré la mutation des

---

[376] Extrait de la Déclaration de Kurukan Fugan. Voir annexe 5.

[377] HCDH : Nés libres et égaux en dignité et en droits. Orientation sexuelle et identité de genre en Droit international public, New York et Genève, 2012, p.60

[378] La littérature négro-africaine a chanté et magnifié la femme africaine alors qu'elle est difficilement comprise dans sa lutte pour la participation dans la vie publique et

sociétés traditionnelles vers les États modernes, les attitudes et comportements des africains par rapport aux femmes africaines influent sur les politiques étatiques et les lois nationales. Ainsi, malgré la densité élevée des femmes dans les États africains, la participation politique est encore en deçà des attentes d' où les politiques de parité homme-femme considérées parfois comme des simples slogans. Certains États africains ont réussi à promouvoir la participation de la femme notamment le RWANDA.

530. Un constat malheureux révèle que « Partout autour du globe, la sous-représentation des femmes dans les organes gouvernementaux notamment dans les instances exécutives et législatives de haut niveau, limite leur influence sur la gouvernance et les affaires publiques[379] ». Quelques femmes africaines ont émergé parmi celles qui ont occupé des postes importants et exercé avec dextérité des fonctions de grand intérêt pour la nation et l'Afrique. C'est pour faire face à cette situation que le Conseil de sécurité des Nations Unies a pris la Résolution 1325 pour plus de participation et d' implication des femmes dans les organes internationaux de prise de décision notamment pour résoudre les conflits étant donné que les femmes et les enfants sont souvent les victimes des conflits.

531. Bon nombre de femmes ont réussi dans plusieurs domaines de la vie nationale et internationale ainsi que dans leur combat pour la liberté et la lutte contre la discrimination sexiste. Au niveau de la Présidence et de la Primature, on a connu quelques femmes[380] distinguées qui peuvent servir de modèles et des exemples de réussite pour les hommes et les femmes africains. Dans le contexte africain, il y a eu

---

privée. Il s'agit de la femme noire et toutes les femmes africaines, sans aucune discrimination raciale qui est protégées par le système africain des droits de l'homme et des peuples.

[379] Lori ASHFORD, « Les femmes au pouvoir et aux postes de décision. », in Département d'État États-Unis d'Amérique Bureau international d'information, éd.2012, pp96-99

[380] Madame Michelle Bachelet , Présidente du Chili et première Présidente élue en Amérique du Sud, Madame Violeta de Chamorro(Présidente du Nicaragua), Madame Finnbogadottir, Présidente de l'Islande, Madame Tansu Çiller (Première Ministre Turque), Hanna Suchocka (Première Ministre de la Pologne), Kazimiera Prunskienè (Première Ministre de la Lituanie), Benazir BHUTTO (Première Ministre de Pakistan), Eugenia CHARLES (Première Ministre de Saint Dominique), Kim CAMPBELL (Première Ministre du Canada, Tarja HALONEN(Présidente de Finlande), Ellen JOHNSON (Présidente du Liberia), Angela MERKEL (Chancelière allemande), Madame MICHAELLE Jean (Secrétaire Général de l'OIF), Madame Hilary CLINTON...

aussi des femmes ont émargé dans différents domaines de la vie et ont accédé à certaines fonctions importantes dont la présidence de la République, la Primature, les postes ministériels, les juges et Magistrats de Hautes juridictions, les Professeurs d'Universités, Hauts cadres des Organisations internationales et Institutions nationales, Expertes des Mécanismes africains de promotion et de protection des droits de l'homme...... On peut citer Madame Louise SAMBA (Présidente de République Centrafricaine

532. Il y a lieu d'encourager les associations des femmes comme l'Initiative du Concil of Women World Leaders de Madame Madeleine Albright qui regroupe les femmes Chefs d'État et de Gouvernement. Le Réseau des Femmes Africaines Ministres et Parlementaires (REFAMP) tout comme d'autres Associations des femmes qui participent à la lutte contre la discrimination fondée sur le sexe et surtout la promotion des droits des femmes.

533. Par contre, dans certaines coutumes comme au Pakistan et aux Indes, on parle de la malédiction de naître fille. Les filles ne s'occupent que des tâches ménagères, elles sont faites pour le mariage et s'attacher à une autre famille. Les filles sont maltraitées dès leur enfance. Elles ne sont pas bien nourries comme les garçons et souvent, elles meurent avant l'âge de cinq ans. Dans toute impunité et au nom de la coutume, les femmes tuent leurs filles croyant mettre fin à la malédiction qu'apporte la naissance de la fille à la famille.

534. Quelques instruments méritent d'être mentionnés tant sur le plan universel que régional. En effet, La Convention sur l'élimination de toutes les violences faites à la femme adoptée par l'AG-NU le 18 décembre 1979 et entrée en vigueur[381] le 3 septembre 1981. La Déclaration sur l'élimination de la violence à l'égard des femmes proclamée par l'AG-NU le 22 septembre 1993 par sa Résolution 48/104. La Déclaration sur la protection des femmes et des enfants en période d'urgence et de conflit armé proclamée par l'AG-NU le 14 décembre 1974.

535. Quant à l'Afrique, le Protocole à la Charte Africaine des Droits de l'homme et des Peuples relatif aux Droits de la Femme en Afrique (Protocole de Maputo) est le principal instrument juridique de protection des droits des femmes et des filles. Il garantit de façon spécifique, en son article 14, le droit à la santé et au contrôle des

---

[381] Le protocole facultatif à la Convention adoptée par l'AG-NU le 6 octobre 1999 et adoptée le 22 décembre 2000.

fonctions de reproduction. Les droits des femmes à la sante sexuelle et reproductive comprennent notamment : le droit pour elles d'exercer un contrôle sur leur fécondité ; le droit de décider de leur maternité, du nombre d'enfants et de l'espacement des naissances; le droit de choisir librement une méthode de contraception ainsi que le droit à l'éducation sur la planification familiale.

536. A l'Alinéa 2(c) de l'Article 14, le Protocole de Maputo engage les États - parties à prendre toutes les mesures appropriées pour protéger " les droits reproductifs des femmes, particulièrement en autorisant l'avortement médicalisé, en cas d'agression sexuelle, de viol, d'inceste et lorsque la grossesse met en danger la santé mentale et physique de la mère ou la vie de la mère et du fœtus". Il est important de relever que le Protocole de Maputo[382] est le tout premier traité , a reconnaître l'avortement , dans certaines conditions, comme un droit humain des femmes , dont elles devraient jouir , sans restrictions ni crainte de poursuites judiciaires.

537. La Commission Africaine des Droits de l'Homme et des Peuples se réjouit de la ratification de cet instrument important, par la majorité des États membres de l'Union Africaine. Mais elle fait le constat que plusieurs pays tardent à engager les réformes juridiques nécessaires à l'intégration de ses dispositions pertinentes, dans leur législation interne en particulier, dans le domaine des droits sexuels et reproductifs. Ainsi, dans plusieurs États - parties ces droits restent encore caractérisés par le faible accès des femmes et des adolescentes à la planification familiale et la pénalisation de l'avortement[383].

538. Eu égard à certaines coutumes contralegem, la Charte de Maputo a par exemple proposé des réformes allant jusqu' au changement des mentalités, des attitudes, des comportements et des pratiques telles que[384] :

- L'interdiction de traitement inhumain, humiliant et dégradant réservé aux femmes veuves pendant les funérailles et après ;

[382] La Charte de Maputo a donné lieu à la journée panafricaine des droits des femmes célébrée le 31 juillet de chaque année depuis 1962.

[383] Nombreux États africains ont des réserves face à la question de l'avortement à cause de la religion. Que dire de l'avortement par une femme qui a été engrossée suite au viol ou danger grave du foeus et voire de la mère ?

[384] Amnesty international : Le protocole à la Charte africaine des droits de l'homme et des peuples relatifs aux droits des femmes. Un instrument essentiel pour renforcer la promotio et la protection des droits des femmes en Afrique, Londres, 2014, p.47

- Le rôle de tutrice automatique de la femme veuve sur les enfants sous réserve de quelques spécifiques graves comme l'indignité éprouvée de la femme,
- Le droit de remariage de la veuve à un mari de son choix et non pas l'imposition de la famille, faut- il rappeler que dans l'Afrique traditionnelle la pratique pouvait sauver le sort des orphelins ;
- Les femmes en situation de détresse méritent une protection spéciale, il s'agit notamment des femmes tutrices, femmes handicapées, femmes en détention ;
- Le droit de la femme veuve a une quote- part équitable dans les biens de son mari décédé ;
- Le droit des femmes à la santé y compris la santé sexuelle et génésique ;
- Les femmes doivent bénéficier de mêmes droits dans le ménage comme des partenaires égaux ;
- La liberté des femmes de choisir leur emploi ;
- L'interdiction d'enrôler et d'impliquer les enfants dont les filles de moins de 18 ans dans les conflits armés ;
- L'autorisation de l'avortement médicalisé, en cas d'agression sexuelle, de viol, d'inceste, et lorsque la grossesse met en danger la santé maternelle et physique de la mère ou la vie de la mère ou du fœtus ».
- Le droit de participation au processus politique et à la prise de décision grâce aux mesures spéciales (actions positives ou affirmatives) de promouvoir la parité homme femme à tous les niveaux des institutions et aux postes de prise de décision[385].

539. Cette carte présente l'état de ratification des instruments de droits de la femme en 2012. Deux États africains résistent pour ratifier la Convention sur l'élimination de toutes les discriminations à l'égard de la femme. Il s'agit du Soudan et de la Somalie. Par ailleurs, 22 États ont ratifié le Protocole facultatif à la convention. Il s'agit de : Afrique du Sud, Angola, Botswana, Burkina Faso, Cameroun, Côte d'Ivoire, Gabon, Ghana, Guinée-Bissau, Guinée Equatoriale, Jamahiriya arabe libyenne, Lesotho, Mali, Mozambique, Namibie, Niger, Nigéria, République-Unie de Tanzanie, Rwanda, Sénégal et Tunisie.

---

[385] Article 9 du protocole à la Charte africaine des droits de l'homme et des peuples relatifs aux droits des femmes

540. La situation a certes évolué mais plusieurs raisons continuent d'être invoquées pour expliquer la persistance de cette situation préjudiciable à la santé mentale et physique des femmes, en dépit des taux très élevés des décès maternels quotidiennement enregistrés en Afrique. C'est pour aider à inverser cette tendance que la Commission Africaine a adopté des Observations Générales n ° 2 sur l'Article 14.1 (a), (b), (c) et (f) et Article 14. 2 (a) et (c)) du Protocole de Maputo pour donner des orientations claires sur les obligations générales et spécifiques des États - parties en vue de favoriser l'intégration et la mise en œuvre effective des dispositions de l'Article 14 du Protocole de Maputo.

541. Le Protocole de Maputo est le premier instrument international des droits de l'homme, juridiquement contraignant, à reconnaître la corrélation entre les droits humains des femmes et le VIH en son article 14 qui consacre le droit des femmes à se protéger et d'être protégées contre le VIH ainsi que leur droit d'être informées sur leur statut sérologique et le statut de leurs partenaires conformément aux normes et pratiques internationales en vigueur. A ce titre, le Protocole de Maputo se relève être, dans la pratique, un outil important de réduction de l'effet disproportionné de la pandémie du VIH sur la vie des femmes en Afrique. Bien que jugées révolutionnaires, les dispositions du Protocole de Maputo sur le VIH ne sont pas très explicites quant aux mesures à prendre par les États parties, pour garantir aux femmes la mise en application totale de l'ensemble de leurs droits à la santé sexuelle et reproductive. Les Observations générales précitées énumèrent un ensemble de normes internationales et de bonnes pratiques pour une implémentation efficiente des dispositions de l'article 14 mais aussi de violation des droits humains des femmes, par inaction ou méconnaissance.

542. Me Soyata Maiga[386] recommande aux États africains de mettre en œuvre le Protocole de Maputo et de veiller à ce que l'homme et la femme jouissent de droits égaux et soient considérés comme des partenaires[387] égaux dans le mariage. Les coutumes traditionnelles africaines les plus dominantes n'ont pas beaucoup de considérations à la femme à l'exception de quelques tribus et empires qui ont fait

---

[386] Rapporteuse Spéciale sur les droits de la femme en Afrique, Commissaire à la Commission africaine des DHP

[387] Article 6 du Protocole de Maputo

des femmes des reines notamment l'empire lunda… Pour donner effet aux instruments ratifiés, un lourd fardeau pèse sur les hommes étant donné que des mesures législatives créent un écart entre les mentalités et convictions face aux prescriptions légales. En effet, certaines lois voudraient que:

- aucun mariage ne soit conclu sans le plein et libre consentement des deux époux ;
- l'âge minimum de mariage pour la fille est de 18 ans;
- la monogamie est encouragée comme forme préférée du mariage. Les droits de la femme dans le mariage et au sein de la famille y compris dans des relations conjugales polygamiques sont défendus et préservés;
- tout mariage, pour être reconnu légalement, doit être conclu par écrit et enregistré conformément à la législation nationale;
- les deux époux choisissent, d'un commun accord, leur régime matrimonial et leur lieu de résidence;
- la femme mariée a le droit de conserver son nom, de l'utiliser à sa guise, séparément ou conjointement avec celui de son mari;
- la femme mariée a le droit de conserver sa nationalité et d'acquérir la nationalité de son mari[388];
- la femme a le même droit que l'homme en ce qui concerne la nationalité de leurs enfants sous réserve des dispositions contraires dans les législations nationales et des exigences de sécurité nationale;
- la femme et l'homme contribueront conjointement à la sauvegarde des intérêts de la famille, à la protection et à l'éducation de leurs enfants et
- pendant la durée du mariage, la femme a le droit d'acquérir des biens propres, de les administrer et de les gérer librement.

543. Une jurisprudence intéressante a stigmatisé la discrimination fondée sur le sexe devant la Haute Cour tanzanienne, dans l'affaire Ephraïm contre Pastory. Le juge MWALUSANYA défendit l'égalité des droits entre homme et femme au sujet de la vente de terre du clan en disant : « … la Tanzanie a également ratifié la Charte africaine des droits de l'homme et des peuples qui , dans son article 18, interdit toute sorte de discrimination fondée sur le sexe…les principes énoncés dans les documents susvisés sont une norme au- dessous de

---

388 Dans certains États africains la nationalité est une et exclusive. C'est une tendance injustifiée, hypocrite et contrariée par les moratoires et la réalité comme en RDC.

laquelle une nation civilisée aurait honte de tomber. Il est clair … que le droit coutumier en question défie notre Déclaration des droits ainsi que les Conventions internationales dont nous sommes signataires ».

544. Les Observations Générales sur le Protocole de Maputo spécialement l'article 14 doivent être utilisées également, lors de l'élaboration et de la soumission par les États de leurs rapports périodiques, pour rendre compte des mesures législatives et autres, par eux prises, dans le domaine de la promotion et de la protection de la femme[389].

545. Dans l'Avant – propos de Helene Clark, Administrateur du PNUD, après les études sur la persistance des inégalités entre hommes et femmes, « Le PNUD recommande d'accélérer l'autonomisation des femmes à tous les niveaux de la société, au sein du foyer et de la communauté, dans les domaines de la santé et de l'éducation, au travail et en matière de participation politique et de leadership. Bien que des avancées considérables aient été réalisées sur de nombreux fronts dans la plupart des pays, l'égalité des genres est encore loin d'être satisfaisante. Pour réduire les écarts entre hommes et femmes, le présent rapport adopte une approche de l'égalité des genres et de l'autonomisation des femmes en Afrique axée sur l'économie politique »[390].

b. LA DISCRIMINATION FONDEE SUR LA RELIGION

546. Le pape Jean-Paul II, dans l'encyclique Evangelium vitæ, affirme que tous les Hommes et seuls les Hommes sont titulaires de droits, car ils sont les seuls êtres capables de reconnaître et d'adorer leur Créateur. Toute personne a le droit de choisir et de manifester sa religion.

---

[389] Soyata MAÏGA, avec l'appui technique de IPAS- Alliance Afrique, elle a initié les Observations Générales N ° 2 sur l'Article 14.1 a, b,c et f et Article 14. 2 a et c du Protocole à la Charte Africaine des Droits de l'Homme et des Peuples relatif aux Droits de la Femme en Afrique avec un accent particulier sur la santé sexuelle et reproductive.

[390] Helen Clark, Rapport sur le développement humain en Afrique 2016. Helen Clark, Administrateur du PNUD recommandait d' accélérer les progrès en faveur de l'égalité des genres et de l'autonomisation des femmes en Afrique, 2016. Le PNUD pilote projet de coopération et assistance des Agences du système des Nations-Unies avec les États à travers UNDAF qui est le cadre de coopération et engagements des États comprenant les droits humains et les ODD.

547. La Déclaration universelle des droits de la personne par les religions du monde comprend quelques principes très importants et utiles pour lutter contre la discrimination fondée sur la religion. En effet, la Déclaration dispose que : « Toute exclusion des religions du monde comme ressources positives quant aux droits de la personne est nuisible et va à l'encontre de la vie quotidienne; les diverses communautés constituant les peuples du monde doivent non seulement échanger des idées mais également des idéaux; les religions, idéalement, incitent les êtres humains à vivre dans une société juste et non pas juste dans n'importe quelle société; on ne doit pas idéaliser la réalité, mais s'efforcer de réaliser l'idéal »[391].

548. La religion est une arme redoutable pour le bien ou pour le mal. Les adeptes et ou fanatiques des religions sont souvent instrumentalisés pour des raisons politiciennes et se lancent dans la violence. Les leaders religieux devraient servir Dieu et leurs brebis pour la dignité de l'être humain créé à l'image de Dieu. Il est un truisme de dire que la loi divine et de la nature précèdent et s'imposent à l'État. Les dirigeants et les fonctionnaires des États viennent et passent alors que les personnes créées à leur ressemblance et à la ressemblance de Dieu demeurent. De ce fait, la religion est un outil qui devrait servir les leaders religieux et les leaders politiques à créer un environnement favorable à la promotion et à la protection universelle des DH et non pas à encourager la haine, l'intolérance religieuse et la violence.

549. La religion est au centre de plusieurs conflits en Afrique. Le cas le plus en vue est celui des catholiques et les musulmans au Nigeria. Dans la toile de fond, certains mouvements terroristes sont mués aux mouvements des religions tels le BOKO-HARAM, Armée du Seigneur, Djiyadistes, ADF-NALU. Les politiciens manipulent parfois les sensibilités de religion d'autant plus que les africains restent attachés aux religions et aux croyances ancestrales. Si pendant la colonisation, à titre d'exemple, en RDC, la religion de « vanda » avait servi à s'opposer à la politique belge ; il n'est pas étonnant de constater l'ampleur de certains phénomènes tels que le mouvement de résistance dit « Kamwena Sampu » dans le Kasaï et le mouvement « Mbudu dia kongo – mbudu dia mayala » ayant

---

[391] Déclaration universelle des droits de la personne par les religions du monde (Projet de Déclaration Arvind.Sharma@mcgill.ca Janvier 2003) très intéressant par rapport à son objectif.

entrainé de la violence et des violations graves des droits de l'homme, en 2016 et 2017. Il conviendra de pousser des recherches sur les religions africaines et la quête de la dignité et de la liberté des personnes.

c. LA DISCRIMINATION FONDEE SUR LA RACE

550. Les préjugés raciaux et la discrimination fondée sur la race sont à la base de plusieurs conflits et violations des droits de l'homme. Que faut-il entendre par discrimination fondée sur la race ? Quel est l'état des lieux sur la question ? Quels sont les instruments de promotion et de protection y relatifs ?

551. La discrimination raciale vise toute distinction, exclusion, restriction ou préférence fondée sur la race, la couleur, l'ascendance ou l'origine nationale ou ethnique, qui a pour but ou pour effet de détruire ou de compromettre la reconnaissance, la jouissance ou l'exercice, dans les conditions d'égalité, des droits de l'homme et des libertés fondamentales dans les domaines politiques, économiques, social et culturel ou dans tout autre domaine de la vie publique[392].

552. Il est évident que le racisme, la xénophobie, l'intolérance fondée sur la race, la tribu, l'ethnie … sont à la base de plusieurs conflits et violations des droits de l'homme dans le monde et dans les États. Il faudra faire la part de chose entre la discrimination et la distinction ou restriction et préférences que l'État peut entretenir entre les nationaux ou ressortissants du dit État et les non-ressortissants dans certains domaines précis notamment l'exercice du commerce en gros ou en détail. Le principe de réciprocité et quelques conventions bilatérales ou multilatérales fixent certaines de ces questions.

553. La discrimination raciale et ses dérivées sont combattues à travers plusieurs instruments nationaux, régionaux et internationaux notamment, sur le plan international par : la Convention n°169 relative aux peuples indigènes et tribaux adoptée le 27 juin 1989 et entrée en vigueur le 5 septembre 1991, la Déclaration des droits des personnes appartenant à des minorités nationales ou ethniques, religieuses et linguistiques adoptée par l'AG-NU le 18 décembre 1982, la Convention n° 100 sur l'égalité de rémunération adoptée

---

[392] Article 1er de la Convention internationale sur l'élimination de toutes les formes de discrimination raciale adopté le 21 décembre 1965 par l'AG-NU et entrée en vigueur le 4 janvier 1969.

par la Conférence générale de l'OIT à sa 34° session du 29 juin 1951 et entrée en vigueur le 23 mai 1953 ; la Convention n°111 concernant la discrimination (emploi et profession) adoptée par la Conférence générale de l'OIT à sa 82° session du 25 juin 1958 et entrée en vigueur le 15 juin 1960; la Convention internationale sur l'élimination de toutes les formes de discrimination raciale adopté le 21 décembre 1965 par l'AG-NU et entrée en vigueur le 4 janvier 1969 ; la Déclaration sur la race et les préjugés raciaux adoptée par la Conférence générale de l'UNESCO à sa 20° session le 27 novembre 1978 ; la Convention concernant la lutte contre la discrimination dans le domaine de l'enseignement[393] adoptée par la Conférence générale de l'UNESCO à sa 11° session le 14 décembre 1960 et entrée en vigueur le 22 mai 1962 et la Déclaration sur l'élimination de toutes les formes d'intolérance et de discrimination fondée sur la religion ou la conviction proclamée par l'AG-NU le 25 novembre 1981 par la Résolution 36/55.

554. La Conférence sur la Sécurité et la Coopération en Europe (CSCE) avait initié le mécanisme de Haut- Commissaire pour les minorités nationales au sein de l'Europe, depuis décembre 1992[394]. Sa fonction est de donner rapidement une alerte afin que des mesures soient prises rapidement lorsqu'il y a des tensions du fait des questions de minorités. Le Haut- Commissaire a le pouvoir de visiter tout État membre et recueillir toutes sortes d'information dans les États membres, en rapport avec son mandat. Il reçoit toutes les informations utiles de toutes les parties prenantes notamment les Autorités du pays, les partenaires internationaux et les ONG en vue de résoudre les problèmes.

555. Le Comité contre la discrimination raciale instituée par la Convention des Nations Unies sur l'élimination de toutes les formes de discrimination raciale est le mécanisme de base pour éliminer la discrimination fondée sur la race pendant qu'en Afrique, la question la plus préoccupante en rapport avec la situation des minorités est celle des populations autochtones abordée dans les pages qui suivent. Il y a aussi des minorités religieuses dont la crise en Afrique du Nord entre les chrétiens et les musulmans.

---

[393] Un mécanisme de suivi de cette Convention était institué par le Protocole instituant une Commission de conciliation et de bons offices chargée de rechercher la solution des différends qui naîtraient entre États parties à la Convention.

[394] Leah LEVIN, op.cit., p.50

d. LA DISCRIMINATION FONDEE SUR L'ORIGINE NATIONALE

556. La nationalité établit un lien juridique entre une personne et un État. Toute personne devra bénéficier au moins de la protection d'un État. Comment déterminer la nationalité d'une personne ou quelle en est la preuve? Comment résoudre les conflits au sujet de la nationalité ? certains pays acceptent la double nationalité et d'autres non. En fait, la question de la nationalité relève de la loi de chaque pays[395]. Il sied de préciser que la notion de souveraineté dans le domaine de nationalité est relative tel que précisé par l'Avis consultatif[396] de la Cour permanente de justice internationale sur les décrets de nationalité de la Tunisie et du Maroc de 1923, et la Convention de la Haye de 1930 sur certaines questions relatives aux conflits entre les lois sur la nationalité.

557. Dans une étude de Afrimap, il a été conclu que : « Dans un trop grand nombre de pays africains, les lois et pratiques régissant la nationalité ont pour effet de laisser des centaines de milliers de gens sans nationalité. Les apatrides africains constituent l'un des groupes des populations les plus vulnérables du continent. Ils ne peuvent ni voter ni se présenter à des élections ; ils ne peuvent ni inscrire leurs enfants à l'école, ni voyager librement ou posséder une propriété foncière ; ils ne peuvent pas être employés par l'État; ils sont exposés aux violations des droits humains. La situation d'apatride sous-tend et exacerbe les tensions intercommunautaires, interethniques, et interraciales dans beaucoup de régions du continent. »

558. La Convention de 1951 relative au statut de réfugié et la Convention de 1954 sur le statut des apatrides ainsi que le Protocole de Maputo et le protocole à la Charte africaine sur les droits et le bien-être de l'enfant sont des instruments importants à mettre en œuvre dans le

[395] Bronwen MANBY, « Les lois sur la nationalité en Afrique Une étude comparée », in Afrimap, 2010, p.63 Consulter aussi les recherches de CODESRIA : https://www.codesria.org/spip.php?article2814&lang=en

[396] HCDH : Nationalité et apatridie. Un guide pour les parlementaires, Guide pratique à l'usage des parlementaires n° 11 – 2005, p.8 «La question de savoir si une affaire relève exclusivement ou non de la souveraineté intérieure d'un État est une question essentiellement relative. Elle dépend du développement des relations internationales».

système africain de promotion et de protection des droits de l'homme et des peuples, en ce qui concerne les réfugiés[397].

559. La discrimination fondée sur la nationalité entraîne plusieurs conséquences néfastes sur la paix, la sécurité et le développement d'un État[398]. Il convient d'intérioriser qu'il n'y a pas d'étrangers sur cette planète Terre. La discrimination fondée sur la nationalité ou autre « origine nationale » peut être comprise comme la nationalité qu'une personne possédait initialement, mais qu'elle a soit perdue, soit conserve en complément d'une autre nationalité acquise par naturalisation ; elle peut aussi se référer à l'attachement d'une personne envers une « nation » au sein d'un État (comme l'Écosse dans le Royaume-Uni).

560. En Afrique, les conflits de nationalité sont récurrents. On peut pour nous en convaincre évoquer le phénomène de « l'ivoirité », le phénomène de l'ambiguïté de la nationalité congolaise (les hauts fonctionnaires sont nommés et renoncent à leur nationalité étrangère par la suite) et le phénomène de doute sur la nationalité des dirigeants, à travers plusieurs africains. La suppression du principe de l'exclusivité de la nationalité dans tous les États africains est souhaitable.

561. Les États africains doivent ratifier la Convention de l'ONU relative au statut des apatrides et la Convention sur la réduction des cas d'apatridie. Pourquoi ne pas adopter une Convention spéciale au sein de l'UA pour gérer le problème des nationalités et des apatrides.

e. LA DISCRIMINATION FONDEE SUR L'OPINION

562. Toute personne a droit de se forger une opinion et de transmettre son opinion à d'autres personnes. L'opinion politique est parfois mal digérée et cela est à la base de la discrimination et des conflits dans la société. Il importe de signaler qu'il est recommandé d'adopter le comportement et attitudes appropriés pour éviter la discrimination fondée sur l'opinion. Entre autres opinions très disputées, il y a l'opinion religieuse et l'opinion politique. La tolérance est requise quant à ce. Peut-on censurer l'opinion d'une personne ?

---

[397] Lire les Conclusions et recommandations de la Conférence ministérielle sur l'apatridie au sein de la CEDEAO. Réunion des experts tenue du 23 et 24 février 2015 à Abidjan.

[398] Agence des Droits fondamentaux de l'Union européenne : Manuel de Droit européen en matière de non-discrimination, Luxembourg, 2011, p.176

563. Au Bénin, dans une Affaire, la Cour constitutionnelle a jugé que : « La liberté d'opinion dont jouit chaque citoyen ne saurait constituer une porte ouverte à des propos ou à des écrits de nature à inciter à enfreindre les dispositions constitutionnelles que les citoyens ont le devoir sacré de respecter en toutes circonstances ». L'article 34 impose à tout citoyen béninois, civil ou militaire, "le devoir sacré de respecter en toutes circonstances, la Constitution et l'ordre constitutionnel établi ainsi que les lois et règlements de la République». Cette décision faisait suite à une lettre ouverte au Président Boni tandis que l'article 42 prévoit que : « Le Président de la République est élu au suffrage universel direct pour un mandat de cinq ans renouvelable une seule fois. En aucun cas, nul ne peut exercer plus de deux mandats présidentiels ». L'impact de l'opinion des acteurs publics tenus au devoir de neutralité et les Hauts responsables devrait imposer réserve et retenue[399].

564. La Commission africaine dans la communication 211/98Legal Ressources Foundation c. Zambie avait conclu, entre autres, que « Toute mesure visant à exclure un groupe de citoyens d'une participation aux processus démocratiques est discriminatoire et est en porte-à-faux avec la Charte africaine » ainsi la Cour africaine a déclaré les dispositions constitutionnelles qui interdisent les candidatures indépendantes aux élections présidentielles et législatives ont pour effet de créer une discrimination à l'égard de la majorité des Tanzaniens et constitue de ce fait, une entrave au droit à la non-discrimination, consacré à l'article 2 de la Charte africaine d'autant plus que « Nul ne peut être obligé de faire partie d'une association sous réserve de la solidarité », suivant l'article de la CADHP[400].

[399] Le 21 juillet 2014, Monsieur Jean Claude Dossa adressait à la Cour constitutionnelle une requête enregistrée à son Secrétariat le 22 juillet 2014 sous le numéro 1382/096/REC, par laquelle il demandait à la Cour de déclarer inconstitutionnels les propos tenus par le Ministre de l'Agriculture, de l'Elevage et de la Pêche, Madame Fatouma Amadou Djibril. La Cour du Bénin avait tranché en ses termes : « l'exigence de respect de la Constitution est encore plus grande s'agissant d'un Ministre de la République dont l'impact de l'opinion sur la conscience collective est plus fort que celui d'un citoyen ordinaire ».

400 Centre for Human Rights University of Pretoria : Recueil des arrêts, avis consultatifs et autres décisions de la Cour africaine des droits de l'homme et des peuples Recueil de jurisprudence de la Cour africaine Volume 1 (2006-2016), éd. PULP, 2019, 855p.

f. LA DISCRIMINATION FONDEE SUR L'ORIGINE SOCIALE

565. Les discriminations fondées sur l'origine sociale et ethnique sont néfastes et portent atteinte à la dignité de la personne humaine tout en frappant des groupes sociaux. Ces discriminations sont réelles ou supposées et produisent des attitudes et discours qui ne sont pas forcément intentionnels. Elles constituent une entrave majeure à la liberté individuelle et à l'égalité de traitement.

566. Les discriminations[401] se manifestent fréquemment dans le domaine de l'emploi dans le secteur privé et public. L'origine des personnes est souvent à la base d'un drame social qui se manifeste par la mise à l'écart systématique de Curriculum Vitae, le refus de candidature à l'embauche, l'attribution systématique de tâches ou de postes en fonction de l'origine, la disqualification des personnes employées, l'inégalité salariale et dans l'accès à la formation , à la promotion ou l'exécution des missions de service .... .

567. Au nom de l'universalité des droits de l'homme, toutes les personnes quelle que soit leur origine sont protégées. La Déclaration des droits des personnes appartenant à des minorités nationales ou ethniques, religieuses et linguistiques ainsi que la Convention sur les droits des migrants et les membres de leur famille sont à compter parmi les instruments internationaux de l'ONU pour éliminer les discriminations fondées sur l'origine sociale des personnes. De manière particulière en Afrique, les réfugiés et les populations autochtones jouissent en principe d'une protection particulière.

g. LA DISCRIMINATION FONDEE SUR LA FORTUNE

568. Plusieurs Déclarations tentent de relever le niveau économique et social qui a un impact non négligeable sur la dignité des personnes. Nous pouvons énumérer notamment la Déclaration sur le progrès et le développement dans le domaine social, la Déclaration universelle pour l'élimination définitive de la faim et de la malnutrition, la Déclaration sur l'utilisation du progrès de la science et de la technique dans l'intérêt de la paix et au profit de l'humanité , la Déclaration sur les droits des peuples à la paix et la Déclaration sur le droit au développement. Les riches peuvent influencer les mesures

---

[401] La Haute Autorité de lutte contre les discriminations et pour l'égalité (Halde), créée par la loi de décembre 2004.

et actions des dirigeants au détriment des pauvres. On peut observer le phénomène de la distribution de la justice dans un contexte dominé par la corruption. Dans tous les domaines de la vie sociale, les fonctionnaires et les dirigeants devraient tirer attention à la discrimination fondée sur la fortune pour éviter la création des castes et des classes sociales prêtes à saper l'égalité des citoyens.

h. LA DISCRIMINATION FONDEE SUR LA NAISSANCE OU L'AGE

569. Les enfants sont bénéficiaires des droits de l'homme. Ils constituent une catégorie spéciale à qui l'on a consacré quelques droits spécifiques dénommés droits de l'enfant. Si l'âge est le facteur déterminant qui détermine la personne qui jouit des droits de l'enfant, les États fixent dans leur droit interne l'âge de majorité[402].

570. Plusieurs normes relatives aux DH notamment la Convention relative aux droits de l'enfant adoptée par l'AG-NU le 20 novembre 1989 dans sa Résolution 44/25, le Protocole facultatif à la Convention relative aux droits de l'enfant , concernant la vente d'enfants, la prostitution des enfants et la pornographie mettant en scène des enfants adoptée par l'AG-NU le 25 mai 2000 dans sa Résolution 54/263 et entrée en vigueur le 18 janvier 2002 ; le Protocole facultatif à la Convention relative aux droits de l'enfant concernant l'implication d'enfants dans les conflits armés adopté le 25 mai 2000 dans sa Résolution 25/263 et entrée en vigueur le 12 février 2002 ; la Convention n°138 sur l'âge minimum adoptée par la Conférence générale de l'OIT à sa 58° session le 26 juin 1973 ; la Convention n°182 sur les pires formes de travail des enfants adoptée par la Conférence générale de l'OIT le 17 juin 1999 à sa 87° session et entrée en vigueur le 19 novembre 2000 ; les Principes des Nations Unies pour les personnes âgées adoptés par l'AG-NU du 16 décembre 1991 dans sa Résolution 46/91, principes de Riyad, principes de Beijing garantissent les droits des enfants.

571. Les africains mettant leurs réalités sur la situation des enfants et les conditions économiques, politiques et sociales, ils ont adopté la Charte africaine sur les droits et le bien-être de l'enfant. Les enfants

---

[402] Henri WEMBOLUA OTSHUDI, « L'anachronisme du Décret du 6 décembre 1950 sur l'enfance délinquante: cas du flou sur la majorité pénale en R.D.C », in Revue internationale des droits de l'enfant, éd DEI-Belgique, n°12, 2007, pp15-23

africains souffrent des conséquences du Sous-développement et l' on devra déplorer le taux élevé de mortalité infantile, les problèmes d'insuffisance des soins de santé appropriés, les mutilations[403] génitales féminines (MGF), l'abandon ou la rupture de relation avec la famille du fait de la pauvreté des parents, les conflits internes et les déplacements de population… La Charte a eu le mérite de fixer la majorité à 18 ans.

572. Bien plus, théoriquement fidèle à logique des droits et des devoirs, l'enfant africain porte le poids des devoirs et des responsabilités, peut-être vides de contenu, envers sa famille et la communauté. Il est impliqué dans les conflits armés et exploités dans les pires formes de travail et parfois dans l'exploitation sexuelle pour les filles jusqu' à faire l'objet de vente !

i. LA DISCRIMINATION CONTRE LES PERSONNES HANDICAPEES (Personnes souffrant d'un handicap[404])

573. Les Personnes handicapées n'ont pas toutes les chances pour jouir et exercer les libertés universellement reconnues à tout être humain du fait du handicap physique et une organisation injuste de la société par manque de précaution. Que dira-t-on d'un handicapé moteur qui n'a les moyens pour se procurer un vélo ou celui qui ne peut accéder aux infrastructures et lieux publics ? si les États ont beaucoup de responsabilité pour promouvoir les handicapés, il n'en est pas moins vrai que les familles qui ne manifestent pas d'amour et de soins pour leurs frères et sœurs, enfants ou parents devraient éviter la discrimination et la stigmatisation des personnes handicapées.

574. Sur le plan social et médical, le handicap est une déficience vis- à-vis d'un environnement en termes d'accessibilité, d'expression, de compréhension ou d'appréhension. C'est « toute limitation d'activité ou restriction de participation à la vie en société subie dans son environnement par une personne en raison d'une altération

---

[403] L' Afrique lance Objectif « Zéro excision à l'horizon2030 ». Le 6 janvier est célébré la journée mondiale de la lutte contre les mutilations génétales féminines. La Cour fédéral suisse a donné le 6 avril 2019 une jurisprudence importante qui sanctionne les auteurs des mutilations génétales commises en Suisse ou en dehors de la Suisse lorqu'ils s'y retrouvent.

[404] L'Observation générale n°5 a consacré le terme Personne souffrant d'un Handicap au lieu de personnes handicapées laissant supposer que la capacité de l'individu de fonctionner en tant que personne était diminuée.

substantielle, durable ou définitive d'une ou plusieurs fonctions physiques, sensorielles, mentales, cognitives ou psychiques, d'un poly handicap ou d'un trouble de santé invalidant. »

575. Face à cette situation qui diminue l'égalité de chance pour une catégorie de personnes, les États ont l'obligation d'améliorer leurs conditions de vie et leur situation ayant un impact direct sur leur dignité et sur leur vie économique, sociale et culturelle. Le comité des droits économiques, sociaux et culturels a constaté qu'environ 80% de personnes vivant avec handicap se retrouvent dans les Pays en développement et de plus en plus dans les zones rurales.

576. En vue de réaliser l'égalité des personnes sans aucune discrimination conformément aux dispositions de la DUDH et de la CADHP, il est recommandé aux États de prendre des mesures appropriées pour surmonter les désavantages découlant de la situation d'handicap ou motif d'invalidité qui frappe certaines personnes et ne leur permettent pas de jouir de l'égalité en droits et en dignité.

577. Les principaux instruments relatifs aux droits des personnes handicapées sont la Convention relatives aux droits des personnes handicapées, les Principes pour la protection des personnes atteintes de maladie mentale et amélioration des soins de santé mentale adoptés par l'AG-NU le 17 décembre 1991 dans sa résolution 46/119, Règles pour l'égalisation des chances des handicapés adoptées par l'AG-NU le 20 décembre 1993 dans sa Résolution 48/96 , Déclaration des droits des personnes handicapées proclamée par l'AG-NU le 9 décembre 1975 dans sa Résolution 3447 (XXX) et la Déclaration des droits du déficient mental proclamée par l'AG-NU le 20 décembre 1971 dans sa Résolution 2856 (XXVI) ainsi que la Convention relative aux droits des personnes souffrant de handicap adoptée le 16 décembre 2006 et entrée en vigueur le 3 mai 2008 sont les principaux instruments de promotion et protection des droits des personnes vivant avec handicap.

578. A propos des personnes handicapées, le comité des droits de l'homme, dans son observation N°5 à l'occasion de sa onzième session de 1994 a précisé que : « Les personnes souffrant d'un handicap peuvent manifestement se prévaloir de la gamme tout entière des droits consacrés dans la DUDH et voire dans le PIRDCP. Les États sont exhortés à prendre des mesures appropriées, dans toute la mesure de leurs moyens, pour aider ces personnes à surmonter les désavantages liés à leur état ».

579. Les États ont l'obligation d'éliminer la discrimination pour raison d'invalidité et la mise en œuvre des droits des personnes handicapées ainsi que la prise en compte de l'égalité de droits des hommes et femmes. Les personnes souffrant d'un handicap, leur droit d'être protégé contre le chômage, leur droit à la sécurité sociale, la protection de la famille ainsi que des mères et des enfants, leur droit à un niveau de vie suffisant, leur droit à la santé physique et mentale, leur droit à l'éducation et leur de participer à la vie culturelle et de bénéficier du progrès scientifique doivent être une préoccupation pour les États[405].

580. La Commission africaine est aussi préoccupée par la situation des personnes vivant avec handicap. Souffrant de plus en plus de l'exclusion dans les lieux publics, à l'occasion de sa 18ème Session extraordinaire, réunie du 29 juillet au 7 août 2015, à Nairobi, au Kenya, la Commission africaine des Droits de l'Homme et des Peuples a adopté la Résolution ACHPR/Res.305 (EXT.OS/XVIII) 2015 sur l'accessibilité des Personnes handicapées. Dans cette Résolution, la Commission exhortait tous les responsables de prendre des mesures immédiates et effectives pour :

- faire de telle sorte que tous les aménagements et services ouverts ou fournis aux populations soient accessibles aux personnes handicapées ;
- veiller à ce que les réunions qui enregistrent la participation des populations se tiennent dans des lieux accessibles aux personnes handicapées ;
- veiller à ce que toutes les informations destinées aux populations en général soient diffusées dans des formats et technologies accessibles adaptés à différentes formes de handicap ;
- reconnaître et promouvoir l'utilisation du langage des signes aux niveaux national, sous- régional et continental et
- ratifier le Traité de Marrakech, pour ceux qui ne l'ont pas encore fait, afin de faciliter l'accès aux Ouvrages publiés des Personnes aveugles, malvoyantes ou incapables de lire les imprimés.

581. Les incapacités physiques des personnes en Afrique sont la cause de l'exclusion des lieux publics et davantage de l'accès aux études, au travail, aux biens nécessaires pour la satisfaction des besoins

[405] Lire la Convention relative aux droits des personnes vivant avec handicap et l'Observation n°5 du Comité des Droits économiques, sociaux et culturels sur les personnes souffrant d'un handicap(Onzième session de 1994.

primaires (logement, habillement, alimentas…). La situation des femmes et des enfants handicapés est plus grave, tant en famille qu'en public, qu'il faille une attention particulière des agents de l'État sur leur situation, une grande compassion de toute la société y compris la femme. Toute discrimination tue, violemment ou à petit feu.

j. LA DISCRIMINATION FONDEE SUR AUTRE SITUATION

582. La DUDH a fustigé quelques cas à la base de la discrimination notamment la race, le sexe… et toute autre situation. Les cas à exclure et bannir de nos actes et comportements sont légion et ce, suivant les réalités locales. A propos, on peut constater que de nos jours dans certains États, on parle de l'orientation sexuelle, ce qui n'est pas bien digérée en Afrique. Est-ce une raison pour soumettre les semblables à la torture ou traitement inhumain et dégradant ? Dans certains États, on constate un regain d'actes de violence contre les groupes LGBT comme contre les albinos, du fait de certaines croyances rétrogrades et liberticides. En tout état de cause, toute sorte de discrimination devrait attirer l'attention de la communauté pour rechercher la concorde, la paix sociale et la cohabitation pacifique. Une discrimination reste discrimination quelle que soit la cause et les justiciers perspicaces comme démontrés ci-dessus ont retenu « autre situation », là où les requérants ont évoqué, par exemple, la discrimination fondée sur la race[406].

583. Les autorités publiques sont chaque fois interpellées pour enquêter, prendre des mesures appropriées ou formuler des recommandations à toutes les parties prenantes utiles pour résoudre un problème de société qui occasionne la discrimination, dans des proportions inquiétantes. Qu'on se détrompe, il ne faut pas attendre l'aggravation d'une situation pour s'engager à intervenir car dit-on : « Il faut battre le fer quand il est chaud » !

584. On peut apprécier la bonne pratique du Nigeria ayant reconnu dans son Rapport périodique en vertu de l'article 62 de la Commission Africaine des Droits de l'Homme et des peuples que Les contraintes budgétaires n'ont pas, dans une large mesure, permis au Nigeria de s'acquitter de l'ensemble de ses obligations en matière de droits de l'homme. Bien plus, un défi majeur a été signalé. Il s' agit du problème que posent l'immensité de son territoire, ainsi que la taille,

[406] Voir Communication Ibrahima GUEYE et al. c/France à la page 116.

la diversité ethnique et la mixité religieuse de sa population de plus de 167 millions d'habitants, composée de plus de 100 groupes ethniques s'adonnant à des degrés divers à différentes pratiques culturelles et religieuses. Cette diversité, qui pourrait être un atout, est, malheureusement utilisée par divers groupes pour imposer leur idéologie, dont certains aspects ont des conséquences très négatives, en particulier sur les droits des personnes.

k. LA DISCRIMINATION FONDEE SUR LE STATUT DE L'ÉTAT ET DES GROUPES

585. L'article 20 de la CADHP dispose que : « Tout peuple a droit à l'existence. Tout peuple a un droit imprescriptible et inaliénable à l'autodétermination. Il détermine librement son statut politique et assure son développement économique et social selon la voie qu'il a librement choisie. Les peuples colonisés ou opprimés ont le droit de se libérer de leur état de domination en recourant à tous moyens reconnus par la Communauté internationale. Tous les peuples ont droit à l'assistance des États parties à la présente Charte, dans leur lutte de libération contre la domination étrangère, qu'elle soit d'ordre politique, économique ou culturel ».

586. Les peuples colonisés ou sous domination bénéficient de l'égalité en droits et dignité reconnue à tout être humain. La CADHP est complétée par d'autres instruments à l'instar de la Convention sur la prévention et la lutte contre le terrorisme qui légitime la lutte contre le terrorisme sur le continent , en ces termes : « Sans préjudice des dispositions de l'article premier de la présente Convention, la lutte menée par les peuples en conformité avec les principes du droit international, pour la libération ou leur autodétermination, et la lutte armée contre le colonialisme, l'occupation, l'agression et la domination par des forces étrangères, ne sont pas considérées comme des actes terroristes »[407]. Les États et différents groupes sont conviés à un partenariat mondial suivant l'ODD 17.

587. Pour Monsieur Emmanuel DECAUX, « La plus grosse lacune se trouve au cœur même de l'article 2. C'est la colonisation ! La Déclaration ne la remet pas en cause. Tout au plus, l'article 2 dans

---

[407] Article 3 point 2 de la Convention de l'OUA sur la prévention et la lutte contre le terrorisme adoptée lors de la 35ème session ordinaire de la Conférence des Chefs d'État et de Gouvernement de l'OUA à Alger le 14 juillet 1999, elle est entrée en vigueur le 6 décembre 200

son second alinéa vient-il dépasser le cadre territorial des États. Parce qu'elle est universelle, la Déclaration n'en finira jamais de proclamer l'égalité des droits de tous les hommes, les colonisés d'hier, comme les exclus d'aujourd'hui »[408].

588. Il n'est certes pas douteux que la norme de l'article 14 (Cour européenne des droits de l'homme) recèle des obligations négatives. La définition qu'en donne la Cour dans l'arrêt Abdulaziz, Cabales et Balkandali c/ Royaume-Uni, à savoir qu'il y a discrimination lorsqu'« un individu ou un groupe se voit, sans justification adéquate, moins bien traité qu'un autre », semble mettre l'accent plutôt sur le caractère actif du comportement incompatible avec l'article 14 de la Convention européenne des droits de l'homme. Autrement dit, l'État ne doit pas, dans ses interventions, commettre de discrimination, ni en droit ni en fait, dans la jouissance des droits énoncés par l'instrument européen. Toute violation devrait donc s'analyser, de ce point de vue, en une entrave active (et illicite) au droit du requérant à la non-discrimination. »

589. La problématique des obligations positives n'est pas pour autant étrangère à cette clause. D'abord, il est acquis, et la Cour l'a expressément jugé dans l'Affaire linguistique belge que le principe de non-discrimination s'applique à tous les droits conventionnels ainsi qu'à toutes les obligations qui en découlent, y compris aux obligations positives. L'obligation de traiter les autres avec esprit de fraternité s'impose non seulement aux autorités publiques mais aussi aux personnes privées. Les agents et fonctionnaires de l'État devraient comprendre le rôle de l'État, garant des droits de l'homme et adopter des attitudes et comportements conséquents dans l'exercice de leur travail.

590. Les agents publics devraient aller plus loin pour comprendre que la responsabilité de l'État s'étend au-delà des mesures administratives, législatives et judiciaires dans les rapports des acteurs étatiques avec les privés mais aussi dans les rapports entre individus. « L'État devrait jouer ici aussi son rôle de garant : il devrait veiller à ce que son système juridique ne permette pas la discrimination dans les rapports interindividuels, et à ce que toute violation soit dûment et efficacement sanctionnée »[409]. Les agents publics, hommes et femmes, et les services publics convaincus de leur mission, d'une

---

[408] Emmanuel DECAUX, cité par Mario BETTATI, op.cit., p.35

[409]. Jean, Op. cit. p.60 et s.

part, de respecter les droits des personnes et groupes de personnes dans leurs juridictions et d'autre part de protéger les personnes et leurs ainsi que le territoire peuvent contribuer de manière notable à la promotion et à la protection des DH. Le système politique implanté peut influencer le comportement et les attitudes des agents même si ces derniers peuvent aussi influencer positivement le système.

591. « La situation de minorités : Le Comité note avec préoccupation que dans sa décision du 28 novembre 2003, la Cour suprême n'a pas reconnu la communauté groenlandaise de Thulé comme un groupe distinct capable de faire valoir ses droits, alors que cette tribu se perçoit elle-même comme un tel groupe (art. 2, 26 et 27). L'État partie devrait porter une attention particulière à l'auto-identification des individus concernés lors de la détermination de leur statut en tant que personnes appartenant à des minorités ou à des peuples autochtones »[410].

592. La situation japonaise de la 2° Guerre mondiale : L'État partie devrait accepter la responsabilité juridique pour le système des «femmes de réconfort» et présenter des excuses sans réserve d'une manière qui soit acceptable pour la majorité des victimes et rétablisse leur dignité, engager des poursuites contre les responsables encore en vie, prendre des mesures législatives et administratives immédiates et efficaces en vue d'indemniser de manière adéquate toutes les survivantes à titre de droit, sensibiliser les élèves et la population sur cette question, réfuter et réprimer toute tentative visant à diffamer les victimes ou à nier ces événements[411].

593. Dans plusieurs États africains, les violences sexuelles y compris les violences conjugales sont récurrentes mais la réaction de la société et de l'État est timide. Il apparaît que les violations de droits de l'homme peuvent se commettre mais l'attitude et la réaction des acteurs étatiques devront sanctionner les auteurs, dissuader les autres agents, condamner publiquement les violations des droits de l'homme et prendre toutes les mesures nécessaires pour éviter la répétition.

594. La participation politique est tributaire de l'appétit du pouvoir politique de quelques dirigeants africains. Après la colonisation, les Chefs d'État regroupés au sein de l'OUA surnommé, à l'époque,

---

[410] Point 13, p.24

[411] Lire dans Wikipédia www.fr.m.wikipedia.org/wiki/Japon

« Club d'amis » se sont soutenu au pouvoir sans alternance, sans organisation des élections surtout moins préoccupés par le développement et la démocratie ainsi que la transparence et redevabilité ainsi que l'acceptation du rôle positif d'une société civile efficace, objective, neutre et indépendante, ce qui est vivement encouragé par le Président honoraire Jimmy Carter dans ces Fora d'Atlanta avec les DDH et dans plusieurs États. Les dirigeants africains ont profité pendant des années du système bipolaire pour régner sans partage de pouvoir et des richesses. Ils n'ont pas de ce fait réussi à transformer le système colonial à un système démocratique et des États colonisés aux États de Droit. Dans ces conditions, la discrimination a été imposée et certains groupes de personnes étaient victimes des violations des droits de l'homme et exclu de la gestion du pouvoir politique. La situation des autochtones est préoccupante dans plusieurs et il convient d'y réserver une attention particulière.

595. Quelques rares dirigeants africains qui méritent la reconnaissance des africains et africaines pour avoir assuré l'alternance politique[412] sont Jerry Rawlings au Ghana, Mathieu Kérékou au Bénin, Pinto da Costa à Sâo Tomé et Principe, ou encore des présidents Aristides Pereira, Antonio Mascarenhas et Pedro Pires qui se sont succédé aux îles du Cap-Vert. Par contre, bon nombre de dirigeants ont boycotté les élections[413]. Une alternance politique a été constatée en RDC avec le passage du pouvoir entre le Président KABILA Joseph sortant et le Président TSHISEKEDI TSHILOMBO Antoine Félix entrant malgré la contestation des élections, les incertitudes relatives à la composition harmonieuse entre les nouveaux et les anciens qui sont majoritaires dans les Parlements national et provinciaux ainsi que d'autres Institutions et ce, après une transition politique stressante et tragique entre la fin du mandat en 2016 et l'organisation des élections en décembre 2018.

---

[412] Club du Sahel et de l'Afrique de l'Ouest et le Club de Veille pour la Paix en Afrique de l'Ouest : La construction de la paix et de la démocratie en Afrique de l'Ouest Forum des Partis politiques, des Médias et de la Société civile en Afrique de l'Ouest Organisé conjointement, Cotonou (Bénin) 28 juin - 1er juillet 2005.

[413] On peut voir avec Joseph – Désiré Mobutu en RDC, déboulonné en 1997 par Laurent-Désiré KABILA, Gnassingbé Eyadema au Togo en 2002, Idriss Deby Itno au Tchad en 2005, Paul Biya au Cameroun en 2008, Ismaïl Omar Guelleh à Djibouti en 2010, ou Yoweri Museveni en Ouganda en 2010 et Abdoulaye Wade au Sénégal en 2012.

2. LE DROIT A LA VIE ET A L'INTEGRITE PHYSIQUE ET MENTALE

596. Tout individu a droit à la vie, à la liberté et à la sûreté de sa personne[414]. L'article 6 alinéa 1 du Pacte international relatif aux droits civils et politiques dispose que le droit à la vie est inhérent à la personne humaine. La personne humaine est sacrée (et inviolable dans certaines Constitutions/ Article 16 de la Constitution de la RDC, Article 1er de la Constitution du Mali, Article 8 Constitution du Bénin, Article 6 Constitution Sénégal[415]…). L'atteinte à la vie d'une personne est sanctionnée par la loi pénale dans tous les États africains de même les atteintes à l'intégrité physique et mentale des personnes est érigée en infraction de torture et traitements cruels, inhumains ou dégradants à charge des agents de l'État ou autres infractions comme les coups et blessures et viol sanctionnées par les codes pénaux de tous les États. Un principe fondamental interdit de manière absolue la torture tel que développé supra.

597. La Charte africaine des droits de l'homme n'a dit nulle part que la peine de mort est conforme aux valeurs traditionnelles africaines. L'Observation générale n°3 de la Commission africaine sur l' article 4 de la Charte africaine des droits de l'homme et des peuples sur le droit à la vie a précisé dans ces points 22 et 23 ce qui suit : « La Charte africaine ne contient aucune disposition reconnaissant la peine de mort, même dans certaines circonstances, et la Commission a, à plusieurs reprises, adopté des résolutions appelant les États à abolir la peine de mort ou à établir un moratoire conformément aux tendances observées sur le continent et au plan mondial. La grande majorité des États africains ont maintenant aboli la peine de mort en droit ou dans la pratique. Le droit international exige que les États qui n'ont pas encore aboli la peine de mort adoptent des mesures dans ce sens afin de garantir les droits à la vie et à la dignité, en plus des autres droits tels que le droit de ne pas être soumis à la torture ou à des peines ou traitements cruels, inhumains ou dégradants. Les États qui ont aboli la peine de mort dans leur législation ne doivent pas le réintroduire, ni faciliter les exécutions dans des États favorables au maintien de la peine de mort par le biais du

---

414 Article 3 de la DUDH.

415 La personne humaine est État a l'obligation de la respecter et de la protégéer. Le peuple sénégalais reconnait l'existence des DH inviolables et inaliénables.

refoulement, de l'extradition, de l'expulsion ou d'autres moyens y compris la fourniture d'un appui ou d'une assistance qui pourrait aboutir à la condamnation à mort ».

598. Quant aux Observations générales n° 6 et 14 du Comité des droits de l'homme, elles invitent les États à prévenir les guerres et les autres actes de violence collective. Des conflits armés internes et internationaux, des attentats, des actes de barbarie et de la criminalité de toutes sortes, des violences sexuelles inouïes causent la mort à plusieurs personnes dans le monde et ce, inutilement. Les États doivent prendre toutes les mesures possibles pour diminuer la mortalité infantile et accroître l'espérance de vie, et en particulier des mesures permettant d'éliminer la malnutrition et les épidémies. Il est donc du devoir des États de prendre toutes les mesures possibles pour assurer un niveau de vie suffisant et de prévenir les guerres, les actes de génocide et les autres actes de violence collective qui entraînent la perte inutile et arbitraire de vies[416].

599. Le Droit à la vie est un droit indérogeable c'est-à-dire un droit garanti et protégé dans toutes les circonstances de paix ou de guerre. La Cour européenne, la Cour interaméricaine des droits de l'homme et le Comité des droits de l'homme des Nations Unies ont statué dans de nombreux cas des exécutions sommaires et arbitraires qui constituaient par définition une violation du droit à la vie. (C'est le cas de l'affaire Velasquez.) On peut dresser un inventaire des mesures administratives, des lois et édits, et décisions judiciaires voire aussi des recommandations faites aux Magistrats et personnes chargées de l'application de la loi pour protéger la vie dans tous les domaines, tous les lieux de sa juridiction et dans toutes les circonstances.

600. Tout agent public de l'État devra avoir la conscience de ne poser que des actes pour respecter le droit à la vie sacrée et protéger toute personne contre les atteintes à la vie par les tiers. C'est là la mission classique et noble des Services de sécurité républicains qui ont la mission fondamentale d'assurer la sécurité des personnes et de leurs biens ainsi que les frontières nationales. Le droit à la vie est d'ailleurs en corrélation avec d'autres droits dont à titre d'exemple le droit à la santé, le droit à un niveau de vie suffisant et le droit à une alimentation saine et satisfaisante. Tous les actes et abstentions des agents publics ayant incidence à ces droits devront, selon leur

---

[416] Lire vivement l'Observation générale n° 6 du Comité des droits de l'homme.

gravité, faire objet d'enquêtes efficaces et indépendantes aboutissant aux sanctions exemplaires des agents véreux offrant en pâture le droit à la vie avec comme conséquence la responsabilité et l'image de l' État entamées. Déplorable que dans plusieurs États africains on recourt facilement à l'exécution sommaire et disparitions forcées notamment des opposants politiques et des jeunes délinquants comme le démontrent les Rapports[417] de HRW et Amnesty international pour les cas de Ruanda de 2016 à 1017 et en RDC avec différentes vagues des opérations dites « Likofi ».

601. C'est dans ce sens que la Cour européenne des droits de l'homme a voulu renforcer la responsabilité des agents et fonctionnaires de l'État qui portent atteinte à la vie des personnes au lieu de les sécuriser grâce aux moyens mis à leur disposition par la communauté. En effet, dans l'Arrêt KARAGIANNOPOULOS c. GRÈCE du 21 juin 2007, la Cour avait revu sa jurisprudence relative à l'article 2 de la Convention[418]. Elle avait décidé que cette disposition s'applique même s'il n'y a pas eu décès de la victime, dès lors que la force utilisée à l'encontre d'une personne était potentiellement meurtrière et que c'est pur hasard si celle-ci a eu la vie sauve.

602. De ce qui précède, les exécutions extrajudiciaires ou sommaires et l'usage disproportionné des armes par les Services de sécurité constitueraient une violation aux droits humains garantis dans les constitutions des États africains qui ont dans la majorité intégré les dispositions de la DUDH dans leur bloc de constitutionnalité. La vie peut-elle être considérée sacrée lorsque les agents de l'État sensés assurer la sécurité des personnes grâce aux moyens mis à leur disposition par les contribuables (citoyen(ne)s) tuent les personnes à bout portant pour réprimer une manifestation pacifique ou tuent des personnes accusées de commettre une infraction et ce, sans jugement !

603. Qu'en est-t-il alors de la responsabilité inhérente à la mort donnée par une tierce personne? La responsabilité pénale est individuelle.

---

[417] www.amnesty.org et www.hrw.org (Consulté en 2018 et 2019)

[418] L' article 2 alinéa de la Convention européenne établit les exceptions à la violation au doit à la vie pour assurer la défense de toute personne contre la violence illégale, pour effectuer une arrestation régulière ou pour empêcher l'évasion d'une personne régulièrement détenue et pour réprimer, conformément à la loi, une émeute ou une insurrection mais la jurisprudence de la Cour européenne est plus rigoureuse et protectrice de la vie humaine dite sacrée par les africains mais banalisée dans la pratique.

La responsabilité de l'État peut être engagée dans certaines circonstances lorsque l'État qui a la charge de sécuriser les personnes et leurs biens a failli à sa mission. C'est ainsi que dans l'Affaire Osman contre le Royaume-Uni en 1998, la Cour européenne des droits de l'homme a examiné une requête déposée par la famille d'Ahmed Osman abattu par l'enseignant de son fils qui prétendait qu'il y avait eu violation du droit à la vie. La Cour a considéré que, pour conclure que les autorités avaient manqué à leur obligation de prendre les mesures nécessaires à la protection de la personne dont la vie était menacée par les actes criminels d'un autre individu, deux conditions devaient être réunies : les autorités savaient ou auraient dû savoir à l'avance que le comportement criminel d'un tiers faisait planer une menace réelle et immédiate sur la vie de la victime, et elles ont négligé de prendre les mesures qui étaient de leur ressort et qu'il eût été raisonnable d'attendre d'elles, pour éviter ce risque.

604. Face à ces conditions ci-dessus, les États ont l'obligation de protéger les individus contre toute atteinte à leur vie de la part de qui que ce soit. C'est la raison d'être de la Police ou de la Gendarmerie et les autres services de sécurité qui ont la mission de protéger les populations, tant sur le plan interne et qu'à travers les frontières. Les États protègent aussi leurs ressortissants contre toute atteinte à leur vie au-delà de ses frontières notamment par le recours à l'extradition et la protection diplomatique. Bien plus, les Lignes directrices de la Commission africaine des droits de l'homme et des peuples imposent aux États les enquêtes indépendantes chaque fois qu'il y a des décès suspects. Il est dit : «Les États doivent mettre en place des mécanismes, y compris au sein des mécanismes existants de surveillance et de contrôle indépendants, chargés de réaliser des enquêtes rapides, impartiales et indépendantes sur les disparitions, les exécutions extrajudiciaires, les décès en garde à vue, la torture et les autres peines ou traitements cruels, inhumains ou dégradants, et toutes les autres violations graves des droits de l'homme »[419]

605. Dans l'Affaire Judge contre Canada, le Comité des droits de l'homme des Nations Unies a estimé en 2003 que « Le Canada, en tant qu'État partie qui a aboli la peine capitale, indépendamment du fait qu'il n'a pas encore ratifié le deuxième Protocole facultatif se rapportant au Pacte, visant à abolir la peine de mort, a commis une

---

[419] Point 42 des Lignes Directrices sur les conditions d'arrestation, de garde à vue et de détention provisoire en Afrique.

violation du droit à la vie garanti au paragraphe 1 de l'article 6 en expulsant l'auteur vers les États-Unis alors qu'il est sous le coup d'une condamnation à mort, sans demander l'assurance qu'il ne serait pas exécuté ».

606. Les États africains sont engagés vers l'abolition de la peine de mort dans la Région. Malgré les tendances rétentionnistes fondées sur la criminalité et les angoisses populaires, l'idéal de l'abolition est partagé par les leaders dont les parlementaires ayant participé à un séminaire de PGA à Kinshasa du 2 au 4 juin 2018. Une Déclaration était adoptée à l'occasion. Les participants ont décidé de travailler main dans la main afin de se débarrasser du reliquat colonial qu'est la peine capitale et développer des normes régionales afin de garantir le respect des droits de l'Homme en Afrique[420]. Pour l'Honorable ADAMBU, « Il faut amener la population à comprendre. C'est le rôle des parlementaires de tracer le chemin. Si les États-Unis avaient attendu que l'opinion publique change, l'esclavage aurait-il été aboli ? Bien plus, le Professeur NYABIRUNGU mwene SONGA considéra que « lutter contre la peine de mort, c'est améliorer l'image de la RDC dans le monde et créer de nouvelles opportunités de coopération »[421].

607. Le HCDH à travers Rupert Colville a déploré le 10 mai 2016 l'exécution de 6 personnes en Afghanistan sur fond d'un procès douteux quant au respect des droits de la défense et la torture imposée aux victimes. La Mission d'assistance des Nations Unies en Afghanistan (MANUA) a également exprimé dans un communiqué de presse ses regrets concernant l'exécution de la sentence des six condamnés à mort tout en précisant que la peine capitale ne peut pas contribuer à la sécurité publique[422]. Ces prises de position reflètent la tendance universaliste de l'abolition de la peine de mort, faut-il saluer la prise de position favorable de l'Eglise catholique quant à l'abolition de la peine de mort.

608. Pour le Rapporteur spécial, « L'année 2016 marque une étape importante dans la lutte contre l'impunité sur le continent

---

420 Hon. Reine Benao Sakandé est membre de la CEDEAO et du PGA. Son pays le Burkina-Faso a aboli la peine de mort en mai 2018.

421 Lire commentaire de Marion Chahuneau et Holly Sarkissian, membres de PGA. Le rapport et documents du séminaire sont trouvables en ligne : http://www.pgaction.org/fr/news/mps-from-francophone-africa-discuss-adp.html (Consulté le 23 juin 2018)

422 www.un.org (Site consulté le 20 mai 2016)

africain. Le 30 mai 2016, les Chambres africaines extraordinaires ont condamné à une peine d'emprisonnement à perpétuité l'ancien président du Tchad, Hissène Habré, à Dakar, au Sénégal, suite à une déclaration de culpabilité pour crimes contre l'humanité et torture. Ce fut la première fois dans l'histoire de l'Afrique qu'un ancien Chef d'État soit jugé par une Cour africaine mise en place par l'Union africaine, conjointement avec un État membre (le Gouvernement de la République du Sénégal). Ce jugement historique est un énorme bond vers la réalisation de l'un des principes fondateurs de l'Union africaine, à savoir le respect du caractère sacro-saint de la vie humaine. L'Afrique lutte contre la torture et les peines ou traitement cruel, inhumain et dégradant qu'il faille abolir la peine de mort[423] et consolider les réformes judiciaires et pénitentiaires ainsi que les politiques de lutte contre toutes les formes de criminalité et les conflits armés.

609. La résolution prise à l'occasion de la 20e Session ordinaire du 1er au 15 novembre 1999 à Kigali se fondant entre autre sur l'exclusion de la peine capitale de la nomenclature des peines applicables devant le Tribunal Pénal International pour l'ex-Yougoslavie et le Tribunal Pénal International pour le Ruanda, demande aux États parties à la CADHP de s'acquitter entièrement de leurs obligations internationales et de faire bénéficier aux personnes passibles de la peine de mort de toutes les garanties des procès équitables. La Résolution appelait aussi tous les États ayant maintenu la peine de mort à limiter la peine aux peines les plus graves, à envisager l'établissement d'un moratoire sur les exécutions capitales et à réfléchir sur la possibilité de l'abolir[424].

610. Nonobstant la tendance à l'abolition universelle de la peine de mort, plusieurs États ont encore dans leur code pénal une longue liste des infractions, souvent vagues, assorties de la peine de mort. Le Comité stigmatise les méthodes d'exécution (exécutions publiques et

---

[423] Rappelant l'article 3 de la Déclaration Universelle des Droits de l'Homme qui garantit le droit à la vie, à la liberté et à la sécurité des personnes dans la Déclaration de la Conférence continentale sur l'Abolition de la Peine de Mort en Afrique (Déclaration de Cotonou), l'UA s'est rangé clairement dans le camp des abolitionnistes. Il convient de noter que l'UA a engagé tous ses États membres à la tendance abolitionniste en vertu de sa Résolution appelant les États à envisager un moratoire sur la peine capitale.

[424] CoADHP : Résolutions adoptées par la Commission africaine des droits de l'homme et des peuples, 1988-2013, Banjul, 2013, p.96 Voir avec ECMP l'état de la torture en Afrique : http://www.ecpm.org/wp-content/uploads/flyer-afrique-screen7.pdf (Situation de 2017)

lapidation) et le nombre élevé des cas dans les régions où vivent les minorités ethniques[425] ainsi que la peine de mort retenue à charge des enfants et des femmes enceintes. Bien que la Résolution soit timide, la Commission s'est référée manifestement à l'article 6 paragraphe 2 du PIDCP et l'Observation générale no 6 (1982) du Comité relatif au droit à la vie, le recours à la grâce présidentielle, l'interdiction de l'exécution publique, le respect des droits de la défense[426]...

611. De nos jours, environ 20 États Africains ont aboli la peine de mort par voie législative ou judiciaire notamment l'Afrique du Sud, l'Angola, le Benin, le Burundi, le Burkina-Faso, le Cap Vert, la Côte d'Ivoire, le Djibouti, le Gabon, la Guinée-Bissau, l'Ile Maurice, le Mozambique, la Namibie, le Rwanda, le Sao Tomé-et-Principe, le Sénégal, les Seychelles et le Togo[427] tandis que 20 autres États observent un moratoire de fait depuis plus de dix ans (Algérie, Burkina Faso, Cameroun, Congo, Erythrée, Ghana, Kenya, Libéria, Madagascar, Malawi, Mali, Maroc, Mauritanie, Niger, Swaziland, Tanzanie, Tunisie et Zambie. Parmi les abolitionnistes de fait ou de droit, 10 d'entre eux, ont déjà ratifié le Deuxième Protocol Facultatif au Pacte International Relatif aux Droits Civils et Politiques visant à abolir la peine de mort (Afrique du Sud en 2002, Bénin en 2012, Cap vert en 2000, Djibouti en 2002, Gabon en 2014, Guinée Bissau en 2013, Mozambique en 1993, Namibie en 1994, Ruanda en 2008, Seychelles en 1994 et Togo[428] en 2016).

---

425 Rappelons qu'il n'existe pas de disposition relative aux minorités ethniques dans la DUDH. Quant à la CADH, elle fait largement référence aux populations autochtones et les peuples.

426 Comité des droits de l'homme 103e session 17 octobre-4 novembre 2011 (Examen des rapports soumis par les États parties conformément à l'article 40 du Pacte dans ses Observations finales sur la République islamique d'Iran.)

427 Le Togo avait aboli la peine de mort le 14 septembre 2016 par la ratification du 2ème protocole facultatif au Pacte international relatif aux droits civils et ppolitiques. La recommandation de l'EPU et Organes de traités reste lettre morte pour plusieurs États africains qui campent sur le moratoire.

428 Elle est abolie au Togo depuis 2009 par la loi n°2009- 011 du 24 juin 2009. Lire 6è, 7è et 8è Rapports périodiques de l'État togolais sur la mise en œuvre de la Charte africaine en vertu de l'article 62, p.17. La RDC a ratifié le 2ème protocole facultatif se rapportant au Pacte international relatif aux droits civils et politiques visant à abolir la peine de mort le 14 septembre 2016.

612. La peine de mort est rejetée pour plusieurs raisons[429] notamment le caractère sacré de la personne humaine et le droit à la vie. Aucun État ne devrait avoir le pouvoir d'ôter la vie à un citoyen ; les erreurs judiciaires qui sont naturelles, la problématique de l' effet dissuasif de la peine de mort ; le caractère discriminatoire de la peine de mort qui frappe des catégories de personnes ; le dédain de la peine de mort par les victimes des assassinats et meurtres qui ne voient pas changé leur sort (la peine de mort ne retourne pas le défunt à la vie) ; les proches du condamné souffrent injustement des conséquences de la peine de mort ; la peine de mort est inhumaine, cruelle et dégradante en voyant les conditions d'exécution et les conditions dans les couloirs de la mort infligent des souffrances psychologiques extrêmes tandis que l'exécution elle-même constitue une agression physique et mentale ; elle est appliquée en violation des normes internationales notamment des atteintes au droit à la vie et l'interdiction de la torture ; l'insistance de l'UA et de l'ONU ayant déjà pris 5 Résolutions appelant au moratoire universel sur l'utilisation de la peine de mort et à l'abolition universelle ; la difficile efficacité de la peine de mort à démontrer plus importante que d'autres peines et l'élimination physique de la personne sans idée de la réhabilitation ou rééducation. L'Eglise catholique romaine encourage l'abolition universelle de la peine de mort.

613. La Commission Africaine reste cependant préoccupée par les vagues d'exécutions manifestées ces deux dernières années dans certains pays Africains, notamment dans l'État d'Edo au Nigeria, en Somalie, au Soudan du Sud, au Botswana et en Gambie où neuf personnes qui venaient de passer des années dans le couloir de la mort ont été exécutées en secret. Elle est également préoccupée par le nombre de plus en plus important des condamnations à mort que les Tribunaux continuent à imposer en augmentant ainsi le nombre des personnes au couloir de la mort. Elle félicite les États Africains qui ont déjà légalement aboli la peine de mort[430] notamment et encourage ceux

---

[429] Consulter :https://www.peinedemort.org/zonegeo/region/92/Afrique de Sophie Fotiadi et voire les Résolutions de l'ONU appelant au moratoire.

[430] Les arguments en faveur de l'abolition de la peine de mort sont notamment le caractère sacré de la personne humaine et le droit à la vie. Aucun État ne devrait avoir le pouvoir d'ôter la vie à un citoyen d'autant plus que les erreurs judiciaires sont naturelles, l' effet dissuasif de la peine de mort est douteux, la peine de mort est discriminatoire en ce qu'elle frappe seulement une catégories de personne, les victimes des assassinats et meurtres ne trouvent pas satisfaction par la peine de mort qui ne

qui observent un moratoire sur la peine de mort à prendre des mesures juridiques en vue de son abolition. L'article 3 de la DUDH proclame que : « Toute personne a droit à la vie ». L'étude du Groupe de travail adoptée par la CADHP insiste sur le fait que : « Sans ce droit, les autres droits de l'Homme n' ont aucun sens. Tuer, avec l'autorisation de l'État, pour sanctionner un délit constitue la plus grande menace pour les droits de l'Homme et il en va de même en ce qui concerne les massacres commis en temps de guerre » [431]. La situation des assassins du Président Laurent- Désiré KABILA condamnés par la Cour d'Ordre militaire, une juridiction sans respect des garanties relatives au procès équitable et plusieurs massacres, reste pendante en RDC.

614. Il est anormal qu'un État souverain recoure à l'exécution sommaire ou extrajudiciaire ainsi que la peine de mort ou à la torture pour répondre à un crime sinon on consacre le triomphe de la criminalité d'État, l'arbitraire et une société sans loi et sans amour. La Commission Africaine invite depuis le 10 octobre 2013 les pays qui n'ont pas encore aboli la peine de mort à imposer un moratoire sur l'exécution des condamnés à mort en commuant les peines de mort déjà prononcées en peines d'emprisonnement à perpétuité. La Commission Africaine invite enfin les États membres de l'Union Africaine qui ne l'ont pas encore fait, à ratifier les instruments des

---

ressuscite pas leur être très cher, les proches du condamné souffrent injustement des conséquences de la peine de mort ; la peine de mort est inhumaine, cruelle et dégradante en voyant les conditions d'exécution et les conditions dans les couloirs de la mort. Les arguments classiques en faveur de l'abolition de la peine de mort sont notamment le caractère sacré de la personne humaine et le droit à la vie. Aucun État ne devrait avoir le pouvoir d'ôter la vie à un citoyen d'autant plus que les erreurs judiciaires sont naturelles, l' effet dissuasif de la peine de mort est douteux, la peine de mort est discriminatoire en ce qu'elle frappe seulement une catégories de personne, les victimes des assassinats et meurtres ne trouvent pas satisfaction par la peine de mort qui ne ressuscite pas leur être très cher, les proches du condamné souffrent injustement des conséquences de la peine de mort ; la peine de mort est inhumaine, cruelle et dégradante en voyant les conditions d'exécution et les conditions dans les couloirs de la mort infligent des souffrances psychologiques extrêmes tandis que l'exécution elle-même constitue une agression physique et mentale ; elle est appliquée en violation des normes internationales notamment des atteintes au droit à la vie et l'interdiction de la torture ; l'insistance de l'ONU ayant déjà pris 5 Résolutions appelant au moratoire universel sur l'utilisation de la peine de mort ; la difficile efficacité de la peine de mort à démontrer plus importante que d'autres peines et l'élimination physique de la personne sans idée de la réhabilitation ou rééducation.

[431] CADH, op. cit, p.20

droits de l'homme qui interdisent la peine de mort, en l'occurrence le Deuxième Protocol Facultatif se rapportant au Pacte International des Droits Civils et Politiques visant l'abolition de la peine de mort, et à harmoniser leur législation nationale dans ce sens.

615. A propos de l'initiative de la Loi relative à l'abolition de la peine de mort en RDC, le Professeur MBATA BETUKUMESU MANGU André, Député national en son temps, dit : « L'italien Cesare Beccaria était le premier à fustiger la peine de mort en soulignant qu'elle n'était ni utile ni nécessaire. Selon Robert Badinter, il considérait la peine de mort comme une guerre de la nation contre un citoyen et qui ne pouvait nullement avancer la cause de l'humanité[432] ».

616. Cette tendance abolitionniste en Afrique semble se confirmer avec 2 États en attente de la ratification des projets de loi portant abolition de la peine de mort. Le moratoire a été observé dans plusieurs États. En effet, il n'a été procédé à aucune exécution au Mali depuis 31 ans, en Tunisie depuis 20 ans et au Bénin depuis 23 ans[433].

617. Tous les pays lusophones notamment l'Afrique du Sud, le Cap-Vert, Djibouti, le Liberia, le Mozambique, la Namibie, le Rwanda et les Seychelles ont aboli la peine de mort et ont ratifié le 2° Protocole facultatif au Pacte international relatif aux droits civils et politiques. Cela peut être attribué à l'influence coloniale car le Portugal avait aboli la peine de mort dès 1852 pour les crimes politiques, 1867 pour les crimes ordinaires et en 1976 pour toutes les infractions.

618. Quelques questions peuvent être posées au sujet de l'abolition de la peine de mort, en Afrique. Dans les États qui n'ont pas encore ratifié le 2ème protocole facultatif au PIDCP, l'abolition est plus un sujet de passion que de la politique, de la philosophie, de la morale et de Droit[434]. Et d'ailleurs, s'il est facile d'exécuter sommairement les jeunes délinquants, bandits ou larcins qui volent à manger dans un marché, il n'est pas aisé de dénoncer les présumés auteurs des crimes graves de génocide ou crimes contre l'humanité. Ce qui est

---

[432] MBATA BETUKUMESU MANGU André, Abolition de la peine de mort et constitutionnalisme en Afrique, éd. L'Harmattan, Paris, 2011, p.24

[433] Groupe de travail sur la peine de mort en Afrique : Etude sur la question de la peine de mort en Afrique, Banjul,

[434] Dans plusieurs Constitutions africaines, la vie humaine est déclarée sacrée et mérite protection de l'État.

davantage bouleversant est que ceux qui tuent des milliers de personnes, ils s'imposent pour acquérir ou conserver le pouvoir politique ! On peut dès lors se poser les questions ci-après. Est-ce que l'abolition de la peine de mort peut encourager la criminalité ? Est-ce que dans un État post-conflit, l'abolition de la peine de mort est un acte dangereux lorsqu'on accorde des amnisties ou lorsque les criminels de guerre sont gratifiés par des postes dans l'Armée ou dans la sphère politique ? Est-ce que les parlementaires qui soutiennent mordicus la peine de mort sont eux-mêmes disposés à exécuter la peine de mort publiquement, par pendaison ou par balles et ce, sans déguisement ?

619. La peine capitale semble populaire en Afrique parce que les populations n'ont pas beaucoup de confiance aux Gouvernants, aux institutions étatiques et moins à l'appareil judiciaire. Face à l'impunité et à la corruption quasi-institutionnalisée, certaines personnes réclament la vengeance privée avant l'intervention des agents étatiques. En plus, au niveau des masses populaires, l'ignorance des droits de l'homme et de l'approche fondée sur les droits de l'Homme sur la question de la peine de mort contribue à promouvoir les arguments en faveur de la rétention de la peine de mort et le recours à la violence. La plupart des organes de traité aborde, mutatis mutandis, les questions liées au droit à la vie et relayées par les Conventions internationales contraignantes notamment les avortements clandestins, les exécutions extrajudiciaires, la torture, les détentions arbitraires, les conditions carcérales, l'usage exceptionnel et disproportionnée par les agents de sécurité face aux paisibles manifestants…

620. En somme, la mort et toutes sortes de mort est un cauchemar pour les êtres humains normaux qu'il faille que l'État lutte contre ce phénomène en amont et en aval, et, dans toutes les conditions y compris face aux criminels. Créatures extrêmement vulnérables, les êtres humains ont besoin d'une certaine forme de protection[435]. La réglementation sur la peine de mort est stricte, au sein des États. Peut-on considérer que comme il est interdit à l'État de tuer par voie extrajudiciaire et par l'application de la peine de mort, il existe un droit de mourir pour les personnes? Loin de là. On peut à cet effet se référer à l'affaire Pretty contre le Royaume-Uni. La Cour

---

[435] Kenneth MINOGUE, Historique de la notion des Droits de l'homme, in Nouveaux Horizons, 1989, pp9-25.

européenne y a résolument répondu par la négative. Les médecins n'ont pas non plus le droit de donner la mort au motif d'alléger les souffrances à un patient. Quant à la question du début de la vie, on peut dire à ce stade que : « La question est pourtant d'importance car les conséquences des manipulations génétiques, des expérimentations sur l'embryon humain ou encore des procréations médicalement assistées peuvent être très graves »[436]. La vie de l'être humain est pour les droits humains, ce qu'est le cœur pour l'organisme humain. C'est autour de la vie que gravite d'autres droits fondamentaux.

621. Sous la coordination de KAYITESI ZAINABO Sylvie, Honorable Commissaire et Présidente du Groupe de travail sur la peine de mort en Afrique, il a été constaté par la CoADHP que : « Dans de nombreux pays africains, les conditions de prison déplorables et les mauvais traitements infligés aux prisonniers dans les couloirs de la mort, et notamment l' exacerbation de leurs souffrances et la torture psychologique des membres de leur famille, anxieux pour le sort du condamné, ne sont pas compatibles avec les Normes minimales pour le traitement des prisonniers (1977), et les Mesures garantissant la protection des droits de ceux confrontés à la peine de mort »[437].

622. En 2010, au moins 670 condamnations à la peine capitale ont été imposées dans 28 États africains, six d'entre eux ayant procédé à des exécutions, à savoir le Botswana (une personne), l'Égypte (4 personnes), la Guinée équatoriale (4 personnes), la Libye (18 personnes), la Somalie (au moins 8 personnes) et le Soudan (au moins 6 personnes)[438].

623. Plusieurs ONG en Afrique notamment la Fédération internationale des ligues des droits de l'Homme (FIDH), la Coalition mondiale contre la Peine de mort, les Coalitions nationales pour l'abolition de la peine de mort, l' Amnesty International (AI) et la Fédération internationale de l'Action des chrétiens pour l'abolition de la torture (FIACAT) , Ensemble Contre la Peine de Mort (ECPM), World Coalition Against Death Penalty, AUDF et Culture pour la Justice et la Paix militent pour l'abolition de la peine de mort. La Commission africaine des droits de l'homme et des peuples a déjà

---

[436] Jean-François RENUCCI, op.cit., p.12

[437] CoADH : Etude sur la question de la peine de mort en Afrique, adoptée lors de sa 50e Session ordinaire (du 24 octobre au 7 novembre 2011), Banjul, p.47

[438] CoADH : o,p. cit. , p.16

créé un Groupe de travail sur la peine de mort et les exécutions extrajudiciaires, sommaires ou arbitraires en Afrique. Un projet de protocole à la Charte africaine relatif à l'abolition de la peine de mort en Afrique est en gestation.

624. « Si le droit à la vie fait l'objet d'un article déterminé de la Convention (l'article 2), le droit à l'intégrité s'inscrit dans des dispositions multiples. L'article 3 protège contre la torture, les traitements ou peines inhumains ou dégradants quand l'article 4 énonce l'interdiction de l'esclavage, de la servitude et du travail forcé, qui est une forme particulière d'atteinte à l'intégrité de la personne. Il y a aussi l'article 8 qui, bien qu'il protège le droit à la vie privée et familiale, a été interprété par la Cour européenne des droits de l'homme, en particulier dans la dimension «vie privée», comme protégeant contre certaines formes d'atteintes à l'intégrité physique, tel le viol[439] ».

625. Existe-t-il un droit de mourir ? Non, la vie est sacrée et il n'existe pas de droit de se donner la mort, même si la mort est naturelle. On peut lire l'affaire Pretty c. Royaume-Uni. A la question ci-dessus, la Cour européenne a répondu par la négative. Qu'en est-il des actes qui précipitent, petit à petit, la mort comme la torture ? La torture porte atteinte à l'intégrité physique des personnes et viole les droits fondamentaux des personnes.

626. Au-delà du principe de l'interdiction de la torture, la prohibition absolue est devenue un droit garanti et toutes personnes peuvent invoquer un droit à ne pas être soumis à la torture. « Nul ne sera soumis à la torture, ni à des peines ou traitements cruels, inhumains ou dégradants[440]. La torture est définie comme tout acte par lequel une douleur ou des souffrances aiguës , physiques ou mentales , sont intentionnellement infligées à une personne aux fins notamment d'obtenir d'elle ou d'une tierce personne des renseignements ou des aveux , de la punir d'un acte qu'elle ou une tierce personne a commis ou est soupçonnée d'avoir commis , de l'intimider ou de faire pression sur une tierce personne, ou pour tout autre motif fondé sur une forme de discrimination quelle qu'elle soit, lorsqu'une telle douleur ou de telles souffrances sont infligées par un agent de la

---

[439] Jean-François AKANDJI –KOMBE, Les obligations positives en vertu de la Convention européenne des Droits de l'Homme Un guide pour la mise en œuvre de la Convention européenne des Droits de l'Homme, in Précis sur les droits de l'homme, n° 7, p.21

[440] Article 5 de la DUDH.

fonction publique ou toute autre personne agissant à titre officiel ou à son instigation ou avec son consentement exprès ou tacite. Ce terme ne s'étend pas à la douleur ou aux souffrances résultant uniquement de sanctions légitimes, inhérentes à ces sanctions ou occasionnées par elles »[441].

627. L'article 5 de la DUDH a inspiré la Convention européenne des droits de l'homme de 1950, la Convention interaméricaine de droits de l'homme de 1969 et la Charte africaine des droits de l'homme et des peuples de 1981 qui interdisent aussi la torture. Dans la formulation de la Charte africaine, il est disposé que : « Tout individu a droit au respect de la dignité inhérente à la personne humaine et à la reconnaissance de la personnalité juridique. Toutes formes d'exploitation et d'avilissement de l'homme notamment l'esclavage, la traite des personnes, la torture physique ou morale, et les peines ou les traitements cruels, inhumains ou dégradants sont interdites »[442].

628. La disposition précitée se complète avec l'article 4 de la Charte africaine des droits de l'homme et des peuples qui dispose que : « La personne humaine est inviolable. Tout être humain a droit au respect de sa vie et à l'intégrité physique et morale de sa personne. Nul ne peut être privé arbitrairement de ce droit »[443] .

629. Par ailleurs, la torture est une atteinte à l'intégrité physique. Quelques États ont adopté des lois relatives à la criminalisation de la torture. On peut citer notamment l' Algérie (Art 263 bis Code pénal en 1983), le Burundi (Art 196, 197, 200 – 209 Loi n°1/05 du 22/04/2009 Portant révision du Code Pénal en 1993), le Cameroun (Art 132bis Code pénale), Egypte (Art 126 Code pénal), la Guinée Equatoriale (Art 3 Act No. 6/2006 sur la prévention et des mesures disciplinaires contre la torture) , le Madagascar (Art 2, 10- 12 Loi n°08/2008 du 25 juin 2008 contre la torture et autres peines ou traitements cruels, inhumains ou dégradants), Maurice (Art 78 Code pénal) , la République Démocratique du Congo (Loi n° 11/008 du 09 juillet 2011 portant criminalisation de la torture du 9 juillet 2011), le Sénégal (Art. 296- 1 Code pénal) et la Tunisie (Art 101 Code

---

[441] Article 1er de la Convention contre la torture et autres peines ou traitements inhumains ou dégradants.

[442] Article de la Charte africaine des droits de l'homme et des peuples.

[443] Article 4 de la Charte africaine des droits de l'homme et des peuples.

pénal). Qu'en est-il de l'application de cette loi ? L'impunité[444] des actes de tortures est encore stigmatisée dans les Rapports des Organes de traités des Nations Unies, des Rapporteurs spéciaux, de l'Examen périodique et des ONG.

630. Dans les lignes directrices[445] de Robben Island, appelée aujourd'hui « Lignes directrices MANDELA », en mémoire du nom de la célèbre prison ayant détenu Mandela[446] et plusieurs politiciens opposés à l'apartheid, en Afrique du Sud, il est recommandé aux États de prévenir et de lutter contre la torture en Afrique notamment :

- Interdire l'usage de lieux de détention non autorisés ;
- Criminaliser et condamner l'enfermement d'une personne dans un lieu de détention secret ou non officiel par un agent public ;
- Interdire la détention au secret ;
- Prendre des dispositions pour que toute personne privée de liberté soit déférée sans délai devant une autorité judiciaire où elle bénéficie du droit de se défendre elle-même ou de se faire assister par un défenseur de préférence de son choix.

631. La Spécificité de la lutte contre la torture en Afrique est que la définition est large et le tortionnaire est acteur étatique ou non, s'il agit en lien avec un agent de l'État. Le Comité dirigé par Lawrence MUTE se réfère constamment au système de l'ONU. C'est ainsi qu'il félicitait la République du Soudan du Sud et la République du Rwanda pour avoir ratifié en 2015, respectivement, la Convention contre la torture et autres peines ou traitements cruels, inhumains ou dégradants (CAT) et le Protocole facultatif à la CAT.

632. Dans l'actif de la lutte contre la torture, on peut signaler l'arrêt historique du 26 septembre 2013 rendu par la Chambre d'appel du Tribunal spécial pour la Sierra Leone dans l'affaire Charles Taylor

---

[444] Amnesty international, Rapport 2016-2017. La situation des droits de l'homme dans le monde.

[445] Les Règles adoptées par la Commission africaine des droits de l'homme et des peuples pour la promotion des droits de l'homme et pour la prévention de la torture en Afrique et des mauvais traitements en Afrique , à l'Atelier de travail tenu du 12 au 14 février 2002 sur l'Île de Robben Islande, lieu symbolique où Nelson MANDELA et plusieurs opposants au régime d'apartheid.

[446] Le 18 juillet de chaque année est décrétée « Journée internationale Nelson Mandela ». Les lignes directrices MANDELA ont été adoptées au sein de la Commission africaine des droits de l'homme et des peuples. Il y a aussi les Regles Minima des Nations Unies pour le traitement des détenus adoptées par l'ONU qui sont appelées Règles Nelson MANDELA en vertu de la Résolution 70/175 de l'AG-NU du 17 décembre 2015.

en confirmant la condamnation de l'ancien chef d'État libérien, à 50 ans de prison. Cette décision voit pour la première fois depuis les procès de Nuremberg, un chef d'État condamné par une juridiction internationale, en Afrique. La création des Chambres africaines et la condamnation de Hussein Habré une vingtaine d'années après les actes de torture est une preuve de la détermination des dirigeants africains et des organisations de la Société civile de mettre fin et si pas de diminuer sensiblement les actes de torture par la dissuasion des acteurs étatiques.

633. Le Comité pour la Prévention de la Torture en Afrique[447] a été institué pour le suivi des Lignes directrices de Robben Island (Lignes Mandela). Il a le mandat de :

- Organiser, avec le soutien d'autres partenaires intéressés, des séminaires pour diffuser les Lignes directrices de Robben Island auprès des acteurs nationaux et internationaux.
- Développer et proposer à la Commission africaine des stratégies de promotion et de mise en œuvre des Lignes directrices de Robben Island au niveau national et régional.
- Promouvoir et faciliter la mise en œuvre des Lignes directrices de Robben Island au sein des États Membres.
- Faire rapport à la Commission africaine, à chaque session ordinaire, sur l'état de la mise en œuvre des Lignes directrices de Robben Island.

634. L'imprescriptibilité de la prescription pour les actes de torture est adoptée par quelques États africains. A titre d'exemple, le Comité des droits de l'homme a accueilli avec satisfaction l'introduction au Madagascar dans le Code pénal d'un article spécial qui dispose notamment que la responsabilité pénale pour les actes de torture n'est pas soumise à la prescription[448]. De même, la loi de la RDC portant criminalisation de la torture du 10 juillet 2011 a emboité le pas au Madagascar pour ce caractère imprescriptible de la torture. Bien plus, l'article 64 de la Constitution de la RDC du 18 février 2006 classe le principe de l'interdiction de la torture parmi les droits

---

[447] Le Comité a été appelé à l'origine le Comité de suivi de Robben Island, qui a été créé par l'adoption de la Résolution 61 à la 32ème Session ordinaire tenue à Banjul, Gambie, en octobre 2002. Résolution 158 adoptée lors de la 46ème Session ordinaire tenue à Banjul, en Gambie en novembre 2009.

448 Rapport du Comité des droits de l'homme, Volume I, Quatre-vingt-quatorzième session (13-31 octobre 2008), Quatre-vingt-quinzième session (16 mars-3 avril 2009), Quatre Vingt- seizième session ,13-31 juillet 2009, p.21

de l'homme indérogeables. Selon la jurisprudence du Tribunal international de Nuremberg, l'auteur de tortures est devenu –comme le pirate et le marchand d'esclave avant lui- hostis humani generis, l'ennemi de tout le genre humain[449].

635. Malgré les lois perfectibles[450] et quelques jurisprudences, la torture est encore pratiquée dans plusieurs États et plusieurs personnes en sont victimes dans les milieux carcéraux[451], cachés ou obscurs. Quelle est la perception que les autorités judiciaires se font dans leur milieu ? Comment réagissent-elles face aux actes de torture ? comment les personnes conçoivent- elles la torture infligées aux membres du groupe ? Est-ce que tous les lieux de détention sont répertoriés et visités au niveau central de l'État ou sur le plan local ?

636. Dans la pratique judiciaire, tous les actes posés ou déclarations obtenues[452] sous la torture ne peuvent être considérés comme valables[453]. La charge de la preuve incombe aux autorités chargées

---

449 Arrêt Filartiga contre Pena-Irala (Tribunal pénal international de Nuremberg), cité par A. MALONE LINDA, op.cit., p.47

450 La Convention contre la torture impose aux États plusieurs obligations notamment : avoir une définir large conforme à l'article 1er de la Covention, garantir le droit de déposer plainte devant les autorités compétentes et de protéger les victimes et les témoins contre des représailles, veiller aux lancements d'enquêtes sans délais et impartiales sur les allégations de torture, poursuivre en justice ou d'extrader les auteurs , coauteurs et complices présumés d'actes de torture, autoriser l'extradition des tortionnaires présumés ; assistance en matière judiciaire dans les procédures pénales relatives à des cas de torture ; exclure de toute procédure les éléments de preuve obtenus par la torture, la charge de la preuve incombe à l'accusation qui devra démontrer en cas d'allégation que les preuves ont été obtenues légalement, ériger la torture en crime distinct et spécifique ; affirmer explicitement la prohibition absolue de la torture ; les moyens de défense relatifs aux ordres d'un supérieur doivent être exclus ; la possibilité d'ériger en crimes les peines ou traitements cruels, inhumains ou dégradants et sanctionner la torture en imposant des peines proportionnelles à la gravité du crime. Cetaines lois en vigueur dans les États en Afrique ne renfrerment pas tous ses éléments.

451 Dans l'Affaire CHIRWA contre Malawi (Communication 64/92), la Commission africaine avait conclu à la violation de l'article 5 de la Charte africaine, en ses termes : « Les conditions d'entassement et les actes de correction, raclées , et de tortures qui prévalaient dans les prisons du Malawi étaient contraires à cet article. Le traitement infligé aux requérants comme la détention dans un endroit totalement isolé, l'alimentation et le refus d'accès à des soins de santé adéquats étaient aussi en violation de cet article ».

452 Se référer àl'article 15 de la Convention contre la torture.

453 Avoir l'abondante jurisprudence de la Cour européenne (Arrêt Tomasi c/ France, arrêt du 27 août 1992, série A n° 241 – A pp. 40-41 § 108-111 ; Ribitsch c/ Autriche, arrêt du 4 décembre1995, Recueil des arrêts et décisions - 1996 p. 26 § 34; Aksoy c/ Turquie, arrêt du 18 décembre 1996 § 61.) Lire Aisling Reidy, L'interdiction de la

de la détention, qui doivent donner une explication plausible de la manière dont les blessures se sont produites. La crédibilité de cette explication sera évaluée, tout comme le sera la compatibilité des circonstances avec l'article 3 de la Convention européenne des droits de l'homme.

637. Il faut qu'à cet effet, les autorités judiciaires dont Ministères publics et Juges soient formés pour enquêter efficacement sur toutes les allégations des actes de torture et de violences sexuelles. Sans formation appropriée, en cas d'allégation pendant l'audition d'un présumé auteur d'une infraction, le Magistrat se limite à dire qu'il instruit sur les faits dont il est saisi. Une femme avait allégué avoir été violée pendant la détention et le Ministère public l'avait envoyé faire un test de virginité. Un autre se plaignant de la torture à la Police, le Magistrat l'avait retourné à la Police. Des mécanismes pour revoir des plaintes de torture dans les lieux de détention et la formation spéciale des Magistrats dans le domaine de violences sexuelles et protection des enfants sont importants en vue de mener, en cas d'allégation de tortures, des enquêtes pour sanctionner les auteurs et indemniser les victimes. Les peines et les traitements cruels, inhumains ou dégradants sont interdits. Tout traitement de l'être humain devra respecter sa dignité.

638. L'enfermement au secret ouvre les chances pour la pratique des actes de torture. Ce caractère secret et manque de visite ou de contrôle des lieux de détention est une faiblesse des parquets et la conséquence du renforcement à outrance du pouvoir de l'exécutif et plus particulièrement des services de sécurité. On devrait comprendre, comme l'exprime bien Amnesty international, que la mise en détention au secret est illégale. Les gouvernements doivent faire en sorte que tous les prisonniers soient traduits devant une autorité judiciaire indépendante le plus rapidement possible après leur mise en détention. Les prisonniers doivent aussi pouvoir contacter rapidement et à intervalles réguliers leurs proches, leurs avocats ou leurs médecins[454].

639. C'est ainsi que la Convention contre la torture charge tous les États de prendre toutes les mesures nécessaires pour interdire, prévenir et réparer les actes de torture et mauvais traitements dans toutes les

---

torture. Un guide sur la mise en œuvre de l'article3 de la Convention européenne des Droits de l'Homme, revue Précis sur les droits de l'homme, n° 6, Allemagne, 2003, p.39

[454] AMNESTY INTERNATIONAL : Introduction à la charte africaine des droits de l'homme et des peuples, octobre 2006, p.16

situations de garde ou de surveillance, notamment dans les prisons, les hôpitaux, les écoles[455], les institutions chargées de la protection de l'enfance, les personnes âgées, les malades mentaux ou les handicapés, et autres institutions, dans le cadre du service militaire ainsi que dans les situations où la non-intervention des autorités renforce et accroît le risque des individus.

640. La Convention contre la torture recommande aux États parties de prendre des mesures législatives, administratives, judiciaires et autres mesures efficaces pour empêcher que des actes de torture soient commis dans tout territoire sous leur juridiction. Aucune circonstance exceptionnelle, quelle qu'elle soit, qu'il s'agisse de l'état de guerre ou de menace de guerre, d'instabilité politique intérieure ou de tout autre état d'exception, ne peut être invoquée pour justifier la torture. L'ordre d'un supérieur ou d'une autorité publique ne peut être invoqué pour justifier la torture[456]. Quelques États africains ont donné écho favorable à cette interdiction absolue de la torture à travers les constitutions et les lois. A titre d'exemple, en RDC, la torture fait partie des droits indérogeables prévus par l'article 61 de la Constitution du 18 février 2006 bien que la pratique est récurrente et les tortionnaires demeurent souvent impunis.

641. Le Comité contre la torture[457] a urgemment recommandé à la RDC et voire tous les États africains ayant ratifié le protocole facultatif à la Convention contre la torture et autres peines ou traitements cruels, inhumains et dégradants à se conformer au Protocole en créant un Mécanisme National de Prévention de la torture indépendant.

642. En Droit international, il est aussi interdit d'expulser ou de refouler une personne vers un État où on peut craindre qu'elle sera soumise à la torture étant donné que l' acte de torture porte atteinte non seulement à l'intégrité physique et morale de la victime mais aussi à la dignité humaine, à la dignité du tortionnaire et à l'humanité. La jurisprudence du Comité des droits de l'homme dans la Communication Judge contre le Canada a été évoquée ci-dessus.

643. Le Comité contre la torture reçoit des communications des particuliers lorsque l'État a violé ses engagements internationaux en

---

[455] Articles 37 et 39 de la Convention relative aux droits de l'enfant.

[456] Article 2 de la Convention contre la torture et t autres peines ou traitements cruels, inhumains ou dégradants

[457] Lire les observations générales du Comité contre la torture prises à sa 66 ème session après l'examen du 2ème Rapport périodique de la RDC et du Rapport de la Côte d'Ivoire.

rapport avec l'interdiction de la torture moyennant le respect de quelques conditions de procédure et le bien-fondé de la plainte avec des preuves[458] que la personne a été victime de la torture. L'auteur doit prouver qu'il risque d'être soumis à la torture et que les motifs de croire que ce risque existe soient aussi sérieux qu'il est décrit plus haut. Il encourt aussi personnellement et actuellement les risques. Chacune des deux parties peut soumettre toute information pertinente à l'appui de ses affirmations. Les éléments suivants, qui ne constituent pas une liste exhaustive d'indicateurs applicables, seront pris en compte :

- Y a-t-il dans l'État intéressé des preuves de l'existence d'un ensemble de violations systématiques des droits de l'homme, graves, flagrantes ou massives (voir par. 2 de l'article3)?
- L'auteur a-t-il été torturé ou maltraité dans le passé par un agent de la fonction publique ou toute autre personne agissant à titre officiel ou à son instigation ou avec son consentement exprès ou tacite? Dans l'affirmative, s'agit-il d'un passé récent?
- Existe-t-il des éléments de preuve de nature médicale ou d'autres éléments de preuve de sources indépendantes à l'appui des allégations de l'auteur qui affirme avoir été torturé ou maltraité dans le passé? La torture a-t-elle laissé des séquelles?
- La situation visée à l'alinéa ci-dessus a-t-elle changé? La situation interne en ce qui concerne les droits de l'homme a-t-elle changé?
- L'auteur s'est-il livré, à l'intérieur ou à l'extérieur de l'État intéressé, à des activités politiques qui font qu'il court un risque particulier d'être soumis à la torture s'il est renvoyé, refoulé ou extradé dans l'État en question?
- Existe-t-il des preuves de la crédibilité de l'auteur?
- Existe-t-il des incohérences factuelles dans ce que l'auteur affirme? Si tel est le cas, ont- elles une incidence sur le fond[459]?

644. La Charte africaine des droits de l'homme et des peuples interdit la torture et autres actes avilissants en ces termes : « Tout individu a

[458] Victimes de la torture, les membres de famille et les OSC ont la lourde mission de documenter ou apprêter les preuves de l'existence de la torture avant de déposer une plainte car bénéficiant, dans certains États précités comme la RDC et le Madagascar de l'imprescriptibilité de l'action.

[459] Observation générale n°1: Application de l'article 3 de la Convention contre la torture (Refoulement) dans le contexte de l'article 22(Communications), Seizième session (1996), p. 141

droit au respect de la dignité inhérente à la personne humaine et à la reconnaissance de sa personnalité juridique. Toutes formes d'exploitation et d'avilissement de l'homme notamment l'esclavage, la traite des personnes, la torture physique ou morale, et les peines ou les traitements cruels, inhumains ou dégradants sont interdites »[460].

645. Le Pacte international relatif aux droits civils et politiques interdit de soumettre une personne à une expérience médicale sans son consentement[461]. Quant au traitement des détenus, selon l'article 10 du Pacte international relatif aux droits civils et politiques, « Toute personne privée de sa liberté est traitée avec humanité et avec le respect de la dignité inhérente à la personne humaine ». l'Ensemble de Règles minima des Nations Unies prescrit les règles à suivre pour respecter la dignité des personnes dans les lieux de détention notamment la séparation des détenus et condamnés, les hommes et les femmes et les adultes des enfants. Ces Règles sont appelées aujourd'hui Règles Nelson MANDELA.

646. Monsieur Gérard COHEN renseigne que : « Le 10 décembre 1998 (dans l'affaire Furundzija), une Chambre de première instance du Tribunal pénal international pour l'ex-Yougoslavie a affirmé que l'interdiction de la torture avait acquis le caractère de règle de jus cogens. Visant sans ambiguïté l'affaire Pinochet, le tribunal déclare que cette règle impérative fonde une compétence universelle de répression qui l'emporte sur toute autre règle de droit international concernant l'extradition ou les immunités diplomatiques, par exemple »[462].

647. La jurisprudence de la Cour européenne des droits de l'homme est très enrichissante et inspiratrice dans ce domaine de la lutte contre la torture. « C'est tout usage de la force physique sur une personne en situation d'infériorité, car privée de liberté (comprenant un moment de l'arrestation, de la garde à vue, l'internement administratif, la détention au parquet, à la prison et dans tous les lieux de détention secrets ou sous le contrôle de l'autorité judiciaire), qui est prohibé et tombe sous le coup de l'article 3 de la Convention européenne des droits de l'homme ».

---

460 L'article 5 de la Charte africaine des droits de l'homme et des peuples.

461 L'article 7 du Pacte international relatif aux droits civils et politiques.

462 Gerard Cohen -JONATHAN, op. cit., p. 160.

648. Pour Monsieur Frédéric Sudre, la Cour européenne retient la présomption de gravité à toute atteinte à l'intégrité physique de ses personnes privées de liberté ou en situation d'infériorité[463]. La torture en plus des traumatismes causés sur la victime déshumanise et avilit l'espèce humaine. L'obligation des autorités nationales consiste d'abord à prendre des mesures pour que les agents et fonctionnaires de l'État se gardent de commettre des actes de torture et traitement inhumain dans toutes circonstances même en cas de la lutte anti-terroriste, les infractions dites politiques comme l'atteinte à la sûreté de l'État, haute trahison, espionnage, mouvement insurrectionnel… L'interdiction de la torture est absolue et fait partie du noyau dur des droits de l'homme.

649. En plus de l'obligation de l'État à travers les agents publics dont le personnel chargé de l'application de la loi, il doit s'abstenir de porter atteinte à l'intégrité physique de ses membres et devra protéger tous les citoyens face à ses agents et aux tiers. L'obligation de protection est précisée par la Cour européenne des droits de l'homme dans son Arrêt Algûr c/Turquie (22 octobre 2002). La protection passe notamment par le droit de demander un examen par un médecin de son choix, l'accès à un Avocat et à un membre de famille, et une prompte intervention judiciaire qui garantissent la prévention des mauvais traitements. Priver ces droits fondamentaux à un détenu constitue un acte de torture et suppose d'autres actes de torture dont est victime la personne.

650. Bien plus, pour les autorités nationales, il ne suffira pas que ses agents et fonctionnaires ne commettent les actes de torture et traitements inhumains ou empêcher les tiers à le faire comme une catégorie des détenus sur les autres mais aussi la démonstration de la volonté de respecter les engagements internationaux et de lutter contre la torture en déclenchant des poursuites judiciaires chaque fois que des allégations sont faites. Il s'agira là de l'obligation procédurale qui exige que : « Tout État veille à ce que les autorités compétentes procèdent immédiatement à une enquête impartiale chaque fois qu'il y a des motifs raisonnables de croire qu'un acte de torture a été commis sur tout territoire sous sa juridiction[464] ». bien

---

[463] Arrêt Tequin c/ Turquie, 9 juin 1998. Lire Fréderic Sudre, op.cit., p.288

[464] Lire Arrêt de la Cour interaméricaine des droits de l'homme dans l'Affaire Velasquez contre Honduras du 22 juillet 1988
et Décision de la Commission africaine des droits de l'homme et des peuples dans l'Affaire contre le Zimbabwe. En fait, le Droit international des droits de l'homme

plus, « Tout État partie assure à toute personne qui prétend avoir été soumise à la torture sur tout territoire sous sa juridiction le droit de porter plainte devant les autorités compétentes dudit État qui procéderont immédiatement et impartialement à l'examen de sa cause. Des mesures sont prises pour assurer la protection du plaignant et des témoins contre tout mauvais traitement ou toute intimidation en raison de la plainte déposée. Ou de toute déposition faite »[465].

651. Le chemin de la lutte internationale contre la torture est encore long. Quelques mécanismes sont mis en place, les instruments juridiques et même des fonds des Nations Unies existent mais la pratique de la torture est quasi-généralisée. Le Rapport de Amnesty international le démontre et en appelle à la Campagne mondiale Stop la Torture. Salil Shetty, Secrétaire Général de Amnesty International introduit le Rapport de 2014, en ces termes : « Décharges électriques. Passages à tabac. Viols. Humiliations. Simulacres d'exécution. Brûlures. Privation de sommeil. Torture à l'eau. Longues heures dans des postures contorsionnées. Utilisation de tenailles, de substances médicamenteuses et de chiens. Ces mots sonnent à eux seuls comme un cauchemar. Pourtant, tous les jours et dans toutes les régions du monde, ces horreurs inimaginables sont une réalité pour des milliers d'hommes, de femmes et d'enfants. La torture est une pratique odieuse. Elle est barbare et inhumaine. Rien ne saurait la justifier »[466].

652. Les bonnes pratiques d'arrestation et de détention peuvent faire éviter la torture et autres traitements inhumains notamment : - l'arrestation devra être strictement autorisée par l'autorité compétente et bien formée ; les détentions ne sont effectuées que dans les lieux officiels de détention et soumis à l'inspection du

---

impose des obligations positives aux États de prévenir et sanctionner les violations des droits de l'homme perpétrées par des acteurs privés. En réalité, le droit des droits de l'homme impose des obligations aux États en matière de protection des citoyens et des individus dans le cadre de leur juridiction contre des actes dangereux perpétrés par une tierce partie. Ainsi, l'acte d'un individu indirectement imputable à un État, peut générer la responsabilité de cet État, non pas de son propre fait mais en raison du manque de diligence à prévenir ou du fait de ne pas avoir pris les mesures nécessaires pour accorder une réparation aux victimes.

[465] Article 13 de la Convention contre la torture et autres peines ou traitements cruels, inhumains ou dégradants.

[466] Amnesty International : Rapport La Torture en 2014. 30 ans d'engagement non tenus, Londres, 2014, p.55

Parquet et visites ; les arrestations ne sont autorisées que pour des motifs valables et dans le respect des règles procédurales ; les personnes arrêtées doivent être informées des raisons de leur arrestation et de leurs droits notamment informer leur famille et d'autres personnes et garder leur contact ; empêcher toutes formes de brutalité et violences au moment de l'arrestation et entre le lieu d'arrestation et le lieu de détention ; tenir un registre officiel et public des cas d' arrestations e détenus en précisant leur état (le jour de garde à vue, détention préventive ou condamné), avoir accès à la famille et à l' Avocat, avoir accès au mécanisme indépendant, impartial et efficace leur permettant de porter plainte sans craindre de représailles et bénéficier d'un traitement avec dignité.

653. Quant aux mécanismes généraux de contrôle et de supervision, tous les lieux où se trouvent des personnes privées de liberté doivent faire l'objet d'un contrôle effectif mené en toute indépendance par un Mécanisme National de Prévention[467] (MNP). Ces mécanismes doivent aussi surveiller le comportement des organes chargés de l'application des lois. La surveillance des lieux de détention peut être assurée par les organisations et organes suivants : les MNP mis en place en vertu du Protocole facultatif se rapportant à la Convention contre la torture, les INDH[468], les Organisations non gouvernementales nationales et internationales, les mécanismes régionaux, tels que le rapporteur spécial de la CADHP sur les prisons et les conditions de détention, les organismes internationaux, tels que le Sous- Comité des Nations-Unies pour la prévention de la torture et autres peines ou traitements cruels, inhumains ou dégradants, le Comité contre la torture et le Rapporteur spécial de l'ONU sur la torture.

654. Il appert que la torture est aussi dirigée fréquemment contre les femmes dans les cas de conflits armés, dans les lieux de détention où elles se voient imposées les relations sexuelles par les agents en échange à un traitement préférentiel, dans les lieux professionnels ou estudiantins pour leur réussite, promotion ou autres avantages.

---

[467] Lire les articles 17 à 23 du Protocole facultatif se rapportant à la Convention contre la torture et autres peines ou traitements cruels, inhumains ou dégradants adopté par l'Assemblée générale (Résolution 7/199 du 18 décembre 2002). Le Protocole est entré en vigueur le 22 juin 2006. https://www.francophonie.org/IMG/pdf/mecanismes_nationaux_de_pre_vention_de_la_torture.pdf

[468] Lire le guide pratique de création et fonctionnement des INDH : https://www.francophonie.org/IMG/pdf/guide-indh-fevrier2019.pdf

Pour la Commission africaine, la torture est comprise à la lumière de la Convention contre la torture mais son interprétation doit être large tel qu'il ressort de l'Affaire (Communication 245/98) Media Rights Agenda c/ Nigeria[469].

655. Les plus récentes Résolutions de la Commission en rapport avec la torture sont la Résolution 283 sur la situation des femmes et des enfants dans les conflits armés et la Résolution 284 sur la répression des violences sexuelles sur les femmes en République démocratique du Congo. Ces résolutions prennent note de la persistance de diverses formes de violence sexuelle dans les situations de conflit armé et dénoncent l'impunité dont jouissent les auteurs. La coopération internationale dans ce domaine de la lutte contre la torture est à encourager. La compétence universelle, le contrôle de l'extradition et le dynamisme des ONG nationales et internationales peuvent booster le respect du principe de l'interdiction absolue de la torture. Signalons la constitution par l'OMCT du Groupe régional d'Intervention judiciaire contre la torture en Afrique[470]. L'enseignement, l'information, la sensibilisation et la formation du personnel civil et militaire chargé de l'application des lois, DDH et toute personne sont vivement recommandés.

656. Les obligations des États en rapport avec l'interdiction de la torture sont multiples. On notera notamment l'obligation de fournir réparation et d'indemniser les victimes, la prise des mesures législatives, obligation de promulguer et d'appliquer la loi criminalisant la torture, obligation de prévoir des garanties procédurales et autres (Article 1, 5, 6 et 7 de la CADHP), l'abstention des agents public de torturer, obligation d'exclure toutes déclarations obtenues par la torture dans les procès[471], obligation de former le personnel…

---

[469] Elizabeth Kalekye, Les Lignes directrices de Robben Island et la Protection des femmes, in Bulletin du Comité pour la Prévention de la Torture en Afrique (CPTA) – Sixième Edition – Avril 2016, p. 3

[470] L'auteur est l' un des membres du Groupe. La première rencontre des membres du Groupe a été organisée par CACIT et l'OMCT en avril 2019.

[471] Les Lignes (Mandela) directrices de Robben Island ou Lignes Mandela conseillent aux États de « prendre des dispositions pour que toute déclaration dont il est établi qu'elle a été obtenue par usage de la torture ou d'autres peines ou traitements cruels, inhumains ou dégradants ne puisse être invoquée comme un élément de preuve dans une procédure, si ce n'est contre la personne accusée de torture pour établir qu'une telle déclaration a été faite ».

657. Chacun a le droit à la reconnaissance en tous lieux de sa personnalité juridique472. La CADHP reconnait ce droit et interdit toute forme d'exploitation et d'avilissement de l'homme notamment l'esclavage, la traite des personnes, la torture physique ou morale, et les peines ou traitements cruels, inhumains et dégradants qui sont, par ailleurs, interdits à l'article 5 de la DUDH. Les articles 5 et 6 de la DUDH sont condensés dans l'article 6 de la CADHP.

658. Tout être humain a des droits et des devoirs par le seul fait d'être un homme, une femme ou un enfant. C'est un droit inhérent à la nature humaine et inaliénable. Il s'impose à tout individu, organe, association ou institution publique et privée qui doivent le reconnaître et le respecter partout où se trouve la personne humaine qui jouit de tous les droits consacrés dans la DUDH et la CADHP, sous réserve des droits politiques réservés aux citoyens et citoyennes dans les Constitutions nationales.

659. Tous sont égaux devant la loi et ont droit sans distinction à une égale protection de la loi. Tous ont droit à une protection égale contre toute discrimination qui violerait la présente Déclaration et contre toute provocation à une telle discrimination473. L'article 3 de la CADHP a adopté le droit à l'égalité et à la non-discrimination en des termes différents. En effet, selon l'article 3 de la CADHP, il est disposé que : « Toutes les personnes bénéficient d'une totale égalité devant la loi. Toutes les personnes ont droit à une égale protection de la loi ».

660. En effet, la législation nationale proclame le droit à l'égalité devant la loi, le droit qu'a tout être humain d'être traité et protégé avec égalité. Ainsi, la loi doit protéger, en toute égalité, toutes les personnes contre tout acte tendant à priver ou à réduire la jouissance des droits en égalité avec tous les êtres humains. Pour rappel, la discrimination s'entend de tout acte qui vise toute distinction, exclusion, restriction , préférence fondée sur la race, la couleur, l'ascendance ou l'origine nationale ou ethnique , qui a pour but ou pour effet de détruire ou de compromettre la reconnaissance, la jouissance ou l'exercice , dans des conditions d'égalité , des droits de l'homme et des libertés fondamentales dans les domaines politique, économique, social et culturel ou dans tout autre domaine de la vie publique[474].

---

[472] Art 6 de la DUDH

[473] Art 7 de la DUDH

[474] On peut lire l'Article 1er de la Convention sur l'élimination de toutes les formes de discrimination à l'égard des femmes adoptée le 18 décembre 1979 et l'article 1er de la

661. La discrimination et la provocation à la discrimination sont interdites et constituent parfois des crimes ou éléments des crimes tels que l'Incitation à la haine raciale, le crime contre l'humanité, le génocide. En Afrique, dans l'Administration, la discrimination sous toutes ses formes est interdite par la Charte africaine sur les valeurs et les principes de la fonction publique et de l'administration adoptée à la XVIe session de la Conférence de l'Union à Addis-Abeba le 31 janvier 2011. Les agents publics aguerris devraient dans l'exercice de leurs fonctions, prendre des mesures adéquates pour ne pas violer le principe de la non-discrimination. Quelques mesures sont urgentes pour faire face au fléau du tribalisme et les conflits de nationalité et voire les préjugés sexistes.

662. Les États parties à la Charte africaine sur la démocratie, les élections et la gouvernance doivent éliminer toutes les formes de discrimination, en particulier celles basées sur l'opinion politique, le sexe, l'ethnie, la religion et la race, ainsi que toute autre forme d'intolérance. Ils doivent adopter des mesures législatives et administratives pour garantir les droits des femmes, des minorités ethniques, des migrants et des personnes vivant avec handicap, des réfugiés et des personnes déplacées et de tout autre groupe social, marginalisé et vulnérable. Les États parties respectent la diversité ethnique, culturelle et religieuse, qui contribue au renforcement de la démocratie et de la participation des citoyens[475].

663. Dans la pratique, les valeurs traditionnelle africaines vantées et le cadre juridique constituant le système africain de promotion des droits humains et de l'État de Droit n' ont pas encore réussi à éliminer certaines discriminations ancrées dans les mentalités et les cultures africaines pernicieuses contre certains groupes de personnes exposées à la discrimination et aux qualifications rétrogrades tels que les femmes, les albinos, les malades mentaux, les PV/VIH-SIDA, les personnes handicapées, les minorités ethniques, linguistiques, religieuses... Eliminer les discriminations en Afrique nécessite des campagnes de sensibilisation et renforcement de capacités des agents publics et des acteurs étatiques au-delà des mesures législatives et administratives à prendre par les États !

Convention internationale sur l'élimination de toutes les formes de discrimination raciale adoptée le 21 décembre 1965.

[475] Article 8 de la Charte africaine de la démocratie, des élections et de la gouvernance et l'article 32 recommandent le renforcement et le respect du principe de l'État de droit.

664. La DUDH et la CADHP ainsi que le PIDCP et la Convention contre la torture et les peines ou traitements cruels, inhumains et dégradants détaillent les actes, les comportements et les mesures à prendre par les agents étatiques et les institutions publiques. A titre illustratif, les Lignes directrices de Luanda et de Robben Island ont été assujetties à un vaste processus de consultations et d'examens par des experts des États parties à la Charte Africaine, des Institutions Nationales des Droits de l'Homme et des Organisations de la Société Civile dans toute l'Afrique pour le renforcement de la protection des droits de l'homme dans les systèmes nationaux de justice pénale. La Commission africaine des DHP en appelle à la mise en œuvre de ces recommandations et salue les Décisions dont la Communication 325/06 – entre l'Organisation Mondiale Contre la Torture et Ligue de la Zone Afrique pour la Défense des Droits des Enfants et Elèves (pour le compte de Céline) contre la République Démocratique du Congo. La fille portant pseudonyme de Céline était victime de viol collectif sur mineure. La Communication était déclarée recevable sans l'épuisement des voies de recours internes pour la simple et bonne raison que la Cour considère comme dans la Communication Jawara contre la Gambie qu'un recours est disponible lorsqu'il peut être utilisé sans obstacle par le requérant, efficace s'il offre des perspectives de succès et satisfaisant lorsqu'il est à même de donner satisfaction au Plaignant et de réparer la violation alléguée[476].

665. Dans la Communication sur des violations des droits de l'homme par le Gouvernement du Zaïre, y compris les arrestations et détention arbitraires, la torture… du 16 octobre 1990, la Commission avait conclu en ses termes : « La Commission admet l'évidence des preuves d'une série de graves violations massives des droits de l'homme et des peuples et en application de l'article 58(l) de la Charte, décide d'attirer l'attention de la Conférence des chefs d'État et de Gouvernement sur cette situation. Toute personne placée en garde à vue ou en détention provisoire doit avoir le droit, personnellement ou par l'intermédiaire de son représentant, de se pourvoir, sans délais, devant une autorité judiciaire afin que la légalité de sa détention soit examinée. Si l'autorité judiciaire considère que la détention est illégale, la personne a le droit d'être

---

[476] Communication 325/06 – entre l'Organisation Mondiale Contre la Torture et Ligue de la Zone Afrique pour la Défense des Droits des Enfants et Elèves (pour le compte de Céline) c. République Démocratique du Congo.

immédiatement libérée. Il s'agit de la surveillance judiciaire de la détention, jadis connu sous la dénomination de « habeas corpus ».

3. LE DROIT A UN RECOURS EFFECTIF

666. Toute personne a droit à un recours effectif devant les juridictions nationales compétentes contre les actes violant les droits fondamentaux qui lui sont reconnus par la constitution ou par la loi[477]. La réalisation de l'accès à la justice impose aux États le devoir de garantir l'indépendance des Cours et Tribunaux et de permettre l'établissement et le perfectionnement d'institutions nationales appropriées chargées de la promotion et de la protection des droits et libertés garantis par la présente Charte[478].

667. Cette disposition de la DUDH garantit à toute personne le droit de saisir la justice comprenant tous les mécanismes contre tous les actes qui violent ses droits et libertés garantis par la Constitution et la législation nationale y compris les Conventions internationales ratifiées par le pays. Le recours est effectif lorsque les procédures sont respectées ou lorsqu'il aboutit à la réparation[479] en faveur des victimes.

668. Le recours effectif devant les juridictions nationales implique des droits et des devoirs réciproques entre les personnes et les États. Il apparaît nettement de cette disposition de la DUDH que toute personne a droit à un recours effectif devant les services judiciaires. Que faut-il entendre par ce droit ? Il s'agit là de l'accès à la justice qui sous-entend pour l'État l'obligation de l'implantation des cours et tribunaux de proximité, la présence des effectifs de magistrats et magistrats conscients, motivés et indépendants ainsi que les agents et fonctionnaires compétents et motivés pour assurer une saine administration de la justice. Le recours effectif concerne aussi la compétence des juridictions, le respect de délais raisonnables des actes de procédure judiciaire et administratifs ainsi que le respect des droits de la défense et l'exécution des décisions judiciaires.

---

[477] Article 8 de la DUDH.

[478] Article 27 de la CADHP.

[479] En Afrique, la Résolution sur le droit à un recours et à réparation pour les femmes et les filles victimes de violence sexuelle (2007) et la Résolution sur le droit à un recours et à un procès équitable, adopté lors de sa 11ème session, tenue à Tunis, Tunisie, du 2 au 9th mars 1992 constituent une base juridique qui justifie la réparation.

669. Les magistrats conscients et compétents doivent trancher les conflits conformément à la Constitution, aux Conventions internationales dûment ratifiées par l'État et les lois de la République, non seulement pour appliquer les textes juridiques par automatisme mais dans le but ultime de rendre la justice et garantir le respect des droits humains et les libertés fondamentales. Les juges, les magistrats et les Avocats dans l'État de droit, inspirés par la Constitution, la jurisprudence internationale ou le Droit comparé et les normes internationales relatives aux droits de l'homme, ils peuvent créer la jurisprudence et booster l'adoption d'une législation en harmonie avec les Conventions internationales dûment ratifiées par les États et les instruments non contraignants qui parfois relèvent du Droit international coutumier[480].

670. La plupart de Constitutions des États africains déterminent la place qu'occupent les Conventions dans l'ordonnancement juridique national. Ainsi, dans le système moniste, les Conventions internationales occupent une place supérieure par rapport aux lois nationales. En fait, en cas de conflit entre une loi et une Convention internationale relative aux droits de l'homme, il est recommandé d'appliquer la Convention[481]. Il va de soi que l'indépendance requise pour les justiciers requiert aussi de la connaissance et la maitrise des normes internationales relatives aux droits de l'homme qui irriguent le Droit interne. Pour le Professeur Franz VILJOEN, s'agissant de la Charte africaine des droits de l'homme et des peuples, il dit : « La Charte africaine peut être utilisée comme guide en matière d'interprétation, pour déterminer le sens d'une disposition explicite de la Constitution ou de tout autre acte législatif de l'État concerné ou, plus généralement, en tant que fonction de l'interprétation judiciaire ».[482]

671. La connaissance du droit et des garanties de procès équitables par les justiciables est un droit fondamental pour toute personne mais

---

[480] La jurisprudence de la Cour interaméricaine des droits de l'homme considère le droit à l'égalité devant la loi et l'égalité de protection ainsi que le principe de non discrimination comme des normes impératives soit jus cogens.

[481] La plupart d'État africains ont ratifié la CADHP et les principales Conventions internationales des droits de l'homme de l'ONU. Ces Conventions sont supérieures aux lois nationales ou les dispositions léales au sens large qui seraient moins protectrices des droits de la personne humaine.

[482] Franz VILJOEN, L'application de la Charte africaine des droits de l'homme et des peuples par les autorités nationales en Afrique australe et orientale, Droit et Justice n°54, éd. Bruylant, Belgique , 2004, pp 73-98 .

nécessite information, formation et sensibilisation d'autant plus que « Nul n'est censé ignorer la loi », dit-on. Plusieurs lois nationales relatives au Statut des magistrats font une obligation à ceux–ci d'informer les justiciables de leurs droits et de s'abstenir de violer les droits des personnes. L'objectif 16 des ODD renforce l'obligation pour l'État d'assurer le droit d'accès à la justice ayant un impact direct sur le développement et le renforcement de l'État de Droit. Il est recommandé de « Promouvoir des sociétés pacifiques et inclusives pour le développement durable, permettre un accès à la justice pour tous et bâtir des institutions efficaces, redevables et inclusives à tous les niveaux ».

672. L'accès à la justice, c'est aussi l'exécution[483] des décisions judicaires. Cette phase est très délicate du fait des interférences politico-militaires dans le secteur de la justice. Les obstacles à l'exécution des décisions judiciaires démontrent parfois le manque de l'indépendance du pouvoir judiciaire et la fragilité ou l'absence de l'autorité de l'État. Monsieur Jéol dit que l'indépendance du pouvoir judiciaire est proclamée dans toutes les Constitutions africaines sans que soient toujours prévus les moyens de l'assurer[484].

673. A propos de l'indépendance du pouvoir judiciaire, le juge canadien Dickson a dégagé, dans l'affaire Beauregard, deux volets de la fonction de l'indépendance du pouvoir judiciaire notamment la reconnaissance que les tribunaux sont chargés uniquement de statuer sur les affaires individuelles. Le pouvoir judiciaire doit également protéger la Constitution et les valeurs fondamentales telles que l'égalité, la préservation du processus démocratique…Aux États Unis, la croyance en l'indépendance judiciaire s'accompagne d'une croyance tout aussi forte en la responsabilité démocratique[485].

674. Selon l'article 2 du Statut universel du juge, l'indépendance du pouvoir judiciaire doit être garantie par une loi spécifique. Le juge,

---

[483] Affaire Bissangou c. République du Congo (Communication 253/2002 (2007) devant la Commission africaine des droits de l'homme). La Commission partage l'avis de la Cour européenne selon lequel même l'incapacité de payer de l'État défendeur ne peut justifier le refus du ministre responsable d'exécuter une décision devenue définitive. Le droit d'être entendu garanti par l'article 7 de la Charte africaine comprend le droit à l'exécution d'un jugement.

[484] M. Jéol cité par MATADI NENGA GAMANDA, Le Droit à un procès équitable, éd. Droit et Idées Nouvelles, Kinshasa, 2002, p.45

[485] WEMBOLUA OTSHUDI Henri, De l'appropriation des normes des droits de l'homme par les magistrats pour l'indépendance du pouvoir judiciaire et la protection des droits de l'homme en RDC, in Parole de justice, 2010, Kinshasa, pp 18-31

en tant que dépositaire de l'autorité judiciaire, doit pouvoir exercer ses fonctions en toute indépendance par rapport à l'administration de la justice[486].

675. Dans une société démocratique, les juges sont les gardiens des libertés fondamentales dont les avocats sont les garants. Et de même qu'il n'y a pas d'État de droit sans juges et avocats indépendants, de même l'indépendance des premiers est l'interface ou la garante de celles des seconds. Il ne saurait y avoir de magistrats véritablement indépendants si le barreau ne l'est pas[487].

676. L'article 10 de la DUDH et l'article 14 du Pacte international relatif aux droits civils et politiques[488] se complètent et fournissent quelques détails sur le procès équitable. Il convient de rappeler que le Comité des droits de l'homme a confirmé que « Le droit d'être jugé par un tribunal indépendant et impartial est un droit absolu qui ne souffre d'aucune exception »[489]. Pour la CADHP, selon l'article 7, « Toute personne a droit à ce que sa cause soit entendue. Ce droit comprend… droit de saisir les juridictions nationales compétentes de tout acte violant les droits fondamentaux, le droit à la présomption d'innocence, le droit à la défense et l'assistance…, le droit d'être jugé dans un délai raisonnable… ».

677. L'impartialité et l'indépendance des magistrats sont mises en mal par l'absence de procédures transparentes et impartiales pour la nomination et la promotion des magistrats, les ingérences

---

[486] WEMBOLUA OTSHUDI Henri, op.cit., pp 18-31

[487] Bertrand FAVREAU, L'indépendance des avocats et des magistrats : une condition de l'état de droit, Bruxelles, 4 juillet 2003, p.2

[488] Cette disposition garantit l'égalité de tous devant les tribunaux et les cours de justice, la présomption d'innocence, les garanties de procès pénal telles que le droit d'être informé des motifs et nature de l'accusation pénale, être jugé dans un délai raisonnable, le droit à l'assistance judiciaire même d'office, la comparution des témoins à charge et à décharge, le droit à un interprète, le droit de ne pas s'avouer coupable, l'intérêt supérieur de l'enfant pour la justice des mineurs, le droit au double degré de juridiction(droit d'interjeter appel), le droit à l'indemnisation en cas d'erreur judiciaire révélée après, l'application du principe non bis in idem.

[489] Claire CALLEJON, Les principes des Nations Unies sur l'administration de la justice par les tribunaux militaires : pour une justice militaire conforme au droit international, in Droits fondamentaux, n° 6, janvier - décembre 2006 www.droits-fondamentaux.org Communication n° 263/1987, affaire Gonzalez del.

Certains magistrats sont affectés dans les milieux très reculés où ils devraient jouer le rôle de pionnier pour implanter les juridictions, parfois sans moyens ni infrastructures. Pareilles affectation est considérée comme sanction pour certains mais pour d'autres, ils souhaiteraient la création d'une prime de brousse !

(interférences de la hiérarchie), le trafic d'influence des Officiers militaires et de l'Exécutif dans l'administration de la justice, la rémunération insuffisante et les dotations budgétaires dérisoires pour le pouvoir judiciaire, la problématique des affectations – sanctions[490] et l'ignorance de l'indépendance du pouvoir judiciaire par la majorité de la population, des magistrats et des acteurs étatiques. Le principe de l'inamovibilité des juges n'est pas de mise.

678. Les magistrats, les Avocats et le personnel judiciaire ont une lourde mission de veiller au respect des garanties des droits de l'homme dans tous les actes tout au long de l'instrumentation ou instruction d'une affaire pénale et voire la conduite des enquêtes[491]. Bien plus, l'Exécution des jugements, évoquée ci-dessus, fait partie des composantes du droit à un procès équitable et il incombe à l'État et ses services habiletés à exécuter les décisions de justice, sans entraves de qui que ce soit et de quelque institution que ce soit, d'assurer l'exécution des jugements conformément à la législation nationale et ainsi protéger les droits des personnes. La portée positive de l'article 6§ 1 a été également étendue en aval avec l'arrêt Hornsby contre la Grèce, dans lequel la Cour européenne des DH, au nom de l'effectivité des droits garantis par la Convention, a jugé que « l'exécution d'un jugement ou arrêt, de quelque juridiction que ce soit doit être considérée comme faisant partie intégrante du procès au sens de l'article 6 de la Convention européenne des droits de l'homme ». L'inexécution d'un jugement constituera alors un manquement à cette disposition et par ricochet, une violation de l'engagement international par l'État partie à la Convention.

679. Les Directives et principes sur le droit à un procès équitable et à l'assistance judiciaire en Afrique adoptés par la Commission africaine des droits de l'homme et des peuples en 2003 recommandent aux magistrats, au parquet et aux Avocats, selon le cas, de répondre aux besoins des victimes notamment en prenant des mesures pour limiter autant que possible les difficultés rencontrées par les victimes, protéger au besoin leur vie privée et assurer leur sécurité, ainsi que celle de leurs familles et de leurs témoins, en les préservant des manœuvres d'intimidation et des représailles et en évitant les délais inutiles dans le règlement des affaires et dans

---

[490] Le pouvoir judiciaire nécessite des réformes en Afrique.

[491] MATADI NENGA GAMANDA et Dominique Allix déjà cités ci-dessus. MATADI NENGA GAMANDA, Le Droit à un procès équitable, éd. Droit et Idées Nouvelles, Kinshasa, 2002, p.45

l'exécution des décisions ou arrêts accordant réparation aux victimes.

680. Dans des cas réellement exceptionnels, l'inexécution de jugement peut se justifier et ne pas engager la responsabilité internationale de l'État. Il en sera ainsi lorsque l'exécution se heurte à un intérêt supérieur à démontrer, de manière objective. En tout état de cause, des difficultés économiques ne sauraient exonérer l'État de sa responsabilité en cas d'inexécution d'une dette judiciaire, par exemple. De même, une obligation de rechercher l'exécution d'un jugement auprès des autorités n'exonère pas l'État de son obligation[492].

681. L'impunité et l'absence d'une justice indépendante mettent en mal ce droit fondamental de recours à la justice et consacrent une société permissive qui détruit, dans une certaine mesure, les assises d'un environnement propice au respect des droits de l'homme. Le passage biblique « La justice élève une nation» vaut son pesant d'or. L'impunité sous toutes ses formes constitue pour l'État une violation des droits de l'homme dont la responsabilité peut-être horizontale ou verticale. En effet, lorsque les victimes de la criminalité ou de la violation des droits de l'homme sont dépourvues du droit d'accès à la justice, la responsabilité de l'État est engagée par rapport au non- respect de ses engagements internationaux et les personnes peuvent recourir aux instances internationales.

682. La Convention de l'Union africaine sur la prévention et la lutte contre la corruption[493] et la Charte africaine de la démocratie, de la gouvernance[494] et des élections condamnent expressément l'impunité qui est la prime aux violations des droits de l'homme, à la compromission et à l'impunité. Ne pas décourager la corruption, la criminalité sous toutes ses formes et l'impunité, c'est violer les engagements pris en signant l'une ou les deux Conventions.

---

[492] Pour Régis DE GOUTTE, cette disposition de l'article 8 de la DUDH signifie le droit à un juge ou à un tribunal. La Cour européenne des DH a même considéré que l'absence d'enquête suffisamment approfondie par un procureur pouvait priver les victimes de voies de recours effectives. Lire Mario BETTATI et alii, op.cit., p.59-62

[493] La Convention était adoptée à Maputo au Mozambique le 11 juillet 2003. Elle est entrée en vigueur le 5 août 2006. Le Comité consultatif sur la corruption, établi aux termes de l'article 22 de la Convention, a tenu sa première réunion en mai 2009.

[494] La Convention était adoptée à Addis-Abeba en Ethiopie, le 30 janvier 2007. Elle est entrée en vigueur le 15 février 2012.

683. Le droit au recours garanti par la DUDH par devant les juridictions nationales n'est pas limitatif dans la mesure où les États prévoient plusieurs mécanismes en vue de protéger les droits humains notamment le recours aux mécanismes non juridictionnels tels que les Institutions nationales des droits de l'homme (L' efficacité des INDH et autres mécanismes dépend de leur mandat, de leur fonctionnement, de leur autonomie selon le texte les créant, de leurs ressources, de leur composition et de leurs animateurs[495], suivant les Principes de Paris des INDH), les Ministères ayant les Droits humains dans leurs attributions, le Ministère de la justice, les ONG, les cadres institutionnels de concertation entre les institutions publiques et les organisations de la société civile... , d' une part et d'autre part, le recours devant les juridictions nationales et voire internationales telles que la Cour africaine des droits de l'homme et des peuples.

684. Le travail de ces mécanismes peut promouvoir et protéger les droits de l'homme. L'efficacité du recours devant les juridictions nationales est tributaire de la question fondamentale de l'indépendance du pouvoir judiciaire et l'indépendance des magistrats et des Avocats. Ce recours n'exclut pas le recours sur le plan international comme signalé ci-haut. Sur le plan international, il existe des mécanismes contentieux et non contentieux au niveau de l'ONU et de chaque continent (Mécanismes régionaux). Le recours aux mécanismes internationaux est parfois conditionné par l'épuisement de toutes les voies de recours interne[496]. Les mécanismes non juridictionnels peuvent être saisis, sans épuisement des voies de recours, pour des cas d'urgence.

685. Quant à la justice pour mineurs, elle nécessite une attention particulière. Pour tous les enfants compris dans la tranche d'âge de

---

[495] N-U et HCDH : Institutions nationales pour les droits de l'homme. Historique, principes, fonctions et attributions, Série sur la formation professionnelle n°4, New York et Geneva 2006, p.234

[496] A titre d'exemple, en Afrique, les personnes peuvent recourir à la Commission ou à la Cour africaine des droits de l'homme et des peuples contre l'État. Ces mécanismes appliquent la Charte Africaine des Droits de l'Homme et des Peuples (CAPHP) de 1981, la Charte Africaine sur les Droits et le Bien Etre de l'Enfant (CADBEE) adoptée à Addis- Abbéba en juillet 1990 et le Protocole à la Charte de 1981 relatif aux droits des femmes adopté en juillet 2003 à Maputo. A ces instruments conventionnels, il faut ajouter les résolutions normatives de la Commission de Banjul notamment le Comité africain d'experts sur les droits et le bien-être de l'enfant.

13 à 18 ans[497], une justice spéciale[498] est consacrée sur le plan international et suivie, tant bien que mal, par les États. Les priorités de cette justice sont la protection de l'enfant, l'interdiction de la peine de mort[499], des tribunaux spéciaux pour enfants, Etablissement spécial de garde…

686. Une bonne administration de la justice pour mineurs devra tenir compte de quelques normes spécifiques notamment la Convention des Nations Unies relative aux droits de l'enfant, la Charte africaine sur les droits et le bien- être de l'enfant adoptée par l'AG- OUA le 18 juillet 1990, l'Ensemble de Règles Minima des Nations Unies concernant l'administration de la justice pour mineurs adoptées par l' AG Nations Unies résolution n°40/33 du 29 novembre 1985 (Règles de Beijing), la Déclaration mondiale en faveur de la survie, de la protection et du développement de l'enfant adoptée au sommet mondial pour l'enfance le 30 septembre 1990, les règles minima des Nations Unies pour l'élaboration des mesures non privatives de libertés (Règles de Tokyo) adoptée par l'AG-NU, les Principes directeurs des Nations Unies pour la prévention de la délinquance juvénile de 1990 (Principes Directeurs de Riyad), l'Ensemble des Règles des Nations Unies pour la protection des mineurs privés de liberté de 1990, XIIème Congrès de la Havane, le Protocole facultatif à la Convention relative aux droits de l'Enfant concernant l'implication d'enfants dans les conflits armés… Il y a lieu, dans le monde d'aujourd'hui de dire avec Monsieur Benoit Van KEIRSBILK, que la justice pour mineurs est une « nécessaire priorité[500] ».

687. L'organisation des voies de recours en faveur de toute personne est une tâche importante pour les États étant donné que les violations de droits de l'homme, les injustices, les abus d'autorité, la criminalité…sont des phénomènes sociaux. Une bonne attention

[497] Henri WEMBOLUA OTSHUDI, L'anachronisme du Décret du 5 décembre 1950 sur l'enfance délinquante. Cas du flou sur la majorité pénale, in Nouvelle tribune internationale des droits de l'enfant, éd.DEI, N°10 et 11, Belgique, 2005, pp25-32.

[498] Joséphine IDZUMBUIR ASSOP, La justice pour mineurs au Zaïre, Ed. Université Africaine, 1994

[499] Valéry DEMAECCKER, La peine de mort dans le Pacte international relatif aux droits civils et politiques et la Charte arabe des droits de l'homme. Réflexion sur les approches onusiennes et arabes/islamiques, in Nouvelle tribune internationale des droits de l'enfant, éd. DEI, N°10 et 11, Belgique, 2005, pp8-17

[500] Le Président de DEI-Belgique et membre du Comité exécutif international de Défense Enfants International qui lutte contre l'enferment des enfants.

devrait être accordée à la sanction tant sur le plan administratif, disciplinaire que judiciaire ainsi que la réparation des préjudices. Il n'y a pas de droit ni de justice aussi longtemps que les hommes et les femmes ne pourront se plaindre et obtenir réparation auprès des mécanismes établis par les États quant à ce. La capacité et l'ingéniosité des États à gérer les conflits et à apporter solution aux victimes, c'est le gage de la crédibilité des détenteurs du pouvoir politique, de la paix et le progrès social ainsi que l'affermissement de la nation.

688. La Cour pénale internationale entrée en vigueur le 2 juillet 2002 est un outil très important de lutte contre les graves violations du Droit international humanitaire et droits de l'homme sur le plan international pour suppléer aux carences ou compléter les juridictions nationales. D'autres mécanismes internationaux stimulent les États à mieux organiser leur système de recours juridictionnel et gracieux. Nous aborderons après, avec tous les détails, les mécanismes de promotion et de protection des droits de l'homme.

689. Le Comité des droits de l'homme s'intéresse à l'administration de la justice. Nous lisons par exemple dans les Observations finales du Comité des droits de l'homme en sa 86° session du 26 avril 2006 ce qui suit : « L'État partie devrait poursuivre et améliorer le programme de formation des magistrats et des avocats, y compris ceux qui sont déjà en fonction, sur le contenu du Pacte et des autres instruments internationaux relatifs aux droits de l'homme ratifiés par la République Démocratique du Congo. Le Comité attend que de plus amples informations sur les recours effectifs mis à disposition des particuliers en cas de violations des droits énoncés dans le Pacte lui soient communiquées dans le prochain rapport périodique, des exemples concrets de cas dans lesquels des tribunaux ont invoqué les dispositions du Pacte, ainsi que des clarifications sur le fonctionnement des tribunaux coutumiers[501] ».

690. Toute personne a droit, en pleine égalité, à ce que sa cause soit entendue équitablement et publiquement par un tribunal indépendant et impartial qui décidera soit de ses droits et obligations, soit du bien-fondé de toute accusation en matière pénale dirigée contre elle[502].

---

[501] Observations finales du Comité des droits de l'homme en sa 86° session du 26 avril 2006

[502] Article 10 de la DUDH

En fait, chacun a le droit de bénéficier en toute égalité des services d'un tribunal habilité par la loi devant lequel siègent des magistrats intègres, compétents et non influencés[503] pour trancher les conflits en matière civile , pénale, administrative, commerciale, constitutionnelle, du travail...Tous les droits de l'homme civils, politiques, économiques, sociaux, culturels... peuvent être invoqués devant le juge.

691. Les garanties d'accès à la justice comme service public[504] de l'État et un tribunal indépendant et impartial pouvant assurer un procès équitable constituent des droits fondamentaux pour les citoyens. Face à la corruption presque généralisée dans le secteur de la justice, le trafic d'influence et l'impunité qui sont des obstacles sérieux et ce,

---

[503] J.O. De la RDC, loi organique n°06 /020 du 10 octobre 2006 portant statut des magistrats, n° spécial 47° année du 20 octobre 2006. L'article 47 dispose: Sont notamment constitutifs de fautes disciplinaires

1. le fait, pour un magistrat du Parquet, de ne pas rendre son avis dans les délais suivants : a) endéans dix jours au pénal ; b) endéans trente jours pour les matières du travail ; c) endéans trente jours pour les affaires civiles ou commerciales ;
2. le fait pour les juges de ne pas rendre une décision dans les mêmes délais;
3. le fait pour un magistrat de chercher directement ou indirectement à entrer en contact avec les parties en cause avant son avis, ou sa décision, selon le cas ;
4. le fait de procéder à des arrestations et détentions arbitraires ;
5. le fait de ne pas informer l'inculpé ou prévenu de ses droits, conformément aux articles 17 et 18 de la Constitution ;
6. le fait d'encourager ou de pratiquer la torture ;
7. le fait pour un magistrat de violer les termes de son serment ; le fait pour un magistrat, au cours de l'instruction, de se rendre coupable des tortures ou d'autres traitements cruels, inhumains, dégradants ou encore d'harcèlements et des violences sexuelles.

En ce qui concerne le Burkina Faso, l'Article 50 de la loi organique n° -036-2001/an portant statut du corps de la magistrature (Tout manquement par un magistrat aux devoirs de son état, à la réserve, à la délicatesse ou à la dignité constitue une faute disciplinaire. Cette faute s'apprécie, pour le magistrat du parquet, compte tenu des obligations qui découlent de sa subordination hiérarchique).

Quant au Bénin, la loi N°2001-35 DU 21 FEVRIER 2003 portant Statut de la Magistrature en République du Benin Publiée au J.G. 115e année N°6 du 15 mars 2004, pages 171 et Suivants, selon l'article 57.- Tout manquement par un magistrat aux convenances de son état, à l' honneur, à la délicatesse ou à la dignité constitue une faute disciplinaire. Cette faute disciplinaire est appréciée par le Conseil Supérieur de la Magistrature.

[504] Comme dit ci-haut, « Le service public est le fondement et la limite du pouvoir gouvernemental». Pour la réussite de la gestion du pouvoir public, les principes fondamentaux suivants doivent être observés : la continuité du service public, la légalité du service public, l'adaptation constante et la neutralité.

surtout dans les pays post-conflit[505], les dirigeants doivent recourir à une expertise éprouvée dans le domaine des droits de l'homme[506] notamment l'assistance technique (et la coopération judiciaire) du personnel de l'opération de maintien de la paix, les experts indépendants de l'ONU, l'expertise locale...

692. Dans un État post-conflit avec la présence d'une opération de maintien de la paix, les dirigeants doivent comprendre le mandat de l'opération de maintien de la paix dans le domaine des droits de l'homme et celui des ONG en vue de collaborer dans la transparence et avec efficacité. Quelques directives pour la collaboration avec les agents de la Force publique, directives concernant les activités liées aux prisons et aux centres de détention ainsi que les directives spécifiques d'enquête sur les allégations de traitements cruels, inhumains ou dégradants infligés par la Police ou pendant une période d'incarcération sont proposées par le HCDH sur base de l'expérience riche des opérations de maintien de la paix à travers le monde[507].

693. Comme dit ci-haut, dans un pays post-conflit, il y a souvent dysfonctionnement des Institutions. La séparation de trois pouvoirs classiques de l'État et l'indépendance du pouvoir judiciaire ainsi que celle des magistrats et des Avocats sont à chercher pour assurer des procès équitables en vue du respect des droits fondamentaux et de l'instauration d'un État de Droit. Il convient de signaler que quelques normes importantes ont été édictées à l'intention des Magistrats et Avocats pour asseoir cette indépendance. Il s'agit des Principes directeurs applicables au rôle des Magistrats de Parquet[508], les

---

505 HCDH : Les instruments de l'État de droit dans les sociétés sortant d'un conflit. Cartographie du secteur de la justice, New York et Genève, 2006, p.71

506 Idem. (Les États post-conflits manquent généralement certains attributs d'un État normal. Pour le HCDH, une expertise technique dans le domaine des DH s'impose pour s'occuper effectivement de la réparation de préjudice subi par ceux qui saisissent le juge et le tribunal dans un système judiciaire problématique du fait du dysfonctionnement de l'appareil judiciaire discrédité aux yeux de la population, des policiers à la base des violations des droits de l'homme, des prisons aux infrastructures incommodes et petites pour une population carcérale débordante ; la société civile paupérisée et préoccupée par la recherche de survie, le tissus économique délabré , le Parlement dépourvu du contrôle effectif des institutions et limité dans le choix des priorités pour le budget à doter les institutions, la corruption et le trafic d'influence régnant en maître au dépend du pouvoir judiciaire.)

507 HCDH, op. cit., p.71

508 L'article 4 des Principes directeurs applicables au rôle des Magistrats de Parquet dispose que : « Les États veillent à ce que les magistrats du parquet puissent s'acquitter

Principes fondamentaux relatifs à l'indépendance de la magistrature[509].

694. Toute personne accusée d'un acte délictueux est présumée innocente jusqu'à ce que sa culpabilité ait été légalement établie au cours d'un procès public où toutes les garanties nécessaires à sa défense lui auront été assurées. Nul ne sera condamné pour des actions ou omissions qui, au moment où elles ont été commises, ne constituaient pas un acte délictueux d'après le droit national ou international. De même, il ne sera infligé aucune peine plus forte que celle qui était applicable au moment où l'acte délictueux a été commis[510].

695. Cette disposition de la DUDH combinée avec l'article 10 que dessus constituent la matrice de ce qu'on appelle « le droit au procès équitable[511]». La DUDH met en évidence quelques principes généraux de droit applicables dans le domaine judiciaire. Il s'agit bien des principes chers du Droit pénal notamment la présomption d'innocence et le brocart latin : Nullum crimen nulla poena sine lege soit le principe de la légalité des crimes et des infractions[512]. Les mêmes principes valent en Afrique. Par l'Arrêt du 18 octobre, de la Cour africaine des droits de l'homme été des peuples, la Xou premees

696. La CSJ de la RDC a considéré comme violation du principe constitutionnel de la présomption d'innocence prévue par l'article 19 de la Constitution de la Transition le fait que la loi relative à l'Observatoire National des Droits de l'Homme exclut de la possibilité d'être membre de cette Institution nationale tout candidat

---

de leurs fonctions professionnelles en toute liberté, sans faire l'objet d'intimidations, sans être harcelés, sans subir d'ingérence non fondée et sans devoir assumer de façon injustifiée une responsabilité civile, pénale ou autre. »

[509]. L'article 2 dispose que : « Les magistrats règlent les affaires dont ils sont saisis impartialement, d'après les faits et conformément à la loi, sans restriction et sans être l'objet d'influences, incitations, pressions, menaces ou interventions indues, directes ou indirectes, de la part de qui que ce soit ou pour quelque raison que ce soit. »

[510]. Article 11 de la DUDH.

[511] Lire MATADI NENGA GAMANDA, Le Droit à un procès équitable, éd. Academia Bruylant DIN, Kinshasa, 2002 et DOMINIQUE ALLIX, Les Droits fondamentaux dans le procès pénal, éd Montchrestien, Paris, 1997, p.98

[512] le Professeur KALOMBO MBANGA, dans son Cours de Droit pénal Général à l'Université de Lubumbashi en 1992, ses principes constituent le fondement du procès pénal, dans une société civilisée. Le brocart latin avait déjà son correspondant dans les valeurs traditionnelles africaines.

faisant l'objet de poursuites judiciaires du Chef de crimes de guerre, de crimes contre l'humanité, crimes de génocide et crimes économiques Il urge de comprendre que le fait d'être poursuivi[513]. en justice ne signifie pas automatiquement que la personne est coupable et doit être privée de ses droits ! Les agents de l'ordre qui contemplent nonchalamment le lynchage des personnes arrêtées et accusées d'avoir commis un forfait quelconque par les particuliers ou y participent sont auteurs des violations des droits de l'homme.

697. Les principes fondamentaux relatifs à un procès en matière garantissent le respect de la légalité, des droits, de la justice et de la dignité des personnes. Parlons de quelques principes notamment la présomption d'innocence[514], le principe de la légalité des infractions et des peines ; le principe du contradictoire et la charge de preuve qui incombe à l'accusateur. L'article 14 du Pacte international relatif aux droits civils et politiques explicite cette disposition avec le principe de la présomption d'innocence et les garanties d'un procès équitable.

698. Par ailleurs, lorsqu'on parle de procès équitable, on voit les droits de la défense qui sont garantis par plusieurs instruments juridiques internationaux, régionaux et nationaux relatifs aux droits de l'homme. Il se dégage de ces différents instruments juridiques qu'ils recouvrent notamment: le droit à la publicité des audiences, le droit à l'égalité des armes, le droit au silence, le droit à être informé sur les charges, le droit de disposer des facilités et du temps nécessaire à la préparation de la défense, le droit de se défendre seul ou d'être assisté par un conseil de son choix, le droit à l'aide juridique, le droit d'interroger les témoins à charge et d'obtenir la comparution des témoins à décharge, le droit à bénéficier, en cas de besoin, des services d'un interprète et le droit d'accès au dossier.

699. Le rôle précieux du juge pour la paix et le progrès dans la société ne souffre d'aucun doute mais l'indépendance du juge (y compris magistrats de parquet et Avocats) et l'indépendance du pouvoir

---

513 CSJ, 2 juillet 2004, R. Const. 11/TSR, Règlement intérieur de l'Observatoire national des Droits de l'Homme, cité par Marcel WETSH'OKONDA, op. cit. p.384.

514 Une personne poursuivie en justice, arrêtée ou détenue n'est pas automatiquement à considérer comme un malfaiteur, un délinquant, un criminel ou une personne à exposer à la risée du public ou à torturer. Du temps de la vengeance privée et sans l'existence de l'État, chacun pouvait se rendre justice, selon son goût et ses moyens. Ce comportement est dépassé de nos jours mais parfois avec beaucoup de chagrin là où règne l'impunité et le disfonctionnement de l'appareil judiciaire.

judiciaire ne passent que par l'appropriation des principes fondamentaux des droits de l'homme et des valeurs qui les sous-tendent. Il contrôle si les droits de la défense ont été observés pendant l'instruction. De toute évidence, les yeux de tous les justiciables sont rivés vers le service judiciaire comme l'exprime si bien le Professeur KAMUKUNY MUKINAY NGAL Ambroise qui dit : «… la promotion de l'indépendance, de la transparence et de la responsabilité judiciaire permet à la justice de mériter le titre de dernier rempart contre les violations des droits de l'homme, la corruption et la mauvaise gouvernance ».[515]

700. Particulièrement, dans le domaine judiciaire, le Ministère public qui est l'autorité chargée de veiller, au nom de la société et dans l'intérêt général, à l'application de la loi lorsqu'elle est pénalement sanctionnée, en tenant compte, d'une part, des droits des individus et, d'autre part, de la nécessaire efficacité du système de justice pénale[516]517, il représente le parquet qui doit être un exemple pour la société en matière de protection des droits de l'homme. C'est important pour la profession, mais aussi pour la fiabilité et la crédibilité de l'ensemble du gouvernement[518]. Leur triangle avec le juge et l'Avocat, ils interviennent pour garantir le respect et la réalisation des droits de l'homme.

701. Les mécanismes africains ont déployé beaucoup d'efforts considérables pour promouvoir le droit d'accès à la justice dans le contexte africain. Sur le plan normatif , on devra retenir La Charte Africaine des Droits de l'Homme et des Peuples de 1987 , la Déclaration et Plan d'action de Grand Baie (Ile Maurice) , la Déclaration de Kigali, sur le traitement des détenus notamment la Résolution de la Commission africaine des droits de l'homme et des peuples sur les prisons en Afrique, la Déclaration de Kampala sur les conditions de détention en Afrique de 1996, le Plan d'action de la Déclaration de Kampala sur les conditions de détention en Afrique ,

---

[515] KAMUKUNY MUKINAY NGAL Ambroise, Droit constitutionnel congolais, éd. universitaires africaines, Kinshasa, 2011, p.296

[516] Recommandation Rec (2000)19 du Comité des ministres aux États membres sur Le Rôle du ministère public dans le système de justice pénale, adoptée le 6 octobre 2000.

[517] Recommandation Rec (2000)19 du Comité des ministres aux États membres sur Le Rôle du ministère public dans le système de justice pénale, adoptée le 6 octobre 2000.

[518] Egbert MYJER, Barry HANCOCK, Nicholas COWDERY et Marnix ALINKS, Manuel des droits de l'homme à l'intention des procureurs et poursuivants, La Haye, 2002, p., La Haye, 2002, p.14

la désignation d'un Rapporteur Spécial sur les prisons et les conditions carcérales[519] en Afrique , la Déclaration d'Arusha sur les bonnes pratiques pénitentiaires. Il convient de signaler que la procédure de détention caractérisée par l'inversion du principe qui dit que : « La liberté est le principe et la détention, l'exception » est le ferment de la torture.

702. En fait, la torture et autres peines ou traitement cruels, inhumains ou dégradants sont récurrents et combattus en Afrique. Ils sont combattus en Afrique par quelques mécanismes dont les Lignes directrices de « Robben Island » et mesures d'interdiction et de prévention de la torture et des peines ou traitements cruels, inhumains ou dégradants en Afrique , le "Comité sur la prévention de la torture en Afrique", la Déclaration de Ouagadougou pour accélérer la réforme pénale et pénitentiaire en Afrique et le Plan d'action d'Ouagadougou pour accélérer la réforme pénale et pénitentiaire en Afrique. La question des arrestations arbitraires ne peut-être jugulées en Afrique sans tenir compte de la Convention contre la torture et les peines ou traitements, cruels, inhumains et dégradants et son protocole facultatif qui recommande la création de Mécanisme National de Prévention. Les Magistrats et Avocats devraient être formés sur l'application de l'article 9[520] de cette Convention et son protocole facultatif.

---

[519] Dans le Rapport d'activités du Commissaire Med S.K. KAGGWA, Rapporteur spécial sur les prisons, les conditions de détention et le maintien de l'ordre en Afrique, il est renseigné que : « En règle générale, la situation qui prévaut dans la plupart des prisons d'Afrique n' est pas conforme aux normes internationales des droits humains et se caractérise par d'importantes restrictions, comme la surpopulation carcérale et les mauvaises conditions de détention, les mauvaises conditions sanitaires, la mauvaise qualité de la nutrition, le déficit d'infrastructures médicales, le déficit d'infrastructures de réhabilitation. Il s'y ajoute qu'une large proportion de la population carcérale est composée de détenus en attente de jugement, que des prisonniers non encore jugés cohabitent souvent dans la même cellule avec des condamnés et que, parfois, des mineurs partagent leur cellule avec des adultes ».

[520] Tout individu arrêté ou détenu du chef d'une infraction pénale sera traduit dans le plus court délai devant un juge ou une autre autorité habilitée par la loi à exercer des fonctions judiciaires, et devra être jugé dans un délai raisonnable ou libéré. La détention de personnes qui attendent de passer en jugement ne doit pas être de règle, mais la mise en liberté peut être subordonnée à des garanties assurant la comparution de l'intéressé à l'audience, à tous les autres actes de la procédure et, le cas échéant, pour l'exécution du jugement. 4. Quiconque se trouve privé de sa liberté par arrestation ou détention a le droit d'introduire un recours devant un tribunal afin que celui-ci statue sans délai sur la

703. Pour l' Assistance juridique , il y a la Résolution sur la procédure relative au droit de recours et à un procès équitable, les Directives et principes sur le droit à un procès équitable et à l'assistance judiciaire en Afrique de mai 2003, la Déclaration de Lilongwe (sur l'accès à l'assistance juridique dans le système pénal en Afrique, le Plan d'Action de Lilongwe pour l'accès à l'assistance juridique dans le système pénal en Afrique[521], la Coopération internationale en vue de l'amélioration de l'accès à l'assistance juridique dans le système de justice pénale, en particulier en Afrique Résolution ECOSOC 2007/24.

704. La commission africaine encourage l'application des Mesures non privatives de liberté à travers notamment la Déclaration de Kadoma de 1997sur le Travail d'intérêt général en Afrique, le Plan d'action pour la mise en œuvre de la Déclaration de Kadoma sur le Travail d'intérêt général en Afrique et le Code de conduite des comités nationaux pour le travail d'intérêt général. De l'assistance juridique aux peines alternatives, les multiples Déclarations adoptées au sein de l'Union africaine sont restées lettre morte et inconnues par la quasi-totalité des justiciers, Avocats et personnels judiciaires qu'il faille les vulgariser avant d'envisager d'élaborer des Conventions spécifiques pour compléter la Charte africaine des droits de l'homme et des peuples.

705. Le droit d'accès à la justice a été pris en compte par le 16ème ODD qui recommande de promouvoir l'avènement de sociétés pacifiques et ouvertes à tous aux fins du développement durable, assurer l'accès de tous à la justice et mettre en place, à tous les niveaux, des institutions efficaces, responsables et ouvertes à tous[522].

---

légalité de sa détention et ordonne sa libération si la détention est illégale. 5. Tout individu victime d'arrestation ou de détention illégale a droit à réparation.

521 Commission africaine des droits de l'homme et des peuples : Revue Africa Torture Watch, 4e édition, avril , 2012.

522 0DD 16 et Agenda 2063 pour l'Afrique avec l' objectif 16.3 qui vise de Promouvoir l'état de droit dans l'ordre interne et international et garantir à tous un égal accès à la justice, la lutte contre la corruption et la pratique de pots de vin ; la lutte contre toutes les formes des actes de violence dont les homicides volontaires, la torture , les violences sexuelles, la traite des esclaves et la maltraitance des enfants…

4. LE DROIT A LA LIBERTE DE CIRCULATION

706. Nul ne peut être arbitrairement arrêté, détenu ni exilé[523]. Toute personne a le droit de circuler librement soit aller et venir à tous lieux publics ou non interdits pour la satisfaction de ses intérêts. Cette liberté de circulation n'est pas sans limites étant donné qu'en cas de commission d'infraction, une arrestation peut être décidée de manière provisoire avant le jugement à intervenir ou pour l'exécution d'une peine d'emprisonnement. Les arrestations arbitraires, les interdictions arbitraires de manifester, les restrictions à la liberté de manifester par des mesures administratives et la répression des manifestants pacifiques constituent des obstacles majeurs à la liberté de circulation. La liberté est le principe et l'arrestation, une exception tel que proclamé par les nations civilisées. La loi détermine les conditions d'arrestation des personnes sous réserve du respect de la dignité due à toute personne humaine.

707. En cas d'instruction d'une affaire criminelle ou pénale, l'arrestation d'une durée de 24 heures à 72 heures appelée la garde à vue effectuée par les Officiers de police judiciaires et la détention préventive ou provisoire relevant de la compétence des Magistrats de parquet et confirmée ou prorogée par les juges en chambre du conseil sont des mesures exceptionnelles justifiées par le besoin de l'instruction et la paix sociale. Cette détention ne peut excéder une durée raisonnable au regard de la gravité des faits reprochés à la personne mise en examen[524] et de la complexité des investigations nécessaires à la manifestation de la vérité[525]. Dans l'affaire TOMASI c/France par sa Décision du 27 août 1992, la Cour européenne des Droits de l'Homme a retenu les critères pour apprécier le caractère raisonnable de la durée de détention soit les motifs du maintien de la détention et la conduite de la procédure par l'autorité judiciaire[526].

708. La détention arbitraire est définie par le Groupe de travail sur la détention[527] comme une détention contraire aux dispositions des

---

[523] Article 9 de la DUDH

[524] Lire l'article 1441 du Code de Procédure Pénale de la France.

[525] DOMINIQUE ALLIX, Les Droits fondamentaux dans le procès pénal, éd Montchrestien, Paris, 1997, p.51

[526] Idem.

[527] Le Groupe de travail est composé de 5 Membres. Il reçoit les plaintes des victimes d'arrestation arbitraire, membre de famille et ONG pour saisir les Membres du Gouvernement. Les membres du Groupe gardent leur indépendance. Quelques

droits de l'homme contenues dans les principaux instruments internationaux de protection des droits de l'homme. Plus spécifiquement, le Groupe de travail a défini trois catégories de détentions arbitraires dont :

- Détention en l'absence de fondement légal à la privation de liberté (par exemple, lorsqu'une personne est toujours détenue après avoir purgé sa peine ou en dépit d'une décision d'amnistie qui lui est applicable) ;
- Détention d'une personne pour avoir exercé les droits et libertés garantis[528] par la Déclaration universelle des droits de l'homme et le PIDCP.
- Détention d'une personne à l'issue d'un procès non conforme aux normes de procès équitable énoncées dans la Déclaration universelle des droits de l'homme et autres instruments internationaux pertinents.

709. Suite au Rapport du Groupe de travail sur les détentions arbitraires, le Conseil des Droits de l'homme des Nations Unies encourage également tous les États:

- À prendre les mesures appropriées pour veiller à ce que leur législation, leur réglementation et leurs pratiques restent conformes aux normes internationales pertinentes et aux instruments de droit international applicables;
- À respecter et à promouvoir le droit de quiconque se trouve arrêté ou détenu du chef d'une infraction pénale d'être traduit dans le plus court délai devant un juge ou une autre autorité habilitée par

---

personnalités ayant œuvré au Groupe de travail : M. Malick El Hadji Sow (Sénégal), depuis 2008 (Président-Rapporteur), Mme. Shaheen Sardar Ali (Pakistan), depuis 2008 (Vice-Président), M. Roberto Garretón (Chili), depuis 2008, M. Vladimir Tochilovsky (Ukraine), depuis 2010 et Mr. Mads Andenas (Norvège), depuis 2009 et bien avant (Ms. Manuela Carmena Castrillo, since 2003 ; Ms. Leïla Zerrougui (Algeria), depuis 2001, Ms. Soledad Villagra (Paraguay), depuis 2000, Mr. Tamás Ban (Hungary), depuis 2001 et Mr. Seyed Mohammad Hachemi (Islamic Republic of Iran), depuis2002.

[528] Dans son Avis et recommandations du 3 septembre 2015, le Groupe de travail a considéré que la privation continue de la liberté de M. Bauma Winga est arbitraire en ce qu'elle manque de base légale, qu'elle est survenue alors qu'il exerçait sa liberté d'expression et d'opinion, et que son droit à être assisté d'un avocat a été bafoué. (Voir catégorie I, II et III). Le Groupe recommanda à la RDC de libérer immédiatement Freud BAUMA WINGA et de réparer tous les préjudices subis par lui conformément à l'article 9, paragraphe 5 du PIDCP. Tout en diligentant une enquête pour établir les faits, déterminer les responsabilités et en punir les auteurs.

la loi à exercer des fonctions judiciaires, et d'être jugé dans un délai raisonnable[529] ou libéré;

- À respecter et à promouvoir le droit de quiconque se trouve privé de sa liberté par arrestation ou détention d'introduire un recours devant un tribunal afin que celui-ci statue sans délai sur la légalité de sa détention et ordonne sa libération si la détention est illégale, conformément aux obligations internationales qui incombent aux États;
- À veiller à ce que le droit visé à l'alinéa d ci-dessus soit également respecté en cas d'internement administratif, y compris lorsque cette mesure est prise en application de la législation relative à la sécurité publique;
- À veiller à ce que quiconque se trouve arrêté ou détenu du chef d'une infraction pénale dispose du temps et des facilités nécessaires à la préparation de sa défense, y compris la possibilité d'engager le conseil de sa Vingt-quatrième session à veiller à ce que les conditions de la détention avant jugement ne nuisent pas à l'équité du procès;
- À offrir des garanties, pour toute forme de détention, contre les privations de liberté illégales ou arbitraires;

710. Encourage aussi tous les États à coopérer avec le Groupe de travail et à envisager sérieusement de répondre favorablement à ses demandes de visite, afin de lui permettre d'exécuter son mandat avec plus d'efficacité[530]. Les Procureurs[531] et les poursuivants soit les autorités habilités et revêtues du pouvoir d'arrêter, ils ont la lourde charge de respecter les conditions légales et procédurales de détention et le respect de la dignité de la personne sous risque de

---

[529] L'Arrêt de la Cour de la CEDEAO se réfère aux articles 7 de la CADHP et 10 de la DUDH sur le droit d'accès à un juge indépendant et impartial dans l'Affaire n° ECW/CCJ/APP/10/16 du 24 janvier 2017 entre la Société Maseda Industrie SA contre Mali. Au point 46 de l'Arrêt, il est dit que : « L'importance de ce droit oblige chaque État concerné d'aménager son système judiciaire de manière à répondre à l'exigence d'une justice prompte sous peine d'engager sa propre responsabilité ».

[530] Les États peuvent coopérer avec les mécanismes internationaux de promotion et de protection des droits de l'homme en invitant les experts, en acceptant la demande d'un expert de visiter le pays ou en signant une invitation permanente pour tous les mécanismes.

[531] En sa qualité d'autorité publique, le parquet doit être un exemple pour la société en matière de protection des droits de l'homme. C'est important pour la profession, mais aussi pour la fiabilité et la crédibilité de l'ensemble du gouvernement.

tomber sous le coup de l'arrestation arbitraire et torture[532]. Quelques conditions de formes et de fond sont précisées dans les lois nationales.

711. En rapport avec la forme, certaines personnes sont chargées d'arrêter les personnes poursuivies en justice. Il s'agit des Officiers de police judiciaire et des Procureurs ou poursuivants (Officier du Ministère public). Les lois nationales de procédure pénale fixent les conditions procédurales telles que le temps d'arrestation allant de 6 heures à 21 heures à l'exception des infractions flagrantes et les titres justificatifs de détention ainsi que le lieu approprié de la détention. Quant aux conditions de fond, on peut évoquer les motifs pertinents qui justifient l'arrestation notamment les motifs substantiels de commission d'une infraction punissable de plus de 6 mois, la crainte de la fuite du présumé auteur de l'infraction et l'identité douteuse de l'inculpé ou du prévenu selon le cas de la personne en détention provisoire/préventive et la personne en attente d'un jugement. Faut-il ajouter que la personne condamnée par une décision judiciaire reste détenue dans une prison et soumise à un régime pénitentiaire en vue de la rééducation et la réinsertion sociale, dans le respect strict du traitement avec humanité. Dans la pratique, les arrestations arbitraires sont fréquentes. Elles occasionnent souvent la torture et le disfonctionnement de l'appareil judiciaire.

712. Par ailleurs, la liberté de mouvement garantit le droit à toute personne d'aller d'un pays à un autre, sous réserve d'obtenir le Visa, après les formalités administratives auprès de l'Ambassade du pays concerné. Il sied de préciser qu'il y a aussi le cas de réfugiés qui fuient leur pays d'origine pour des raisons de persécutions. Ces derniers franchissent leur territoire, sans accomplir les formalités administratives des services d'Ambassade. Quant à l'exil forcé, il est interdit. On ne peut pas forcer un citoyen de quitter son pays d'origine pour aller vivre ailleurs[533]. L'amendement d'interdiction de

---

[532] La loi portant statut des magistrats en RDC dispose à l'article 47 que la torture des magistrats est constitutive d'une faute disciplinaire.

[533] La Convention de l'O.U.A. régissant les aspects propres aux problèmes des réfugiés en Afrique, signée le 10 septembre 1969 et entrée en vigueur le 23 juillet 1975 ne s'est pas bornée à reproduire un texte existant. Elle dispose que le terme réfugié s'applique également à « toute personne qui, du fait d'une agression, d'une occupation extérieure, d'une domination étrangère ou d'événements troublant gravement l'ordre public dans une partie ou dans la totalité de son pays d'origine ou du pays dont elle a la nationalité est obligée de quitter sa résidence habituelle pour chercher refuge dans un autre endroit à l'extérieur de son pays d'origine ou du pays dont elle a la nationalité ».

forcer à l'exil était intervenu et accepté vers la fin des travaux de la Commission et ce, avant l'adoption de la DUDH. De manière abusive et insidieuse, on peut empêcher à une personne de rentrer dans son pays par des menaces d'arrestation fondées ou pas.

713. Pour M. Louis JOINET, les mesures d'éloignement notamment expulsion, refoulement, reconduite à la frontière, bannissement et l'extradition ont un caractère arbitraire et partant interdites.

5. LE DROIT AU RESPECT DE LA VIE PRIVEE

714. Nul ne sera l'objet d'immixtions arbitraires dans sa vie privée, sa famille, son domicile ou sa correspondance, ni d'atteintes à son honneur et à sa réputation. Toute personne a droit à la protection de la loi contre de telles immixtions ou de telles atteintes[534].

715. La vie privée est garantie. L'honneur et la réputation sont garantis à toute personne. Les atteintes à l'honneur et à la réputation constituent les infractions d'imputation dommageable, d'injures, d'outrages et de diffamation. Il est interdit de s'ingérer dans la vie privée, famille, domicile et correspondance d'une autre personne. Les lois pénales prévoient des infractions comme violation de domicile, violation du secret de la correspondance, diffamation, injures et imputations dommageables.

716. Par ailleurs, les visites domiciliaires, les perquisitions auxquelles sont assimilées les fouilles corporelles et les écoutes téléphoniques portent directement atteinte à l'intimité et la vie privée des personnes qu'il faille respecter leur régime juridique.

717. Toute personne a le droit de circuler librement et de choisir sa résidence à l'intérieur d'un État. 2. Toute personne a le droit de quitter tout pays, y compris le sien, et de revenir dans son pays[535]. Chacun a le droit de résider ou d'aller où il veut à l'intérieur de son pays quelle que soit la forme de fédéralisme, décentralisation…On peut aussi sortir et revenir dans son pays librement sous réserve des formalités administratives pour le VISA en vue d'entrer et séjourner dans un autre pays. Il peut arriver qu'une personne soit obligée de se déplacer à l'intérieur de son pays et il a droit à une protection nationale et internationale.

---

534 Article 12 de la DUDH

535 Article 13 de la DUDH.

718. Les personnes déplacées sont considérées comme des personnes ou des groupes de personnes qui ont été forcés ou contraints à fuir ou à quitter leur foyer ou lieu de résidence habituel, notamment en raison d'un conflit armé, de situations de violence généralisée, de violations de droits de l'homme ou de catastrophes naturelles ou provoquées par l'homme ou pour en éviter les effets[536].

719. La question des personnes déplacées en Afrique est un véritable fléau. On ne peut dire que la question est négligée dans la mesure où la Convention de l'Union africaine sur la protection et l'assistance aux personnes déplacées en Afrique (Convention de Kampala) est entrée en vigueur avec la dernière ratification de Djibouti depuis le 15 juillet 2015. Néanmoins, il y a beaucoup à faire pour son appropriation et les mesures concrètes de prévention et de protection des déplacés du fait des conflits et des calamités naturelles. 25 États ont ratifié la Convention, 18 l'ont signé et 11 qui ne l'ont ni signé ni ratifié qu'il faille ratifier les Conventions pour lancer un signal fort et démontrer la bonne volonté politique de promouvoir une société plus juste et soucieuse de la dignité de tout être humain.

720. La Convention des Nations Unies du 18 décembre 1990 sur les droits de l'homme de tous les travailleurs migrants et des membres de leur famille garantit les droits des personnes qui, en bonne et due forme, quittent leur pays et travaillent avec leurs membres de famille dans un autre.

721. La Constitution de la RDC du 18 février 2006 exprime clairement ces droits en disposant que : « Aucun congolais ne peut être expulsé du territoire de la République. Aucun congolais ne peut, pour des raisons politiques, ethniques ou autres, être contraint à l'exil ou à résider hors de son lieu de résidence habituelle. Tout congolais a le droit de circuler librement sur toute l'étendue du pays, d'y établir sa résidence, de le quitter et d'y revenir et qui n'ont pas franchi les frontières internationalement reconnues d'un État »[537].

722. Que dire (des conditions) de l'expulsion des Sans- papiers dans certains États européens, la chasse aux non originaires du Katanga en 1990 sous le <Règne Président de Mobutu (II° République), le phénomène « d'ivoirité » en Côte d'Ivoire !! Pour des motifs politiques, certains dirigeants ont recouru à toutes les mesures

---

[536] OIM : Droit international des migrations. Migrations et droits de l'homme, n°3, Genève, 2005, p.163

[537] Article 33 de la Constitution de la RDC du 18 février 2006.

possibles en vue de réduire à néant leurs adversaires, instrumentalisant les conflits intercommunautaires et violant la dignité des personnes.

723. Devant la persécution, toute personne a le droit de chercher asile et de bénéficier de l'asile en d'autres pays[538]. Sur le plan juridique, l'asile est la protection qu'accorde un État d'accueil à un individu sur son territoire pour lui permettre d'échapper aux risques pour sa vie, sa liberté ou sa sécurité, auxquels il est exposé dans son propre pays. Le réfugié est une personne qui craint d'être persécutée pour des motifs de race, de religion, de nationalité, d'opinion, politique ou d'appartenance à un groupe social particulier, et qui ne veut se placer sous la protection de son pays d'origine[539]. Dans les péripéties de l'élaboration de la DUDH, les membres de la Commission avait préféré le concept « bénéficier » de l'asile plutôt que de « recevoir » l'asile.

724. L'asile se distingue du droit général de l'immigration[540]. En fait, face au déplacement des personnes d'un État à un autre , parfois en contrevenant aux normes établies par chaque État souverain, il est créé un Droit international des migrations qui fixe les principes et les normes découlant de la souveraineté des États et ayant un impact direct sur la gestion des migrations notamment en protégeant les frontières, en définissant les principes d'octroi de la nationalité, en admettant les étrangers sur son territoire, en renvoyant à la frontière les étrangers non en règles, en expulsant ou en extradant les étrangers

---

538 Article 14 de la DUDH.

539 Le Prince Sadruddin Aga KHAN, Le Droit d'asile et l'article 14 de la DUDH, in revue du Comité international de Juriste, pp 28-35

540 Les pays de l'Union européenne ont décidé en 1997 (traité d'Amsterdam) d'harmoniser leurs politiques d'asile et d'immigration en s'imposant des normes juridiques communes. Les enjeux de renoncement de souveraineté nationale sont sensibles et l'harmonisation reste très partielle. Le domaine du contrôle des frontières est celui qui a avancé le plus vite, avec notamment asile et immigration le visa commun Schengen et le fichier associé, les sanctions aux transporteurs d'immigrants illégaux, le fichier d'empreintes digitales électroniques des étrangers illégaux, la reconnaissance mutuelle des décisions d'éloignement, les charters communs d'expulsion et la négociation d'accords de réadmission avec les pays d'origine. Parallèlement à cette harmonisation, certains pays pratiquent, à quelques-uns, une « coopération renforcée » pour mettre en place des mesures opérationnelles de police communes (comme l'envoi d'officiers de police européens dans les pays tiers pour le contrôle de l'embarquement dans les avions ou l'organisation d'opérations d'interception en mer de bateaux susceptibles de transporter des migrants).

poursuivis pour violations des lois du pays d'origine ou d'accueil pour la sécurité la sécurité nationale et la coopération judiciaires.

725. En vertu de la Convention de l'OUA régissant les aspects propres aux problèmes des réfugiés en Afrique, la collaboration des pouvoirs publics nationaux avec l'UA est très nécessaire pour permettre au Secrétaire général administratif de l'Organisation de présenter des rapports aux organes compétents de l'Union africaine. A cet effet, les États membres de l'UA se sont engagés à fournir au Secrétariat, dans la forme appropriée, les informations et les données statistiques demandées, relatives:

(a) au statut des réfugiés;
(b) à l'application de la présente Convention, et
(c) aux lois, règlements et décrets qui sont ou entreront en vigueur et qui concernent les réfugiés.

726. En outre, la collaboration des États africains avec le Haut-Commissariat des Nations unies pour les réfugiés est encouragée. Conforme aux réalités africaines et aux valeurs traditionnelles africaines dont l'hospitalité, la définition du concept « réfugié » est plus large en Afrique. Une autre spécificité africaine sur la situation des réfugiés, c'est l'insistance sur la question des activités subversives dues aux pouvoirs autoritaires, les coups d'État armés observés et les règnes illimités des Chefs d' États pendant les années 1970 jusqu'au soufflement du vent de la pérestroïka accompagné par les conférences nationales à travers les États africains vers les années 1990.

727. La dernière réforme du droit d'asile en France est entrée en vigueur le 1er janvier 2004 aux termes de la loi du 10 décembre 2003. Les points essentiels de cette réforme concernent la disparition de l'asile territorial et son remplacement par la protection subsidiaire, Ce droit ne peut être invoqué dans le cas de poursuites réellement fondées sur un crime de droit commun ou sur des agissements contraires aux buts et aux principes des Nations Unies. Une personne persécutée ou maltraitée dans son pays a le droit d'obtenir refuge dans un autre État.

728. Tous les réfugiés et les personnes déplacées sur le plan interne du fait des conflits ont le droit de retourner librement dans leurs foyers d'origine en toute sécurité. Les États parties sont tenus de veiller à ce que le retour des réfugiés et personnes déplacées susmentionnées soit librement consentis et de respecter le principe du non-refoulement et de la non-expulsion des réfugiés. Quid de la situation des migrations ? Le calvaire que traverse les clandestins africains qui cherchent refuge ailleurs notamment en Europe mérite une autre approche pour gérer le problème. Bon nombre d'africains justifient le départ des africains et africaines vers l'Europe par les crises politiques, sécuritaires et économiques ainsi que l'extrême de pauvreté et les phénomènes de colonisation et le pillage des richesses et/ou ressources minières et autres à travers des guerres par procuration et une coopération internationale injuste.

729. Les formalités pour régulariser le séjour (avoir les papiers) peuvent être stressantes. Certains peuvent passer des longs moments dans les lieux de détention et d'autres vivre dans la clandestinité ou se voir obliger de retourner dans leurs pays d'origine. Tous les réfugiés et personnes déplacées susmentionnés ont, une fois de retour dans leurs foyers d'origine, le droit de se voir restituer les biens dont ils ont été dépouillés au cours du conflit et d'être dûment indemnisés pour les biens qui ne peuvent leur être restitué. Tout engagement pris ou déclaration faite sous la contrainte en ce qui concerne ces biens est nul et non avenu.

730. Tout individu a droit à une nationalité. Nul ne peut être arbitrairement privé de sa nationalité, ni du droit de changer de nationalité[541]. La nationalité tisse un lien entre une personne et un État. Toute personne a droit à la nationalité qui lui reconnait des droits et des devoirs en tant que citoyen de cet État. On ne peut donc pas priver à une personne arbitrairement sa nationalité. L'apatridie est interdite. Chaque État a une législation relative à la nationalité. Généralement, même par le fait de naître sur le territoire d'un État, on peut acquérir la nationalité de cet État (Jus soli). Plusieurs États reconnaissent le droit d'avoir deux ou plusieurs nationalités. Il y a des États qui accordent gracieusement leur nationalité sur base de la loterie comme le cas des États-Unis avec la loterie DV et ce, en plus de l'application de principe jus soli et jus sanguins. La politique d'immigration de plusieurs États est favorable à offrir leur hospitalité aux étrangers qui remplissent les conditions exigées[542].

731. Curieusement, il existe des apatrides, des personnes sans nationalités. Ils ont la personnalité juridique comme tout être humain et doivent bénéficier d'une protection spéciale de l'État dans lequel ils résident. En fait, la nationalité ou citoyenneté établit un lien

---

541 Article 15 de la DUDH.

542 Voir le Droit international des migrations et le Droit international des réfugiés.

juridique entre une personne et un État. Elle est définie comme le droit d'avoir des droits, selon Antonio Guterres et Anders B. Johnson dans leur Avant- propos du livre : « Nationalité et apatridie. Un guide pour les parlementaires[543]. Comment résoudre les conflits tenant à la nationalité, en Afrique ? Au-delà du principe de la double nationalité, des mesures appropriées doivent être envisagées, après une étude supplémentaire et actualisée en complément à l'étude de Bronwen MANBY[544].

732. En effet, dans certains États africains, cette question est préoccupante que de manière générale la question de la protection des droits des minorités est quasiment négligée. En réalité, la Conférence de Berlin a découpé non seulement les territoires mais aussi les clans, les ethnies, les tribus, les groupes et les familles. A titre d'exemple, en RDC, suite à une motion au Parlement touchant à la question de double nationalité interdite par la loi qui prône l'unicité et l'exclusivité de la nationalité congolaise, un moratoire était décidé par le Parlement du fait que plusieurs Députés et autres responsables politiques se retrouvaient dans cette condition. Bien avant en 1996, la Cour suprême avait annulé une décision du Parlement ayant exclu du Parlement de Transition deux Députés. La Cour avait jugé que la nationalité congolaise (Zaïroise à l'époque) de ces deux parlementaires était suffisamment établie par leurs certificats de nationalité ou leurs cartes d'identité délivrées par le ministère de l'Intérieur et que d'autres preuves n'étaient pas nécessaires[545]. En Côte d'Ivoire, la question de nationalité avait un nom soit « l'Ivoirité ». En RDC, le phénomène de Banyamulenge est presqu'un tabou dans les médias. La minorité noire ou chrétienne de la Mauritanie est dynamique.

733. « De la Casamance au Cabinda, du Darfour à Caprivi, de l'Oromie au Nord-Kivu, de l'Ogaden au Nord du Mali en passant par le Delta du Niger, les mouvements séparatistes tirent profit de la quete d'autodétermination, voire d'indépendance totale, dont les racines historiques trouvent leur origine dans un sentiment d'injustice et de marginalisation, ainsi que dans une perte de confiance en la légitimité ou la capacité de l'État à résoudre de manière équitable

---

[543] UNHCR et UIP : Nationalité et apatridie. Un guide pour les parlementaires , Genève, 2005, 67 p.

[544] Bronwen MANBY, « Les lois sur la nationalité en Afrique Une étude comparée », in Afrimap, 2010, p.63

[545] MABANGA MONGA MABANGA, Cité par Bronwen MANBY, Op. cit. p.63

ces injustices », selon la Commission économique pour l'Afrique des Nations Unies.

734. La question de la nationalité est régie sur le plan international par quelques normes générales relatives aux droits de l'homme. Il y a aussi quelques instruments spécifiques dont la Déclaration sur les droits de l'homme des personnes qui ne possèdent pas la nationalité du pays dans lequel elles vivent, la Déclaration sur l'octroi de l'indépendance aux pays et aux peuples coloniaux, la Convention de La Haye concernant certaines questions relatives aux conflits de lois sur la nationalité et la Convention sur la réduction des cas d'apatridie de 1961.

6. LES LIBERTES DU FOR INTERNE

735. Qu'en est-il de la liberté placée côte à côte au droit à la vie et la sureté de personne garantie par l'article 3 de la DUDH ? Sans aucune définition dans les lois ou dans les conventions internationales, la doctrine nous enseigne que la liberté est la faculté reconnue à l'homme d'agir de manière autonome, c'est un pouvoir d'autodétermination en vertu duquel l'homme choisit son comportement personnel… La liberté est de ce point de vue une prise de conscience par l'individu à la fois des nécessités sociales et également de sa propre responsabilité[546].

736. Inspiré des Observations générales du Comité des droits de l'homme, nous pouvons affirmer que « Toute liberté implique pour toute personne un choix judicieux à l'abri de toute coercition extérieure et un pouvoir d'atteindre (un ou plusieurs objectifs) pratiquement la fin ou les fins en soi. C'est la liberté individuelle liée à la responsabilité qui constitue l'âme de la démocratie, à l'intérieur de chaque groupe social et de l'État. Les Libertés inhérentes à l'Homme qui sont le signe de son autonomie et la condition du développement de sa personnalité ne sont pas les seules. Il y a aussi les libertés collectives qui offrent à chacun le moyen de défendre ses idées et ses intérêts dans la vie sociale. La liberté collective dont jouissent les citoyens d'un État, c'est ce que le Professeur René Cassin appelle l'indépendance[547].

---

546 Florence CROUZATIER-Durand, Fiches de libertés publiques et droits fondamentaux, éd. Ellipses Édition Marketing S.A., Paris, 2009, p.9
547 René CASSIN, op.cit., pp1-17

737. L'article 4 de la Déclaration des droits de l'homme et du citoyen de 1789 dispose que : « La liberté consiste à pouvoir faire tout ce qui ne nuit pas à autrui : ainsi, l'exercice des droits naturels de chaque homme n'a de bornes que celles qui assurent aux autres membres de la société la jouissance de ces mêmes droits. Ces bornes ne peuvent être déterminées que par la loi». Les constitutions et les lois nationales ainsi que les normes internationales garantissent les libertés et en fixe les limites.

738. On parle des libertés publiques pour exprimer les libertés garanties par le Pouvoir public. Il se pose un problème de la conciliation d'une part des libertés et droits fondamentaux et d'autre part de l'exercice du pouvoir politique. Les libertés des personnes sont multiples et sont développées dans d'autres dispositions de la DUDH. D'autres libertés ne sont reconnues que dans certaines lois nationales[548].

739. Les juges sont considérés à juste titre comme « garant des libertés et des droits fondamentaux » dans la mesure où, ils ont le pouvoir de censurer tout acte juridique, fut-il du Pouvoir politique, lorsqu'il restreint ou fait obstacle à l'exercice des libertés des personnes. La jurisprudence Benjamin de 1933 sanctionne, par exemple, les mesures de police administrative lorsqu'elles sont disproportionnées par rapport aux troubles à éviter[549].

740. Toute personne a droit à la liberté de pensée, de conscience et de religion; ce droit implique la liberté de changer de religion ou de conviction ainsi que la liberté de manifester sa religion ou sa conviction, seule ou en commun, tant en public qu'en privé, par l'enseignement, les pratiques, le culte et l'accomplissement des rites[550]. Quant aux intellectuels, les instruments africains demandent : « Il incombe à la communauté intellectuelle de faire sienne la lutte des forces populaires pour leurs droits et leur émancipation, tout en y prenant part[551] ».

---

[548] Les mécanismes onusiens et la Commissionafricaine recommande les États africains à adopter des lois pour promouvoir les libertés publiques. Le Togo a signalé en 2017 dans son Rapport périodique destiné à la Commission africaine l'adoption des lois comme la loi n°2016-006 du 30 mars 2016 portant liberté d'accès à l'information et à la documentation publique et loi n°2011-010 du16 mai 2011 fixant les conditions d'exercice de la liberté de réunion et de manifestation pacifiques publiques.

[549] Conseil d'État, 19 mai 1933, Benjamin, Lebon, France, p. 541

[550] Article 18 de la DUDH.

[551] Article 22 de la Déclaration de Kampala sur la liberté intellectuelle et la responsabilité sociale 29 novembre 1990, Kampala /Ouganda (Codesria)

741. A propos de la liberté de pensée dans tous les domaines, les convictions personnelles et l'adhésion à une religion ou une croyance, le Comité appelle l'attention des États parties sur le fait que la liberté de pensée et la liberté de conscience sont protégées à égalité avec la liberté de religion et de conviction. Le caractère fondamental de ces libertés est également reflété dans le fait qu'aux termes du paragraphe 2 de l'article 4 du Pacte, il ne peut être dérogé à l'article 18, même en cas de danger public exceptionnel.

742. De nombreux individus ont invoqué le droit de refuser le service militaire (objection de conscience) en se fondant sur le fait que ce droit découle des libertés que leur attribue l'article 18. Pour répondre à leurs demandes, un nombre croissant d'États ont, dans leur législation, exempté du service militaire obligatoire leurs citoyens qui professent sincèrement des convictions religieuses ou autres interdisant l'accomplissement de ce service, et ils lui ont substitué un service national de remplacement.

743. L'article 18 protège les convictions théistes, non théistes et athées, ainsi que le droit de ne professer aucune religion ou conviction. Les termes «conviction» et «religion» doivent être interprétés au sens large. L'article 18 n'est pas limité, dans son application, aux religions traditionnelles ou aux religions et croyances comportant des caractéristiques ou des pratiques institutionnelles analogues à celles des religions traditionnelles. Le Comité est donc préoccupé par toute tendance à faire preuve de discrimination à l'encontre d'une religion ou d'une conviction quelconque pour quelque raison que ce soit, notamment parce qu'elle est nouvellement établie ou qu'elle représente des minorités religieuses susceptibles d'être en butte à l'hostilité d'une communauté religieuse dominante.

744. Le Comité des DH est d'avis que le paragraphe 4 de l'article 18 permet d'enseigner des sujets tels que l'histoire générale des religions et des idées dans les établissements publics, à condition que cet enseignement soit dispensé de façon neutre et objective. La liberté des parents ou des tuteurs légaux de faire assurer l'éducation religieuse et morale de leurs enfants conformément à leurs propres convictions. Le Comité note que l'éducation publique incluant l'enseignement d'une religion ou d'une conviction particulière est incompatible avec le paragraphe 4 de l'article 18 du PIDCP, à moins qu'elle ne prévoie des exemptions ou des possibilités de choix non discriminatoires correspondant aux vœux des parents et des tuteurs.

745. Le rapport se concentre sur les contrôles initiés par le gouvernement pour inhiber l'accès des citoyens aux TIC, tels que les coupures d'Internet, la censure, l'adoption de lois rétrogrades, les poursuites judiciaires contre les internautes et la surveillance de leurs communications. En outre, le rapport examine comment les organismes gouvernementaux et les fonctionnaires utilisent la propagande et l'activisme en ligne pour façonner le contenu sur Internet en leur faveur. Le rapport se termine par une série de recommandations visant à relever les défis actuels des libertés sur Internet[552].

746. La liberté de pensée, de conscience et de religion, consacrée par l'article 9 de la Convention, représente l'une des assises d'une « société démocratique » au sens de la Convention. Elle figure, dans sa dimension religieuse, parmi les éléments les plus essentiels de l'identité des croyants et de leur conception de la vie, mais elle est aussi un bien précieux pour les athées, les agnostiques, les sceptiques ou les indifférents. Il y va du pluralisme – chèrement conquis au cours des siècles – consubstantiel à pareille société. Cette liberté implique, notamment, celle d'adhérer ou non à une religion et celle de la pratiquer ou de ne pas la pratiquer (Kokkinakis c. Grèce, 25 mai 1993, § 31, série A no 260-A ; et Buscarini et autres c. Saint-Marin /GC, no 24645/94, § 34, CEDH 1999-I 14)[553]

747. Il n'y a pas de droit à la dissidence à l'intérieur d'un organisme religieux. En cas de désaccord doctrinal ou organisationnel entre une communauté religieuse et un de ses membres, la liberté de religion de ce dernier s'exerce par la faculté de quitter librement la communauté en question[554].

---

[552] CIPESA et Open Net Afrca : État des lieux des libertés sur Internet en République Démocratique du Congo 2016. Les stratégies des gouvernementsafricains pour étou!er les droitsnumériques des citoyens, Kinshasa, 2016, p.4

[553] Aperçu de la jurisprudence de la Cour en matière de liberté de religion, Conseil de l'Europe/Cour européenne des Droits de l'Homme, 19 janvier 2011 et mis à jour au 31 octobre 2013.

[554] CEDH : Saint Synode de l'Eglise orthodoxe bulgare (métropolite Innocent) et autres c./ Bulgarie, précité, § 137 et Karlsson c. Suède, no 12356/86, décision de la Commission du 8 septembre 1988, DR 57, p. 172 ; Spetz et autres c. Suède, no 20402/92, décision de la Commission du 12 octobre 1994; et Williamson c. Royaume-Uni, no 27008/95, décision de la Commission du 17 mai 1995.

7. LES LIBERTES DU FOR EXTERNE

748. Nous ne nous ferions peut-être pas tuer pour les idées que nous avons, mais nous nous ferions certainement tuer pour le droit d'en avoir et le droit d'en changer (nous pouvons ajouter le droit d'en chercher, d'en échanger ou de les répandre)», a dit Friedrich NIETZCHE. Tout individu a droit à la liberté d'opinion et d'expression, ce qui implique le droit de ne pas être inquiété pour ses opinions et celui de chercher, de recevoir et de répandre, sans considérations de frontières, les informations et les idées par quelque moyen d'expression que ce soit[555]. Pour la CADH, dans le souci de la logique des faits, « Toute personne a droit à l'information. Toute personne a le droit d'exprimer et de diffuser ses opinions dans le cadre des lois et règlements »[556].

749. La disposition de la Charte africaine présente une avancée théorique significative quant au droit à l'information mais elle n'est pas explicite en rapport à la protection contre toutes représailles du fait de l'exercice de cette liberté dès l'instant que la référence au cadre légal est malheureuse et porteuse d'obstacles à l'exercice et à la jouissance des libertés. En renvoyant la liberté au cadre légal, on peut constater que plusieurs États africains n'ont pas de loi d'accès à l'information et de loi de dépénalisation du délit de presse.

750. Dans un État de police, avec ces circonstances de l'absence de mesure de dépénalisation du délit de presse avec conséquence recours facilite à la condamnation pour diffamation, imputations dommageable et dénonciation calomnieuse, les DDH et les journalistes se voient piégées et le droit d'accès à l'information est limité.

751. Dans l'Observation générale n° 34 du Comité des droits de l'homme en rapport avec l'article 19 du Pacte international relatif aux droits civils et politiques, il est recommandé aux États la dépénalisation de la diffamation. « Les États parties devraient envisager de dépénaliser la diffamation[557] et, dans tous les cas, l'application de la loi pénale devrait être circonscrite aux cas les plus graves et l'emprisonnement ne constitue jamais une peine appropriée. Il n'est pas acceptable qu'un État partie inculpe

---

[555] Article 19 de la DUDH.

[556] Article 9 de la CADHP.

[557] Observations finales concernant le rapport de l'Italie (CCPR/C/ITA/CO/5) et le rapport de l'ex- République yougoslave de Macédoine (CCPR/C/MKD/CO/2).

pénalement un individu du chef de diffamation puis ne le juge pas dans les meilleurs délais – une telle pratique a un effet fortement dissuasif qui peut restreindre indûment l'exercice du droit à la liberté d'expression par l'intéressé et par d'autres personnes »[558]. La technique de musellement des DDH et la presse est utilisée fréquemment par plusieurs États africains.

752. De nos jours, la liberté d'expression présente des nouveaux paradigmes étant donné qu'elle ne concerne pas uniquement les professionnels des médias et de la communication mais aussi tout le public. « Il désigne le droit d'accéder à l'information publique et considère l'information comme un bien public. Sont également en jeu des droits de l'homme… »[559].

753. L'exercice des libertés d'expression, d'association, et de réunion et manifestations publiques est compromis dans la quasi-totalité des États africains du fait du contexte politique, économique et culturel caractérisé par des crises politiques, le cadre légal reprenant encore l'infraction de diffamation/ délits de presse, la culture démocratique et l'instrumentalisation du pouvoir judiciaire bien que ces libertés soient garanties par les constitutions et les Conventions internationales ratifiées. Suivant le Rapport de Hilaire BELL, Ana Alexandra Guerra Gomez, Etsin Kondo, Greta Kwasek, Laure Mpon à Baroung et Lucianna Guedes de Amorim sur ces libertés dans le monde en 2010, la situation de ces libertés n'a pas encore beaucoup évolué[560].

754. En son temps, Voltaire avait dit : «Pas de liberté pour les ennemis de la liberté » et « je désapprouve ce que vous dites mais je défendrai jusqu'à la mort votre droit de le dire »[561]. Il exprimait mieux la liberté d'expression et ses limites. Cette liberté est exercée avec beaucoup[562] de risques dans plusieurs États. Elle connaît des limitations parfois injustifiées bien qu'elle soit considérée par le

---

[558] Lire Remarques d'ordre général du Comité des droits de l'homme présentées à la 102e session Genève, 11-29 juillet 2011 (Communication no 909/2000, Kankanamge c. Sri Lanka, constatations adoptées le 27 juillet 2004).

[559] Ana Maria Miralles Castellanos, La liberté d'expression, le droit de communication : enjeux anciens, questions nouvelles, in Liberté d'expression, accès à l'information et autonomisation des Population. Journée mondiale de la presse, UNESCO, France, 2008, pp 40-45

[560] Hilaire BELL et coll. , Revue de la situation de la liberté d'expression, de réunion et d'association dans 128 pays membres des Nations Unies, CERD, 2010, 172 p.

[561] Voltaire cité par Roseline LETTERON, op. cit. p.156

[562] Frederic SUDRE, op.cit, p.491

Comité des droits de l'homme comme « chien de garde de l'État de droit et de la démocratie »[563]. Dans l'Arrêt Handyside c/ Royaume Uni du 7 décembre 1976, la Cour européenne des droits de l'homme a dit : « La liberté d'expression est l'un des fondements essentiels d'une société démocratique, l'une des conditions de son progrès et de l'épanouissement de chacun. »

755. Les régimes autoritaires supportent difficilement la liberté d'expression[564]. En fait, la vérité sur les abus, les violations flagrantes des droits de l'homme et du droit international humanitaire ainsi que la mauvaise gouvernance administrative, judiciaire et économique restent cachées mais les journalistes d'investigation usent de plusieurs moyens pour chercher, recevoir et répandre les informations utiles pour le triomphe de la vérité et la bonne marche de la société et voire la crédibilité des dirigeants soumis aux élections périodiques. Avec les technologies d'information et de communication (messageries électroniques, whattsap , tweet, facebook…) , le monde est devenu très petit à telle enseigne que, dans un espace d'une minute, le monde entier peut être informé, avec des images à l'appui, de ce qui se passe dans un lieu caché du monde où se commettent des violations des droits de l'homme.

756. La Déclaration de principes sur la liberté d'expression en Afrique adoptée par la Commission africaine des droits de l'homme et des peuples en 2002 a précisé l'innovation heureuse de la CADHP[565] et la démarcation de la formulation de la liberté d'expression en Europe en soulignant que « Un monopole de l'État sur la radiodiffusion-télévision n'est pas compatible avec le droit à la liberté d'expression ». Cette Déclaration recommande que : « Tous les organismes de radiodiffusion-télévision contrôlés par l'État et le gouvernement doivent être transformés en organismes de

---

[563] Observations du comité des droits de l'homme sur la liberté d'expression.

[564] Dans l'Arrêt Handyside, la Cour européenne des droits de l'homme (CEDH) précise que « Valent non seulement pour les informations et les idées ou idées accueillies avec faveur ou considérées comme inoffensives ou indifférentes, mais aussi pour celles qui heurtent, choquent ou inquiètent. »

[565] La Convention européenne des droits de l'homme dispose en son article 10 alinéa 1 que « Toute personne a droit à la liberté d'expression. Ce droit comprend la liberté d'opinion et la liberté de recevoir ou de communiquer des informations ou des idées sans qu'il puisse y avoir ingérence d'autorités publiques et sans considération de frontière. Le présent article n'empêche pas les États de soumettre les entreprises de radiodiffusion, de cinéma ou de télévision à un régime d'autorisations. »

radiodiffusion-télévision de service public devant rendre des comptes au public[566] ». Les États africains ont même adopté la Résolution sur l'abrogation des lois pénalisant la diffamation en Afrique en 2010.

757. Comme une bonne jurisprudence, la décision de la Cour Suprême du Zimbabwe du 18 février 2016 selon laquelle les lois sur la diffamation sont inconstitutionnelles[567] est un cas à suivre par les autres en vue de l'abolition des lois sur les délits de presse en Afrique d' autant plus que la position[568] de la Cour africaine sur l' abrogation des lois sur la diffamation est interpellatrice pour les législations et les juristes africains.

758. Dans la formulation heureuse de la DUDH, il apparait en filigrane la « liberté» de la presse qui est définie par Emmanuel DERIEUX comme la « faculté d'agir, de sa propre initiative, sans y être contraint ni en être empêché par quelque personne, puissance ou autorité qui n'aurait pas été formellement habilitée, ou qui interviendrait pour des motifs, au-delà des limites ou selon des moyens autres que ceux correspondant aux pouvoirs qui lui ont été conférés ».

759. Bien plus, la Déclaration[569] sur le droit et la responsabilité des individus, groupes et organes de la société de promouvoir et de protéger les droits de l'homme et les libertés fondamentales universellement reconnus dispose à l'article 6 ce qui suit : « Chacun a le droit, individuellement ou en association avec d'autres:

- De détenir, rechercher, obtenir, recevoir et conserver des informations sur tous les droits de l'homme et toutes les libertés fondamentales en ayant notamment accès à l'information quant à la manière dont il est donné effet à ces droits et libertés dans le système législatif, judiciaire ou administratif national;

---

566 Hendrik BUSSIEK, Wilfrid RAOUL, Herve ADOUN et François KOFFI Awoudo, Eileen Manka TABUWE et Hendrik BUSSIEK, Les organes audio-visuels publics en Afrique. Enquête Projet cas du Bénin, OSIWA et OSMP, 2014, Bénin, p.128

567 La Rapporteure spéciale s'est tout particulièrement réjoui des informations selon lesquelles, le 3 février 2016, la Cour suprême de la République du Zimbabwe avait jugé contraires à la Constitution les lois du pays rendant le délit de la diffamation passible du Code pénal. Selon la presse, la Cour, composée de neuf juges et présidée par le Juge Godfrey Chidyausiku, avait statué que toutes les lois qui répriment la diffamation par des sanctions pénales violent les garanties de la liberté de la presse prévues par la Constitution du Zimbabwe.

568 Lire Arrêt de la Cour dans l'Affaire Lohé Issa Konaté c/ Burkina Faso 004/2013 -

569 La Déclaration est disponible en ligne www.ohchr.org

- Conformément aux instruments internationaux relatifs aux droits de l'homme et autres instruments internationaux applicables, de publier, communiquer à autrui ou diffuser librement des idées, informations et connaissances sur tous les droits de l'homme et toutes les libertés fondamentales;
- D'étudier, discuter, apprécier et évaluer le respect, tant en droit qu'en pratique, de tous les droits de l'homme et de toutes les libertés fondamentales et, par ces moyens et autres moyens appropriés, d'appeler l'attention du public sur la question. »

760. Les droits précités concernent aussi le journaliste. Certains d'entre eux sont comme Monsieur le Jourdain qui faisait de la prose sans le savoir. En effet, les journalistes contribuent, au quotidien, à la promotion et à la protection des DH, parfois, sans le savoir. Le journaliste professionnel ferait mieux de s'informer et se former entre autres dans le domaine des droits de l'homme en rapport avec sa spécialisation car le droit à l'information et la liberté d'opinion et d'expression sont comme l'œuf et la poule. La liberté d'opinion et d'expression est garantie par les instruments internationaux, la Constitution et les lois de chaque pays cependant les obstacles à l'exercice de cette liberté sont multiples. Entre autres limites à l'exercice de cette liberté, on peut citer le droit d'accès à l'information. De même, la liberté d'opinion et d'expression est tributaire de l'information reçue ou acquise.

761. Quelques limitations sont concevables quitte à observer les formalités acceptables dans une société démocratique. La CADHP garantit à l'article 9 al.1 le droit qu'a toute personne à l'information. La disposition est laconique. Elle ne précise pas clairement comment exercer ou jouir de cette liberté. De mauvaise foi, on peut créer des polémiques et fort heureusement le principe cher des droits de l'homme veut qu'en cas de doute, l'avantage soit accordé à la promotion de la liberté. « In dubio pro libertate. », dit-on. La présentation de la liberté d'information dans la CADHP innove par rapport à la Convention européenne de sauvegarde des DH[570]

---

[570] L'alinéa 2 de l'article 1 a circonscrit le cadre légal de l'exercice de la liberté d'information : « L'exercice de ces libertés comportant des devoirs et des responsabilités peut être soumis à certaines formalités, conditions, restrictions ou sanctions prévues par la loi, qui constituent des mesures nécessaires, dans une société démocratique, à la sécurité nationale, à l'intégrité territoriale ou à la sûreté publique, à la défense de l'ordre et à la prévention du crime, à la protection de la santé ou de la morale, à la protection de la réputation ou des droits d'autrui, pour empêcher la

(Art.10) et la Convention interaméricaine des DH (Art.13) où « La liberté d'opinion et droit à l'information sont en réalité les deux facettes du droit à la liberté d'expression ».[571]

762. Quant à l'exercice de la liberté des réunions et des manifestations pacifiques, le principe de l'information préalable est partagé contrairement à l'autorisation mais seulement dans la pratique compte tenu le contexte décrit ci-dessus, la jouissance de ce droit est problématique comme l'a si bien démontré le Rapport de Amnesty international. En Angola, en Éthiopie, en République démocratique du Congo (RDC), au Soudan, au Tchad, au Togo et ailleurs, les pouvoirs publics se sont appuyés sur des textes juridiques, des mesures administratives et d'autres dispositions pour restreindre et interdire illégalement des manifestations pacifiques. En Angola, les autorités ont fréquemment empêché la tenue de manifestations pacifiques, bien que la loi n'exige pas d'obtenir une permission au préalable. Au Tchad, au moins six rassemblements pacifiques ont été interdits et de nombreux organisateurs et participants ont été arrêtés. En RDC, des manifestations pacifiques, en particulier celles liées à la crise politique déclenchée par le report des élections, ont été interdites et réprimées. Au Soudan, les autorités ont empêché des organisations de la société civile, des formations politiques d'opposition et des étudiants darfouriens d'organiser des événements. Le recours à une force excessive et l'utilisation d'autres formes de violence pour disperser des manifestants pacifiques ont entraîné des arrestations illégales mais aussi fait des morts et des blessés dans de nombreux pays[572].

763. Les États africains ont adopté à la 32° session ordinaire de la Commission africaine des droits de l'homme et des peuples (Banjul, Gambie, 2002) la Déclaration de principes sur la liberté d'expression en Afrique, dont l'article IV sur la liberté d'information stipule que : « Les organes publics gardent l'information non pas pour eux, mais en tant que gardiens du bien public et toute personne a le droit

---

divulgation d'informations confidentielles ou pour garantir l'autorité et l'impartialité du pouvoir judiciaire. »

[571] Laurence BURGORGUE-LARSEN, Article 9 § 1, in Maurice KAMTO, La Charte africaine des droits de l'homme et des peuples et le protocole y relatif portant création de la Cour africaine des droits de l'homme. Commentaire article par article, éd. Bruylant, Bruxelles, 2011, pp 221-237

[572] Amnesty International : Rapport 2017-2018, p.18

d'accéder à cette information, sous réserve de règles définies et établies par la loi ».

764. En principe, le droit à l'information doit être garanti par la loi, conformément aux principes suivants : toute personne a le droit d'accéder à l'information détenue par les organes publics ; toute personne a le droit d'accéder à l'information détenue par les organes privés et qui est nécessaire à l'exercice ou à la protection de tout droit; tout refus de communiquer une information doit être sujet à un recours auprès d'un organe indépendant et/ou des tribunaux ; les organes publics doivent, même en l'absence d'une requête, publier les principales informations d'un grand intérêt général ».[573]

765. Malgré la reconnaissance de cette fonction sociale importante par la communauté, les personnes qui se lancent dans le noble métier de journalistes et artistes subissent souvent des traitements cruels allant de l'interdiction d'exercer leur profession, à la confiscation du matériel de travail, à l'arrestation, à l'enlèvement jusqu'à l'assassinat. Le journaliste ou professionnel des médias, dans son travail au quotidien, contribue à la promotion et protection des droits de l'homme et fort de son travail, il est traité et considéré comme un défenseur des droits de l'homme. Le journaliste[574] est un défenseur des droits de l'homme qui s'ignore et qui est parfois ignoré dans ce statut. Ils sont soumis parfois à une vie de calvaire. Dans une société où le public ne comprend pas bien son rôle ou est impuissant pour le protéger face aux prédateurs de la liberté d'expression et les droits de l'homme et les libertés fondamentales, dans l'ensemble.

766. Dans le cadre des bonnes pratiques, il faudra signaler l'Arrêt intéressant de la Haute Cour de Zimbabwée qui a, par son Arrêt du 21 septembre 2018, accordé une somme de 150.000 dollars USD (environ 130.580 euros)de compensations à Madame MUNGAREVA MUKOKO jestina, Directrice exécutive de Zimbabwe Peace Projet (ZPP ONG), suite à son enlèvement,

---

573 PANSY TLAKULA,: Loi type pour l'Afrique sur l' accès à l'information, Comission africaine des droits de l'homme et des peuples, Banjul.

574 La figure emblématique de Norbert ZONGO, journaliste bourkinabé assassiné le 13 décembre 1998. Le dossier judiciaire classé 2003 par la justice du BurkinaFaso après un « non lieu » en faveur d'un inculpé a été réouvert lors de la chute de Blaise Compaoré lorsqu'en RDC , des voix se lèvent pour plus de justice dans l'Affaire de l'assassinat de Flotibert CHEBEYA (Le témoin des actes de torture au sein du Bureau de la Police en détention au Sénégal réclame l'extradition en RDC)et Fidèle BAZANA (Son corps jamais retrouvé et serait donné aux chiens), deux DDH de Voix des Sans Voix pour les Droits de l'Homme en RDC.

détention arbitraire et torture en décembre 2008 par les Sevices de sécurité de Mugabe l'accusant de comploter contre le régime du Président honoraire Robert MUGABE.

767. Les africains devront promouvoir la liberté d'expression et la liberté de création artistique pour le changement social. La liberté d'expression sous- entend l'utilisation de tous les supports possibles efficients dans le monde d'aujourd'hui. C'est pourquoi la liberté d'expression est considérée, à juste titre, comme une condition essentielle pour la pratique créative dans le cadre artistique pour la démocratie, les droits de l'Homme et les libertés fondamentales sur le continent, selon l'Association Artwatch Africa et beaucoup d'autres Associations.

768. Il est déplorable que certaines lois limitent la liberté d'expression soi-disant pour sauvegarder certaines valeurs. C'est le cas de la loi du 13 juillet 1990, dite loi Gayssot, qui interdit la négation des crimes commis par les nazis. « La liberté d'expression cède alors le pas devant des valeurs jugées supérieures fondées sur le respect des victimes du génocide et sur le devoir de mémoire souvent invoqué ».[575]

769. Toute personne a le droit d'exprimer et de diffuser ses opinions. La majorité d'États africains lutte pour obtenir une loi facilitant l'accès à l'information. La liberté d'information est un droit fondamental de la personne humaine. L'Assemblée générale des Nations Unies a adopté une résolution reconnaissant ce principe dès 1946 et ce droit est garanti par l'article 19 de la Déclaration universelle des droits de l'homme. Cependant, bien que la liberté d'information soit une condition essentielle de la démocratie, de la bonne gouvernance, du développement et de la réduction de la pauvreté, beaucoup de pays africains ne garantissent pas la liberté d'information dans leur Constitution ou n'en ont pas de considération en dépit de leur proclamation.

770. Avec la mondialisation et les exigences de transparence et de démocratie, on assiste à la généralisation de la revendication des lois d'accès à l'information. A défaut de la loi d'accès à l'information, dans la stratégie des journalistes, ils demandent audience pour obtenir l'information à la source ou encore demandent par écrit l'information et en cas de refus, les informations disponibles sont

[575] Anna POLITKOVSKAIA, la vérité assassinée », 9.10.2006 Consulté dans le site : http://www.liberation.fr/actualite/monde/209396.FR.phpLibération

diffusées en mentionnant que les sources ne veulent pas donner leur version officielle. Les États de vieille démocratie comme les États-Unis misent beaucoup sur la liberté d'expression. Cette liberté a été revalorisée par des décisions judiciaires.

771. Pour Marie Soleil Frère: « L'accès aux sources a toujours constitué un problème crucial dans les pays autoritaires où les réticences de l'État de livrer l'information sont énormes : toute information concernant l'administration est considérée comme un secret d'État»[576].

772. Le droit à l'information est l'un des droits clés de la démocratie et de la bonne gouvernance et voire un droit de l'homme inaliénable aux individus et aux peuples. Ses conséquences positives sont multiples. « Elle (l'information) permet aux citoyens de comprendre le fonctionnement des institutions et de participer aux affaires publiques. Elle impose également à ceux qui occupent des fonctions publiques l'obligation de rendre compte de leurs décisions, de leurs actions ou les causes motivées de leur inaction. La liberté d'information donne aux citoyens le pouvoir d'exiger le respect de leurs droits juridiques et sociaux. Elle garantit que les décisions politiques et les mesures mises en œuvre soient orientées vers le développement équitable ».

773. En Afrique, la Commission africaine s'est prononcé sur les restrictions à la liberté d'expression. En effet, « Lorsqu'il est nécessaire de restreindre des droits, cette restriction doit être d'un niveau aussi minimal que possible et ne doit pas compromettre les droits fondamentaux garantis par le Droit international. Toute restriction des droits devrait être une exception. Le gouvernement a imposé ici une restriction totale sur la liberté d'expression. Cela constitue une violation de l'esprit de l'article9 de la CADHP[577].

774. La liberté d'expression s'exprime conjointement avec le droit à l'information ainsi que le droit d'accès à l'information, garantis par des lois dans certains États africains. Il est prouvé que l'information objective est un réel bien public et par contre l'information partiale peut inciter les lecteurs, y compris les décideurs politiques, à prendre des mauvaises décisions et voire provoquer des dissensions sociales et des actes de violence. Les chevaliers de la plume ont certes une

---

576 Michel NZANGI BATUTA, La liberté d'opinion et d'expression et ses limitations légales en RDC, Kinshasa, 2007, p.21

577 Communication 101/93 [Civil Liberties Organisation c. Nigeria.

mission noble d'informer et de former les personnes. Ils contribuent à la promotion et la protection des droits de l'homme. La prestation des journalistes présente des avantages heureux et des risques fâcheux. Suite à l'information partisane, sans fondement et sans professionnalisme, le journaliste peut perdre sa crédibilité et nuire à sa profession. Impacter le manque d'information et le contrôle des canaux d'information qui caractérisent souvent les régimes dont le Pouvoir est exponentiellement fort alors que les droits et les libertés fondamentales sont réduits la liberté de la presse souffre et les chevaliers de la plume courageux en souffrent.

775. La liberté est fondamentale pour toute société démocratique. Les Chefs d'États de l'espace francophone ont rappelé leur engagement à respecter la liberté de la presse dans la Déclaration de Kinshasa en ses termes : « Nous rappelons que la liberté de la presse, qui repose sur la pluralité des médias et la libre communication de l'information, de la pensée et des opinions, constitue une composante essentielle de la vie démocratique. Nous saluons à cet égard les avancées positives dans bon nombre de nos États pour garantir l'indépendance des médias et leur régulation démocratique et transparente, et une autorégulation conforme à la déontologie professionnelle. Nous nous engageons à assurer les conditions d'exercice de cette liberté et une protection effective des journalistes et des autres acteurs de la presse dans l'exercice de leurs métiers, tant au niveau de la législation, de la protection judiciaire que de la sécurité physique.[578] » Pour contrer les atteintes à la liberté d'expression dans plusieurs États, il faut élaborer un verrou infaillible prenant en compte l'abolition du délit de presse, le renforcement de la discipline du corps, l'octroi des subventions pour honorer le statut du journaliste africain[579] et l'élaboration des lois facilitant l'accès à l'information sous peine des poursuites des fonctionnaires malicieux.

776. Au demeurant, le Droit international et africain reconnait la valeur intrinsèque de la liberté d'expression et interdit des restrictions liberticides. « L'interdiction de l'ensemble de la presse privée au motif qu'elle constitue une menace pour le gouvernement en

---

[578] Lire la Déclaration de Kinshasa, in WEMBOLUA OTSHUDI, Réflexions sur la DUDH. Valeur, importance et contenu vus d'Afrique, op. cit. , pp 354-367.

[579] Lire la Communication de Luc-Adolphe Tiao Liberté de la presse et régulation des médias dans les processus démocratiques en Afrique au séminaire international sur la gestion de la transition en RDC du 26 au 28 avril 2004.

fonction est une violation du droit à la liberté d'expression. L'article 9. 2 sert précisément à prévenir ce genre d'interdiction générale de la presse. Une presse libre fait partie des principes d'une société démocratique et constitue un outil précieux pour le contrôle des excès de pouvoirs éventuels du gouvernement[580]».

777. Toute personne a droit à la liberté de réunion et d'association pacifiques. Nul ne peut être obligé de faire partie d'une association[581]. Le droit à la liberté de réunion est consacré par les lois nationales et les constitutions des États. La réunion est un rassemblement temporaire pour échanger les idées, planifier des activités, informer ou se former... Certaines réunions ou manifestations sont organisées en plein air ou dans des lieux publics et d'autres, dans des milieux fermés. Cette liberté est redoutée dans les régimes totalitaires craignant réflexions profondes, partage des informations et prise de conscience des populations et voire toute idée de révolte et de l'expression de mécontentement. Un attroupement de deux à trois personnes peut-être suspecté et redouté comme le rassemblement sur la place Tahrir !

778. Il convient de souligner que les réunions qui encouragent le recours à la violence sont interdites (Associations terroristes, les Mercenaires, les Rebelles, les miliciens...) et constituent des actes matériels de l'organisation d'une association des malfaiteurs, du reste, faits infractionnels prévus et sanctionnés par les lois pénales.

779. A côté de la liberté de réunion, la DUDH a prévu la liberté d'association. Les deux libertés ne se confondent pas mais poursuivent les mêmes objectifs dans des contextes différents. Les associations sont créées par des personnes qui poursuivent les mêmes objectifs et mettent ensemble les moyens humains, financiers et autres pour la réalisation de leurs objectifs. Toute personne a le droit d'organiser et de participer aux réunions pacifiques. Ces dernières jouent un rôle capital pour l'épanouissement des personnes, le renforcement de la solidarité des membres de la base à la nation, la participation politique, économique et culturelle de tout un chacun à toutes les activités de son milieu et de sa nation. C'est aussi un bon cadre pour avoir la possibilité de jouir de plusieurs droits ou les revendiquer.

---

[580] État d'Erythrée [Communication 275/2003 (2007 Point 90), in p.248

[581] Article 20 de la DUDH.

780. Dans la pratique, il y a des réunions publiques et des manifestations pacifiques qui sont organisées comme un moyen d'expression tendant à transmettre un message à l'opinion publique et aux décideurs. Les législations nationales soumettent la tenue des manifestations et des réunions publiques soit au régime de l'autorisation préalable soit au régime de l'information de la tenue de l'activité à l'autorité politico-administative du lieu, endéans un laps de temps. Ce dernier régime est plus démocratique.

781. Pour quoi empêcher ou réprimer les manifestations jusqu'à tuer les paisibles manifestants ? « Le danger qu'elle (la liberté de réunion/ manifestation) représente pour l'État et/ou le régime est en l'occurrence à la mesure de sa fragilité tenant à son défaut d'acceptabilité sociale et donc la légitimité politique réelle »[582]. La légitimité du pouvoir, la formation des agents de maintien ou rétablissement de l'ordre public et le cadre légal sont des atouts majeurs pour respecter les citoyens et leurs libertés.

782. Peut-on considérer que les personnes ou les citoyens ont un droit illimité par rapport à la liberté de réunion et d'association ? On peut se référer aux articles 21 et 22 du PIDSC qui ont fixé les limites de ses deux droits présentés séparément. Apparemment, le Pacte insiste plus sur les limites à l'exercice de ses droits qu'il n'en a précisé la portée. Qu'en est- il concrètement, en Afrique ?

783. La Commission africaine des droits de l'homme et des peuples donne des directives très claires et des principes forts pour promouvoir la liberté d'association et de réunion consacrés par les articles 10[583] et 11[584] de la Charte africaine des droits de l'homme et des peuples. A propos de la reconnaissance des Associations contrairement à la pratique qui exige des activités par les Associations ayant la personnalité juridique, la Commission africaine des DHP, à travers les Lignes directrices ALAPINI recommande que : « Les associations non officielles peuvent et sont censées bénéficier de la protection par le droit, tout comme les

---

[582] Jean Marie BRETTON, Article 11, in KAMTO, op. cit. , pp 273-295.

[583] Article 10 de la Charte : Toute personne a le droit de constituer librement des associations avec d'autres, sous réserve de se conformer aux règles édictées par la loi. Nul ne peut être obligé de faire partie d'une association sous réserve de l'obligation de la solidarité prévue à l'article 29.

[584] Article 11 de la Charte : Toute personne a le droit de se réunir librement avec d'autres. Ce droit s'exerce sous réserve des restrictions nécessaires édictées par les lois et règlements.

associations officielles. Les rassemblements informels sont à promouvoir et aucune autorisation n'est requise pour se réunir ; aucune sanction ne doit jamais être appliquée non plus pour une réunion du seul fait que les autorités n'en ont pas été informées. La présomption s'applique, inter alia, à la création, aux objectifs, aux activités, au fonctionnement interne et au financement des associations, à la tenue de réunions, aux conditions à remplir à cet effet et aux restrictions qui s'imposent, s'il y a lieu, d'y mettre un terme. Le droit à la liberté d'association et de réunion doit être effectivement garanti dans la pratique»[585].

784. Personne ne peut être obligé d'adhérer à une association. La création, l'adhésion ou la démission dans les Partis politiques, les ONGDH, les ONGD, les mutuelles, les ASBL, les consortiums, les Réseaux, les Fondations, les Sociétés savantes, les associations confessionnelles, les syndicats et les Associations des jeunes est un acte libre. Cette liberté dépend de la garantie de la liberté d'expression[586], la reconnaissance juridique du droit d'association, l'absence d'obstacles juridiques et administratifs à la création et au fonctionnement des ASBL, l'exigence de la protection par les pouvoirs publics contre les tiers et les pouvoirs publics ainsi que la garantie des facilités administratives, financières et fiscales des pouvoirs publics pour leur bon fonctionnement.

785. Pendant les décennies allant de 1960 à 1990, avec le monopartisme, l'adhésion au Parti unique considéré parfois comme Parti-État était une négation des droits et libertés fondamentales avec le prétexte de la diversité culturelle. De nos jours, les partis au pouvoir risquent de perpétuer les pratiques discriminatoires et liberticides dénoncées nonobstant le multipartisme proclamé dans les constitutions. Que

---

[585] Lignes directrices ALAPINI sur la liberté d'association et de réunion qu'applicable à la société civile, et le droit à la liberté de réunion en Afrique suite au Rapport du Groupe d'étude de la Commission africaine des droits de l'homme et des peuples. (Reine ALAPINI est Haut-Commissaire et Rapporteure de la Commission sur la liberté d'association et de réunion).

[586] Dans son Allocution sur « Liberté d'association et d'expression, principes, constats et propositions » à Bruxelles, le 17 octobre 2012, de M. Pierre Barge, Président d'honneur de l'AEDH, disait que la liberté d'association contribue à l'instauration de la démocratie et au développement. Tout en déplorant les restrictions imposées à l'exercice de la liberté d'association dans le monde, à des degrés différents, il a mentionné les restrictions fréquents par rapport aux questions récurrentes notamment les droits des minorités ; la question sur les droits liés à l'orientation sexuelle, les accusations de délits financiers ou fiscaux et le prétexte de la sécurité publique voire de risques de terrorisme.

dire si l'avancement en grade dans les Services publics dépend d'un soutien ou pistonnage des décideurs qui étendent leur filet à tous les niveaux de contrôle des masses en vue de garantir les chances de l'emprise des institutions et de la conservation du pouvoir. Le monopartisme était enveloppé par l'authenticité défendue par le Président MOBUTU et la majorité des Chefs d'État africains pour justifier leur pérennité au pouvoir. Au nom de ce monopartisme qui risque de se perpétuer, sous d'autres formes en Afrique, la fonction publique au lieu d'être neutre, elle se trouve envahie par les militants ou espions des partis au pouvoir !

8. LE DROIT A LA PARTICIPATION POLITIQUE

786. Toute personne a le droit de prendre part à la direction des affaires publiques de son pays, soit directement, soit par l'intermédiaire de représentants librement choisis. Toute personne a droit à accéder, dans des conditions d'égalité, aux fonctions publiques de son pays. La volonté du peuple est le fondement des pouvoirs publics, cette volonté doit s'exprimer par des élections honnêtes qui doivent avoir lieu périodiquement, au suffrage universel égal et au secret ou suivant une procédure équivalente assurant la liberté du vote[587].

787. La liberté d'expression a été comprise avec la Commission africaine comme « Un droit humain fondamental, essentiel à l'épanouissement de la personne, à sa conscience politique et à sa participation aux affaires publiques. Qu'en est-il de cette participation ? En fait, chaque citoyen dans son pays a le droit de participer à la gestion du pouvoir politique en votant librement les dirigeants ou en se faisant élire. Le recrutement dans les fonctions de l'État doit respecter l'égalité des citoyens et procéder au test d'appréciation des qualités, selon le critère préétabli.

788. Le vote libre de chaque citoyen est la base de la légitimité de tout pouvoir politique soumis à la volonté du peuple périodiquement pour le renouvellement de la confiance ou la sanction négative lorsque les dirigeants n'ont pas honoré leurs engagements ou donné satisfaction à la population par leur gestion. Dans le contexte africain, l'article 13 de la Charte africaine des droits de l'homme soulève plusieurs questions notamment la portée de ce droit en Afrique et la pratique quotidienne.

---

[587] Article 21 de la DUDH.

789. Dans sa formulation, l'article 13 de la CADHP semble lacunaire par rapport à l'article 21 de la DUDH. Olivier CORTENS et Catherine DENIS considèrent cette disposition de la CADHP comme une déclaration de principe plutôt qu'une règle précise et contraignante. En fait, la participation politique devrait être la base juridique de l'instauration de la démocratie et du développement voire de l'émergence, en Afrique. Le droit à la participation politique se complète avec d'autres droits notamment la liberté d'expression, (Article 9 de la CADHP), la liberté de réunion et d'association (article 10 et 11 de la CADHP), l'indépendance et l'impartialité des tribunaux (Article 7 de la CADHP, la non-discrimination (Article 3 de la CADHP), l'intégrité physique et la dignité (Article 4 et 5 de la CADHP). En fait, la participation politique des individus marche de pair avec les droits des peuples consacrés par les articles allant de 19 à 23 de la CADHP.

790. Les dirigeants africains en publiant leurs instruments relatifs aux droits humains proclament solennellement que « Tous les peuples sont égaux, ils jouissent de la même dignité et ont les mêmes droits. Rien ne peut justifier la domination d'un peuple par un autre ». Le concept « peuple » est pris dans son sens large. La Commission africaine des droits de l'homme et des peuples en a donné une interprétation plus large pour ainsi appliquer ce droit à différents peuples comme le peuple Ogoni du Nigéria, Andolori du Kenya, les Mauritaniens noirs …… qu'en est-il de la mise en œuvre de ce droit de participation politique ? Sans tergiversation, la gestion du pouvoir politique tenant compte de l'égalité des citoyens et des peuples sans aucune discrimination est le point faible de la majorité de dirigeants africains. Le règne sans partage de pouvoir est porté à imposer la terreur parce que naturellement, toute personne peut revendiquer ses droits et dénoncer la mauvaise du pouvoir. Bon nombre de dirigeants ont choisi de restreindre les libertés publiques et réprimer jusqu' au sang toutes les contestations et revendications du pouvoir politique.

791. Il n'est pas étonnant que les législations portent le germe de restriction des libertés des citoyens et des citoyennes. Dans une autre optique, les peuples africains luttent contre la domination étrangère et l'impérialisme bien que, souvent, les dirigeants africains ne le stigmatisent que lorsqu'ils subissent des pressions politiques en rapport avec les violations des droits humains et l'usure du pouvoir.

792. La CADHP a la particularité d'avoir pris en compte la participation politique des groupes appartenant à un État et l'autodétermination des peuples au niveau national et international. C'est dans ce sens que l'Article 20 de la CADHP dispose que : « Tout peuple a droit à l'existence. Tout peuple a un droit imprescriptible et inaliénable à l'autodétermination. Il détermine librement son statut politique et assure son développement économique et social selon la voie qu'il a librement choisie. Les peuples colonisés ou opprimés ont le droit de se libérer de leur état de domination en recourant à tous moyens reconnus par la communauté internationale. Tous les peuples ont droit à l'assistance des États parties à la présente Charte, dans leur lutte de libération contre la domination étrangère, qu'elle soit d'ordre politique, économique ou culturel ». Cette lutte pour l'intérêt exclusif des populations revient comme pour insister dans les articles 21 et 22 de la CADHP que nous développons dans le cadre d'un nouvel ordre international envisagé par les rédacteurs de la DUDH.

793. La libération implique la participation du peuple et des citoyens. Les Mouvements citoyens ont joué un rôle important pour contrer les tendances dictatoriales dans plusieurs États africains. L'article 25 du PIDSCP reconnaît et protège le droit de tout citoyen de prendre part à la direction des affaires publiques, de voter et d'être élu, et le droit d'accéder aux fonctions publiques. Quel que soit le type de Constitution ou de gouvernement adopté par un État, l'article 25 fait obligation aux États d'adopter les mesures d'ordre législatif ou autres qui peuvent être nécessaires pour que les citoyens aient la possibilité effective d'exercer les droits qu'il protège. L'article 25 appuie le régime démocratique fondé sur l'approbation du peuple et en conformité avec les principes du Pacte des droits des peuples de disposer d'eux-mêmes et de déterminer librement leur statut politique. En effet, il est reconnu à tout citoyen, à titre individuel, le droit de participer aux processus qui représentent la direction des affaires publiques. La bonne gouvernance et la démocratie oblige[588] !

---

[588] En fait, la démocratie est un droit fondamental pour tous dans un État. La démocratie, selon la Déclaration de Bamako en annexe, est définie comme un système de valeurs universelles fondée sur la reconnaissance du caractère inaliénable de la dignité et de l'égale valeur de tous les êtres humains ; chacun a le droit d'influer sur la vie sociale, professionnelle et politique, et de bénéficier du droit au développement. Cette institution constitue aussi un bon cadre ou condition pour l'éclosion et le respect des droits humains.

794. Tout citoyen a le droit de participer à la gestion du pouvoir public soit individuellement soit par l'intermédiaire de ses représentants et ce, sans discrimination notamment de race, de couleur, de sexe, de langue, de religion, d'opinion politique ou de toute autre opinion, d'origine nationale ou sociale, de fortune, de naissance ou de toute autre situation. En principe, toute distinction entre les citoyens de naissance et les citoyens par naturalisation est incompatible[589] avec l'article 21 de la DUDH, sous réserve des plus hautes responsabilités étatiques conformément aux lois.

795. Le concept de direction des affaires publiques englobe l'exercice du pouvoir politique dans les institutions législatives, exécutives, administratives et judiciaires. Cette direction comprend l'administration publique ainsi que la formulation et l'application de mesures de politique générale aux niveaux national, local, régional et international. Les Constitutions et les lois nationales déterminent les conditions d'accès aux fonctions publiques.

796. La direction des affaires publiques par les citoyens et les citoyennes d'un État peut s'effectuer à travers les élus. Dès lors, que signifie l'organisation des élections honnêtes, libres et périodiques, dans le sens de la DUDH ? Le Comité des droits de l'homme répertorie quelques conditions notamment le cadre légal garantissant l'exercice effectif du droit de vote, la liberté de voter un candidat de son choix, voter pour ou contre toute proposition soumise à référendum ou à un plébiscite. Au-delà du vote, les personnes sont libres d'apporter leur appui ou de s'opposer au gouvernement sans qu'elles ne soient poursuivies ou tracassées du fait de leur choix politique. Il s'agira d'une opposition éclairée et participative fondée sur l'objectivité, l'intérêt général, le respect de la légalité et les droits d'autrui. Les citoyens peuvent, dès lors, décider de confier le pouvoir à une personne ou à un groupe ayant la majorité de voix ou révoquer pacifiquement leurs dirigeants[590].

797. En fait, lorsque les citoyens participent à la direction des affaires publiques par l'intermédiaire de représentants librement choisis notamment les députés et ou les sénateurs selon la configuration du Parlement mono ou bicéphale, ils contrôlent l'action

---

[589] Henri WEMBOLUA OTSHUDI KENGE, Réflexions sur la déclaration universelle des droits de l'homme. Valeur, contenu et importance vus d'Afrique, éd. L' harmattan, Paris, 2015, p.

[590] JICQUEL Jean, Suffrage universel, in La Déclaration Universelle des Droits de l'Homme, éd. Gallimard, 1998, France, pp117-119

gouvernementale et toutes les Institutions. Ces derniers ainsi que les élus sont aussi responsables et redevables à la population notamment par l'organisation périodique des élections[591], le contrôle citoyen et les sanctions administratives ou judiciaires.

798. Le contrôle parlementaire objectif peut entraîner la déchéance des mauvais gestionnaires du pouvoir politique, par la motion de confiance ou de défiance. Ce contrôle, véritable pouvoir à la portée des élus du peuple, lorsqu'il est exercé avec patriotisme, il ennoblit la population et cela manifeste le respect et la reconnaissance de la souveraineté qui émane de la population et non d'un individu ou d'un groupe d'individus. Bien plus, pour le peuple ayant participé aux élections, un bon contrôle parlementaire est la preuve qu'il est souverain et il peut donner le pouvoir à qui il veut pour la réalisation de ses droits civils , politiques, sociaux, culturels et collectifs contenus dans la Constitution, les lois nationales, les engagements internationaux pris dans les OI et les conventions internationales dûment ratifiées. Les concepts tels que le bien-être, intérêt général, le progrès social… sont vides de sens et ne peuvent être mieux exprimés qu'en terme de la réalisation effective des droits civils , politiques, économiques, sociaux, culturels et collectifs (paix, développement, environnement sans)…

799. La participation qualitative de la population au contrôle de la gestion du pouvoir politique grâce au débat public, le dialogue avec leurs représentants et les dirigeants ainsi que l'exercice responsable de la liberté d'expression, de réunion et d'association constitue un cadre idéal pour le progrès et le respect des droits de l'homme. Ceci nous amène au problème épineux de la reconnaissance et la protection nationale et internationale des défenseurs des droits de l'homme[592]. Ces derniers contribuent à la bonne gestion de la chose publique, même en dehors des Institutions ou Services publics.

800. L'accès des personnes dans des conditions d'égalité aux fonctions publiques est garanti par le deuxième paragraphe de cette disposition en examen. L'accès au Service public de l'État, sans égards aux

---

[591] En Afrique, la tenue des élections est source des conflits et graves violations des droits de l'homme. En Guinée équatoriale et à Sao Tomé-et Principe, les résultats des élections ont été contestés au Tchad, au Congo et au Gabon, ce qui a entraîné des violences postélectorales et a donné lieu, dans ces deux derniers pays, à des violations des droits de l'homme.

[592] HCDH : Les défenseurs des droits de l'homme : Protéger le droit de défendre les droits de l'homme Fiche d'information n°29, Genève, 2004, p.57. (Annexe 3).

critères de mérite et d'égalité des chances engendre des mécontentements, des remous, des frustrations, des discriminations, de l'animosité allant jusqu'aux conflits, parfois armés et meurtriers. On peut observer la multiplicité des coups d'État en Afrique. Ces coups d'État expriment à la fois le diagnostic des règnes sans partage et l'acquisition de pouvoir par des voies peu démocratiques[593]. Dans les États confrontés aux défis de l'emploi et de la sécurité de l'emploi, l'accès aux services publics doit être mieux géré en organisant et en publiant largement les postes vacants et en soumettant les candidats aux tests de recrutement sérieux. Certaines mesures palliatives d'embauche sont envisageables au-delà du test pour jauger les compétences, le mérite et les enjeux sociopolitiques. Il s'agit notamment de quota/ représentation géographique ou ethnique[594]. La bonne gouvernance permet à tous de jouir en toute égalité de ce qu'il conviendrait d'appeler le revenu national et les Services publics fournis par l'État. L'accaparement des richesses par un groupe de personnes ou des familles régnantes en Afrique est incompatible avec l'esprit de l'article 13 de la CADHP à comprendre dans le contexte du Droit international des droits de l'homme. Peut-on considérer que la CADHP et le Droit international et africain ignorent et ne garantissent pas les élections ?

801. A s'en tenir à la CADHP, la question est embarrassante dans la mesure où la CADHP n'a pas évoqué les élections « périodiques et honnêtes » comme la DUDH cependant l' Afrique s'est doté de la Charte africaine sur la démocratie, les droits de l'homme et la bonne gouvernance après avoir adopté dans le cadre de l'OIF la Déclaration de Bamako dont l'extrait repris en annexe.

802. Le Protocole de la démocratie et de la bonne gouvernance de la CIRGL recommande aux États membres de garantir le droit de vote et d'être élu (Article 3), l'interdiction de la modification de la loi

---

593 Voir le coup d'État de Pierre BUYOYA au Burundi le 26 juillet 1996, François BOZIZE en RCA le 15 mars 2003 et les cas de Comores en 1995, Congo en 1997, RD Congo en 1997, Cote d'Ivoire en 1999, Guinée en 2008, Guinée Bissau en 1999 et 2003, Haiti en 1991, Mali en 1991, Mauritanie en 2005 et 2008, Niger en 1996 et 1999, Tchad 1975, Egypte en 2003 et tout récemment des révisions constitutionnelles pour augmenter les mandats présidentiels (Congo…) , la non-organisation des élections présidentielles dans les délais constitutionnels (RDC) en 2016, l'acceptation et le refus problématiques des résultats des élections (Gambie)…

594 Relire les notions sur le principe de discrimination positive.

pendant la période suspecte de 6 mois (Article 4) et le respect des délais des élections périodiques (Article 5).

803. La Déclaration de l'OUA/UA sur les principes régissant les élections démocratiques en Afrique du 8 juillet 2002 et la Charte africaine de la démocratie, des élections et de la gouvernance de 2007 précisent le droit à la participation politique et le droit au vote tout en instaurant un mécanisme rigoureux de surveillance de la démocratie, les droits de l'homme et la bonne gouvernance.

804. D'aucun ne cessent de déplorer la pratique de la conquête, de la gestion et de la conservation du pouvoir politique et la gouvernance, en Afrique. Le pouvoir politique apparait comme l'un des principaux facteurs du sous- développement et la pesanteur qui empêche la construction des États de Droit. Des années 1960 à 1990, on a assisté aux dictatures assises sur le monopartisme et le refus de l'organisation des élections. Une implosion des Conférences Nationales Souveraines a balayé ce système[595].

9. LE DROIT A LA RECONNAISSANCE DE LA PERSONNALITE JURIDIQUE (Voir nationalité)

805. L'article 6 de la DUDH dispose que « Chacun a le droit à la reconnaissance en tous lieux de sa personnalité juridique ». Tout être humain a la personnalité juridique qui lui confère des droits et des devoirs. Dans les faits, les lois et pratiques régissant la citoyenneté laissent des centaines de milliers de personnes en Afrique sans appartenance à un pays. Ces africains apatrides ne peuvent ni voter ni se présenter à des élections ; ils ne peuvent pas inscrire leurs enfants à l'école, voyager librement ou posséder des biens ; ils ne peuvent pas travailler dans la fonction publique, ils sont exposés à des violations des droits de l'homme ».

806. Il est important de prendre en compte l'obligation pour les parents d'enregistrer les enfants aux services de l'État civil. Selon les conditions du milieu, les États ont l'obligation de prendre toutes les mesures nécessaires possibles pour élaguer tous les obstacles à l'enregistrement des enfants. C'est ainsi que dans certains États,

[595] En Afrique subsaharienne, il y eu la tenue des conférences nationales en 1990 au Bénin et au Gabon, en 1991 au Congo, au Mali, au Togo, au Niger et au Zaïre (actuellement RD Congo); en Afrique subsaharienne anglophone, par la tenue des élections pluralistes en Zambie et au Kenya en 1991 et la tenue des élections pluralistes au Cap-Vert en 1991, en Angola en 1992, en Guinée- Bissau, et Mozambique en 1994

l'ouverture des bureaux de l'état civil dans les maternités pour faciliter les enregistrements et la gratuité de ce service endéans un laps déterminé ont permis d'accroitre le nombre d'enregistrement et le contrôle des statistiques de démographie.

807. Dans d'autres États, la pratique des audiences en chambre foraine a permis de donner des jugements supplétifs avant de délivrer les actes de naissance aux majeurs. Ainsi, par exemple, le Comité contre la torture a formulé à l'endroit du Madagascar la recommandation de Maintenir l'opération « Ezaka Kopia ho an'ny Ankizy » pour l'octroi des jugements supplétifs avant l'établissement des actes de naissance[596]. Enregistrer un enfant est un pas dans la prise en charge des droits de l' enfant et la reconnaissance de sa personnalité juridique.

808. Dire que toute personne humaine a des droits et des obligations est un truisme cependant l'extrême pauvreté avilit l'être humain dépourvu des moyens d'autosuffisance et de satisfaction des besoins sociaux primaires.

B. DES DROITS ECONOMIQUES, SOCIAUX ET CULTURELS

809. Les droits civils et politiques concourent de manière complémentaire aux droits civils et politiques ainsi que les droits collectifs (de solidarité) à la promotion de la dignité de la personne humaine. Les droits économiques, sociaux et culturels (DESC[597]) comprennent notamment la propriété, le travail et syndicats, la santé, l'éducation et culture, la famille, le logement et la nourriture. L'État a l'obligation de prendre toutes les mesures nécessaires pour permettre à sa population de jouir de ses droits. Tous les programmes des dirigeants politiques en quête du pouvoir portent sur ces droits qui, du reste, constituent l'objet du pacte entre dirigeants et dirigés. les droits économiques, sociaux et culturels étaient des sous-produits

---

[596] ACAT et CCPR : Rapport de la société civile du MADAGASCAR sur la mise en œuvre du Pacte international relatif aux droits civils et politiques (PIDCP) (Réponses à la liste de points à traiter CCPR/C/MDG/Q/4) à la 120° session du Comité des droits de l'homme (juillet 2017), p.69 A soumettre pour l'examen du quatrième rapport périodique de Madagascar (CCPR/C/MDG/4) à la 120ème session.

[597] Les DESC sont des droits fondamentaux , à réalisation immédiate ou progressive, selon les cas à suivre avec les techniciens de différents domaines « DESC ».

du mouvement syndical et ne constituaient pas en soi un ensemble distinct (et opposable) de droits[598].

810. Les principes de l'universalité, de l'indivisibilité et de l'interdépendance des droits de l'homme ont été affirmés dans la Déclaration de Pretoria sur les droits économiques, sociaux et culturels en Afrique. Ces principes sont justifiés, en Afrique, par les vertus des traditions historiques et des valeurs de civilisation africaine ainsi que les engagements internationaux des États africains inhérents à la ratification des principaux instruments internationaux. De même, les objectifs et les principes de l'Acte constitutif de l'UA incluent l'engagement à la promotion et à la protection des droits de l'homme et des peuples, le respect des principes démocratiques, des droits humains, de la primauté du droit et de la bonne gouvernance ainsi que la promotion de la justice sociale en vue d'un développement économique équilibré cependant la majorité d'États africains ont le dénominateur commun la pauvreté et le sous-développement.

811. Le principe de justiciabilité des DESC a été affirmée et plusieurs décisions tant au niveau national qu'international ont martelé sur ces droits en insistant sur l'interdiction des mesures régressives en la matière. En effet, il a été dit que : « Tout en reconnaissant la nécessité d'avancer pas à pas, le Pacte international relatif aux droits économiques, sociaux et culturels exige que l'État agisse pour assurer progressivement le plein exercice de ces droits et ne prenne pas de dispositions pour en retarder ou en supprimer la jouissance. Il s'ensuit que si l'État supprime, restreint ou limite le contenu des droits déjà garantis, il commet une violation »[599]. La Commission africaine a conclu à la violation du droit à l'éducation au Zaïre (actuellement RDC) dans les Communications 25/89, 47/90, 56/91

---

[598]Commission internnationale des juristes : Les tribunaux et l'application des DESC.Etude comparative d'expériences en matière de justiciaabilité , série droits de l'homme et État de Droit, n°2 (Les constitutions, diverses lois et les instruments de l'OIT ont précisé le contenu de droits comme le droit à la protection contre un licenciement abusif, le droit des travailleurs à la santé et à l'hygiène, le droit à une compensation en cas d'accident de travail, le droit de créer des syndicats ou de s'y affilier, le droit de grève et le droit de négociation collective. Toutefois, en dehors du monde du travail, il y avait peu de possibilité de mettre en place séparément le droit à la santé, le droit à l'alimentation ou le droit à un logement convenable, en partie parce qu'on les considérait simplement comme des prestations supplémentaires auxquelles les travailleurs pouvaient prétend.)

[599] Commission international des juristes : op.cit, p. 31

et 100/93, octobre 1995 Free Legal Assistance Group, Lawyers' Committee for Human Rights, Union Interafricaine des Droits de l'Homme, Les Témoins de Jéhovah c. Zaïre, communications.

812. Les ODD mettent en avant plan tous les droits de l'homme y compris les DESC, le développement et autres préoccupations de notre monde. C'est ainsi que les ODD sont présentés comme le programme du peuple et Programme d'Halima. Mention est faite sur le lien entre les inégalités, la paix et la sécurité et les droits de l'homme, et la responsabilisation des femmes pour qu'elles puissent prendre elles-mêmes les décisions clefs de leur existence. Pour Madame la Sous SG de l'ONU : « appliquer les Objectifs de développement durable, c'est reconnaître la nature indivisible de tous les droits, y compris le droit au développement et c'est aussi un appel à combler les inégalités entre les hommes et les femmes». Il faut donc faire en sorte que les gens puissent faire valoir non seulement leurs droits à un logement décent, à l'eau potable, à des soins de santé, à l'éducation et à la nourriture, mais aussi leur droit de participer aux décisions qui touchent leur existence soit la participation citoyenne et le contrôle citoyen. Il est constaté que les discours de haine progressent et la méfiance divise les gouvernements et les populations. Des personnes sont laissées de côté en raison des inégalités, de la discrimination et de choix politiques au niveau mondial. Aussi, des actes de terrorisme, des conflits armés et des réactions militaires brutales aggravent le problème et affaiblissent l'agenda sur les droits. Dans ces conditions, Mme Mohammed estime qu'il faut engager toutes les ressources nécessaires pour que le Programme de développement durable à l'horizon 2030 atteigne ses objectifs, pour sortir les gens de l'ornière et pour faire entendre la société civile et les défenseurs des droits de l'homme. « Le moment est venu d'accélérer la mise en œuvre du Programme de développement durable à l'horizon 2030 parallèlement à la réalisation de tous les droits de l'homme. Et pour ce faire, il est crucial d'accroître les ressources et soutenir les pays à faible revenu ».

813. La formulation de ses droits mérite une attention particulière. Le Pacte international relatif aux droits économiques, sociaux et culturels adopté en 1966 reste le traité fondateur en ce qui concerne notamment les droits à l'Autodétermination (art. 1er), le droit au Travail et conditions favorables de travail (art. 6 et 7), le Droit de constituer des syndicats et d'y adhérer (art. 8), la Sécurité sociale (art. 9) , la Protection de la famille, de la mère et de l'enfant (art. 10), le Niveau de vie suffisant, y compris une nourriture, un vêtement et un logement suffisants (art. 11), le meilleur état de santé et les meilleurs soins de santé qu'il soit possible d'atteindre (art. 12) , l'Éducation (art. 13) et l'Enseignement primaire, gratuit et obligatoire (art. 14), la Participation à la vie culturelle, le bénéfice du progrès scientifique et le bénéfice de la protection des productions scientifiques, littéraires ou artistiques dont l'individu est l'auteur (art. 15). Les droits précités garantis par le PIDESC ont fait l'objet de réflexions par les rédacteurs de la CADHP qui les garantit dans ses articles 14, 15,16, 17, 18, 21 et 22 cependant les ODD en élargissent le champ et l'Agenda 2063 pour l'Afrique va jusqu' à définir les cibles, les indicateurs et les actions concrètes.

814. En fait, les obligations des États dans le domaine de DESC méritent une attention particulière et des actions citoyennes en vue de mener des plaidoyers pour leur réalisation effective en Afrique. Les DESC se recoupent avec les ODD[600] et l'Agenda 2063[601] pour l'Afrique qui obligent les États à prendre des mesures positives ou concrètes, immédiates ou progressives, d'une part et d'autre part, interdire des mesures régressives, privilégier des réalisations essentielles minimales, de prévenir toute discrimination dans la jouissance des DESC, élaborer un plan et/ou une politique nationale et tout naturellement, en priorité s'occuper des personnes vulnérables[602]. Le droit au développement met en vedette les DESC et on peut l'évoquer au point concernant les droits collectifs, après l'examen du droit à la propriété, le droit au niveau de vie suffisant, le droit à un meilleur de santé susceptible d'être atteint, le droit à l'alimentation, le droit à l'eau potable, le droit au logement…

---

[600] Sur les 17 ODD, environ 7 s'occupent de manière directe des DESC. Il s'agit du droit à la santé, le droit à l'alimentation, le droit à un niveau de vie suffisant, la parité homme femme, le droit à l'eau potable, le droit au travail décent et le droit au logement.

[601] L' aspiration 1 de l'Agenda 2063 est « Une Afrique prospère, fondée sur la croissance inclusive et le développement durable » avec 7 objectifs dont un niveau de vie suffisant, le droit à un meilleur état de santé, le droit à l'alimentation, le droit à l'éducation…

[602] Les laissés- pour compte méritent une attention plus particulière pour renforcer le développement humain.

1. LE DROIT A LA PROPRIETÉ

815. Comme signalé ci-dessus, l' article 14 de la Charte africaine a repris l'article 17 de la DUDH relatif au droit à la propriété, malheureusement sans intégrer le droit à la propriété collective prévu dans la DUDH bien que l'Afrique soit confrontée sérieusement aux conflits fonciers et des peuples.

816. Le droit de propriété est le droit d'user (usus), de profiter (fructus) et de disposer (abusus) d'une chose, d'en être le maître absolu et exclusif dans les conditions fixées par la loi. ... Celui-ci consacre le droit de propriété au sens moderne comme un droit naturel et une prérogative des personnes physiques[603].

817. S'agissant de la propriété individuelle, le niveau de développement a un impact sur la jouissance de ce droit qui, parfois du niveau économique de l'État. En fait, le droit à la propriété est garanti à toute personne. La jouissance de ce droit est limitée par les conditions socio-économiques et politiques. Le manque de travail, les salaires de misère, l'absence de politique sociale, la gouvernance insensible au bien-être des populations, la corruption, l'impunité et l'insécurité quasi-généralisée du fait des conflits armés et terrorisme dans plusieurs zones ou pays handicapent la jouissance indispensable à la dignité des personnes et de leurs dépendants comme les membres de famille.

818. Comme dans le système de la jungle, les plus forts survivent ou résistent et les plus faibles sont appelés à disparaître. La conquête ou la conservation du pouvoir de l'État apparait comme un enjeu de taille pour se positionner[604]. C'est ainsi que certains agents publics vivent au dépend des populations notamment certains agents des services de sécurité vivent de la rapine, extorsion de paisibles citoyens, éviction forcée ou accaparement des terres, en ce qui concerne les immeubles et les concessions foncières, minières ou forestières. Des personnes peuvent être délogées de leurs terres ancestrales sans jugement et sans aucune indemnisation pour céder la place à une Société minière et en conséquence, les autochtones abandonnés à leur triste sort. Il faudra comprendre que pour les

---

603 WIKIPEDIA (Consulté en avril 2019).

604 Le Professeur MAMPUYA préconise la démocratie consensuelle , motif pris de la conception du pouvoir politique. « Ceux qui gagnent les gagnent les élections gagnent les élections gagnent le pouvoir et tout et ceux qui perdent les perdent perdent tout les avois, le prestige.

œuvres intellectuelles, artistiques. il y a la propriété intellectuelle « droit d'auteur ». Dans la pratique, l'État a des institutions qui s'occupent de la protection des personnes et de leurs bien que certains agents s'évertuent dans l'extorsion ou éviction forcée... Quant à la propriété intellectuelle, elle est garantie et toutes les atteintes à la marque, aux dessins et modèles, les droits d'auteurs et droits voisins et les atteintes au brevet sont condamnées pour protéger les droits de propriété intellectuelle, les droits des consommateurs et toute la communauté[605].

2. LE DROIT A UN NIVEAU DE VIE SUFFISANT

819. « Toute personne a droit à un niveau de vie suffisant pour assurer sa santé, son bien-être et ceux de sa famille notamment pour l'alimentation[606], l'habillement, le logement, les soins médicaux ainsi que pour les services sociaux nécessaires; elle a droit à la sécurité en cas de chômage, de maladie, d'invalidité, de veuvage, de vieillesse ou dans les autres cas de perte de ses moyens de subsistance par suite de circonstances indépendantes de sa volonté. »[607]

820. Quoi de plus normal que la communauté internationale ait accordé une priorité à ce droit fondamental qui est à la base des immigrations clandestines, de la criminalité juvénile, du terrorisme et autres formes de crimes. Les États se sont engagé à assurer une vie saine et promouvoir le bien- être pour tous à tous les âges et réduire les inégalités dans et entre les pays.

821. De toute évidence, les États à travers leurs dirigeants ont la responsabilité de garantir tous les droits de l'homme y compris les droits économiques, sociaux et culturels à leurs populations. Les pays socialistes et les pays en développement ont beaucoup misé sur la promotion de ces droits qui incluent les droits à la sécurité sociale, au plein emploi, à des conditions de travail équitables, à l'éducation,

---

605 Mireille Buydens, L'application des droits de propriété intellectuelle.Recueil de jurisprudence, OMPI, 2014.

606 « La faim continue d'être un défi au plan mondial, et assurer que tous les enfants sont en mesure de terminer leur éducation primaire demeure une cible fondamentale, mais non atteinte, qui a un impact sur tous les autres objectifs. Le manque d'installations sanitaires sûres entrave le progrès en matière de santé et de nutrition, la perte de la biodiversité se poursuit rapidement, et les émissions de gaz à effet de serre continuent de représenter un risque majeur pour les peuples et les écosystèmes », selon M.BAN KI-MOON dans son Rapport sur la réalisation des OMD.

607 Article 25 de la DUDH.

aux soins médicaux, à un niveau de vie approprié et à la participation à la vie culturelle de la collectivité[608].

822. L'Indice de développement humain fondé sur le PIB par habitant, l'espérance de vie à la naissance et le niveau d'éducation des enfants de 17 ans est tributaire de la vie économique et le partage équitable du revenu national. Désormais, l'IDH dépend non seulement du revenu par habitant mais aussi par des résultats obtenus en matière de santé et d'éducation, les inégalités, l'autonomisation des femmes… Les pays africains occupent souvent le rang de développement humain le faible. A titre illustratif, en 2010, l'IDH le plus bas était occupé par 5 États africains notamment le Burundi, le Tchad, le Soudan Sud, la République Centrafricaine et le Niger. Entre 2012 et 2017, la Lybie caractérisée par la guerre a reculé. Les ODD et l'Agenda 2063 pour l'Afrique contribuent a élevé le Développement humain et le niveau de vie suffisant en prenant en compte toutes les personnes sans aucune discrimination.

823. Les droits en rapport au niveau de vie suffisant garantis par la DUDH ont été complétés par le PIDESC qui, en plus de détails apportés à certains droits, il en a garanti d'autres. En sus, la Déclaration du millénaire pour le développement de 1990 évoqué ci-haut constitue un engagement et une promesse faite par les dirigeants des États du monde pour voir la réalisation effective et universelle des droits économiques et sociaux, base du développement humain. Les 7 OMD (OMD 1 Éliminer l'extrême pauvreté et la faim ; OMD 2 : Assurer l'éducation primaire pour tous ; OMD 3 : Promouvoir l'égalité des sexes et l'autonomisation des femmes ; OMD 4 : Réduire la mortalité infantile ; OMD 5 : Améliorer la santé maternelle ; OMD 6 : Combattre le VIH/sida, le paludisme et d'autres maladies ; OMD 7 : Assurer un environnement durable et OMD 8 : Mettre en place un partenariat mondial pour le développement). Ces OMD ont cédé la place aux ODD, grâce au Programme de développement durable à l'horizon 2030 pour « Transformer notre monde ». Ce Programme a été adopté par les Nations Unies en Septembre 2015 et vise à réaliser les Droits de l'Homme pour tous, l'égalité entre les sexes et l'autonomisation des femmes à travers 17 objectifs du développement durable (ODD).

---

608 Linda A MALONE, Les droits de l'homme dans le Droit international, éd. Nouveaux horizons ARS, Paris, 2004, p.27

824. En effet, dans le cadre de l'ONU, d'une part, les États œuvrent pour la réalisation des ODD à l'horizon 2030 et d'autre part, pour l'Union africaine, il y a l'Agenda 2063 pour l'Afrique. Avec les DESC garantis par la DUDH, la CADHP, le PIDESC et d'autre part les engagements multilatéraux en termes des ODD et de l'Agenda 2063 pour l'Afrique, les DESC sont devenus une préoccupation majeure des gouvernements et un droit fondamental pour les populations qui voudraient vivre dans un monde où la dignité et l'épanouissement intégral de tous sont garantis.

825. Pour les africains, les domaines prioritaires de l'Agenda 2063 couvrent les trois dimensions du développement durable : l'économie, le social et l'environnement. La transformation structurelle, soutenue par l'industrialisation, est au cœur des objectifs et des cibles en matière de développement économique. Les priorités de développement social se concentrent sur la santé, l'éducation, l'eau et l'assainissement, la problématique homme-femme et l'inclusion sociale. Les priorités environnementales sont étayées par des mesures visant à lutter contre le changement climatique et préserver et exploiter les écosystèmes marins et terrestres.

826. A propos du niveau de vie suffisant, plusieurs éléments servent de critère d'appréciation et l'on évoquera notamment la santé et les soins médicaux, l'alimentation[609], le logement, la sécurité sociale… Ces droits sont classifiés parmi les droits économiques, sociaux et culturels. Ces droits dont dits programmatoires[610] dans la mesure où suivant les ressources et le niveau économique des États, ils font parfois l'objet des programmes transparents et cohérents du Gouvernement, lesquels programmes sont élaborés dans un processus inclusif intégrant les OSC. On parle parfois de la réalisation progressive des DESC parce que les États sont appelés à

---

[609] Pour contribuer à la sécurité alimentaire, par exemple, les pêcheries artisanales emploient, au niveau africain, plus de 90 pour cent des travailleurs dont environ plus de la moitié sont des femmes, supportant les économies nationales mais malheureusement, il n'y a pas de politique pour développer ce secteur. Les poissons meurent vieux parce qu'on ne peut les pêcher.

[610] Article 2 paragraphe 1 du Pacte international relatif aux droits économiques, sociaux et culturels dispose que : « Les États parties au présent Pacte s'engagent à agir , tant par son effort que par l'assistance et coopération internationales , notamment sur les plans économique et technique, au maximum de ses ressources disponibles, en vue d'assurer progressivement le plein exercice des droits reconnus dans le présent Pacte par les moyens appropriés, y compris en particulier l'adoption de mesures législatives.»

concevoir une politique, un plan et un programme pour offrir des services à leur population. Cette Recommandation du Comité à la RDC est un cas typique[611]. Les DESC sont renforcés par des engagements tels que les OMD, les 17 ODD, l'Agenda 2063 pour l'Afrique comme présenté supra. Le développement humain est l'élargissement des libertés et des capacités permettant aux personnes de mener une vie qu'elles jugent, à juste titre, satisfaisante. Cet aspect va au-delà de la satisfaction des besoins essentiels. Si l'on admet que la qualité de vie dépend de nombreux aspects qui peuvent avoir une valeur intrinsèque, les libertés et les capacités sont également très différentes des niveaux de vie et de la consommation[612].

827. A la lecture de l'article 25 de la DUDH, il apparaît que celui-ci est complexe en ce qu'il comprend plusieurs éléments qui ont éclaté en différents droits en Droit international des droits de l'homme. A propos, il convient d'analyser le droit à la santé et aux soins médicaux, le droit à l'alimentation, le droit au logement, le droit à la sécurité sociale…

828. Le déni des droits fondamentaux en matière d'emploi, de logement, de droit à l'alimentation et le respect de la vie culturelle, ainsi que la discrimination et l'exclusion du processus de prise de décision des communautés, sont les causes profondes des affres de l'humanité et des peuples africains, en particulier. Point n'est besoin de citer les conflits armés, les migrations dangereuses, les crises et tensions politiques, les instabilités des Gouvernements, la riposte démesurée des gouvernements par des restrictions aux libertés publiques, exécutions extrajudiciaires, répression des défenseurs des droits humains et opposants politiques…

829. La résolution de ces crises et tous les problèmes de la société ainsi que la consolidation de l'harmonie sociale devraient prioriser l'approche des droits humains et la responsabilité de tous dans le

---

611 Pour la RDC, après examen du Rapport étatique sur les DESC, le Comité des droits économiques, sociaux et culturels attira l'attention de l'État partie sur sa déclaration intitulée «Appréciation de l'obligation d'agir « au maximum de ses ressources disponibles » dans le contexte d'un Protocole facultatif au Pacte» (E/C.12/2007/1). Il a été recommandé que l'État partie, qui procède au vote de son budget annuel de 2010 augmentât de manière substantielle ses dépenses nationales consacrées aux services sociaux et à l'assistance sociale notamment le logement, l'alimentation, la santé et l'éducation. Intégrer l'Approche des droits de l'homme dans la gestion efficace des moyens disponibles sur le plan local ou des partenaires internationaux.

612 PNUD : Rapport sur le développement humain 2011, p.20

respect des valeurs des droits de l'homme. A cet effet, elle a insisté sur la nécessité de renforcer davantage le partenariat qui existe entre les mécanismes des Nations Unies et ceux de la Commission africaine pour prendre en charge les défis des droits humains en Afrique[613]. Le système africain des droits de l'homme et des peuples se complètent avec le système universel de l'ONU. Les particularités africaines sont minimes et ne peuvent annihiler les efforts de tous pour la promotion des droits de l'homme et des peuples, en Afrique.

3. LE DROIT A LA SANTE

830. Le niveau de vie suffisant permet à toute personne de subvenir aux soins médicaux et à se protéger contre les maladies. Il est évident que la vie de tout être humain est tributaire de sa santé. Dès lors, la santé est un droit fondamental garanti par des instruments nationaux, régionaux et internationaux. Le Pacte international relatif aux droits économiques, sociaux et culturels parle du droit à un meilleur état de santé physique et moral en ses termes : « Les États parties reconnaissent le droit qu'à toute personne de jouir du meilleur état de santé physique et mental qu'elle soit capable d'atteindre. Les mesures que les États parties prendront en vue d'assurer le plein exercice de ce droit devront comprendre les mesures nécessaires pour assurer :

831. La diminution de la mortinatalité et de la mortalité infantile, ainsi que le développement sein de l'enfant. L'amélioration de tous les aspects de l'hygiène du milieu et de l'hygiène industrielle. La prophylaxie et le traitement des maladies épidémiques, endémiques, professionnelles et autres, ainsi que la lutte contre ces maladies. La création de conditions propres à assurer à tous des services médicaux et une aide médicale en cas de maladie »[614].

832. Le droit au meilleur état de santé susceptible d'être atteint tel qu'il est formulé par le Comité des droits économiques, sociaux et culturels est intimement lié à d'autres droits de l'homme et dépend de leur réalisation. Il s'agit notamment du droit à l'alimentation, au logement, au travail, à l'éducation, à la dignité humaine, au respect de la vie privée, à l'accès à l'information, à la liberté d'association,

---

[613] Madame Yanine Poc, Représentante régionale du Bureau du Haut - Commissariat aux droits de l'homme pour l'Afrique Australe.

[614] Article 12 du PIDESC.

de réunion et de mouvement[615]. Cette formulation du droit à la santé élargit le champ d'application du droit à la santé à l'instar de la définition de la santé par l'OMS. En effet, pour l'OMS, le droit à la santé signifie « Un état de complet bien-être physique, mental et social, et ne consiste pas seulement en une absence de maladie ou d'infirmité »[616].

833. Il convient dès lors de parler du droit au meilleur état de santé susceptible d'être atteint qui dépend des facteurs biologiques, sociaux- économiques, facteurs individuels et facteurs génésiques d'autant plus que la propension individuelle à la maladie et l'adoption des modes de vie malsains ou à risque, les relations sexuelles ainsi que les droits précités ont un impact certain sur l'état de santé de tout être humain. En Afrique, par exemple, le combat contre la pauvreté peut améliorer ou mieux offrir plus de chance aux personnes de jouir du meilleur état de santé physique et mental. C'est dans cette optique qu'il incombe à l'État à travers les autorités habilitées de prendre des mesures multisectorielles en partenariat avec les parties intéressées comme les Institutions spécialisées de l'ONU et les ONG nationales et internationales en vue d'apprêter des installations, des biens et des services ainsi que des programmes fonctionnels en matière de santé publique.

834. Les installations sanitaires devront être accessibles, sans discrimination et à un coût abordable. Une attention particulière devra être accordée tant aux infrastructures, à l'accessibilité, au cout et aux équipements adaptés par exemple aux personnes handicapées et autres catégories de personnes appartenant aux groupes vulnérables comme les personnes en détention, les minorités et les populations autochtones, les femmes, les enfants, les personnes atteintes du VIH/SIDA, les malades mentaux, les personnes vivant avec handicap…

835. Outre le personnel soignant qualifié et motivé, la charge de l'État est à situer aussi au niveau de la prise en charge significative de la femme pour l'accouchement, la santé sexuelle et génésique à travers la formation ou campagne de planning familial. Quant à la protection de l'enfant, les soins périnatals, néonatals et post-natals doivent être

615 Lire l'observation n° 14 du Comité des droits économiques, sociaux et culturels à l'occasion de la 22°session de 2000.
616 Lire le préambule de la Constitution de l'OMS.

de qualité pour ainsi diminuer la mortinatalité et la mortalité infantile.

836. Les États devront prendre en charge le traitement des maladies épidémiques, endémiques, professionnelles et la lutte contre ses maladies ou leur propagation. Une dotation budgétaire devra soutenir des programmes de prévention et d'éducation sanitaire. Les Gouvernements devront développer un système de soins médicaux d'urgence en cas d'accidents, d'épidémies et de catastrophes, ce qui fait défaut dans plusieurs États africains. Quid des programmes de vaccination, de dépistage de maladie et de l'assainissement du milieu?

837. Les États africains devront mobiliser les moyens financiers, matériels, infrastructurels et humains pour entretenir et promouvoir la santé de leur population car c'est l'un des facteurs du développement économique et social. En matière d'accès aux soins de santé comme pour les autres droits de l'homme, l'État évitera toute discrimination mais attirera plus d'attention à certaines catégories de personnes vulnérables. Les mesures rétrogrades dans les questions de santé devront être évitées par tout agent et fonctionnaire de l'État au risque de porter atteinte aux droits déjà garantis et au principe de l'évolution progressive !

838. En somme, la question de la santé et du droit à un meilleur état de santé susceptible d'être est complexe et globale. La responsabilité est partagée entre les individus, l'État et toute la communauté avec la combinaison d'efforts tant sur le plan national que sur le plan international. A l'international, selon la Déclaration d'Alma-Ata, « Les inégalités flagrantes dans la situation sanitaire des peuples, aussi bien entre pays développés et pays en développement qu'à l'intérieur même des pays, sont politiquement, socialement et économiquement inacceptables et constituent de ce fait un sujet de préoccupation commun à tous les pays. »

839. C'est dans cet ordre d'idées qu' on peut comprendre le besoin de l'harmonisation des politiques, des lois et des cadres juridiques relatifs aux produits médicaux[617] par les CER et l'Union africaine qui ont, à titre d'exemple, initié une loi type sur la réglementation des produits médicaux en Afrique. Le combat contre les maladies

---

[617] African Medicines Regulatory Harmonisation Programme, NEPAD et CADHP : Loi type de l'UA sur la règlementation des produits médicaux, Afrique du Sud (www.nepad.org Site consulté 2018)

épidémiques comme le choléra, le kwashiorkor, l'Ebola, la trypanosomiase, la tuberculose, le VIH-SIDA, la lèpre et la malaria qui sévissent en Afrique, les fistules…, c'est une question des droits de l'homme et des peuples africains.

4. LE DROIT A L'ALIMENTATION

840. Pour le Rapporteur spécial honoraire des Nations Unies sur le droit à l'alimentation, le Professeur Jean Ziegler, « Le droit à l'alimentation est le droit d'avoir un accès régulier, permanent et libre, soit directement, soit au moyen d'achats monétaires, à une nourriture quantitativement et qualitativement adéquate et suffisante, correspondant aux traditions culturelles du peuple dont est issu le consommateur, et qui assure une vie psychique et physique, individuelle et collective, libre d'angoisse, satisfaisante et digne »[618].

841. En 1999, dans son Observation générale n°12 intitulée le droit à une nourriture suffisante, le Comité des droits économiques, sociaux et culturels, disait : « Le droit à une nourriture suffisante est indissociable de la dignité intrinsèque de la personne humaine et est indispensable à la réalisation des autres droits fondamentaux consacrés dans la charte internationale des droits de l'homme.» Du droit à l'alimentation ou droit à la nourriture, il n'y a qu'un pas bien que pour jouir du droit à l'alimentation, il faut avoir de la nourriture suffisante de qualité et en quantité, permanente, durable et adaptée aux besoins alimentaires de tout individu dans son contexte culturel.

842. L'absence de nourriture plonge les personnes dans une situation de dégradation non souhaitable pour tout être humain moyen et normal. Peut-on concevoir qu'un être humain normal vive sans manger ? Là où la faim et la famine constituent la règle, il y a là un problème. En réalité, la privation et l'inaccessibilité de nourriture suffisante et adaptée, c'est la conséquence de plusieurs autres droits qui violés et tout un système défectueux et inefficace de promotion et de protection des droits de l'homme. C'est avec raison que Jean Ziegler dit : « La faim, c'est l'exclusion. Exclusion de la terre, du revenu, du travail, du salaire, de la vie et de la citoyenneté. Quand une personne arrive au point de ne plus rien avoir à manger, c'est que tout le reste lui a été dénié. C'est une forme moderne d'exil. C'est la mort dans

---

618 PNUD, op.cit., p.6

la vie »[619]. Les pédagogues disent clairement que : « ventre affamé n'a pas point d'oreilles.»

843. « Le droit à une nourriture suffisante est réalisé lorsque chaque homme, chaque femme et chaque enfant, seul ou en communauté avec d'autres, a physiquement et économiquement accès à tout moment à une nourriture suffisante ou aux moyens de se la procurer»[620]. Faut-il préciser que de nombreux pays ont inclus le droit à l'alimentation et parfois même explicitement le droit à l'eau potable dans leur législation. Selon une enquête menée par le Bureau juridique de la FAO sur la base de 69 rapports nationaux soumis entre 1993 et 2003, « il est possible ou probablement possible de saisir la justice dans 54 pays en invoquant le droit à l'alimentation».

844. De même que les enseignants avertis adoptent une attitude conséquente face aux élèves affamés, de même tout État devrait prendre des mesures idoines pour la fourniture de la nourriture, l'incitation de la population à produire les denrées alimentaires et à prévenir la faim et la famine sur tout son territoire.

845. La Charte africaine des droits de l'homme et des peuples ne reconnaît pas explicitement le droit à l'alimentation. Cependant, plusieurs autres droits, comme par exemple le droit à la santé (articles 16 et 60), ont un rapport étroit avec l'alimentation. Quant à la Charte africaine des droits et du bien-être de l'enfant, elle fait allusion à l'alimentation. En fait, les États qui l'ont accepté se sont, en effet, engagés, en reconnaissant le droit à la santé des enfants, à leur fournir une alimentation adéquate et de l'eau potable[621]. Dans son Rapport intitulé « Destruction massive. Géopolitique de la faim », le Professeur Jean Ziegler a démontré que la destruction, chaque année, de dizaines de millions d'hommes, de femmes et d'enfants par la faim, constitue le scandale de notre siècle. Toutes les cinq secondes, un enfant de moins de dix ans meurt de faim, sur une planète qui regorge pourtant de richesses…Dans son état actuel, en effet, l'agriculture mondiale pourrait nourrir sans problèmes 12 milliards d'êtres humains, soit deux fois la population actuelle. Il n'existe donc à cet égard aucune fatalité. Un enfant qui meurt de faim est un enfant assassiné. À cette destruction massive, l'opinion

---

[619] Rapport de FAO, cité par Christophe Golay et Melik Özden, Le Droit à l'alimentation est un droit humain fondamental stipulé par l'ONU et reconnu par des traités régionaux et de nombreuses constitutions nationales, CETIM, p 5

[620] Rapport de FAO, op. cit. , p.5

[621] Article14 de la Charte africaine des droits et du bien-être de l'enfant.

publique oppose une indifférence glacée. Tout au plus lui accorde-t-elle une attention distraite lors de catastrophes particulièrement « visibles[622] ». la crise humanitaire en Afrique crie plus fort que jamais. Il y a violation du droit à l'alimentation dans l'affaire Ogoni du Nigeria.

5. LE DROIT A L'EAU POTABLE ET A L'ENERGIE ELECTRIQUE

846. L'eau est devenue, dans le monde actuel, une matière précieuse. Dans son Observation générale N°15, adoptée en novembre 2002, le Comité des DESC apporte des précisions sur le contenu du droit à l'eau et le définit comme le droit à : « un approvisionnement suffisant, physiquement accessible et à un coût abordable, d'une eau salubre et de qualité acceptable pour les usages personnels et domestiques de chacun ». L'eau est un enjeu international du moment. Elle constitue une frontière naturelle de plusieurs États. Elle nourrit des milliers de personnes dans le monde avec son fonds marin. Elle nous sert pour l'équilibre de l'écosystème… Une quantité adéquate d'eau salubre est nécessaire pour prévenir la mortalité due à la déshydratation et pour réduire le risque de transmission de maladies d'origine hydrique ainsi que pour la consommation, la cuisine et l'hygiène personnelle et domestique. Avec le phénomène de la désertification et les enjeux environnementaux, l'eau est devenue une préoccupation du Droit international public et l'accès de la population à l'eau potable et en grande quantité, un droit fondamental.

847. Les États se sont engagé à allouer des ressources suffisantes pour éliminer la pauvreté des enfants, comme préconisé par l'Assemblée générale en 2007, en assurant l'accès des enfants à une eau propre et potable et à des installations d'assainissement correctes et en garantissant un environnement sain et la sécurité alimentaire[623]. Le droit d'accès à l'énergétique est aussi un droit fondamental. L'ODD 7 recommande d'accélérer l'accès à une énergie abordable, fiable, durable et moderne pour tous.

[622] Jean ZIEGLER, Destruction massive. Géopolitique de la faim, éd. du Seuil, Paris. Lire Jean ZIEGLER, Rapports et Communiqués, 2000-2004, Genève. Disponible : www.ohchr.org/french/issues/food/

[623] Observation du Comité pour les Droits de l'Enfant au Rapport de la RDC en 2017.

6. LE DROIT AU LOGEMENT

848. Le droit à un logement décent ou suffisant est garanti par le PIDESC et a été explicité par les Observations Générales n°4 en 1991 et n°7 en 1997 du Comité des droits économiques, sociaux et culturels. Le droit fondamental de la personne humaine à un logement convenable est le droit de tout homme, femme, jeune et enfant d'obtenir et de conserver un logement sûr dans une communauté où il puisse vivre en paix et dans la dignité. Dans la pratique, pour les pauvres du monde dont la majorité de la population du monde, le logement décent et sûr reste un souci majeur ! Que de termes pour stigmatiser les personnes dépourvues de logement convenable : sans domicile fixe, sans logis, enfants de la rue…

849. Dans son interprétation , il convient d' interpréter le droit au logement comme le droit à un lieu où l'on puisse vivre en sécurité, dans la paix et la dignité...tenant compte de la sécurité légale de l'occupation, existence de services, capacité de paiement, habitabilité, facilité d'accès, emplacement et respect du milieu culturel. « Le droit au logement est également protégé par analogie avec certains droits civils et politiques. La Cour européenne des droits de l'homme relève que les expulsions forcées, les déplacements forcés et la destruction[624] de maisons, ainsi que l'exposition de logements à des conditions ambiantes malsaines peuvent équivaloir à une violation du droit à la vie privée, à la vie familiale et à un foyer ou du droit à la propriété, voire à un traitement inhumain ou dégradant.

850. L'Experte des Nations Unies sur le logement, Madame ROLNIK, Rapporteuse spéciale des Nations Unies sur le droit au logement, appelle les États à un changement des politiques de logement basées sur les seules considérations financières vers une approche des politiques de logement basées sur les droits de l'homme en vue de créer de véritables opportunités pour promouvoir et réaliser le droit au logement en faveur de plusieurs personnes.

851. En effet, dans les circonstances d'évictions forcées comme la destruction des maisons, l'occupation des concessions…, il a été décidé que «Les décisions d'éviction forcée sont prima faciès

---

[624] Cour européenne des droits de l'homme, Connors c. Royaume-Uni, 27 mai 2004, §§ 85-95, Prokopovich c. Russie, 18 novembre 2004, §§ 35-45. Commission internationale des juristes : op.cit., p.71

contraires aux dispositions du Pacte et ne peuvent être justifiées que dans les situations les plus exceptionnelles et conformément aux principes applicables du droit international».

852. L'Observation générale n°7 relatif au droit à un logement suffisant précise que plusieurs autres déclarations antérieures sur la question ont été prises en établissant que les gouvernements, les propriétaires et les institutions telles que la Banque mondiale doivent faire empêcher les expulsions forcées et prévenir ainsi des violations des droits de l'homme.

853. Le Comité des DESC invite les États à s'abstenir de faire procéder à des expulsions forcées et doit veiller à ce que la loi soit appliquée à ses agents ou aux tiers qui procèdent à ces expulsions, de manière abusive c.à.d. sans garantie pour les personnes expulsées ou victimes de démolition d'autres possibilités de logement car au terme de l'Observation, les États doivent veiller à ce que, suite à une expulsion, une personne ne se retrouve sans toit ou puisse être victime d'autres violations des droits de l'homme même si la personne est fautive ou pas.

854. C'est dans cet ordre d'idée qu' à titre illustratif, le Comité des DESC avait examiné la situation de la RDC qui est préoccupante suite à l'éviction forcée ou l'expulsion[625] de 300 familles de leur habitation à Kinshasa dans la Commune de Kasa-Vubu, en 2009. On peut aussi signaler la situation de destruction méchante, du 15 au 16 juin 2014, d'environ 2000 maisons pour lesquelles certaines personnes ont par devers elles des certificats d'enregistrement, (alors que l'ordre de mission visait la destruction des maisons dans le cimetière Kithima du 13 au 14 juin 2014) des maisons dans le site Kithima dans la Commune Mont Ngafula où des centaines de maisons étaient détruites, sur ordre verbal du Président Joseph KABILA, selon les agents de l'État et les militaires. En tout état de cause, les États ont

[625] Le Comité (Comité des droits de l'homme) est préoccupé par le fait qu'en dépit de la médiocrité et de l'insalubrité des conditions de logement dans l'ensemble de l'État partie et de l'explosion démographique des villes, aucun budget n'a été prévu au cours des trente dernières années pour améliorer les conditions de logement de la population et que l'État partie n'a toujours pas adopté de politique globale en matière de logement. En outre, il est préoccupé par la situation précaire dans laquelle se trouvent plus de 300 familles qui ont été expulsées de force de leur logement dans la localité de Kasa-Vubu à Kinshasa en mars 2009 sur ordonnance du Ministère de l'agriculture sans bénéficier d'une indemnisation suffisante.

l'obligation de fournir des services aux personnes et, par ricochet, aux familles notamment le logement.

7. LE DROIT DE LA FAMILLE A LA PROTECTION

855. La protection de la famille est comptée parmi les DESC. Tout individu a un devoir envers la famille tel que nous le commentons au titre des devoirs de l'individu consacrés par la Charte. D'emblée, la majorité de Constitutions des États africains considère la famille comme cellule de base de la société et la place sous la protection de l'État, suivant en cela la CADHP qui dispose que : « 1. La famille est l'élément naturel et la base de la société. Elle doit être protégée par l'État qui doit veiller à sa santé physique et morale. 2. L'État a l'obligation d'assister la famille dans sa mission de gardienne de la morale et des valeurs traditionnelles reconnues par la Communauté. 3. L'État a le devoir de veiller à l'élimination de toute discrimination contre la femme et d'assurer la protection des droits de la femme et de l'enfant tels que stipulés dans les déclarations et conventions internationales. 4. Les personnes âgées ou handicapées ont également droit à des mesures spécifiques de protection en rapport avec leurs besoins physiques ou moraux »[626].

856. Par ailleurs, la DUDH protège aussi la famille suivant l'article 16 point 3 de la DUDH qui dispose que : « La famille est l'élément naturel et fondamental de la société et a droit à la protection de la société et de l'État ». visant plus haut, la DUDH et PIDCP parlent dans leurs préambules de la « famille humaine ». en effet, les familles sont parfois composées par des personnes de différents pays mais hélas ! les expulsions massives et l'empêchement au regroupement familial pour les membres de famille entre deux États sont multiples. Le Comité des droits de l'homme estime que la vie en commun du mari et de la femme doit être considérée comme la situation normale d'une famille… L'expulsion d'une personne d'un pays où vivent des membres de sa famille proche peut représenter une immixtion arbitraire dans la vie privée des personnes, même si l'autre conjoint est étranger.

857. « Le Comité des droits de l'homme est d'avis que la protection juridique et les mesures qu'une société ou un État peut accorder à la

---

[626] Article 18 de la Charte africaine des droits de l'homme et des peuples. Voire aussi article 10 du PIDESC.

famille peuvent varier d'un pays à l'autre et dépendre des diverses situations et traditions sociales, politiques et culturelles ». De manière spéciale, en Afrique, la famille est le lieu par excellence qui forge la personnalité de tout individu. Elle est constituée, tout naturellement par le père, la mère et les enfants auxquels se joignent les oncles, les tantes et les grands parents ainsi que d'autres alliés. On distingue la famille restreinte (nucléaire) et la famille élargie[627]. La solidarité africaine, d'antan, est dans un monde capitaliste et un environnement d'extrême pauvreté, en perte de vitesse ou mieux, en pure régression.

858. Les rédacteurs de la Charte ont voulu assigner un rôle capital à la famille. En effet, la famille africaine reçoit de l'article 18 de la Charte africaine la charge de protéger les valeurs culturelles africaines, d' éliminer toute discrimination contre la femme et d'assurer la protection des droits de la femme et de l'enfant garantis par la Constitution, les lois de nationales et les normes internationales dont les instruments juridiques africains. La Charte africaine n'a-t-elle pas mesuré la lourde responsabilité qu'elle a fait peser sur la famille ? Les efforts fournis par l'UA et tous ses mécanismes ne sont pas efficients et efficaces pour faire connaitre les valeurs culturelles africaines aux familles et moins encore pour faire connaitre le Droit africain des droits de l'homme. Apparemment, la famille est devenue le champ de bataille entre les pratiques, les valeurs coutumières, les défis du contexte socio-politique et économique et le Droit international et africain des droits de l'homme.

859. Certaines pratiques coutumières autrefois justifiées dans l'Afrique traditionnelle tel que le sororat et lévirat ou choix des conjoints par les parents, selon leurs critères objectifs ou subjectifs, sont devenues anachroniques et inadaptées, de nos jours. Parmi les pratiques traditionnelles africaines, les unes sont bonnes et les autres mauvaises qu'il faille valoriser les bonnes et rejeter les mauvaises. Dans certaines coutumes africaines l'inceste était acceptée, les pratiques rétrogrades contre les veuves encouragées, le foudroiement des hommes et femmes adultères organisé par des fétiches, l'exposition de la nudité de la femme acceptée et voire, la

[627] En fait, la société n'est rien d'autre que l'ensemble de familles. C'est le lien de mariage qui crée la famille et cette dernière crée des alliances, des champs de relations plus vastes et la société.

symbolique de la dot pour le mariage mal définie ou mal comprise[628] ainsi que la discrimination des femmes et des filles tolérée.

860. Pour le Professeur NGOMA BINDA, la participation de la femme et de la famille au développement de la nation n'est possible que si tous les droits humains leur sont reconnus. La jouissance des droits par un individu ou un groupe d'individus permet au bénéficiaire d'être efficace dans les activités qu'il peut entreprendre dans le cadre de ces droits. La femme ne peut réellement contribuer au développement de sa famille et de sa nation que si elle jouit de tous les droits reconnus à toute personne humaine[629].

861. Les principes et lignes directrices de la Commission africaine des droits de l'homme et des peuples constituent un pas vers la promotion des droits des femmes et des filles. Ils recommandent que :

a. la monogamie soit encouragée comme forme préférée du mariage et que les droits de la femme dans le mariage et au sein de la famille, y compris dans les relations conjugales polygamiques, soient défendus et préservés.

b. la protection contre toute ingérence indue dans la vie de la famille, à moins que le bien-être des enfants ou d'un membre de la famille ne soit menacé.

c. l'égalité des droits et des responsabilités des conjoints à l'égard des enfants pendant le mariage et à sa dissolution[630].

De la DUDH au Droit international et africain des droits de l'homme et des peuples, les africains sont convaincus de certaines valeurs spécifiques et propres à vulgariser, à mieux définir et à sauvegarder pour la dignité de la femme et la valorisation de la famille. « D'abord la famille », si

---

[628] « La dot a plusieurs fonctions. Celles-ci sont d'ordre économique, social, religieux ou sentimental. En effet, la dot est la compensation de la perte de force de travail que subit la famille de la jeune fille du fait du mariage. Elle est un élément de stabilité du mariage, car en raison de *son* importance, son remboursement peut être difficile, sinon impossible. Elle est une offrande au dieu du clan, auquel est enlevée une génétrice. Elle est aussi un moyen d'évaluer le sacrifice que la famille du futur époux est capable de consentir pour la belle-fille » Lire KEBA MBAYE, Le Droit de la famille en Afrique noire et à Madagascar, éd. Maisonneuve et la Rose, Paris, 1968, p. 13

[629] NGOMA BINDA, Rôle de la femme et de la famille dans le développement. Argument pour la justice et l'égalité des sexes, Institut de Formation et d'Etudes Politiques, Kinshasa, 1999, p.83

[630] Lignes directrices relatives aux rapports des États parties sur les droits économiques, sociaux et culturels dans la charte africaine des droits de l'homme et des peuples (lignes directrices de Tunis).

jamais l'expression est suivie, la famille constituerait un cadre approprié pour développer la culture des droits de l'homme et des peuples. Les époux jouiraient des droits égaux dans le mariage avant l'application du principe de la parité homme femme à l'échelle locale et nationale ! La famille est indubitablement la cellule de base de la communauté et elle mérite protection. La famille biologique nucléaire ou large nécessite harmonie, compréhension, solidarité et fraternité avant de porter des valeurs dans la famille professionnelle.

862. Nonobstant la problématique de la dot, quelques États africains ont adopté le principe de la gestion collégiale du ménage par le mari et l'épouse au lieu de la formule ambiguë : « Le mari est le Chef de ménage ». En quoi consiste le ménage et quels sont les obligations des uns et des autres parties prenantes dans le ménage ? L'homme et la femme ont des droits et obligations sur le même pied d'égalité dans le ménage. L'amour et l'entente harmonieuse des époux sont les ingrédients qui cimentent l'unité familiale et non pas la toute autorité suprême du mari ou de la femme, selon les coutumes.

863. Il y a lieu de s'interroger sur la considération et les droits garantis aux parties dans le mariage et donc dans la famille nucléaire. Dès lors quelles sont les mesures prises par l'État pour garantir en droit et dans la pratique le droit de tous à s'engager dans les liens du mariage de leur plein et libre consentement ? Comment veille-t-on à éliminer les pratiques coutumières qui obligent d'une manière ou d'une autre le mariage sans le consentement libre des parties ?

864. Bon nombre de Gouvernements comprennent un Ministère en charge de la Famille, Femmes, Enfants et ou Genre. Ces Gouvernements devront évaluer la situation des droits dans le secteur de la Famille, adopter des politiques nationales conformes aux normes internationales et régionales relatives aux droits des femmes et des enfants, proposer des projets de Loi d'harmonisation de la législation nationale aux engagements internationaux, solliciter du Gouvernement et Parlement des moyens financiers conséquents pour renforcer les mécanismes mis en place en vue de promouvoir les droits des femmes , des enfants et protéger la famille.

865. L'âge de la majorité et du mariage est généralement fixé à 18 ans. L'âge est devenu le point alpha pour le respect des droits de l'enfant et du droit au mariage pour les filles pour leur intérêt supérieur. En effet, l'âge de 18 ans est une condition de fond et une condition sine qua none pour la célébration de mariage bien que dans la pratique, il y a encore beaucoup de pesanteur ! Les rapports sexuels ou charnels avec les filles de moins de 18 ans sont érigés en infraction de viol. Les filles immatures dans le mariage en considérant seulement leur développement physique au dépend des facultés mentales, cela entraine des familles à problème et à risques tant pour la dignité de la femme, les violences conjugales, les droits des enfants que le prestige de la famille comme base de la société. Là où l'éducation gratuite et universelle pour les filles est appliquée, on peut tenir à la condition de l' âge de 18 ans pour le mariage sinon le mariage précoce et les viols sont une fatalité et on encourage une société des hypocrites.

866. La protection des femmes dans les conflits armés, les pratiques traditionnelles néfastes, la mortalité maternelle, la persécution des femmes et des enfants accusés de sorcellerie ont été épinglés comme des défis pour la concrétisation des droits des femmes et des enfants à l'occasion de la 46e Session de la Commission Africaine des Droits de l'Homme et des peuples tenue du 1-25 novembre 2009 à Banjul en Gambie. De nos jours, dans différents États, les femmes ont créé un Réseau des Femmes Anciens Ministres et Parlementaires (REFAMP) chargé de mener le plaidoyer pour la promotion des droits des femmes. Les pouvoirs publics ont tout intérêt à appuyer et collaborer avec toutes ses structures ancrées à la base et militant pour l'harmonisation des législations nationales aux normes internationales ainsi que l'amélioration des pratiques de gestion basée sur les droits de l'homme et le genre.

867. Les droits des personnes de 3e âge et les personnes vivant avec handicap au sein des familles nécessitent une attention particulière. Suite aux conditions économiques et sociales difficiles ainsi que plusieurs abus, certaines catégories de personnes sont exclues de la vie famille notamment les vieillards, bon nombre d'enfants vivant dans les rues de plusieurs villes en Afrique, les personnes handicapées dont les malades mentaux n'ont de refuge que la rue et ne vivent que de la mendicité. A propos de cette catégorie de personnes, on peut crier à l'effacement de l'État qui sans donner des moyens à la famille décrète des devoirs à la charge des individus et leurs familles !

868. Les infrastructures et actions politiques de soutien aux personnes de 3e âge, aux personnes handicapées physiques ou mentales, aux albinos … font défaut. Ces personnes sont victimes dans les lieux de conflits armés et en temps de paix du fait de l'inattention à ces groupes vulnérables. La stigmatisation des albinos est un phénomène inquiétant du fait des convictions magico-religieuses préjudiciables à la dignité et à la vie des albinos.

869. De la DUDH au Droit international et africain des droits de l'homme et des peuples, les africains sont convaincus de certaines valeurs spécifiques et propres à vulgariser, à mieux définir et à sauvegarder pour la dignité de la femme et la valorisation de la famille. « D'abord la famille », si jamais l'expression est suivie, la famille constituerait un cadre approprié pour développer la culture des droits de l'homme et des peuples. Les époux jouiraient des droits égaux dans le mariage avant l'application du principe de la parité homme femme à l'échelle locale et nationale ! La famille est indubitablement la cellule de base de la communauté et elle mérite protection. La famille biologique (nucléaire) ou large nécessite harmonie, compréhension, solidarité et fraternité avant de d'apporter de l'espoir et des valeurs dans la famille professionnelle ou humaine.

8. LES DROITS SOCIAUX

I. LE DROIT AU TRAVAIL

870. Le droit au travail est garanti par l'article 17 de la CADHP. Il s'agit de l'un des droits sociaux relevant des DESC. De même, l'article 23 alinéa 1 dispose que : « Toute personne a droit au travail, au libre choix de son travail, et à la protection contre le chômage ». L'OIT définit le concept "travail décent" en énumérant ses 4 objectifs stratégiques qui sont :

- les principes et droits fondamentaux au travail et les normes internationales du travail ;
- les possibilités d'emploi et de rémunération ;
- la protection et la sécurité sociales ;
- le dialogue social et le tripartisme.

Ces objectifs valent pour tous, hommes et femmes, dans l'économie formelle ou non, qu'ils occupent un emploi salarié ou travaillent à leur compte, dans les champs, les usines ou les bureaux, à domicile ou à l'extérieur.

871. Dans la plupart de Constitutions, le travail est garanti comme un droit et voire un devoir de tout citoyen pour sa patrie. Chacun est libre de choisir son travail. L'orientation professionnelle et les services de gestion de chercheurs d'emplois sont importants. L'État devra créer des emplois et créer un cadre favorable pour encourager les privés à créer l'emploi. La politique nationale d'emploi et les programmes devront être harmonisés. C'est dans le sens de la promotion des valeurs africaines et le principe universel qui valorise le travail et l'érige en un devoir sacré. Il y a lieu d'inculquer à toute personne l'esprit de l'amour du travail bien fait pour sa propre dignité et pour la société et voire pour toute l'Afrique.

872. Selon l'aspiration d' une Afrique prospère fondée sur la croissance inclusive et le développement durable, l'objectif de garantir un niveau de vie élevé, une vie de qualité et le bien-être pour tous les citoyens , les domaines prioritaires suivants devraient faire objet des stratégies et avoir des moyens suffisants pour améliorer les revenus, l'emploi et le travail décent[631]. Il faudrait lutter contre la pauvreté, l'inégalité et la faim, d'une part et d'autre part renforcer la sécurité et la protection sociales y compris pour les personnes handicapées et les logements modernes et vivable et services de base de qualité. Tolérer que les travailleurs surtout dans le secteur public soient sous-payés et voire impayés, c'est, en quelque sorte, institutionnaliser le rançonnement de la population ou créer une forme d'esclavage qui ne dit pas son nom.

873. La Commission africaine des DHP a penché sur la justiciabilité des obligations immédiates des États s'agissant du travail au travail et a ainsi décidé que : « Indépendamment de la justification donnée par l'État défendeur, la Commission considère à la suite des dispositions de l'article 23(3) de la Déclaration Universelle des Droits de l'Homme que, quiconque travaille a droit à une rémunération équitable et satisfaisante lui assurant, ainsi qu'à sa famille, une existence conforme à la dignité humaine et complétée s'il y a lieu, par tous autres moyens de protection sociale. Ces dispositions sont complétées par celles de l'article 7 du Pacte International relatif aux Droits Économiques, Sociaux et Culturels. Eu égard à ce qui précède, la Commission retient une violation de l'article 5 de la Charte pour pratiques analogues à l'esclavage et souligne qu'un travail sans compensation équivaut à la violation du droit au respect de la dignité inhérente à la personne humaine. En outre, elle

---

[631] L' Article 23 de la DUDH en ces points 1 à 3 précisent cce droit qui comprend les éléments suivants : « 1. Toute personne a droit au travail, au libre choix de son travail, à des conditions équitables et satisfaisantes de travail et à la protection contre le chômage. 2. Tous ont droit, sans aucune discrimination, à un salaire égal pour un travail égal. 3. Quiconque travaille a droit à une rémunération équitable et satisfaisante lui assurant ainsi qu'à sa famille une existence conforme à la dignité humaine et complétée, s'il y a lieu, par tous autres moyens de protection sociale ».

considère par ailleurs que les conditions auxquelles sont soumis les descendants d'esclaves constituent une exploitation et un avilissement de l'homme; toutes pratiques condamnées par la Charte africaine »[632].

a. LE DROIT AUX BONNES CONDITIONS DE TRAVAIL

874. Le travail ou l'emploi est un droit garanti mais aussi les conditions de travail sont règlementées au risque d'exposer les personnes à l'esclavage. De manière globale, les conditions de travail et tous les droits inhérents sont régis par 8 Conventions de l'organisation Internationale du Travail (OIT). Les 8 Conventions principales de l'OIT sont notamment la Convention (n° 87) sur la liberté syndicale, la protection du droit syndical de 1948, la Convention (n° 98) sur le droit d'organisation et de négociation collective de 1949, la Convention (n° 29) sur le travail forcé de 1930 , la Convention (n° 105) sur l'abolition du travail forcé de 1957 , la Convention (n° 138) sur l'âge minimum de 1973, la Convention (n° 182) sur les pires formes de travail des enfants de 1999, la Convention (n° 100) sur l'égalité de rémunération de 1951 et la Convention (n° 111) concernant la discrimination (emploi et profession) de 1958.

875. En 1998, les États ont, sous l'égide de l'OIT, adopté la Déclaration sur les principes et les droits fondamentaux au travail. Cette déclaration porte sur les quatre domaines suivants : la liberté syndicale, l'interdiction du travail forcé, les discriminations et le travail des enfants. Les conditions équitables et satisfaisantes de travail tiennent compte des conditions matérielles, juridiques et infrastructures adéquates. Faut- il rappeler que les conditions satisfaisantes du travail conditionnent le bon rendement.

876. L'objectif 8 des ODD est « Promouvoir une croissance économique soutenue, partagée et durable, le plein emploi productif et un travail décent pour tous ». Il apparait clairement que la question du travail décent est une grande préoccupation pour les États africains comme pour l'OIT. Dans le Rapport intitulé « Vers un développement inclusif et durable en Afrique grâce au travail décent », un bilan de la mise en œuvre de l'Agenda du travail décent en Afrique de 2007-

---

632 Commission africaine des droits de l'homme et des peuples, Malawi African Association et autres c. Mauritanie, Communications 54/91, 61/91, 98/93, 164/97-196/97 et 210/98 (2000), 11 mai 2000, § 135. Lire Commission internationale des juristes : op.cit., p.30

2015. Selon les pronostics, « Avec sa jeune population, l'Afrique a un immense potentiel en termes de dividendes du développement: d'ici à 2030 au moins un primo-accédant au marché du travail mondial sur trois sera africain.

877. Sur les 54 États Membres de la région, 51 ont aujourd'hui intégré le travail décent dans leurs stratégies nationales de développement et, ce faisant, ont permis à l'Agenda du travail décent de l'OIT de devenir l'Agenda de l'Afrique[633]. Face aux défis de problèmes du chômage quasi-généralisé des jeunes africains, des épidémies comme le SIDA, Ebola, Malaria et des catastrophes naturelles, y compris celles qui sont liées au changement climatique, il y a lieu de renforcer le Dialogue social et promouvoir les solutions au problème de travail décent sur le plan national. Les États doivent tenir compte de la clause des droits des travailleurs et la protection des populations dans leurs Accords internationaux.

b. LE DROIT A UN SALAIRE DECENT

878. Il ne suffit pas de donner de l'emploi, il faudra en plus une rémunération conséquente pour ceux qui travaillent car le travail sans avantages sociaux et un salaire permettant à la personnes et à sa famille de vivre décemment présente le risque d'être qualifié d'acte d'esclavage. L'État a l'obligation de veiller sur une bonne rémunération dans le secteur privé et dans le secteur public. Une bonne politique salariale permet d'éviter les inégalités sociales.

879. Dans une Observation du Comité des DESC, il était recommandé à l' État partie de prendre toutes les mesures nécessaires pour restreindre l'emploi dans le secteur non structuré en adoptant un plan national pour l' emploi et de renforcer les programmes visant réduire le taux de chômage, en mettant l'accent en priorité sur les groupes les plus touchés, notamment par la création de petites et moyennes entreprises et le soutien ces entreprises, et la mise en place d'un quota obligatoire pour l'emploi des handicapés. Le Comité demande l'État partie de donner, dans son prochain rapport périodique, des informations détaillées sur les progrès réalisés dans le domaine de la promotion de l'emploi.

---

[633] OIT : Rapport de 13ème Réunion régionale africaine Addis-Abeba, Ethiopie, 30 novembre-3 décembre 2015.

880. Les travailleurs qui ne bénéficient pas de rémunération décente, ils sont non seulement moins productifs mais ils sont aussi exposés à la corruption, au vol et à la destruction de l'outil de travail. Comme dit ci-haut, le salaire décent est un des mécanismes de la protection de la famille par l'État conformément à la Charte africaine des droits de l'homme et des peuples et ODD. Le capitalisme du siècle a littéralement déshumanisé l'humain dans le monde du travail et davantage le travail des enfants dans les mines, dans l'agriculture, l'exploitation sexuelle…

c. LA LIBERTE SYNDICALE

881. Est- ce que les travailleurs regroupés et représentés par les syndicalistes s'expriment, en toute indépendance devant leurs employeurs et les États ? Il a été constaté que « nombreux pays dans la région ne pratiquent pas pleinement le dialogue social et ont manqué à leur obligation de mise en œuvre des conventions fondamentales de l'OIT, en particulier la convention (no 87) sur la liberté syndicale et la protection du droit syndical, 1948, et la convention (no 98) sur le droit d'organisation et de négociation collective, 1949 »[634].

882. La liberté syndicale est mise en mal, en Afrique. A titre purement exemplatif, on peut considérer les conditions de participation aux fonctions syndicales soumettant les personnes à l'appartenance à la profession ou à l'entreprise, à l'ancienneté syndicale d'une année, à l'opinion ou activités politiques et la preuve de la bonne moralité des candidats par le Ministre de l'Intérieur ou de la justice comme des atteintes à la liberté syndicale.

883. Dans les relations entre Employeurs et travailleurs, dans le secteur public comme privé, il y a nécessité de maintenir le dialogue entre les deux parties. Toute personne a le droit de fonder avec d'autres des syndicats et de s'affilier à des syndicats pour la défense de ses intérêts. Les syndicalistes défendent les droits et les intérêts des travailleurs.

884. « Toute personne a le droit de s'associer librement avec d'autres, y compris le droit de constituer des syndicats et d'y adhérer pour la

[634] Discours de Abdulfatah Abdullahi Hassan, ministre du Travail et des Affaires sociales de la République fédérale démocratique d'Ethiopie à la treizième Réunion régionale africaine de l'Organisation internationale du Travail (OIT) s'est tenue à Addis-Abeba, Ethiopie, du 30 novembre au 3 décembre 2015, p.17.

protection de ses intérêts. 2. L'exercice de ce droit ne peut faire l'objet que des seules restrictions prévues par la loi et qui sont nécessaires dans une société démocratique, dans l'intérêt de la sécurité nationale, de la sûreté publique, de l'ordre public, ou pour protéger la santé ou la moralité publiques ou les droits et les libertés d'autrui. Le présent article n'empêche pas de soumettre à des restrictions légales l'exercice de ce droit par les membres des forces armées et de la police »[635].

885. La liberté syndicale est régie par des mesures spécifiques nationales cependant les États parties à l'OIT se sont engagé à ne pas prendre des mesures législatives ou appliquer les lois en portant atteinte à la liberté syndicale et la protection du droit syndical reconnu et protégé[636]. Plusieurs États africains ont le défi de promouvoir la liberté syndicale et la protection de cette liberté notamment par l'interdiction de toute immixtion indue des Employeurs et du Gouvernement dans le fonctionnement des syndicats. L'ONG AUDF a monitoré quelques cas emblématiques concernant des «licenciés » suite à la privatisation des Entreprises publiques, des travailleurs retraités sans indemnités, des syndicalistes empêchés de travailler par Réquisition d'information de Parquet sur demande abusive de l'Employeur, immixtion de Ministre de Travail et Prévoyance sociale et le refus de l'État à coopérer avec l'OIT/BIT pour appliquer les recommandations notamment pour le cas de Monsieur LUBAMBA KABEYA, Délégué syndical de la Direction Générale des Douanes et Accises(DGDA), empêché de travailler par l'Employeur D.R. malgré les demandes des autorités politiques visant le respect des recommandations du BIT (Cas sous n° 2715 du Comité de liberté syndicale de l'OIT). Cas emblématique de la corruption en RDC !

886. Le Comité de BIT a décidé que : « En cas de changement de régime dans un pays, le nouveau gouvernement devrait prendre toutes les mesures nécessaires pour remédier aux conséquences sur les faits portant sur une plainte ». Bien plus, « Il appartient au gouvernement de veiller à l'application des conventions internationales sur la liberté syndicale librement ratifiées, dont le respect s'impose à toutes

---

[635] Article 22 points 1 et 2 du PIDCP.

[636] Article 22 point 3 du PIDCP.

les autorités de l'État, y compris les autorités judiciaires »[637]. La question de la liberté syndicale est très délicate et fait bouger la tripartite dont l'Employeur, les travailleurs représentés par les syndicalistes et l'État. Ils ont l'obligation de promouvoir la sécurité sociale des travailleurs et le bien-être de la population. La sécurité et le respect des droits des travailleurs contribuent non seulement à renforcer la paix sociale et le bon rendement du travail mais ils participent à la promotion de tous les droits de l'homme pour tous dans un État.

887. Le marché africain du travail est déficitaire et plusieurs défis sont à relever pour donner de l'emploi aux populations et surtout les jeunes. Les conditions de travail et le rendement pour un développement durables ont difficiles à prospérer par manque de dialogue social sincère. Nous faisons nôtre la recommandation des ODD et de l'Agenda pour 2063 : « L'Afrique doit mettre en œuvre l'Agenda du travail décent en Afrique, les ODD et l'Agenda 2063; cela aiderait grandement le continent dans l'avènement d'un développement inclusif et durable. Le dialogue social revêt une importance fondamentale à cette fin. Malheureusement, de nombreux pays dans la région ne pratiquent pas pleinement le dialogue social et ont manqué à leur obligation de mise en œuvre des conventions fondamentales de l'OIT, en particulier la convention (no 87) sur la liberté syndicale et la protection du droit syndical, 1948, et la convention (no 98) sur le droit d'organisation et de négociation collective, 1949 »[638].

II. LA SECURITE SOCIALE

888. « … Quiconque travaille a droit à une rémunération équitable et satisfaisante lui assurant ainsi qu'à sa famille une existence conforme à la dignité humaine et complétée, s'il y a lieu, par tous autres moyens de protection sociale »[639]. Ainsi du début du contrat, pendant son exécution et après le contrat de travail, l'Employeur

[637] BIT : Recueil de décisions et de principes du Comité de la liberté syndicale du Conseil d'administration du BIT Cinquième édition (révisée) GENÈVE, 2006, p. (Voir 313e rapport, cas n° 1952, paragr. 300 et 318e rapport, cas n° 1991, paragr. 269.)

[638] OIT : 13è Réunion régionale africaine Addis-Abeba, Ethiopie, 30 novembre-3 décembre 2015 (Lire le Discours de M. Abdulfatah Abdullahi Hassan, ministre du Travail et des Affaires sociales de la République fédérale démocratique d'Ethiopie).

[639] Article 23 point 3 PIDCP.

devra contribuer à la satisfaction des besoins sociaux de base de la personne. Plusieurs obligations sont formées dans le Chef de l'Employeur et de l'État d'une part et d'autre part, le travailleur et allié au syndicat pour la protection de ses intérêts.

889. Toute personne, en tant que membre de la société, a droit à la sécurité sociale. Elle est fondée à obtenir la satisfaction des droits économiques, sociaux et culturels indispensables à sa dignité et au libre développement de sa personnalité, grâce à l'effort national et à la coopération internationale, compte tenu de l'organisation et des ressources de chaque pays[640]. La coopération est possible car les États signent et ratifient des Conventions internationales et coopèrent avec l'OIT dans le domaine du travail et la sécurité sociale qui commence avec le salaire et continue avec la pension de retraite. La sécurité sociale, c'est aussi la prise en charge des chômeurs par l'État. Les prestations sociales contribuent à renforcer la solidarité nationale car les démunis sont soutenus par les nantis. Certaines lois ont réservé les prestations sociales aux nationaux à l'exclusion des ressortissants étrangers.

890. A titre d'exemple, la Cour constitutionnelle de l'Afrique du Sud a été saisie d'une contestation de la Loi sur la sécurité sociale qui n'accorde une assistance sociale qu'aux ressortissants sud-africains. Les plaignants, un groupe de Mozambicains indigents ayant un statut de résidents permanents en Afrique du Sud, allèguent que la loi contient une discrimination à leur égard fondée sur leur origine nationale. Le gouvernement justifie l'exclusion des résidents permanents qui sont des ressortissants étrangers en expliquant que s'ils pouvaient bénéficier des prestations sociales[641], cela attirerait d'innombrables immigrants en Afrique du Sud, ce qui imposerait un fardeau supplémentaire excessif au budget de l'assistance sociale. La Cour rejette ces arguments, estimant que l'exclusion des résidents permanents suscite une discrimination selon l'article 9 point 3 de la constitution et viole leur droit à l'assistance sociale prévu à l'article 27 point 1. Par conséquent, elle déclare anticonstitutionnelles les dispositions contestées de la loi et ordonne de les amender, afin que les résidents permanents puissent, eux aussi, bénéficier de l'assistance sociale.

---

[640] Article 22 de la DUDH.

[641] Les tribunaux et l'application des droits économiques, sociaux et culturels. Etude comparative d'expériences en matière de justiciabilité, in Série des droits de l'homme et État de Droit, No.2 , p.59.

891. Les droits au travail, au libre choix de son travail, à des conditions équitables et satisfaisantes de travail, à la protection contre le chômage, à un salaire égal pour un travail égal, à une rémunération équitable et satisfaisante ainsi que le droit de fonder des syndicats et de s'affilier à des syndicats sont des droits fondamentaux pour toute personne humaine, à l'âge de travailler. « Les États parties au présent Pacte reconnaissent le droit qu'a toute personne de jouir de conditions de travail justes et favorables, qui assurent notamment:

a) La rémunération qui procure, au minimum, à tous les travailleurs: i) Un salaire équitable et une rémunération égale pour un travail de valeur égale sans distinction aucune; en particulier, les femmes doivent avoir la garantie que les conditions de travail qui leur sont accordées ne sont pas inférieures à celles dont bénéficient les hommes et recevoir la même rémunération qu'eux pour un même travail; ii) Une existence décente pour eux et leur famille conformément aux dispositions du présent Pacte;

b) La sécurité et l'hygiène du travail;

c) La même possibilité pour tous d'être promus, dans leur travail, à la catégorie supérieure appropriée, sans autre considération que la durée des services accomplis et les aptitudes;

d) Le repos, les loisirs, la limitation raisonnable de la durée du travail et les congés payés périodiques, ainsi que la rémunération des jours fériés »[642].

892. Quant à la Convention sur l'élimination de toutes les formes de discrimination à l'égard des femmes, elle dispose que : « Les États parties s'engagent à prendre toutes les mesures appropriées pour éliminer la discrimination à l'égard des femmes dans le domaine de l'emploi, afin d'assurer, sur la base de l'égalité de l'homme et de la femme, les mêmes droits, et en particulier: a) Le droit au travail en tant que droit inaliénable de tous les êtres humains; b) Le droit aux mêmes possibilités d'emploi, y compris l'application des mêmes critères de sélection en matière d'emploi; c) Le droit au libre choix de la profession et de l'emploi, le droit à la promotion, à la stabilité de l'emploi et à toutes les prestations et conditions de travail, le droit à la formation professionnelle et au recyclage, y compris l'apprentissage, le perfectionnement professionnel et la formation permanente; d) Le droit à l'égalité de rémunération, y compris de

---

[642] Article 7 du PIDESC.

prestation, à l'égalité de traitement pour un travail d'égale valeur aussi bien qu'à l'égalité de traitement en ce qui concerne l'évaluation de la qualité du travail; e) Le droit à la sécurité sociale, notamment aux prestations de retraite, de chômage, de maladie, d'invalidité et de vieillesse ou pour toute autre perte de capacité de travail, ainsi que le droit à des congés payés; f) Le droit à la protection de la santé et à la sécurité des conditions de travail, y compris la sauvegarde de la fonction de reproduction[643].

893. Il est encourageant pour les États de promouvoir l'éducation, les formations techniques répondant aux besoins locaux pour un développement inclusif et des bonnes conditions de travail. Toutes les formations, enseignements ou éducation devront tenir compte de l'éducation et la formation aux droits de l'homme. Quel est l'apport des Multinationales dans la promotion des droits des travailleurs et des populations vivant dans les milieux où elles sont installées ? Les États ont rédigé une Déclaration sur les EMN en Afrique comprenant des propositions concrètes allant dans le même sens que les ODD et l'Agenda 2063 pour l'Afrique.

894. L'Assemblée Générale considère que le développement social et la justice sociale sont indispensable à l'établissement et au maintien de la paix et de la sécurité entre les nations et en leur sein même et qu'inversement il ne saurait y avoir ni développement social ni justice sociale si la paix et la sécurité ne sont pas instaurées et si tous les droits de l'homme et libertés fondamentales ne sont pas respectées. Le 20 février est consacré journée internationale de la justice sociale.

9. LES DROITS CULTURELS

895. Dans cette catégorie, on peut parler du droit à l'éducation, du droit de participer aux affaires culturelles et d'en tirer profit. Une autre composante de ce droit, c'est la protection internationale du patrimoine culturel à approfondir.

---

[643] Article 11 de la Convention sur l'élimination de toutes les formes de discrimination à l'égard de la femme.

a. LE DROIT A L' ÉDUCATION

896. « L'éducation est comme une clé pour le changement et l'ascenseur social »[644].

Toute personne a droit à l'éducation[645]. L'éducation doit être gratuite, au moins en ce qui concerne l'enseignement élémentaire et fondamental qui est censé être obligatoire. L'enseignement technique et professionnel doit être généralisé ; l'accès aux études supérieures doit être ouvert en pleine égalité à tous en fonction de leur mérite. L'éducation doit viser au plein épanouissement de la personnalité humaine et au renforcement du respect des droits de l'homme et des libertés fondamentales. Elle doit favoriser la compréhension, la tolérance et l'amitié entre toutes les nations et tous les groupes raciaux ou religieux ainsi que le développement des activités des Nations Unies pour le maintien de la paix.

897. A suivre le processus de l'élaboration de cette disposition sur le droit à l'éducation, il y a lieu de se demander l'intérêt de ce droit et sa signification. En fait, il est évident que tout être humain est doué de raison et de conscience. C'est la caractéristique transcendantale de l'espèce humaine. De par la nature, l'être humain semble être le plus exposé à la nature. Permettez la répétition de Kenneth MINOGUE qui a écrit que : « De tous les êtres animés qui peuplent le globe, écrivait Hume, il n'y en a qui, semble –t-il à première vue, la nature se soit exercée avec plus de cruauté que contre l'homme, par la quantité infinie de besoins et de nécessités dont elle l'a écrasé et par la faiblesse des moyens qu'elle lui accorde pour subvenir à ses nécessités. » Pour dompter la nature, l'être humain a besoin de l'éducation. Les parents ont, par priorité, le droit de choisir le genre d'éducation à donner à leurs enfants.

898. Au niveau de l'État, Monsieur MANFRED dit : « Pour que l'état de démocratie soit durable, il faut donc un climat et une culture démocratiques constamment nourris et enrichis par l'éducation et d'autres moyens culturels et d'information. Une société démocratique doit dès lors s'attacher à promouvoir l'éducation, au

---

644 Allocution de S. Exc. Président de la République de la RDC , M. Felix TSHISEKEDI TSHILOMBO, le 13 mai 2019 à l'occasion de son contact avec les Gouverneurs de province élus.

645 L'article 26 de la DUDH sur le droit à l'éducation a fait objet de beaucoup de discussion dans la Commission chargée de rédiger la DUDH. Lire le processus y relatif dans Refléxions sur la Déclaration univeselle des droits de l'homme…

sens le plus large du terme, incluant, en particulier, l'éducation civique et la formation à une citoyenneté responsable »[646].

899. Toute personne a le droit d'étudier, de se former et d'apprendre. La gratuité de l'enseignement peut être facilitée par la coopération internationale[647]. Cette gratuité tient compte de la réalité des choses. Les valeurs universelles telles que la paix à rechercher par tous, dans les relations de tous les jours et entre les groupes, la tolérance qui comble les imperfections humaines et rend acceptables le contact des personnes, parfois de caractère incompatible ou les États dont les intérêts concurrents ne peuvent être renforcées que grâce à l'éducation.

900. Les obligations positives de l'État dans le domaine de l'éducation consistent à faciliter aux personnes l'accès aux établissements scolaires (Nous ajoutons : appréciables en qualité, en qualité et aussi bien repartis géographiquement). Les progrès techniques notamment les Technologies d'information et de communication TIC devront profiter à tout le monde, de manière effective et efficiente.

901. L'éducation a un rôle primordial dans la société. L'UNESCO reprend dans le Préambule de son Acte constitutif ce qui suit :« Les guerres prenant naissance dans l'esprit des hommes, c'est dans l'esprit des hommes que doivent être élevées les défenses de la paix; que l'incompréhension mutuelle des peuples a toujours été, au cours de l'histoire, à l'origine de la suspicion et de la méfiance entre nations, par où leurs désaccords ont toujours dégénéré en guerre »[648].

902. La réalisation de tous les droits de l'homme exige, dans une certaine mesure, l'éducation et la formation des personnes. Selon l'Observation générale 13 du Comité économique, socio et culturel, « Le droit à l'éducation[649] est à la fois un droit fondamental en soi et une des clefs de l'exercice des autres droits inhérents à la personne humaine. En tant que droit qui concourt à l'autonomisation de l'individu, l'éducation est le principal outil qui permette à des adultes

---

[646] Manfred Nowak, op. cit. p.150

[647] Lire les Articles 28 et 29 de la Convention relative aux droits de l'enfant.

[648] La délinquance juvénile dans plusieurs villes en Afrique comme en RDC « kuluna », Cameroun, Nigeria, Afrique du Sud… a pour causes notamment la négligence de l'éducation mais l'attention porte plus sur le volet judiciaire et repression allant jusqu'à l'élimination physique. Les OMD recommandaient que l'enseignement de base soit gratuit et obligatoire mais malheureusement cette gratuité n'est pas encore réellement effective dans plusieurs États africains.

[649] L'article 13 du Pacte du Pacte international relatif aux droits économiques, sociaux et culturels garantit aussi le droit à l'éducation.

et à des enfants économiquement et socialement marginalisés de sortir de la pauvreté et de se procurer le moyen de participer pleinement à la vie de leur communauté. L'éducation joue un rôle majeur, qu'il s'agisse de rendre les femmes autonomes, de protéger les enfants contre l'exploitation de leur travail, l'exercice d'un travail dangereux ou l'exploitation sexuelle, de promouvoir les droits de l'homme et la démocratie, de préserver l'environnement ou encore de maîtriser l'accroissement de la population. L'éducation est de plus en plus considérée comme un des meilleurs investissements financiers que les États puissent réaliser. »

903. Parlant du droit à l'éducation, il y a lieu d'insister aussi sur le droit à l'éducation et la formation aux droits de l'homme. Quelle est cette éducation de qualité qui peut passer outre la formation de la personnalité de l'individu et le respect de la dignité personnelle ou le respect de son entourage? L'un des grands défis des États , en matière des droits de l'homme, est celui de veiller à ce que l'éducation vise au renforcement du respect des droits de l'homme et des libertés fondamentales, tel qu'il apparaît dans le préambule de la Déclaration sur l'éducation et la formation aux droits de l'homme[650].

904. L'impact de l'éducation sur la paix et le développent est indubitable. Le Professeur NGOMA BINDA démontre avec pertinence qu'aucune nation ne peut se développer sans un sens élevé de civisme et de conscience morale. Si donc nous désirons progresser, dit-il, il faut absolument générer la vie éthique dans toutes les fibres de la vie nationale. Pour cela, il y a, on le sait, plusieurs générateurs du sens civique et éthique, parmi lesquels on doit compter la bonne gestion du pouvoir politique, l'existence des conditions de vie décents, la sanction positive et rigoureuse ainsi que l'éducation de l'esprit et des cours, des intelligences et des consciences[651].

905. Les États parties au présent Pacte reconnaissent le droit de toute personne à l'éducation[652]. Ils conviennent que l'éducation doit viser au plein épanouissement de la personnalité humaine et du sens de sa dignité et renforcer le respect des droits de l'homme et des libertés fondamentales. Ils conviennent en outre que l'éducation doit mettre toute personne en mesure de jouer un rôle utile dans une société

---

[650] Lire la Déclaration sur l'éducation et la formation en droits de l'homme. (Trouvable dans le site : www.ohchr.org)

[651] NGOMA BINDA, op.cit., pp 309-324.

[652] Article 13 de la DUDH sur le droit à l'éducation.

libre, favoriser la compréhension, la tolérance et l'amitié entre toutes les nations et tous les groupes raciaux, ethniques ou religieux et encourager le développement des activités des Nations Unies pour le maintien de la paix.

2. Les États parties au présent Pacte reconnaissent qu'en vue d'assurer le plein exercice de ce droit :

a) L'enseignement primaire doit être obligatoire et accessible gratuitement à tous;

b) L'enseignement secondaire, sous ses différentes formes, y compris l'enseignement secondaire technique et professionnel, doit être généralisé et rendu accessible à tous par tous les moyens appropriés et notamment par l'instauration progressive de la gratuité ;

c) L'enseignement supérieur doit être rendu accessible à tous en pleine égalité, en fonction des capacités de chacun, par tous les moyens appropriés et notamment par l'instauration progressive de la gratuité;

d) L'éducation de base doit être encouragée ou intensifiée, dans toute la mesure possible, pour les personnes qui n'ont pas reçu d'instruction primaire ou qui ne l'ont pas reçue jusqu'à son terme ;

e) Il faut poursuivre activement le développement d'un réseau scolaire à tous les échelons, établir un système adéquat de bourses et améliorer de façon continue les conditions matérielles du personnel enseignant.

3. Les États parties au présent Pacte s'engagent à respecter la liberté des parents et, le cas échéant, des tuteurs légaux, de choisir pour leurs enfants des établissements autres que ceux des pouvoirs publics, mais conformes aux normes minimales qui peuvent être prescrites ou approuvées par l'État en matière d'éducation, et de faire assurer l'éducation religieuse et morale de leurs enfants, conformément à leurs propres convictions.

4. Aucune disposition du présent article ne doit être interprétée comme portant atteinte à la liberté des individus et des personnes morales de créer et de diriger des établissements d'enseignement, sous réserve que les principes énoncés au paragraphe 1 du présent article soient observés et que l'éducation donnée dans ces établissements soit conforme aux normes minimales qui peuvent être prescrites par l'État.

906. Tout État partie au présent Pacte qui, au moment où il devient partie, n'a pas encore pu assurer dans sa métropole ou dans les territoires placés sous sa juridiction le caractère obligatoire et la gratuité de l'enseignement primaire s'engage à établir et à adopter, dans un délai de deux ans, un plan détaillé des mesures nécessaires pour réaliser progressivement, dans un nombre raisonnable d'années fixé par ce plan, la pleine application du principe de l'enseignement primaire obligatoire et gratuit pour tous.

907. La Charte africaine a, de manière simplifiée, déterminé la portée de l'obligation des États dans le domaine du droit à l'éducation en ses termes : « Toute personne a droit à l'éducation. Toute personne peut prendre part librement à la vie culturelle de la communauté. La promotion et la protection de la morale et des valeurs traditionnelles reconnues par la Communauté constituent un devoir de l'État dans le cadre de la sauvegarde des droits de l'homme[653] ». Il est aussi un devoir de tout individu de « De veiller, dans ses relations avec la société, à la préservation et au renforcement des valeurs culturelles africaines positives, dans un esprit de tolérance, de dialogue et de concertation et d'une façon générale de contribuer à la promotion de la santé morale de la société[654] ». Le droit à l'éducation contribue à la réalisation l'ODD Objectif 5 qui préconise « Parvenir à l'égalité des sexes et autonomiser toutes les femmes et les filles ». Le Comité des droits de l'homme a constaté que le taux d'alphabétisme des femmes et filles est généralement faible en Afrique à l'instar de la Gambie en violation des articles 2, 3, 7, 23, 25 et 26 du Pacte international relatif aux droits civils et politiques, ce qui nuit à la jouissance des droits qui leur sont garantis par le Pacte[655].

908. L'Agenda 2063 pour l'Afrique prône des réformes importantes avec notamment le développement des TIC dans l'enseignement. Une Université virtuelle est prévue mais hélas des mesures concrètes dans ce sens sont importantes et faciles à réaliser avec le projet du numérique de l'Agence universitaire de la francophonie et autres expériences comme celles du Canada (Chaire de l'Université de Montréal sur l'intégration des TIC dans l'enseignement sous la direction du Professeur Thierry KARSENTI[656], les Universités ouvertes comme l'expérience de l'Université de la RSA, Corée et aussi celle du CIDEP- Université ouverte de la RDC, en souffrance. La préoccupation de la modernisation de l'Université africaine du 21ème siècle est partagée par le Professeur Théophile OBENGA.

---

[653] Article 17 de la CADHP.

[654] Article 27 de la CADHP.

[655] Comité des droits de l'homme : Observations finales concernant la Gambie en l'absence de deuxième rapport périodique, 30 aout 2018, point 12 d.

[656] Le Professeur est aussi Directeur du Centre de Recherche Interuniversitaire sur la formation et la profession enseignante CRIFPE : www.crifpe.ca

909. Il recommande notamment au point de vue culturel l'élimination d'une certaine psychologie mettant à la marge les africains alors qu'il faudra faire réverbérer suffisamment la situation dramatique de l'Afrique[657] et lutter contre l'afro- pessimisme.

b. LE DROIT DE PARTICIPER AUX ACTIVITES CULTURELLES ET/OU EN TIRER PROFIT

910. « Toute personne a le droit de prendre part librement à la vie culturelle de la communauté, de jouir des arts et de participer au progrès scientifique et aux bienfaits qui en résultent. Chacun a droit à la protection des intérêts moraux et matériels découlant de toute production scientifique, littéraire ou artistique dont il est l'auteur »[658].

911. Par la vie culturelle d'une communauté, entendons ici les productions intellectuelles, artistiques, religieuses...d'un groupe social (citoyennes et citoyens d'un État, tribu, clan...) Les productions sont variées et il peut s'agir de l'art (arts plastiques, arts martiaux...), de la littérature (poésie, roman, nouvelles, théâtre, cinéma), de la science et inventions, du sport, du cinéma, de la musique, de différentes application des Technologies d'information et de communication... Prendre part à la vie culturelle relève de certains droits fondamentaux reconnus à toute personne notamment la liberté d'expression, de pensée, de religion et d'association et le droit au travail. La participation à la vie culturelle de son milieu contribue à l'intégration d'une personne dans son milieu et la cohésion au sein du groupe[659]. Cette participation, ainsi que le progrès de la science, est souvent une source de revenus pour les personnes. Les artistes, les scientifiques, les chercheurs et les écrivains ont le droit à la protection de leurs inventions ainsi que le droit d'auteur. C'est ainsi que, selon la législation nationale, des lois spéciales protègent ces droits.[660].

---

[657] Théophile OBENGA, « L'Univesrité africaine du XXI ème siècle », in DIMANDJA ELUY'a KONDO, op.cit., pp 7-19 (Lire la présentation du dossier par le Professeur DIMANDJA et Docteur David ONGOMBE TALUHATA).

[658] Article 27 de la DUDH.

[659] Lire l'Observation n°17 du Comité des droits économiques, sociaux et culturels.

[660] Le droit de chacun de béneficier de la protection des intérets moraux et materiels découlant de toute production scientifique, litteraire ou artistique dont il est l' auteur soutient la dignité et la valeur inhérentes de tous les êtres humains et fait donc partie

912. Les dispositions pertinentes de la DUDH relatives à la participation à la vie culturelle et au progrès scientifique ainsi que les bénéfices à en tirer ont été explicitées par le Comité des droits économiques, sociaux et culturels[661]. Dans le domaine des technologies notamment les TIC, des milliers de personnes bénéficient, aujourd'hui, des réseaux sociaux (Appareil cellulaires, E-mails, blog, Facebook, Twitter, You tube…) à plusieurs égards. A titre d'exemple, dans le domaine de l'éducation, on a développé des enseignements et formations ouvertes et à distance. (De la même manière que quelques universités américaines, l'Agence universitaire de la Francophonie offre environ 80 formations diplomantes à distance des Universités prestigieuses de la Francophonie. Dans les 4 coins du monde, il y a le développement des enseignements des masses qui révolutionnent l'enseignement et le monde. On parle des MOOCs ou Cours en Ligne Ouverte et Massifs (CLOM), en français[662].

913. Les TIC et les réseaux sociaux présentent un intérêt particulier pour la promotion et la protection des droits de l'homme. Les grands réseaux comme Avaaz comprenant environ 3 millions d'abonnés ont réussi à influencer des politiques nationales, des enjeux mondiaux et le respect des droits de l'homme[663]. Avec les TIC, le travail des défenseurs des droits de l'homme connaît une plus-value. A considérer les différents outils et usages exploités par les DDH pour la sensibilisation, la formation, le monitoring, le rapportage, les pétitions signées en ligne… A titre d'exemple, l'Amnesty international et OMCT présentent la situation des violations des droits de l'homme par les Multinationales à travers Vidéo en ligne et Pétition[664] à signer pour le lobbying. Au fait, le numérique est très important dans la vie d'aujourd'hui que ne pas s'y accrocher diminue la chance de jouir de plusieurs droits de l'homme. Les TIC sont aussi des nouveaux droits de la personne !

---

des droits de lhomme. Ce fait distingue l' alinéa c du paragraphe 1 de larticle 15 du PIDESC et autres droits reconnus dans les régimes de propriété intellectuelle.

[661] Trente-cinquième session (2005), Observation générale no 17: Le droit de chacun de bénéficier de la protection des intérêts moraux et matériels découlant de toute production scientifique, littéraire ou artistique dont il est l'auteur (art. 15 du PIDCP)

[662] On peut consulter le site : www.refer.org

[663] La révolution du printemps arabe est une illustration éloquente pour les effets de la jouissance des technologies nouvelles dans le domaine de communication.

[664] http://www.faitespaslautruche.org Consulter vidéo sur la responsabilité des multinationales et la pétition dans le site de Amnesty international.

914. Point n'est besoin de démontrer les retombées heureuses de l'internet dans l'œuvre de promotion et de protection des droits de l'homme. Les ONG, les DDH œuvrant à titre individuel ou collectif, les Institutions nationales de droits de l'homme et les mécanismes régionaux recourent quotidiennement aux TIC si bien qu'il y a des médias en ligne, les réseaux sociaux exploités aux fins de diffusion des informations relatives aux droits de l'homme, le développement de Webinair et les sites officiels des mécanismes de promotion et de protection des droits de l'homme. L'Agenda 2063 pour l'Afrique a prévu la création de l'Université virtuelle qui et une initiative à saluer et à appuyer.

c. LE DROIT DE LA PROPRIETE INTELLECTUELLE

915. Contrairement à certains droits de l'homme, les droits de propriété intellectuelle ont généralement un caractère provisoire, et ils peuvent être révoqués, concédés sous licence ou attribués à un tiers. Les droits de propriété intellectuelle, souvent à l'exception des droits moraux, peuvent être cédés, limités dans le temps et dans leur portée, négociés, modifiés, voire perdus. Les droits de l'homme sont intemporels et sont l'expression des prérogatives fondamentales de la personne humaine[665].

916. Les droits de propriété intellectuelle sont instrumentaux, en ce qu'ils sont des moyens dont les États peuvent se servir pour promouvoir l'esprit d'innovation et de créativité, encourager la diffusion de productions créatives et innovantes, ainsi que le développement d'identités culturelles, et préserver l'intégrité des productions scientifiques, littéraires et artistiques, dans l'intérêt de la société dans son ensemble.

917. Le droit de chacun de bénéficier de la protection des intérêts moraux et matériels découlant de toute production scientifique, littéraire ou artistique dont il est l'auteur préserve le lien personnel qui l'unit à sa création et qui unit les peuples, communautés ou autres groupes à leur patrimoine culturel collectif, ainsi que leurs intérêts matériels fondamentaux, qui leur sont nécessaires pour leur permettre d'avoir

[665] Trente-cinquième session (2005), Observation générale n° 17: Le droit de chacun de bénéficier de la protection des intérêts moraux et matériels découlant de toute production scientifique, littéraire ou artistique dont il est l'auteur (art. 15 du PIDCP), p.147

un niveau de vie suffisant. Pour tout artiste et inventeur, il y a le droit d'auteur qui lui est garanti.

918. Les États du monde ont pris l'engagement de promouvoir l'innovation. En effet, l'Objectif 9 des ODD encourage de bâtir une infrastructure résiliente, promouvoir une industrialisation durable qui profite à tous et encourager l'innovation. L'innovation est le prix du partenariat mondial pour le développement durable. «Pour que l'Afrique parvienne à réduire considérablement la pauvreté, la structure économique doit reposer davantage sur l'industrie légère et l'industrialisation pour la création d'emplois et l'ouverture d'une voie de développement humain plus durable pour le continent »[666].

919. Les droits culturels contribuent à la réalisation de l'identité et de la dignité de toute personne, partout où elle se trouve et dans n'importe quelle condition quel que soit dans un lieu de détention, dans un conflit armé ou dans la situation d'étranger. Ainsi, elle peut prendre part à la vie culturelle qui est étroitement liée aux autres droits culturels énoncés à l'article 15 du Pacte international relatif aux droits économiques, sociaux et culturels (PIDESC) notamment le droit de bénéficier du progrès scientifique et de ses applications dans son pays, le droit de chacun de bénéficier de la protection des intérêts moraux et matériels découlant de toute production scientifique, littéraire ou artistique dont il est l'auteur et la liberté indispensable à la recherche scientifique et aux activités créatrices, le droit à l'éducation qui permet aux individus et aux communautés de transmettre leurs valeurs, leur religion, leurs coutumes, leur langue et d'autres références culturelles pour la connaissance, la compréhension et l'acceptation de l'identité culturelle et le respect de ses valeurs et celles d'autrui. Il est aussi corrélé à d'autres droits consacrés par le Pacte. Ce droit influence le droit des peuples à disposer d'eux-mêmes et à avoir un niveau de vie suffisant[667].

920. La culture est l'âme de tout peuple. Le comité des DESC précise qu'elle comprend notamment « le mode de vie, la langue, la littérature orale et écrite, la musique et la chanson, la communication non verbale, la religion ou les croyances, les rites et cérémonies, les

---

[666] Commission économique pour l'Afrique, Union africaine, Groupe de la Banque africaine de développement et Programme des Nations Unies pour le développement : OMD-Agenda 2063/ODD Rapport de transition 2016. Vers une approche intégrée et cohérente du développement durable en Afrique, Addis-Abeba, p.

[667] Lire les articles 1, 3, 11, 13 et 15 du Pacte international relatif aux droits économiques, sociaux et culturels.

sports et les jeux, les méthodes de production ou la technologie, l'environnement naturel et humain, l'alimentation, l'habillement et l'habitation, ainsi que les arts, les coutumes et les traditions, par lesquels des individus, des groupes d'individus et des communautés expriment leur humanité et le sens qu'ils donnent à leur existence, et construisent leur vision du monde représentant leurs rapports avec les forces extérieures qui influent sur leur vie. La culture façonne et reflète les valeurs de bien- être ainsi que la vie économique, sociale et politique d'individus, de groupes d'individus et de communautés »[668].

921. D'une part, la jouissance et l'exercice de ce droit s'apprécie en fonction de la participation, de l'accès et de la contribution de toutes les personnes à la vie culturelle de sa communauté et d'autre part, la diversité culturelle ne peut servir de prétexte pour violer, ériger des restrictions ou détruire les droits humains et les libertés fondamentales garantis par le droit international et le Droit positif d'un État[669].

922. Le droit à la culture et aux bienfaits du progrès scientifique engage l'État à respecter la liberté nécessaire aux activités scientifiques et aux activités créatrices. De même, toute personne doit pouvoir participer à la vie culturelle et bénéficier de la protection des intérêts moraux et matériels découlant de sa production scientifique, littéraire ou artistique[670]

923. La propriété intellectuelle[671] et la propriété industrielle sont protégées, en Afrique. Les États membres de l'Organisation Africaine de la Propriété Intellectuelle (OAPI) ont signé l'Accord de Bangui dont l'annexe VII régit le droit d'auteur et les droits voisins. Il va sans dire que les atteintes des marques, aux droits d'auteurs, les atteintes aux dessins et modèles, les atteintes au brevet et,) sont prohibées. Des bonnes politiques nationales devraient encourager les inventeurs, les chercheurs, les écrivains, les artistes… Toute personne a le droit de prendre part librement à la vie culturelle de la communauté, de jouir des arts et de participer au progrès scientifique

---

[668] Comité des droits économiques, sociaux et culturels : Observation générale n° 21, Droit de chacun de participer à la vie culturelle (art. 15, par. 1 a) du PIDESC, 43e session, Genève, 2-20 novembre 2009.

[669] Article 4 de la Déclaration universelle sur la diversité culturelle.

[670] Article 15 de la Déclaration universelle sur la diversité culturelle.

[671] Mireille Buydens , L'application des droits de propriété intellectuelle. Recueil de jurisprudence, OMPI, 2014, Genève, 550 p.

et aux bienfaits qui en résultent. Chacun a droit à la protection des intérêts moraux et matériels découlant de toute production scientifique, littéraire ou artistique dont il est l'auteur.

924. La production scientifique, littéraire ou artistique par les africains est très importante entre autres pour l'appropriation de tous les droits de l'homme. Selon leur sensibilité, habileté et expertise, les citoyens africains peuvent contribuer à forger une conscience pour la promotion et la protection des droits de l'homme en Afrique. Toutes les productions et ce, dans tous les domaines abordés avec la conscience de la quête de la dignité des africains et africaines et le progrès à tous égards dans les États africains sont les bienvenues.

925. En tout état de cause, les valeurs culturelles africaines et l'identité culturelle africaine devraient être saisies et vulgarisées par les peuples africains avant de taxer les droits de l'homme d'origine occidentale ou d'instrument du néocolonialisme. Les droits de l'homme seraient-ils acceptables aux africains à la mentalité primitive décrite par Lucien Lévy-Bruhl ou les bantous de Père Tempels ? Quel est le regard des juristes, des sociologues, des anthropologues, des philosophes, des écrivains, des chercheurs et des savants africains sur la question des droits de l'homme dans la société africaine d'aujourd'hui et de demain ?

« Les États membres s'engagent à :

a) promouvoir les objectifs de la chaîne Culturelle de l'Afrique;

b) promouvoir et diffuser les valeurs culturelles africaines;

c) tout mettre en œuvre pour préserver et récupérer leur patrimoine culturel;

d) veiller à ce que les politiques de développement reflètent d'une manière adéquate, leurs valeurs socioculturelles afin de consolider leur identité culturelle;

e) échanger leurs programmes culturels et leurs expériences notamment dans les domaines de l'art, de la littérature des loisirs et des sports; et

f) promouvoir et développer des programmes et des activités sportives à tous les niveaux, en tant que facteurs d'intégration[672]».

Dans les États où il existe des minorités ethniques, religieuses ou linguistiques, les personnes appartenant à ces minorités ne peuvent

[672] Article 69 du Traité instituant la communauté économique africaine (Le Traité était adopté par les Chefs d'État et de Gouvernement de l'OUA le 3 juin 1991 à Abuja, Nigeria. Entrée en vigueur le 12 mai 1994)

être privées du droit d'avoir, en commun avec les autres membres de leur groupe, leur propre vie culturelle, de professer et de pratiquer leur propre religion, ou d' employer leur propre langue[673].

926. La protection du patrimoine culturel est garanti par les États. Il existe des conventions particulières quant à ce et des mécanismes spéciaux tant sur le plan national et international.

C. LES DROITS DE SOLIDARITE

927. Les droits de solidarité concernent la communauté à la différence des droits explicités dans les pages précédentes. « Appelés droits de la 3è génération, ils sont ceux pour lesquels le Tiers-Monde en général et l'Afrique en particulier peuvent s'enorgueillir d'avoir apporté une contribution inestimable. On peut à cet effet, évoquer le droit à l'autodétermination ou droit des peuples à disposer d'eux-mêmes, droit au développement, droit à la jouissance égale du patrimoine commun de l'humanité, droit à la paix et au double plan national et international et droit à un environnement sain. », selon René Degni-SEGUI.

928. Le PIDCP a développé deux autres droits collectifs importants notamment le droit à l'autodétermination hérité de la Déclaration américaine d'indépendance de 1776 et le droit de tous les peuples à disposer librement de leurs richesses et de leurs ressources naturelles. Quant à la CADHP, elle couvre notamment), le droit au développement économique, social et culturel, le droit à un environnement sain et le droit à la libre-disposition par les peuples de leurs richesses et de leurs ressources naturelles sont garantis par les articles 22 à 24 de la CADHP.

929. Le droit à la sécurité, le droit à la souveraineté permanente sur le sol et le sous-sol, le droit à l'instauration d'un État de droit ou société démocratique, droit au développement durable et droit à un environnement durable sont autant de droits qui marquent le monde moderne… Ces droits sont profitables à toute la communauté et nécessitent l'attention de tout le monde dont les peuples. Le droit des peuples est défini de manière particulière par les africains. Le droit au développement, le droit à la jouissance égale du patrimoine commun de l'humanité, le droit à la paix et à la sécurité ainsi que le droit à un environnement durable seront explicités dans le second

---

[673] Article 27 du PIDCP.

thème à l'appui de de la jurisprudence des mécanismes africains. On peut, à ce stade, dire un mot sur le droit des peuples à l'autodétermination, à un environnement sain, au développement durable et le droit à un État de droit ou société démocratique.

930. Grosso modo, tout africain et africaine de n'importe quel État fait partie du peuple protégé par le Droit international et africain des droits de l'homme. Si le droit des peuples a été consacré dans le contexte du parachèvement de la colonisation et de l'apartheid, ce droit garantit aussi le droit des groupes au sein d'un État. Il a été ainsi jugé dans l'Affaire Ogoni contre le Nigeria devant la Commission africaine des droits de droits de l'homme et des peuples qu'un peuple habitant une région donnée peut également exprimer une réclamation en vertu des articles 2 et 21 de la Charte africaine[674]. Quels sont alors ces droits des peuples ? ci-dessous, on développe le droit à l'égalité, le droit des peuples à l'auto-détermination, Droit des peuples à la libre disposition de leurs ressources et richesses naturelles, le droit des peuples au développement économique, social et culturel ; Droit des peuples à la paix et à la sécurité internationale et Droit des peuples à un environnement sain.

1. LE DROIT DES PEUPLES Å L'ÉGALITE

931. La CADHP dispose que : « Tous les peuples sont égaux, ils jouissent de la même dignité et ont les mêmes droits. Rien ne peut justifier la domination d'un peuple par un autre »[675]. L'égalité souveraine des États est un principe classique de Droit international public qui établit que tout État est juridiquement souverain et il est par conséquent juridiquement égal à tout autre[676] nonobstant les différences d'ordre économique, social, politique ou de toute autre nature. En effet, dans le préambule de la Charte de San Francisco[677], il est exprimé clairement que les peuples et les nations membres de l'ONU proclament leur foi à leur égalité de droits, petites ou grandes nations. L'article 1er paragraphe 2 de la Charte précitée déclare

[674] Décision de la Commission africaine des droits de l'homme et des peuples dans l'Affaire OGONI contre le Nigeria.

[675] Article 19 de la CADHP.

[676] MAMPUYA KANUNK' a-TSHIABO Auguste, Traité de Droit international public, éd. Médias, Kinshasa, 2016, p. 205.

[677] La Charte de l'ONU créée en 1945.

comme l'un des buts des Nations Unies le développement entre les nations des relations amicales fondées sur le respect du principe de l'égalité de droits des peuples et de leur droit à disposer d'eux-mêmes.

932. L'égalité souveraine des États est liée à l'égalité des peuples ou des nations. La Charte encourage les États à entretenir des relations amicales, pacifiques et à développer la coopération fondée sur le consentement libre et l'intérêt mutuel. Au regard des différences de fait entre les États, cette égalité souveraine est un idéal garanti par la Charte de l'ONU, les Actes constitutifs de toutes les OI, les Conventions internationales signées par les États et autres Déclarations dont la Déclaration relative aux principes touchant les relations amicales et la coopération entre États conformément à la Charte de l'ONU.

933. Selon la Charte, les peuples colonisés ou opprimés ont le droit de se libérer de leur état de domination en recourant à tous moyens reconnus par la communauté internationale. Tous les peuples ont droit à l'assistance des États parties à la présente Charte, dans leur lutte de libération contre la domination étrangère, qu'elle soit d'ordre politique, économique ou culturel[678]. La DUDH a été instrument de décolonisation et la Charte africaine des DHP a été pensée pour la fin des colonisations et de l'apartheid en Afrique. Après la colonisation et la fin de l'apartheid, malheureusement, la Charte africaine des droits de l'homme et des peuples comme d'autres instruments africains des droits de l'homme sont restés confisqués par les dirigeants africains reniant les droits de l'homme pour leurs compatriotes (« frères et sœurs ou sujets ») du fait de la conservation du pouvoir politique et du contrôle des richesses et ressources nationales.

934. Dans les conditions susdites, le discours de la souveraineté nationale est plus une affaire des individus jouissant du pouvoir que des peuples, titulaires des droits. C'est un outil pour repousser un droit de regard extérieur en vue de s'assujettir le peuple en toute impunité. Est- ce que c'est seule la domination étrangère d'un peuple qui est condamnable et celle interne, acceptée ? Les africains n'ont aucun intérêt à tricher avec leur conscience. Ils doivent s'approprier non seulement les droits de l'homme garantis par la DUDH mais aussi les droits des peuples qu'ils ont si bien proclamé dans la

---

678 Article 20 de la CADHP.

CADHP !En effet, la Charte africaine des DHP proclame que : « Tout peuple a droit à l'existence ». La libération de la domination (étrangère) est une lutte commune pour les peuples africains, c'est ainsi qu'il a été recommandé la solidarité entre les peuples africains. S'il est vrai que les Chefs d' États africains sont solidaires, est-il aussi vrai que les citoyens africains sont solidaires ? Devra –t- on considérer que les peuples africains visés dans la Charte africaine des droits de l'homme et des peuples, ce sont exclusivement les Chefs d'État, les Chefs de Gouvernements et dirigeants africains ? Ce questionnement interpelle à la responsabilité des citoyens africains pour une Afrique nouvelle, juste, libre et prospère pour tou(te) s les africain (e) s.

2.LE DROIT A LA JOUISSANCE DU PATRIMOINE COMMUN DE L'HUMANITE

935. La jouissance du patrimoine commun de l'humanité est un droit garanti à tous même s'il s'agit d'un droit apparemment très idéaliste. A titre d'exemple, que faudra-t-il, à ce jour, pour exploiter les fonds marins pour obtenir les richesses à repartager. La solidarité agissante et les défis des siècles à venir pourront peut-être apporter du nouveau à la jouissance du patrimoine commun de l'humanité. L'UNESCO ou toute autre institution pourra enregistrer un bien dans le patrimoine commun de l'humanité, ce sera un pas franchi et il en restera d'autres pour que ces droits profitent aux individus et à l'humanité.

3. LE DROIT DES PEUPLES A L'AUTODETERMINATION

936. Tout peuple a un droit imprescriptible et inaliénable à l'autodétermination. Il détermine librement son statut politique et assure son développement économique et social selon la voie qu'il a librement choisie. Plusieurs atteintes à l'égalité souveraine des États et aux droits des peuples peuvent être stigmatisées cependant, aussi longtemps que le pouvoir, les richesses et les ressources naturelles jadis entre les mains du colon resteront concentrés entre les mains du colonel ou dictateur africain, les peuples africains devront revendiquer leurs droits dont l'autodétermination.

4. LE DROIT DES PEUPLES AU DEVELOPPEMENT

937. La paix, le développement et la sécurité internationale sont au centre des activités de l'ONU. Ceci est manifeste non seulement à partir des activités sur terrain mais aussi à partir des objectifs de l' Organisation et autres dispositions comme l'article 55 de la Charte de l'ONU qui dispose que : « En vue de créer les conditions de stabilité et de bien-être nécessaires pour assurer entre les nations des relations pacifiques et amicales fondées sur le respect du principe de l'égalité des droits des peuples et de leur droit à disposer d'eux-mêmes, les Nations Unies favoriseront :

- le relèvement des niveaux de vie, le plein emploi et des conditions de progrès et de développement[679] dans l'ordre économique et social;
- la solution des problèmes internationaux[680] dans les domaines économique, social, de la santé publique et autres problèmes connexes, et la coopération internationale dans les domaines de la culture intellectuelle et de l'éducation;
- le respect universel et effectif des droits de l'homme et des libertés fondamentales pour tous, sans distinction de race, de sexe, de langue ou de religion.

938. La Commission africaine « réaffirme que le droit au développement incluant le droit des personnes est un droit humain inaliénable, en vertu de quoi toute personne a le droit de participer, de contribuer et de jouir du développement économique, social, culturel et politique de la société ». Plusieurs Déclarations ont été signées par les États africains et ils ont créé plusieurs Organisations internationales économiques (CER)[681] en vue de promouvoir le développement économique et social, le respect des femmes, des enfants et des vulnérables, la justice, la paix, la sécurité et le bien-être, en Afrique. La Déclaration d'Engagement de Monrovia sur les principes directeurs à respecter et les mesures à prendre pour réaliser l'autosuffisance nationale et collective dans le domaine du

[679] Article 55 de la Charte de l'ONU.

[680] Lire le Chapitre IX de la Charte de l'ONU relatif à la coopération économique et sociale internationale. Le développement et autres questions relatives aux droits de l'homme sont ôbjet de coopération entre les États et entre eux et le système de l'ONU y compris les Institutions spécialisées.

[681] Lire Saidou Nourou Tall, Droit des Organisations internationals africaines. Théorie générale Droit communautaire comparé, Droits de l'homme , Paix et Sécurité, L'Harmattan, 2015, 547 p. (Lire les proverbes et contes africains).

développement économique et social en vue de l'instauration d'un nouvel ordre économique international.

939. L'Afrique est confrontée à d'énormes défis sur son chemin du développement. Les industries alimentaires et agro-industries, industries du bâtiment et de la construction, industries métallurgiques, industries mécaniques, industries électriques et électroniques, industries chimiques et pétrochimiques; industries forestières; industries énergétiques; industries textiles et industries du cuir; industries des transports et communications et industries biotechnologiques.

940. Les peuples ont le droit de bénéficier de la jouissance égale du patrimoine commun de l'humanité et de promouvoir le droit au développement, séparément ou en coopération avec les autres Etats[682].

5. LE DROIT DES PEUPLES A LA LIBRE DISPOSITION DE LEURS RICHESSES ET RESSOURCES NATURELLES

941. La souveraineté permanente sur les ressources est reconnue à tous les États. L'article 2 de deux Pacte international relatif aux doris civils e politiques et Pacte international relatif aux droits économiques, sociaux et culturels garantissent ce droit collectif des peuples qui comprend notamment la libre disposition[683] des richesses nationales, le droit de récupérer et d'obtenir indemnisation en cas de spoliation des ressources ou patrimoine d'un peuple. La souveraineté des États implique que les États doivent éliminer toutes les formes d'exploitation économique étrangère, notamment celle qui est pratiquée par des monopoles internationaux, afin de permettre à la population de chaque pays de bénéficier pleinement des avantages provenant de ses ressources nationales[684] ,

942. A propos du développement en Afrique, il traine à venir. Le développement est de la responsabilité de tous les peuples dans leurs États respectifs avec la possibilité de bénéficier de la solidarité internationale, TROTTIER M. constate, par exemple, en Afrique

---

682 Article 22 de la CADHP.

683 La liberté des richesses nationales n'empêche pas la coopération internationale économique gagnant –gagnant entre les États et encourage le renforcement de l'unité et de la solidarité africaines.

684 Article 21 de la CADHP.

que la Chine investit le plus dans 20 pays Africains avec environ 3225 projets de développement et 1597 Entreprises[685]. Les États européens et l'UE s'intéressent aussi aux investissements mais hélas se pose un problème de capitalisme et de la gouvernance chaotique de quelques dirigeants politiques accusés de corruption, enrichissement illicite et très poussé face aux populations les plus démunies. Les débats font au jour aussi de l'exploitation minière et les règlementations tantôt justifiées par la volonté de concrétiser la souveraineté permanente sur les ressources et tantôt, c'est pour encourager la corruption, l'opacité des marchés, le manque de mécanisme approprié de traçabilité des ressources exportées…

943. Que ce soit pour les dirigeants africains ou pour les capitalistes qui pillent systématiquement les richesses naturelles grâce à la complicité des politiciens qui en retour bénéficient d'une protection et mieux de la conservation du pouvoir politique, on comprend mieux que : « On ne saurait prétendre défendre les droits de l'homme en tant qu'individu, en admettant , en tolérant ou en organisant soi-même , le boycottage systématique des droits des peuples au sein desquels ces individus humains doivent mener leurs existences concrètes[686].

944. Les richesses naturelles (richesses théoriques) de certains États africains sont à l'origine des guerres interminables et des enjeux de grande envergure tant sur le plan régional que sur le plan international qu'il faille des mécanismes efficaces pour le partenariat mondial profitable à tous. Du fait des potentialités de richesses et de l'impréparation de la population et des dirigeants politiques, les choix relatifs aux investissements prioritaires et profitables aux populations posent problème. L'Agenda 2063 pour l'Afrique est un outil de base à même d'orienter les États et les populations en vue de générer un développement durable dans une société inclusive et ouverte conformément aux engagements en rapport avec les ODD.

---

[685] TROTTIER, cité MUKONDE MUSULAY Pascal, Démocratie électorale en Afrique Subsaharienne. Entre droit, pouvoir et argent, Globethics.net African Law, N°. 4, Suisse, 2016, 211p.

[686] Prof P.I. LAYELÊ, Le Droit de penser comme droit de l'homme dans l'Afrique actuelle, in Actes pp 69-88

6. LE DROIT A LA PAIX ET A LA SECURITE INTERNATIONALE

945. « Je suis fier de dire que notre coopération a fait un pas de géant, de l'institutionnalisation des conférences annuelles ONU- Union africaine aux nouveaux cadres conjoints Union africaine- ONU sur la paix et la sécurité et le développement durable , en passant par la Déclaration conjointe relative à la coopération pour les opérations de soutien à la paix dirigées par l'Union africaine »[687], a dit le SG ONU, S.E.M. Guteress Antonio.

946. La paix et la sécurité concernent toute la communauté. Dans la Charte africaine, les peuples sont titulaires du droit à la paix et à la sécurité. Ce droit s'étend du niveau local au niveau international comme la DUDH a proclamé que : « Toute personne a droit à ce que règne, sur le plan social et sur le plan international, un ordre tel que les droits et libertés énoncés dans la présente Déclaration puissent y trouver plein effet »[688]. La réalisation de ce droit est renforcée par le principe de solidarité et de sécurité affirmé par la Charte de l'ONU ct celle de l'UA. Au nom de la solidarité africaine, les États ont interdit les activités subversives menées par les personnes bénéficiant du droit d'asile contre leur pays d'origine ou tout autre peuple et territoire[689]. Quelques constitutions des États africains garantissent le droit à la paix et à la sécurité tant sur le plan national qu'international.

947. Subsidiairement au développement et à la paix durables voulus en Afrique, les Chefs d' États africains sont préoccupés par l'aggravation du fléau du terrorisme et de l'extrémisme violent ainsi que des liens croissants entre le terrorisme et la criminalité transnationale organisée notamment le trafic de drogue et d'êtres humains, le blanchiment de capitaux, le trafic illicite d'armes et la menace que cette situation fait peser sur la consolidation de la paix et la sécurité sur le continent ainsi que sur la réalisation de l' aspiration visant à faire taire les armes d'ici 2020 conformément à l'Agenda 2063 de l'UA[690].

687 Déclaration faite à l'occasion de la journée de l'Afriquenle 25 mai 2019. (www.un.org site consulté le 3 juin 2019)

688 Article 28 de la DUDH.

689 Article 24 de la CADHP.

690 Lire le Rapport de ABDELAZIZ BOUTEFLIKA sur la lutte contre le terrorisme et l'extremisme violent en Afrique.

948. La question de la paix et de la sécurité en Afrique a été et reste encore de nos jours préoccupante. On parlait des actions subversives, aujourd'hui, c'est le terrorisme et les violences sexuelles dans les conflits armés qui occupent beaucoup de pages des journaux et les partages sur les réseaux sociaux. L'Afrique s'apprête à avoir les Forces Armées en Attente (FAA) pour faire face aux conflits armés comme Ecomog (Forces de la CEDEAO). Quelques initiatives comme la Conférence internationale régionale sur les Grands Lacs (CIRGL) sont mises en en place bien que l'insécurité bat le plein dans la Région faisant de l'Est de la RDC, une terre invivable et mais nourricière du monde avec les minerais que regorge cette partie du territoire et du monde. Et encore, on peut se demander pourquoi la richesse devra –t-elle semer la désolation au lieu du bonheur pour tous.

7. LE DROIT A UN ENVIRONNEMENT DURABLE

949. Tous les peuples ont droit à un environnement satisfaisant et global, propice à leur développement. La question de la protection de l'environnement est un enjeu international. C'est de bon droit que l'Objectif 13 des ODD préconise de prendre d'urgence des mesures pour lutter contre les changements climatiques et leurs répercussions[691].

950. Aux autorités politico-administratives, il est recommandé des actions d'assainissement de l'environnement sans lesquelles les risques des épidémies croissent. Les enjeux du réchauffement climatique exigent une concertation sur le plan interplanétaire. Ce réchauffement climatique, la pollution, les effets de serre et la destruction de l'environnement écolologique, voilà un danger permanent qui mine notre génération et les générations futures. En Afrique, une Résolution sur la création d'un groupe de travail sur les industries extractives, l'environnement et les violations des droits de l'homme en Afrique a été adoptée en 2009 et les ODD très intéressés à la question de l'environnement.

951. Pour information, les ODD 3, 14 et 15 ont pour finalité, respectivement, de : « Conserver et exploiter de manière durable les

[691] La Sous Secrétaire Général des Nations Unies aux affaires humanitaires, Ursulla Mueller, recommande des mesures urgentes pour prévenir les conséquences du changement climatique et à un investissement accru pour répondre aux besoins humanitaires les plus pressants et à leurs causes profondes. (www.un.org consulté le 08.06.2019) Tel est le cas des crises humanitaires au Madagascar, Soudan, RDC…

océans, les mers et les ressources marines aux fins du développement durable » et « Préserver et restaurer les écosystèmes terrestres, en veillant à les exploiter de façon durable, gérer durablement les forêts, lutter contre la désertification, enrayer et inverser le processus de dégradation des terres et mettre fin à l'appauvrissement de la biodiversité ».

952. « Tous les peuples ont droit à un environnement satisfaisant et global, propice à leur développement », selon l'article 24 de la Charte de Banjul. Dans la Constitution de la RDC, il est déclaré explicitement que : « Toute personne a droit à un environnement sain et propice à son épanouissement intégral. Elle a le droit de le défendre. Quant à l'État, il veille à la protection de l'environnement et à la santé des populations.[692] Les États règlent les questions importantes relatives à l'environnement à travers leur législation. Il faudra à cet effet , pour évaluer le niveau de la protection et de la promotion d'un environnement durable, visiter les législations nationales et les bonnes pratiques relatives à la gestion des eaux, conservation de la nature, chasse, pêche et ressources halieutiques, eaux et ressources aquatiques, sol, mines et hydrocarbures, énergie, hygiène et sécurité publiques, habitat… Les normes relatives à l'environnement sont multiples en Afrique. On peut noter quelques Conventions spécifiques aux réalités africaines ou adoptées au sein de l'UA notamment la Convention phytosanitaire pour l'Afrique au Sud du Sahara, la Convention africaine sur la Conservation de la nature et d es ressources naturelles, la Convention sur le criquet migrateur africain, Kano, Mali, 23 mai 1962, traité instituant la Communauté économique d'Abuja, Convention sur la gestion du Lac Tanganyika, Dar-es-Salam, 12 juin 2003…

8. LE DROIT A UN NOUVEL ORDRE

953. Le monde tend à devenir un village commun pour tous et toute personne aspire à un monde plus juste et ouvert à tous. La DUDH a consacré un droit qui apparaît comme un idéal et voire une ambition démesurée. « Toute personne a droit à ce que règne, sur le plan social et sur le plan international, un ordre tel que les droits et libertés énoncés dans la présente Déclaration puissent y trouver plein

692 Article 53 de la Constitution du 18 février 2006 de la RDC.

effet »[693]. Le nouvel ordre proclamé par la DUDH au titre d'un droit suscite plusieurs questions notamment quel est cet ordre et que signifie-t-il ? Quel est le rapport entre d'une part, le nouvel ordre voulu sur le plan social et sur le plan international et d'autre part, les libertés fondamentales et les droits de l'homme?

954. Sur le plan national, l'État de droit et démocratique est l'environnement propice à l'éclosion de tous les droits de l'homme. La liberté et les droits humains sont tributaires du nouvel ordre soit un environnement social et politique national et international propice. L'ordre social évoqué dans cet article de la DUDH sous-entend des droits collectifs décrits ci-dessus. Ils ont contribué à l'édification d'un « ordre public international en cours de formation et qui gagne à être connu »[694]. En effet, l'environnement national et international peut favoriser la réalisation effective et universelle des droits de l'homme. Cependant, en ce qui concerne l'environnement national, les articles 18, 19, 20, 21, 22 et 23 de la Charte africaine des droits de l'homme et des peuples ont eu l'avantage de cerner les différents milieux favorables à la promotion des droits de l'homme notamment la famille, les peuples organisés, les États indépendants et démocratiques ainsi qu'une communauté internationale attachée au principe de solidarité et de relations amicales.

955. En effet, pour les africains, la famille est l'élément naturel et la base de la société. Elle doit être protégée par l'État qui doit veiller à sa santé physique et morale. En principe, elle est la gardienne de la morale et des valeurs traditionnelles africaines. C'est dans donc à partir de cette cellule de base que les personnes jouissent de leurs droits protégés par l'État. Par ailleurs, les peuples africains sont organisés pour défendre leurs droits notamment le droit à l'auto-détermination, l'interdiction de la domination d'un peuple par un autre Que faut-il entendre par le plan local figurant à l'article 28 de la DUDH ? Ce sont les États qui sont garants du respect des droits de l'homme, en vertu des Conventions internationales signées et ratifiées d'où l'environnement propice pour l'éclosion des valeurs universelles et le respect de la dignité humaine est sans conteste l'État de droit et l'État démocratique.

956. Un Gouvernement fort ou un « État de police » consacre plus de temps aux actions orientées vers la conservation du pouvoir et voire

---

[693] Article 28 de la DUDH.

[694] MAMPUYA Auguste, op.cit. , p. 775

l'enrichissement des dirigeants et, tout autour, une poignée d'individus, ancrés dans la corruption, prédateurs et flatteurs avec comme effets collatéraux les violations des droits de l'homme et les libertés fondamentales des citoyens impunis, au lieu de consacrer le temps prioritairement à la réalisation des droits de l'homme y compris le développement et la démocratie intégrant la nouvelle donne des ODD et des objectifs de l'Agenda 2063 pour l'Afrique. Pour Monsieur ANTONIO Guterres, « Le programme de développement durable à l'horizon 2030 et l'Agenda 2063 de l'Union africaine s'articulent autour d'une transformation axée sur lêtre humain et respectueuse de la planète »[695].

957. De toute évidence, l'Agenda 2063 de l'Afrique et l'Agenda 2030 de l'ONU avec ses 17 ODD contribuent à l'établissement d'un nouvel ordre ouvert à tous les États et tous les citoyens et citoyennes du monde. Ce nouvel ordre passe par la démocratisation des États africains, le renforcement de l'État de Droit et l'intégration de l'Approche droits de l'homme dans la gestion du pouvoir politique.

958. L'aspiration de l'Agenda 2063 est favorable à une Afrique de la bonne gouvernance, de la démocratie, du respect des droits de l'homme, de la justice et de la primauté du droit ; L'Afrique forte, unie et résiliente et acteur et partenaire influent dans le monde ; L'Afrique avec une identité culturelle forte, un patrimoine commun, des valeurs et une éthique communes ; Une Afrique de paix et de sécurité ; un continent intégré politiquement, uni et fondé sur les idéaux du panafricanisme et la vision de la Renaissance africaine[696].

959. Par ailleurs, l'environnement international peut influer positivement ou négativement quant à ce, et en conséquence, la réalisation effective et universelle des droits de l'homme en être tributaire. En fait, sur le plan international, il convient de distinguer les acteurs officiels et les privés pris en compte par ODD17. La coopération bilatérale ou multilatérale et l'assistance technique ont multiples conséquences sur les droits de l'homme. Certaines actions des États et des privés ne poursuivent que leurs intérêts quelles que soient les conséquences néfastes. En Afrique et dans le monde, on peut se

---

695 www.un.org « Site consulté le 2 juin 2019)

696 Commission africaine : Agenda 2063 . L'Afrique que nous voulons. Cadre stratégique commun pour une croissance inclusive et un développement durable. Premier Plan décennal de mise en œuvre 2014-2023, p.23 (Les objectifs et les domaines prioritaires pour les dix premières années de l'Agenda 2063). (Voir Tableau en Annexe 1)

demander pourquoi une goutte de pétrole appelle-t-elle une goutte de sang et l'exploitation des minerais attirent-t- elle des conflits internationaux dans plusieurs régions de l'Afrique ?

960. De toute évidence, le cadre juridique, économique, social et politique du Monde est déterminant pour la jouissance et l'exercice effectif et universel des droits de l'homme et des libertés fondamentales. Cette disposition de la DUDH peut être mieux comprise en se référant, dans sa dimension internationale, à plusieurs égards notamment l'impunité des crimes internationaux, la coopération internationale au détriment de quelques États et la problématique du droit à l'autodétermination.

961. L'article premier commun de deux Pactes[697] (PIDCP et PIDESC) commentés ci-dessus mérite un Rapporteur spécial pour en étudier la portée exacte et la pertinence en vue de s'attaquer aux causes et conséquences de la non- application idoine du principe car il ne suffit pas de dire que « Tous les peuples ont le droit de disposer d'eux-mêmes. » pour qu'ils puissent prendre leur destinée en mains. De même, il ne suffit pas qu'un dirigeant évoque la souveraineté de l'État pour qu'il puisse réellement exercer cet attribut du pouvoir politique conféré par la population en vue d'assurer le bien-être de toute la communauté, la protection de la population et l'intégrité du territoire.

962. Sur le plan national et ou local, la forme ou système politique de l'État, la lutte contre la corruption endémique et l'impunité face aux violations des droits de l'homme et toutes formes de criminalité ainsi que la qualité de la participation politique…peuvent impacter le respect des droits de l'homme. Il est à déplorer qu'en Afrique, le droit des peuples à disposer d'eux-mêmes semble être bafoué sur le plan international et sur le plan national. Les dirigeants l'invoquent

---

[697] Tous les peuples ont le droit de disposer d'eux-mêmes. En vertu de ce droit, ils déterminent librement leur statut politique et assurent librement leur développement économique, social et culturel.

2. Pour atteindre leurs fins, tous les peuples peuvent disposer librement de leurs richesses et de leurs ressources naturelles, sans préjudice des obligations qui découlent de la coopération économique internationale, fondée sur le principe de l'intérêt mutuel, et du droit international. En aucun cas, un peuple ne pourra être privé de ses propres moyens de subsistance.

3. Les États parties au présent Pacte, y compris ceux qui ont la responsabilité d'administrer des territoires non autonomes et des territoires sous tutelle, sont tenus de faciliter la réalisation du droit des peuples à disposer d' eux- mêmes, et de respecter ce droit, conformément aux dispositions de la Charte des Nations Unies.

souvent pour leurs intérêts égoïstes avec la conséquence logique que quel que soit l'acte posé avec, bien entendu des préjudices graves aux personnes, on peut facilement prétexter la « raison d'État », le « secret d'État », l'« acte de souveraineté », la « sécurité de l'État »… Les régimes dictatoriaux recourent à la restriction des libertés publiques et à la torture comme on l'a vu les 10 dernières années en Afrique. Les Rapport des ONG au Comité contre la torture sont éloquents[698].

963. Critiquant cette excuse facile pour couvrir les violations des droits de l'homme, l'Assemblée parlementaire de l'UE considère que le contrôle judiciaire et parlementaire du gouvernement et ses agents revêt une importance cruciale pour renforcer l'État de droit et la démocratie. Cela s'applique aussi, et surtout, aux organes dits spéciaux dont les activités sont généralement tenues secrètes apparaissant comme un État dans un État. Tout agent de l'État doit rendre compte de ses actes, sous risque de l'émergence d'une culture d'impunité néfaste qui minerait le fondement même des institutions démocratiques[699]. Le régime des sanctions ciblées du Conseil de sécurité de l'ONU et de l'UE ainsi que des États comme les États-Unis constituent un contrepoids au pouvoir nocif, illimité et au-dessus des lois et de l'État tel qu'il (pouvoir politique) est exercé par certains dirigeants.

964. Le rejet la Cour africaine des droits de l'homme et des peuples en refusant de ratifier et de déposer les instruments et le courroux des Chefs d'État menaçant le retrait des États africains du Statut de Rome de la CPI via une position commune au sein de l'Union africaine sont interpellateurs ! Ceci révèle l'existence d'un ordre local (national) fermé et secret pernicieux aux africains. Nombreux souhaiteraient que la CPI déclenche des poursuites contre les présumés auteurs de crimes de sa compétence quelle que soit leur origine du Nord ou du Sud, de l'Est ou de l'Ouest dans la mesure où ils seraient impliqués dans les violations graves des droits de

---

[698] La grande majorité d'États sont parties à la Convention contre la torture et peine ou traitements cruels, inhumains et dégradants. Voir la cartographie dans le site du Comité contre la torture. (A télecharger : https://www.ohchr.org/Documents/HRBodies/CAT/OHCHR_Map_CAT.pdf)

[699] UE : Rapport du 16 septemebre2011 de la Commission des questions juridiques et des droits de l'homme de l'Assemblée parlementaire sur « Les recours abusifs au secret d'État et à la sécurité nationale : obstacles au contrôle parlementaire et judiciaire des violations des droits de l'homme ».

l'homme! Le défaut de pertinence de la qualité officielle est une épée de Damoclès qui pèse sur les Chefs d'État qui imposent un règne de terreur (avec des violations des droits de l'homme) et les politiciens qui acquièrent le pouvoir politique après avoir décimé des milliers de personnes.

965. Quant à l'auto-détermination des peuples, les États devraient déterminer librement leur statut politique, assurer leur développement et promouvoir le respect des droits de l'homme. Pour atteindre ses fins, tous les peuples peuvent disposer librement de leurs richesses et de leurs ressources naturelles, sans préjudice des obligations qui découlent de la coopération internationale, fondée sur l'intérêt mutuel et le droit international. En aucun cas, un peuple ne pourra être privé de ses propres moyens de subsistance[700].

966. L'article 21 de la CADHP consacre une société internationale dans laquelle les peuples ont la libre disposition de leurs richesses et de leurs ressources naturelles. Ce droit s'exerce dans l'intérêt exclusif des populations. En aucun cas, un peuple ne peut en être privé. En cas de spoliation, le peuple spolié a droit à la légitime récupération de ses biens ainsi qu'à une indemnisation adéquate. L'encouragement de la coopération économique internationale fondée sur le respect mutuel, l'échange équitable, et les principes du droit international. 4. Les États parties à la présente Charte s'engagent, tant individuellement que collectivement, à exercer le droit de libre disposition de leurs richesses et de leurs ressources naturelles, en vue de renforcer l'unité et la solidarité africaines. 5. Les États, parties à la présente Charte, s'engagent à éliminer toutes les formes d'exploitation économique étrangère, notamment celle qui est pratiquée par des monopoles internationaux, afin de permettre à la population de chaque pays de bénéficier pleinement des avantages provenant de ses ressources nationales.

967. Quant au développement, c'est un droit de solidarité qui demande des efforts conjugués de tous les États. La jouissance des bienfaits du développement est un droit pour tous les peuples, dans le respect strict de leur liberté et de leur identité. Les peuples ont aussi droit à la jouissance égale du patrimoine commun de l'humanité[701].

---

[700] Lire l'Article premier du Pacte international relatif aux droits civils et politiques et Pacte international relatif aux droits économiques, sociaux et culturels.

[701] Article 23 de la CADHP.

968. Il n'y a aucun doute que le système ou l'ordre international, à travers le respect du principe de l'autodétermination des peuples, joue un rôle prépondérant dans la réalisation effective des droits de l'homme. Si l'on peut reconnaître l'œuvre grandiose de l'ONU et de la communauté internationale pour la fin de l'esclavage et de la décolonisation, le développement de mécanismes et instruments de promotion et protection des droits de l'homme auxquels participent et se soumettent souverainement les États africains, la question du respect du droit à l'autodétermination[702] et de la souveraineté permanente sur leurs ressources reste un des défis qui mérite une attention soutenue sur le plan international et sur le plan local. Au tant toute personne est fondée de réclamer le respect de ses droits individuels, au tant toute personne peut s'intéresser à un environnement international favorable aux droits de l'homme et à un État de droit ou la démocratie pour la réinstauration d'un nouvel ordre international[703].

969. Dans le cadre du Nouvel ordre, les États africains consolident une Position commune en rapport avec la représentation pleine et entière de l'Afrique au Conseil de sécurité des Nations Unies qui signifie que le continent doit disposer d'un minimum de 2 sièges permanents, avec toutes les prérogatives et les privilèges des membres permanents, y compris le droit de véto; de 5 sièges non permanents et le droit de choisir ses représentants pour les élections au sein du CSNU pour qu'ils agissent en son nom et pour son compte[704].

970. Quant au niveau national, un nouveau pacte républicain entre dirigeants et dirigés s'avère nécessaire. Le principe universel est que toute personne peut réclamer que les libertés et les droits fondamentaux proclamés par la DUDH soient respectés et promus dans son milieu et partout dans le monde. Ainsi, toute personne peut réclamer qu'un ordre, un régime politique, un système politique,

---

[702] Selon l'Observation générale n°12 du Comité des droits de l'homme au regard de l'article premier du Pacte relatif aux droits civils et politiques, les États passent sous silence la question du droit à l'autodétermination, dans leurs Rapports périodiques. Parfois les renseignements fournis par les États sont insuffisants. Lire Point 3 de l'Observation générale n°12 du Comité des droits de l'homme sur l'Article 1er du PIDCP, 21° session 1984.

[703] Lire le Consensus d'Ezulwini et la Déclaration de Syrte de 2005 sur la Réforme du Conseil de Sécurité des Nations Unies.

[704] UA : Décisions, Déclarations, Résolution et Motions , Conférence de l' UA, 32ème session ordinaire 10 – 11 février 2019 Addis-Abeba (Éthiopie).

économique, social ou culturel tant sur le plan national qu'international soit favorable au respect des droits de l'homme dans un État et dans le monde en vue de contribuer à la réalisation effective et universelle des droits de l'homme garantis par la Charte de l'ONU et tous les Instruments de DH. L'ODD 17 prône un partenriat mondial pour le développement durable.

971. « La démocratie, système de valeurs universelles, est fondée sur la reconnaissance du caractère inaliénable de la dignité et de l'égale valeur de tous les êtres humains. Chacun a le droit d'influer sur la vie sociale, professionnelle et politique et de bénéficier du droit au développement »[705]. La gestion du pouvoir politique influe sur tout le système politique si bien qu'on peut se demander si tous les maux déplorés en Afrique ne sont pas la question de leur système de gestion du pouvoir politique.

972. Selon l'ancien Rapporteur spécial[706] sur la réalisation des droits économiques, sociaux et culturels, tous les agents auxquels leur mandat impose, implicitement ou explicitement, sur le plan national ou international, d'œuvrer à la réalisation des droits économiques, sociaux et culturels devraient prendre conscience du rapport direct entre leurs activités et l'application de ce groupe de droits, et faire en sorte que les politiques, projets, perspectives et programmes qu'ils conçoivent ne puissent entraver leur exercice ou porter atteinte à la capacité de l'État de s'acquitter de ses propres responsabilités juridiques.

973. En conséquence, la réalisation des droits économiques, sociaux et culturels est à la charge non seulement des États, mais aussi des acteurs non étatiques tels que les institutions financières internationales, les sociétés multinationales et les personnes privées. Il est déplorable que, très souvent, les politiques appliquées par les multinationales et les institutions financières internationales violent les droits économiques, sociaux et culturels dans les pays en voie de développement. Il est recommandable que les Multinationales et les Institutions financières, à l'instar des Institutions spécialisées et les Programmes de l'ONU, intègrent l'approche des Droits de l'Homme dans leur fonctionnement et rapports avec les peuples sur le territoire de leurs activités.

---

[705] L'annexe 6 de la Déclaration de Bamako (OIF) explicite le contenu de la démocratie.

[706] «Normes relatives aux droits économiques, sociaux et culturels: 3. Les postulats de base proposés par Danilo Türk».

974. L'entrée en vigueur le 5 mai 2013 du Protocole facultatif relatif aux droits économiques, sociaux et culturels adopté par l'AG-NU, depuis le 10 décembre 2008, accorde au Comité la compétence de recevoir et d'examiner des communications individuelles et interétatiques. L'application de ce Protocole facultatif au PIDESC peut « booster » des bonnes politiques, programme et stratégies pour promouvoir les droits économiques, sociaux et culturels dont entre autres les Objectifs du Développement Durable. La ratification de ce protocole et la possibilité des plaintes individuelles sont des atouts majeurs pour un nouvel ordre international. Les examens des Rapports des États par le Comité DESC peuvent toucher à la question des rapports entre les multinationales et les droits de l'homme.

975. Les Multinationales et les Institutions financières, soumises au Droit positif de leur État de siège restent soumises au Droit de l'État d'accueil bien que dans la pratique, elles ont une position de domination, dans les États. Le nouvel ordre, c'est aussi le développement. A propos, le Pape Paul VI avait écrit dans l'Encyclique Populorum progressio que : « Le développement est le nouveau nom de la paix ». Ainsi donc, la paix, les droits de l'homme, la sécurité intérieure et extérieure sont étroitement liés. La majorité d'États membres de l'ONU s'attachent aux principes fondamentaux, valeurs universelles et droits fondamentaux proclamés par la DUDH en vue d'atteindre les objectifs ci-dessus. En ce qui concerne la réalisation des droits économiques, sociaux et culturels, elle est handicapée par certaines institutions internationales, les ressources disponibles et la corruption endémique[707] ainsi que le défaut d'une

---

[707] Le Comité économique exhorte l'État partie (RD Congo) à adopter des mesures vigoureuses, efficaces et assorties d'un calendrier pour promouvoir la bonne gouvernance et combattre la corruption. À cet égard, il demande instamment à l'État partie:

a) De reconnaître qu'il est urgent d'éradiquer la corruption dans tous les services gouvernementaux et au sein des forces de police aux niveaux national, provincial et local;

b) De faire mieux prendre conscience au personnel politique, aux parlementaires, aux fonctionnaires nationaux et locaux et aux agents de la force publique des conséquences néfastes de la corruption;

c) De former les juges, les procureurs, les policiers et les autres agents de la force publique à la stricte application des lois anticorruption;

bonne gouvernance et voire les conflits internes ou internationaux armés ou non armés. Parfois, l'impunité des auteurs de violations des droits de l'homme et l'exploitation illégale des ressources naturelles des pays, y compris par des entreprises étrangères, constituent des obstacles majeurs à l'exercice des droits économiques, sociaux et culturels dans l'État partie. C'est à l'État partie qu'il incombe au premier chef de garantir la sécurité sur son territoire et de protéger sa population civile en ce qui concerne l'état de droit, les droits de l'homme et le droit international humanitaire[708].

Section 3

DES DEVOIRS DES INDIVIDUS ET DES LIMITES AUX DROITS

A. DES DEVOIRS

976. Comme mentionné ci-haut, les États parties à la Charte africaine ont le devoir de promouvoir et d'assurer, par l'enseignement, l'éducation et la diffusion, le respect des droits et des libertés contenus dans la Charte ainsi que le devoir de prendre des mesures en vue de veiller à ce que ces libertés et droits soient compris de même que les obligations et devoirs correspondants. Faisant suite à la Charte en ce qui concerne les devoirs des citoyens, la CADHP y a réservé trois dispositions. Les cibles envers lesquels les individus ont des devoirs sont bien identifiés, d'une part et d'autre part, les limites aux droits sont similaires aux devoirs et elles concernent notamment le respect des droits d'autrui et la sécurité collective.

1. DES DEVOIRS ENVERS LA FAMILLE

977. Rappelons que la famille est considérée comme la cellule de base de la société et elle est placée sous la protection des pouvoirs publics, selon l'article 18 point1 de la Charte et Constitution des États

---

d) Le Comité économique exhorte l'État partie (RD Congo) à adopter des mesures vigoureuses, efficaces et assorties d'un calendrier pour promouvoir la bonne gouvernance et combattre la corruption.

[708] Comité des droits économiques, sociaux et culturels, Quarante-troisième session, Genève, 2-20 novembre 2009 Observations finales du Comité des droits économiques, sociaux et culturels de la République démocratique du Congo.

africains[709]. Est-ce que les États africains se déchargent sur les citoyens ou ils veulent obtenir leur contribution ? Tous les hommes, toutes les femmes et les enfants ont le devoir[710] de s'occuper du développement de la famille, de la paix, de la cohésion et de la sécurité nationales ainsi que du développement du pays par la contribution aux charges de l'État à travers le paiement des impôts et des taxes.

978. Les citoyens ont le devoir de préserver le développement harmonieux de la famille et d'œuvrer en faveur de la cohésion et de son respect. Le respect des parents est érigé en devoir civique de même que l'assistance des parents en nourriture et dans certaines circonstances comme en cas de nécessité.

979. Quant à la nation, les citoyens ont le devoir de la servir. Peut- on refléchir sur l'éducation civique dont bénéficient les citoyens ? Que les instruments africains mettent un accent particulier sur le devoir des citoyens. C'est légitime pour tous les africains mais faudra- t- il que les États s'acquittent de leurs devoirs notamment l'éducation civique et morale de qualité. Un peuple ne peut mieux s'acquitter de son devoir citoyen que s'il connait ses droits et peut les revendiquer dans un cadre aussi propice.

980. Les instruments africains devront être enseignés à tous les niveaux et voire dans le cadre de la formation continue. La formation à l'Education civique et morale devra susciter un sentiment de solidarité nationale[711] et de nationalisme ainsi que le devoir de penser émergence de l'Afrique. Pour les agents publics de l'État, le respect, la promotion et la protection des droits de l'homme et des peuples est un devoir patriotique, légal et moral.

981. Dans un autre registre, un service public est important à certains niveaux de la formation de la jeunesse pour renforcer la sécurité de l'État. Il y a lieu d' encourager aussi la culture fiscale[712] qui accroit

---

709 Quelques constitutions des États africains le déclarent notamment l' article 40 de la Constitution de la RDC du 18 février 2006.

710 Lire l'article 29 de la CADHP.

711 Pour la CADHP , l' individu a le devoir de préserver et de renforcer l'indépendance nationale et l'intégrité territoriale de la patrie et, d'une façon générale, de contribuer à la défense de son pays, dans les conditions fixées par la loi.

712 Le devoir de contribution fiscale est important dans la mesure où le citoyen donne les moyens à l'État pour la réalisation de son projet qui n'est rien d'autre que l'engagement entre dirigeants et population.

le sentiment de solidarité nationale lorsque les fonds publics sont au bénéficice de l'intérêt général.

982. Pour Jean Claude TCHOUVE, le devoir envers la famille relève de ce que KANTE appelle devoir imparfait. Le devoir envers la famille est une invention africaine. Cette expression ne figure pas dans les instruments Onusiens soit de la DUDH aux 9 principales Conventions internationales relatives aux droits de l'homme. In globo, l'article 1er de la DUDH impose un comportement de fraternité dans les relations entre les êtres humains qui sont égaux en dignité et en droits. Il s'agit d'une fraternité universelle. Quant à la vision africaine traditionnelle, la famille est cette cellule de base de la société. Elle est fondée sur la parenté, le mariage, l'adoption, les alliances et les relations à telle enseigne que la famille élargie s'impose sur la famille restreinte. La famille est ballotée entre les valeurs traditionnelles africaines et les religions, les philosophies valeurs modernes chrétiennes, capitalistes et les politiques modernes à la base de changement de structures de famille, dans un contexte tout autre. En quoi consiste alors le devoir envers la famille en Afrique ?

983. Sans aucun doute, la famille élargie africaine est et reste encore le lieu de solidarité et de soutien moral, matériel, financier et affectif. Ce devoir est profond et dépasse les limites de textes juridiques. Les attitudes et comportements des membres de la famille concourent à l'harmonie, la cohésion et responsabilités indéterminées à l'instar de l'esprit de fraternité recommandée par la DUDH. En revanche, l'article 23 de la DUDH relatif au droit à un niveau suffisant impose à l'État de fournir des services de logement, de nourriture, de l'éducation, de l'habillement, de l'eau potable et des salaires conséquences pour appui aux travailleurs et à leurs familles.

984. La préservation du développement de la famille et sa cohésion ou respect qui lui est dû restent vagues, imprécis et sans sanction qu'on se demanderait comment l'individu devrait-il s'en prendre. La famille est placée sous la protection de l'État comme explicité ci-dessus. Jean Claude dit que : « L'individu est le pilier central de la famille, la pierre d'angle de l'édifice »[713]

---

[713] Jean Claude TCHOUVE, Article 29 alinéa 1, in Maurice KAMTO, la Charte africaine des droits de l'homme et des peuples et le protocole y relatif portant création de la Cour africaine des droits de l'homme. Commentaire articles par articles, édition Bruylant, Bruxelles, 2001, pp. 727-737.

985. D'aucun ont considéré le devoir envers la famille comme une charge de trop sur les épaules des individus en Afrique et surtout des enfants. Une interprétation évolutive de la Charte suggère de rechercher ce qu'on peut trouver de positif pour l'intérêt de la famille que de reconsidérer l'Afrique traditionnelle, loin des réalités du monde moderne sinon l'individu appelé à prendre en charge la famille devra avoir des moyens suffisants et un travail décent. Ce fameux individu est- il le chef de famille ou toute autre personne dans la famille nucléaire ou famille large ? Comme dit ci-haut ce devoir est imprécis. Néanmoins, même si les termes « œuvrer pour » et « préserver » sont plus politiques que recommandations d'un comportement déterminé et contraignant, on peut accepter que le chef de famille et un enfant (majeur) envers ses parents peut fournir des aliments et si possible l'éducation, le logement et les soins de santé. Est-ce que les États à la Charte donneront à tout individu un travail et les moyens conséquents pour qu'il s'acquitte de son devoir traditionnel ?

986. Quant au respect des parents, tout individu doit respecter ses pères et mères ainsi que les ascendants et les descendants. Ils doivent se respecter réciproquement. Du respect à la fourniture des aliments et assistance en cas de nécessité, il convient de préciser les devoirs à travers des actes juridiques tenant compte des valeurs traditionnelles africaines et des obligations des États africains, dans son contexte économique, politique, culturel et social.

2. DES DEVOIRS ENVERS LES SEMBLABLES

987. « Chaque individu a le devoir de respecter et de considérer ses semblables sans discrimination aucune, et d'entretenir avec eux des relations qui permettent de promouvoir, de sauvegarder et de renforcer le respect et la tolérance réciproques ».[714] La Constitution béninoise a repris cette disposition en ses termes : « Chaque béninois a le devoir de respecter et de considérer son semblable sans discrimination aucune et d'entretenir avec les autres des relations qui permettent de sauvegarder, de renforcer et de promouvoir le respect, le dialogue et la tolérance réciproque en vue de la paix et de la cohésion nationale »[715].

---

[714] Article 28 de la CADHP.
[715] Article 36 de la Constitution du Bénin.

988. L'une des innovations africaines en rapport avec les DH est la valeur accordée au devoir de l'individu. En effet, la DUDH s'est limitée à dire que les êtres humains sont nés libres et égaux en dignité et en droits. Ils sont doués de raison et de conscience et ils doivent agir les uns envers les autres dans un esprit de fraternité »[716]. S'il est difficile d'épiloguer sur la raison et la conscience comme des droits à promouvoir et surtout à protéger par l'État, il est néanmoins important de cultiver l'esprit de fraternité. Certes, la fraternité est un sentiment qui considère autrui comme son semblable à qui on ne ferait pas ce qu'on ne souhaiterait pas qu'on le fasse pour soi-même.

989. Dans les traditions africaines, le devoir du respect est recommandé à toute personne et ce, envers plusieurs cibles notamment envers les frères et sœurs, les parents, l'autorité, les étrangers, les sujets pour les chefs... En somme, la CADHP a présenté les bénéficiaires du respect dans un concept sans ambiguïté : le semblable (nous disons l'autre moi-même)... En tout état de cause, si on peut considérer toute personne (tout le monde) comme soi-même et entretenir avec des relations justes, automatiquement, on contribuerait au respect mutuel, à la tolérance réciproque et à la promotion des droits des uns et des autres. Le devoir envers les semblables tel que défini par la Charte de Banjul ramène au devoir et mieux le commandement contenu dans la Bible : « Tu aimeras ton prochain comme toi-même ». Un exercice de la lecture croisée de la Bible, le Coran, la Charte de Kuruka Fugan et autres textes de religions ou philosophies démontre que l'amour est au centre de tous les enseignements sains. Dans la DUDH et la CADHP ainsi que tous les livres sacrés, tout individu a le devoir de respecter et de considérer les autres, ses semblables, sans discrimination aucune et d'entretenir avec eux des relations marquées du sceau d'amour guidés par la foi, la conscience et la raison, la sagesse...

3. DES DEVOIRS ENVERS LA SOCIETE ET L'ÉTAT

990. La CADHP recommande aux africains et africaines d'entretenir des bonnes relations avec toutes les personnes au sein de la société dans laquelle ils vivent. A cet effet, ils peuvent mettre au service de toute la communauté leurs capacités physiques et intellectuelles. Bien fidèle aux moments forts des bouleversements politiques en Afrique,

---

[716] Article 1er de la DUDH.

il a été recommandé aux personnes de préserver et de renforcer la solidarité sociale et nationale, singulièrement lorsque celle-ci est menacée. Il faut préserver et renforcer l'indépendance nationale et l'intégrité territoriale de la patrie et, d'une façon générale, contribuer à la défense de son pays, dans les conditions fixées par la loi et ne pas compromettre la sécurité de son État d'origine ou d'accueil. Tous ces devoirs sont très théoriques.

991. Les devoirs des individus étant l'une des grandes innovations de la CADHP, il sied de revoir le contexte politique, historique et sociologique lors de la rédaction de la Charte. En effet, la nation en Afrique est encore un rêve après les indépendances et les dictatures qui s'installent. Les États africains se faisaient les guerres et la présence des mercenaires, redoutée. Il était plus que normal de compter avec les individus disposés à offrir leur service dans l'Armée ou contribuer, selon leurs moyens intellectuels ou autres à raffermir la solidarité dans leurs milieux respectifs et au sein de l'État.

992. La préservation et le renforcement des valeurs culturelles africaines positives est un devoir noble dans le système africain de promotion des droits de l'homme et suscite des actions importantes pour les États et pour les personnes. L'Afrique traditionnelle ayant été dominée par l'oralité, il est impérieux de recourir aux vieux et aux jeunes informés ou formés sur les valeurs traditionnelles africaines positives. Contribuer à tous les niveaux possibles à dégager et faire connaitre ses valeurs est une contribution appréciable au renforcement du système africain de promotion et de protection des droits de l'homme. La littérature et les arts africains recèlent certaines de ces valeurs à élucider comme préconisé par le Professeur Théophile OBENGA pour l'Université du 21ème siècle.

993. Les valeurs de tolérance, de dialogue et de concertation ont souvent été vantées parmi les africains. Ces valeurs sont recommandées à tous. Le comportement de tous les jours dans le Quartier ou village, à l'école, dans le milieu professionnel, à l'Université, dans les Services publics, dans les milieux des politiciens … reflète t- il le respect de ces valeurs ? sont-elles spéciales ou exclusives aux sociétés africaines ? Les mécanismes africains doivent accompagner les espoirs des sociétés africaines vers des régimes de droit, vers des sociétés démocratiques, respectueuses du pluralisme, garantes de la tolérance et vivifiées par une culture d'ouverture et de consensus. En d'autres termes, ils doivent faire de la Charte africaine le socle de la réalisation et de la préservation de la qualité de l'ordre constitutionnel et démocratique au sein des États africains parties.

4. DES DEVOIRS ENVERS LA COMMUNAUTE INTERNATIONALE

994. Les africains sont soucieux de l'unité africaine et de l'avenir de ce vieux continent. Les penseurs de l'Afrique ne devront pas se limiter aux vœux pieux mais ils doivent des actions concrètes pour contribuer à cette unité et la dignité des peuples africains. La Charte africaine des droits de l'homme et des peuples dispose que : « Tout individu a le devoir de contribuer au mieux de ses capacités, à tout moment et à tous les niveaux, à la promotion et à la réalisation de l'unité africaine »[717].

995. Toute personne se trouvant en Afrique est concernée par l'intégration africaine. « Pour apporter leur contribution à la construction de l'unité africaine, les internationalistes africains et africanistes se doivent d'analyser les règles de Droit international africain qui s'assignent comme finalité de tracer le cadre de cette unité »[718]. L'enseignement des instruments africains des droits de l'homme est un devoir de tout citoyen africain. Nous avons déjà évoqué les devoirs de tout individu envers la famille et la société. Ce devoir s'étend jusqu' à la communauté internationale à considérer ici comme l'arène politique partagée par les États africains avec ceux d'autres continents, les organisations internationales, les Organisations Non Gouvernementales…

996. Autant les États africains ont des droits et obligations envers la communauté internationale autant la communauté internationale a des droits et des obligations envers les États. Les droits des individus envers la communauté dépendent de ce cadre des rapports interétatiques. Il faudra intérioriser l'Objectif 17 des ODD pour le partenariat mondial. Le devoir envers la communauté internationale implique pour le citoyen africain de participer aux efforts de l'ONU à réaliser la paix et la sécurité internationales ainsi que la réalisation effective et universelle des droits humains. Les enjeux

---

[717] Article 29 de la CADHP.

[718] GODINEC P. F. Pour un Traité de Droit international africain, in Revue africaine de Droit international et comparé, Ghana, 1997, pp 791-805.

internationaux sont multiples et peuvent impacter l'avenir de l'Afrique d' où le citoyen africain, en même temps citoyen du monde devra participer aux efforts des personnes et des institutions éclairées et actives. On peut citer, par exemple, les ODD, l'Agenda 2063 pour l'Afrique, les enjeux climatiques, l'intégration africaine et la réalisation universelle et effective des droits de l'homme qui sont en même temps des droits et des devoirs pour les africain (e) s.

B. DES LIMITES AUX DROITS DE L'HOMME

1. DES LIMITES AUX DROITS DES INDIVIDUS

997. Les droits et les libertés de chaque personne s'exercent dans le respect du droit des autres, de la sécurité collective, de la morale et de l'intérêt commun[719]. Le PIDCP évoque ces limites ou restrictions aux droits qui doivent faire objet d'une loi et qui doivent être nécessaires. Au regard du Pacte, on peut dire que les restrictions doivent être contrôlées pour ne pas glisser dans l'arbitraire. En effet, il est disposé que : « Il peut en conséquence être soumis à certaines restrictions qui doivent toutefois être expressément fixées par la loi et qui sont nécessaires : a) Au respect des droits ou de la réputation d'autrui; b) A la sauvegarde de la sécurité nationale, de l'ordre public, de la santé ou de la moralité publiques »[720].

998. « Assurer la pleine jouissance des droits de l'homme est la responsabilité de l'État, mais l'affaire de tous », tel est le thème de la journée internationale des droits de l'homme du 10 décembre 2013 soit 65 ans après l'adoption de la DUDH. L'État est responsable de la promotion et la protection des droits de l'homme conformément à ses engagements internationaux et constitutionnels mais, toute personne peut y contribuer, dans la mesure du possible. Il va sans dire que la réalisation des droits de l'homme nécessite un minimum de confiance en soi et du respect de l'autre pour tout citoyen. Tant que les individus n'auront pas cultivé la confiance en soi, la dignité individuelle restera un rêve et le respect des droits des autres, un leurre.

999. Nous pensons que cette disposition capitale de la DUDH ramène à l'article premier qui évoque la raison et la conscience ainsi que le

---

719 Article 27 de la CADHP.

720 PIDCP Article 19 point 1.

comportement de toute personne en vers les autres, dans un esprit de fraternité. Philosophes et responsables religieux ont un rôle important comme le Président honoraire des États-Unis, Monsieur Jimmy Carter n'a cessé de le recommander dans les grands fora[721] des DDH.

1000. L'Assemblée Générale de l'ONU est consciente de l'importance fondamentale de l'éducation et de la formation aux droits de l'homme pour la promotion, la protection et la réalisation effective de tous les droits de l'homme. Elle a renouvelé son appel aux États d' inscrire les droits de l'homme, le droit humanitaire, la démocratie et l'état de droit, la paix, la démocratie, le développement et la justice sociale au programme de tous les établissements d'enseignement ... afin de susciter une compréhension et une prise de conscience communes, en vue de renforcer l'adhésion universelle aux droits de l'homme[722]. Le système africain de protection des droits de l'homme est l'un des outils légitimes pour l'accomplissement de cette tâche de grande importance.

1001. « L'individu a des devoirs envers la communauté[723] dans laquelle seul le libre et plein développement de sa personnalité est possible. Dans l'exercice de ses droits et dans la jouissance de ses libertés, chacun n'est soumis qu'aux limitations établies par la loi exclusivement en vue d'assurer la reconnaissance et le respect des droits et libertés d'autrui et afin de satisfaire aux justes exigences de la morale, de l'ordre public et du bien-être général dans une société démocratique. Ces droits et libertés ne pourront, en aucun cas, s'exercer contrairement aux buts et aux principes des Nations Unies »[724].

1002. Les limites aux droits de l'homme ne sont pas à confondre aux restrictions abusives. Deux principes importants sont à observer pour accepter les limitations. Il s'agit de la nécessité de la limitation et de sa légalité. La limitation aux droits devra être nécessaire pour la jouissance ou l'exercice d'autres droits. Bien plus, elle devra être

---

[721] La Déclaration du forum de 2018 à Atlanta. (Trouvable en ligne : www.centercarter.org)

[722] Lire la Déclaration de l'ONU sur l'éducation et la formation aux droits de l' homme.

[723] Les États parties à la présente Charte ont le devoir de promouvoir et d'assurer, par l'enseignement, l'éducation et la diffusion, le respect des droits et des libertés contenus dans la présente Charte, et de prendre des mesures en vue de veiller à ce que ces libertés et droits soient compris de même que les obligations et devoirs correspondants.

[724] Art 29 de la DUDH.

prévue par la loi, au sens large c'est à dire que les textes juridiques motivés[725] prévoient la circonstance de limitation des droits pour des valeurs ou intérêts supérieurs. En trois points, il sied de parler de la limitation des droits par respect des droits d'autrui, la sécurité publique et l'intérêt commun et la morale.

2. DE LA LIMITATION PAR RESPECT DES DROITS D'AUTRUI

1003. Tous les droits de l'homme à la portée de tous, c'est une bonne devise cependant pour exercer et jouir de ces droits, nul ne devra empiéter sur les droits des autres. Parce que toutes les personnes ont des droits, les droits des uns devront tenir aussi compte des droits des autres. Les droits ont ainsi des limites dont les droits d'autrui. La liberté d'expression tiendra compte du droit à la protection de la vie privée et à l'honneur des autres au risque de tomber sous le coup d'injures ou imputation dommageable.

3. DE LA LIMITATION POUR LA SECURITE PUBLIQUE ET L'INTERET COMMUN

1004. Madame Mireille Delmas Marty dit : « Les droits de l'homme s'arrêteraient là où la raison d'État commence ». Qu'est-ce qu'est la « raison d'État » pour justifier la limitation ou les violations des droits de l'homme ? Qui incarne cette raison d'État lorsqu'on dit que le peuple est souverain et aucun individu ou groupe d'individu ne peut s'approprier cette souveraineté ? On ne peut pas rêver car l'État est représenté par des personnes mandatées par la population. A certains égards, les dirigeants recourent abusivement à la souveraineté pour protéger leurs propres intérêts notamment la conservation du pouvoir politique, à tout prix. La limitation des libertés et des droits fondamentaux peut être interprétée au-delà de la morale, de l'ordre public et du bien –être général néanmoins la DUDH a déjà fixé les garde-fous pour ménager le pouvoir et les libertés dans un État de droit. C'est avec raison que Madame Mireille Delmas-Marty dit : « En somme, la DUDH ne tend ni à condamner,

[725] Les restrictions des libertés à travers les lois sont dangereuses et liberticides. Les lois se conforment aux Constitutions et aux normes internationales et africaines et voire d'autres lois. De nos jours, il y a des lois types pour guider les parlementaires dans leur mission de légiférer.

ni à légitimer, mais à « Raisonner la raison d'État », c'est-à-dire la confronter à la raison juridique et démocratique »[726].

1005. La commission africaine des droits de l'homme et des peuples recommandent aux États de renseigner dans leurs Rapports périodiques toutes les mesures Faire état des lois qui régissent les conditions et les modalités d'acquisition, de nationalisation ou d'expropriation des biens et des conditions qui ont été établies pour assurer qu'il n'y soit procédé que de façon transparente et dans l'intérêt général. L'expropriation pour l'utilité publique.

4. DE LA LIMITATION PAR RAPPORT A LA MORALE

1006. L'appréciation de limitation des droits à la morale peut engendrer des conflits tant que la morale ne soit pas contraignante pour tous. Le contenu de la morale n'est pas le même, selon qu'il y a plusieurs religions, considérations socio-politico-économique et culturelle différentes d'un milieu à un autre. Parlant des instruments juridiques africains, les coutumes devraient faire objet de vulgarisation pour autant qu'elles ne soient pas contraires aux Lois, aux Constitutions et aux normes internationales. Dans la législation interne des États, on parle de bonnes mœurs et ordre public dans en délimiter les contours. Tout le monde devra respecter les bonnes mœurs et l'ordre public pendant l'exercice et la jouissance de ses droits.

1007. L'exercice et la jouissance des DH et des libertés fondamentales connaissent quelques limites strictement et exclusivement pour promouvoir l'épanouissement individuel, les droits des autres et l'intérêt de tous les membres de la communauté. Il est important de noter, dorénavant, que toute personne est soumise à certains devoirs envers sa communauté. Parmi ces devoirs, on peut énumérer le respect des lois, des conventions internationales, des droits d'autrui, des bonnes mœurs, de l'ordre public et du bien-être général.

1008. Dans la conception africaine, les droits représentent la contrepartie des devoirs. A ne pas douter, tout membre de la communauté ne peut

---

[726] L'article 27 de la CADHP dispose que : « Chaque individu a des devoirs envers la famille et la société, envers l'État et les autres collectivités légalement reconnues et envers la Communauté internationale. Les droits et les libertés de chaque personne s'exercent dans le respect du droit d'autrui, de la sécurité collective, de la morale et de l'intérêt commun légalement reconnues et envers la Communauté internationale. Les droits et les libertés de chaque personne s'exercent dans le respect du droit d'autrui, de la sécurité collective, de la morale et de l'intérêt commun ».

jouir de ses droits que si tout un chacun respecte ses obligations et les droits des autres. Quant aux limites à l'exercice des droits de l'homme et des libertés fondamentales dans une société démocratique, elles sont orientées vers l'instauration d'un environnement favorable à l'éclosion et à la réalisation effective et universelle des droits de l'homme ainsi que le respect d'autres valeurs supérieures.

1009. Monsieur BAN KI-MOON considère que : « Au niveau national, l'état de droit est au cœur du contrat social conclu entre l'État et les individus relevant de sa compétence. C'est grâce à ce principe que la justice imprègne la société à tous les niveaux. L'état de droit garantit la protection de tous les droits de l'homme sans exception, donne aux citoyens comme aux non citoyens des voies légitimes de recours contre les abus de pouvoir, et permet le règlement pacifique et équitable des différends. L'état de droit est assuré par des institutions nationales qui peuvent élaborer et faire appliquer des lois claires et publiques et qui assurent la fourniture de services publics justes, équitables et responsables à tous sur un pied d'égalité. Le renforcement de l'état de droit favorise la création d'un environnement propice au développement humain durable mais aussi à la protection et à l'autonomisation des femmes, des enfants et des groupes vulnérables (personnes déplacées, apatrides, réfugiés, migrants) »[727].

1010. La jouissance et l'exercice des droits humains doivent se faire dans le respect des objectifs et des principes de l'ONU sinon, ils seront dépouillés de tout fondement de légitimité. Bien plus, ni les créanciers ni les débiteurs des droits de l'homme ne sont autorisés à recourir à la violence, aux antivaleurs, à la discrimination, à l'intolérance, aux violations des droits de l'homme et moins à la destruction des droits de l'homme. Les faux motifs sont interdits pour justifier les violations des droits de l'homme. Le PIDCP dispose que : « Aucune disposition du présent Pacte ne peut être interprétée comme impliquant pour un État, un groupement ou un individu un droit quelconque de se livrer à une activité ou d'accomplir un acte visant à la destruction des droits et des libertés… Il ne peut être admis aucune restriction ou dérogation aux droits fondamentaux de l'homme reconnus ou en vigueur dans tout État

---

[727] Lire le Rapport su Secrétaire Général de l'ONU, Monsieur BAN KI-MOON, à la 66°Session de l'Assemblée Générale de l'ONU le 16 mars 2012.

partie au présent Pacte en application de lois, de conventions, de règlements ou de coutumes, sous prétexte que le présent Pacte ne les reconnaît pas ou les reconnaît à un moindre degré »[728]

1011. Les articles 28 et 29 de la CADHP insistent sur les devoirs des personnes, une des innovations des instruments africains. « Chaque individu a le devoir de respecter et de considérer ses semblables sans discrimination aucune, et d'entretenir avec eux des relations qui permettent de promouvoir, de sauvegarder et de renforcer le respect et la tolérance réciproques » « L'individu a en outre le devoir:

1. De préserver le développement harmonieux de la famille et d'œuvrer en faveur de la cohésion et du respect de cette famille; de respecter à tout moment ses parents, de les nourrir, et de les assister en cas de nécessité;
2. De servir sa communauté nationale en mettant ses capacités physiques et intellectuelles à son service;
3. De ne pas compromettre la sécurité de l'État dont il est national ou résident;
4. De préserver et de renforcer la solidarité sociale et nationale, singulièrement lorsque celle-ci est menacée;
5. De préserver et de renforcer l'indépendance nationale et l'intégrité territoriale de la patrie et, d'une façon générale, de contribuer à la défense de son pays, dans les conditions fixées par la loi;
6. De travailler, dans la mesure de ses capacités et de ses possibilités, et de s'acquitter des contributions fixées par la loi pour la sauvegarde des intérêts fondamentaux de la société;
7. De veiller, dans ses relations avec la société, à la préservation et au renforcement des valeurs culturelles africaines positives, dans un esprit de tolérance, de dialogue et de concertation et d'une façon générale de contribuer à la promotion de la santé morale de la société;
8. De contribuer au mieux de ses capacités, à tout moment et à tous les niveaux, à la promotion et à la réalisation de l'unité africaine »[729].

1012. Il est recommandé à toute personne d'entretenir de relations amicales, gage de la paix et du respect réciproque des droits des uns et des autres. L'interdiction de la discrimination relayée par les instruments internationaux contraignants ou non entre dans le jus

---

[728] Article 5 point 1 du PIDCP.

[729] Article 29 de la CADHP.

cogens ou normes impératives. Chaque individu a le devoir de respecter et de considérer ses semblables sans discrimination aucune, et d'entretenir avec eux des relations qui permettent de promouvoir, de sauvegarder et de renforcer le respect et la tolérance réciproques[730].

[730] Article 29 de la DUDH.

CONCLUSION

1013. La Déclaration universelle des droits de l'homme et la Charte africaine des droits de l'homme et des peuples constituent le socle de l'édifice des droits humains en Afrique. Une appropriation efficiente des droits, des valeurs et des principes fondamentaux défendus par ces instruments s'avère importante. L'intégration de la donne des droits de l'homme dans tous les programmes, les projets, les plans, les stratégies et les politiques des États, de l'Afrique et des Communautés économiques régionales est une nécessité pour le changement comportemental, la responsabilité et la redevabilité des agents publics de l'État à tous les niveaux en vue de promouvoir la dignité et le bien être de tou (te)s les citoyen (ne) s africain (e)s.

1014. 70 ans après l'adoption de la DUDH et son intégration dans les instruments internationaux, régionaux et nationaux, son appropriation s'impose à tous les États africains grâce à la relecture des notions des droits de l'homme pour en saisir les valeurs fondamentales et les principes de base qui doivent guider les actions, les comportements et les attitudes des dirigeants et des créanciers des droits de l'homme au sein de l' État nous citons les citoyen (n)es africain(e)s et les peuples africain (e) s. Les droits humains sont à considérer comme l'objet du pacte républicain qui lie les citoyens et les populations d'une part et d'autre part, les détenteurs du pouvoir engagés à agir au nom de l'État pour respecter, protéger et concrétiser les droits de l'homme en faveur de toutes les personnes sur leur territoire.

1015. Le système africain des droits de l'homme et des peuples est une réalité comme l'affirmait le Professeur GODINEC : « Ayant appelé l'attention dès 1976 sur l'existence d'un Droit international africain en voie de formation et ayant conclu en 1993 à l'existence effective d'un tel droit, ayant conclu, pour notre part, à l'existence d'un Droit international africain, nous nous posons maintenant une question complémentaire : le moment n'est –il pas venu de mettre à la disposition des internationalistes un ouvrage consacré au Droit international africain ? »731

731 GODINEC P. F. Pour un Traité de Droit international africain, in Revue africaine de Droit international et comparé, Ghana, 1997, pp 791-805.

1016. Puisse ce livre contribuer à l'insémination d'une nouvelle génération de citoyen (ne)s africain(e) s, porteurs des valeurs des droits de l'homme dans leur africanité sans remettre en cause l'universalité des droits à l'égalité, à la liberté et à la dignité dus à tout être humain où qu'il se trouve ! Contribuons à relever le défi du système africain qui est moins connu du grand public ou mieux, il est confisqué et mené au gré des vagues par quelques dirigeants africains. Ils engagent les États en élaborant et en signant les instruments juridiques relatifs aux droits de l'homme sur le plan régional et international, d'une part et d'autre part, ils rejettent du revers de la main les engagements y afférents au nom de la souveraineté nationale et des valeurs traditionnelles africaines et pire encore, ils violent impunément les droits de leurs concitoyens en leur privant la possibilité de connaitre leurs droits et de recourir aux juridictions comme la Cour africaine des droits de l'homme et des peuples et autres mécanismes tels que les Organes de traités des Nations Unies.

1017. En Afrique, après la traite négrière et la colonisation, certains Gouvernements ont adopté des Constitutions- costumes- de fête affirmant l'attachement à la DUDH et aux valeurs africaines des droits de l'homme et des peuples. Tous les États africains sont parties aux principaux instruments relatifs aux droits de l'homme de l'ONU et sont soumis à la surveillance des organes des traités et voire de l'EPU. Ipso facto, le système africain des droits de l'homme et le système onusien sont intimement liés.

1018. Le système africain insiste sur les valeurs traditionnelles africaines positives bien que les particularités africaines ne soient pas aisées à déterminer aujourd'hui après la colonisation, l'impact de l'évangélisation et de la mondialisation. Bien plus, pour la promotion de la dignité des personnes, la quête de l'originalité des valeurs africaines n'est pas une fin en soi pour la dignité des africains ou une occasion de détruire les bases onusiennes de promotion et de protection des DH d'autant plus que le système africain tout comme les autres systèmes régionaux se complètent avec le système de l'ONU. De surcroit, en vertu des articles 60[732]

---

[732] La Commission s'inspire du droit international relatif aux droits de l'homme et des peuples notamment des dispositions des divers instruments africains relatifs aux droits de l'homme et des peuples, des dispositions de la Charte des Nations Unies, de l' Acte constitutif de l'UA, de la DUDH, des dispositions des autres instruments adoptés par les Nations Unies et par les pays africains dans le domaine des droits de

et 61 de la Charte africaine des droits de l'homme et des peuples ainsi que les articles 26 et 30 (4) b) de la Convention de Vienne sur le droit des traités et voire l' article 103 de la Charte de l'ONU, le système africain de promotion et de protection des droits de l'homme et des peuples s'inspire du Droit international des droits de l'homme et autres sources classiques de Droit. Ce système comprend des instruments contraignants et non contraignants des droits de l'homme. Les normes contraignantes ont une grande valeur politique et scientifique éprouvée.

1019. Certains États africains ont adopté les 9 principales conventions internationales relatives aux droits de l'homme de l'ONU et coopèrent avec les 10 Organes de traité dont certains sont ouverts aux plaintes individuelles. Il est recommandable aux États africains et aux populations d'adopter les 9 principaux instruments et en harmoniser leur législation nationale. La coopération avec les Organes de traité et l'autorisation expresse des citoyens à y recourir seront des signaux forts des dirigeants africains pour promouvoir la dignité et la vraie fraternité entre africains et africaines soit l'esprit de la famille humaine voulue par la DUDH et les devoirs recommandés par la CADHP.

1020. On ne peut prétendre gouverner et aimer son frère tout en le maltraitant, tout en l'excluant de prise des décisions le concenant ou tout en refusant les dénonciations et interventions des autres au motif qu' ils sont étrangers. De même, les graves violations des droits de l'homme ne peuvent pas demeurer irréprochables au motif qu'il ya les principes sacro-saints de la souveraineté des États et non- ingérence dans les affaires internes des États ! Le cadre constitutionnel et légal, et la gestion de l' appareil étatique se font à l' aune du respect des droits de l'homme et engagements internationaux dont les ODD et les objecifs de l'Agenda 2063 pour l'Afrique ainsi que UNDAF. Il sied, à ce jour, de s'approprier tous ces instruments et promouvoir le système africain de promotion et de protection des droits de l'homme.

---

l'homme et des peuples ainsi que des dispositions de divers instruments adoptés au sein d'institutions spécialisées des Nations Unies dont sont membres les parties à la présente Charte.

BIBLIOGRAPHIE

A. INSTRUMENTS JURIDIQUES ET DOCUMENTS OFFICIELS

1. Charte de Kruka Funga (Extrait en annexe).
2. Commission africaine : Agenda 2063 . L'Afrique que nous voulons. Cadre stratégique commun pour une croissance inclusive et un développement durable. Premier Plan décennal de mise en œuvre 2014-2023, 227 p.
3. Constitution Fédérale de l'Allemagne.
4. Confédération helvétique acceptée en votation populaire le 18 avril 1999
5. Constitution de Madagascar du septembre 1992. (Constitution trouvable en ligne).
6. Convention sur l'élimination de toutes les formes de discrimination à l'égard des femmes adoptée le 18 décembre 1979 et l'article 1er de la Convention internationale sur l'élimination de toutes les formes de discrimination raciale adoptée le 21 décembre 1965.
7. Constitution suisse.
8. Constitution de la RDC du 18 février 2006 telle que révisée par la loi n° 11/002 du 20 janvier 2011 portant révision de certains articles de la Constitution.
9. Constitution de la République libanaise.(Trouvable en ligne).
10. Déclaration de l'indépendance des États-Unis du 4 juillet 1789.
11. Déclaration sur le droit et la responsabilité des individus, groupes et organes de la société de promouvoir et protéger les droits de l'homme et les libertés fondamentales universelles reconnus.
12. Déclaration des droits des personnes appartenant à des minorités nationales ou ethniques, religieuses et linguistiques, adoptée par l'AG des NU dans sa résolution 45/135 du 18 déc. 1992.
13. Déclaration du Forum des Défenseurs des droits de l'homme à Atlanta 2018 (TCC).
14. Déclaration de Bamako de l'OIF.

15. Déclaration de Kinshasa de l'OIF.
16. Déclaration Universelle des Droits de l'Homme.
17. HCDH : Rapport du Comité des droits de l'homme, Volume I, 94°session (13-31 octobre 2008), 95° session (16 mars-3 avril 2009), 96°session.
18. Observation générale 18 du Comité des droits de l'homme : Non-discrimination. 37° Session du Comité des Droits de l'homme en 1989.
19. UA : Décisions, Déclarations, Résolution et Motions , Conférence de l' UA, 32ème session ordinaire 10 – 11 février 2019 Addis-Abeba (Éthiopie)

B. OUVRAGES ET CONTRIBUTIONS AUX OUVRAGES COLLECTIFS

20. ACAT :Monde tortionnaire.Rapport ACAT2014, Paris,2014, 366 p.
21. AFCNDH et OIF : L'éducation aux droits de l'Homme. Comprendre pour agir ensemble. Guide de l'enseignant(e) pour l'éducation aux droits de l'Homme dans l'espace francophone, éd. Sépia, 2009, 212 p.
22. AKANDJI –KOMBE Jean-Fr., « Les obligations positives en vertu de la Convention européenne des Droits de l'Homme. Un guide pour la mise en œuvre de la Convention européenne des Droits de l'Homme », in Précis sur les droits de l'homme, no 7, p.21
23. ALAIN de BENOIST, Au-delà des droits de l'homme, Défendre les libertés, éditions Krisis, 2004.
24. Alain Didier OLINGA, Article 29 alinéas 2 à 8, in Maurice KAMTO, la Charte africaine des droits de l'homme et des peuples et le protocole y relatif portant création de la Cour africaine des droits de l'homme. Commentaire articles par articles, édition Bruylant, Bruxelles, 2001, pp. 738-748.
25. Alfred FERNANDEZ, «Pour l'universalité des droits de l'homme. Des idées pour penser l'universalité »
26. Amnesty international : Le protocole à la Charte africaine des droits de l'homme et des peuples relatifs aux droits des femmes. Un instrument essentiel pour renforcer la promotio et la protection des droits des femmes en Afrique, Londres, 2014, p.47

27. Amnesty International : Rapport La Torture en 2014. 30 ans d'engagement non tenus, Londres, 2014, 55 p.
28. AMNESTY INTERNATIONAL : Introduction à la charte africaine des droits de l'homme et des peuples, octobre 2006, 61 p.
29. ARJI Saidou, Guide de formation en droits humains et citoyenneté à travers les médias, AIF, Niger, 2006, 74 p.
30. BCNUDH-MONUSCO : Guide des droits de la personne arrêtée, Kinshasa-RDC, sd.
31. Brownwen MANDY, « Les lois sur la nationalité en Afrique Une étude comparée », éd. Arrima, 2010, p.130
32. COHEN-JONATHAN Gérard, Les droits de l'homme, une valeur internationalisée, in Droits fondamentaux, n° 1, juillet - décembre 2001, pp 156-164. (www.droits-fondamentaux.org)
33. Commission européenne : Manuel de formation à l'intention des défenseurs des droits de l'homme en Afrique, Bénin, 2009, 245 P.
34. Commission africaine des droits de l'homme et des peuples : Rapport du Groupe de travail d'experts de la commission africaine des droits de l'homme et des peuples sur les populations/communautés autochtones, 2005, 134 p.
35. Commission économique pour l'Afrique, Union africaine, Groupe de la Banque africaine de développement et Programme des Nations Unies pour le développement : OMD-Agenda 2063/ODD Rapport de transition 2016. Vers une approche intégrée et cohérente du développement durable en Afrique, Addis-Abeba, p. 157
36. Daniel TURP, Egalité et non- discrimination, Les Droits fondamentaux, Diplôme interuniversitaire de 3°Cycle, Université de Nantes, AUPELF-UREF, UNISAT, France.
37. Défense Defenders et Neil Blazevic : Défense des droits humains : Un Livre Ressources pour les Défenseurs des Droits Humains, 2e édition, Kampala, sd. 78 p.
38. Didier LINOTTE et Raphaël ROMI, Services publics et droit public économique, 5°édition Juris-classeur, Paris, 2003, 535 p.
39. DIMANDJA et KANGUDI KAMANA ont écrit sur la valeur de la culture et des droits de l'homme. Lire Célestin DIMANDJA ELUY'a KONDO, Reconstruction nationale, droits de l'homme et démocratie, in Le communicateur et la pensée, éd. NORAF, Kinshasa, 2014, p.182

40. DIMANDJA ELUY'a KONDO, Recherches scientifiques africaines. Tendances, débats et résutats. Aout 2017 – juillet 2019, éd. PUCC et Noraf, Kinshasa, 2019, 1524 p.
41. DOMINIQUE ALLIX, Les Droits fondamentaux dans le procès pénal, éd Montchrestien, Paris, 1997, 99 p.
42. FIDH : Guide pratique : La Cour africaine des droits de l'homme et des peuples. Vers la Cour africaine de justice et des droits de l'Homme, avril 2010, p.5
43. GLEN Johnson et JANUSZ Symonides, La Déclaration universelle des droits de l'homme, éd. Unesco- L' Harmattan, Paris, 1990, 212 p.
44. Emin ELYME AKSAY, La notion de dignité humaine dans la sauvegarde des droits fondamentaux des détenus, p.57
45. Fatou KINE CAMARA, Le système africain de protection des droits de l'homme, Cours de L1 à la Faculté des sciences juridiques, Université de Dakar, inédit, sd.
46. FIDH : Guide pratique : La Cour africaine des droits de l'homme et des peuples. Vers la Cour africaine de justice et des droits de l'Homme, avril 2010, p.218
47. Frédéric SUDRE , Droit européen et international des droits de l'homme, éd. Puf, 8°édition, France, 2006, 786 p.
48. GAMBARAZA Marc, Le Statut juridique de la Déclaration universelle des droits de l'homme, Thèse de Doctorat, Université de Panthéon Assas, Paris, 2013, p.613
49. Georges CLARK, Les droits de l'homme en bref, Bureau international de l'information Département d'État États-Unis d'Amérique (www.america.gov)
50. Gilles BADET, Les attributions originales de la Cour constitutionnelle du Bénin, Friedrich-Ebert-Stitny, Cotonou, 2013, p.481
51. Gilles Le BRETON , Protection de la personne humaine par le Droit administratif français en 1995-1996, L'Harmattan, 1998, Paris, 218 p.
52. HCDH : Déclaration sur le droit et la responsabilité des individus, groupes et organes de la société de promouvoir et protéger les droits de l'homme et les libertés fondamentales universelles reconnus, Fiche d'information du HCDH, Les défenseurs des droits de l'homme : Protéger le droit de défendre les droits de l'homme, Fiche d'information, n°29, Genève, 2004, p.57.

53. HCDH : Pratiques de bonne gouvernance pour la protection des droits de l'homme, New York et Genève, 2007.
54. HCDH : « Travailler avec le Programme des Nations Unies pour les droits de l'homme. Manuel pour la société civile », 2008, p.120
55. HCDH : Droits économiques, sociaux et culturel. Manuel de formation à l'attention des Institutions nationales des droits de l'homme, Série n°12 sur la formation professionnelle, New York et Genève, 2004, p. 158
56. Hélène TIGROUJA et Ionisa K. PANOUSSIS, La Cour interaméricaine des droits de l'homme. Analyse de la jurisprudence consultative et contentieuse, éd. Bruylant, 2003, p. 313
57. ISSIAKA LALEYE et Coll., Philosophie et droits de l'homme. Actes de la 5° Semaine philosophique de Kinshasa du 26 avril au 1er mai 1981, Faculté de théologie catholique, Kinshasa, 1982, 492 p.
58. Jean ESCARRA, Le Droit chinois. Aperçu historique, Québec, 2006. p.14
59. Jimmy Carter, A Call to action. Women , Religion Violence, and Power, Simon & Schuster, 2014, U.S.A., p. 211
60. Maurice KAMTO, Charte africaine, instruments internationaux de protection de droits de l'homme, Constitutions nationales : articulations respectives, in Droit et justice, éd. Bruylant, Belgique, 2004, pp 11-47
61. Maurice KAMTO, la Charte africaine des droits de l'homme et des peuples et le protocole y relatif portant création de la Cour africaine des droits de l'homme. Commentaire article par articles, édition Bruylant, Bruxelles, 2001, 1628 p.
62. NDESHYO RURIHOSE, Le nouvel élan du panafricanisme , l'émergence de l'Afrique et la nécessité de l'intégration continentale : Les actes des journées scientifiques consacrées à la commémoration de la journée d' Afrique : 2011-2012-2013-2014, Cedesurk, Kinshasa, 2014, 669 p.
63. KAMUKUNY MUKINAY NGAL Ambroise, Droit constitutionnel congolais, éd. universitaires africaines, Kinshasa, 2011, p.296
64. Jean- François Flauss et Elisabeth Lambert, L'application nationale de la Charte africaine des droits de l'homme et des peuples, Bruylant, Belgique, 2004, 266 p.
65. Laurence BURGORGUE-LARSEN, Article 9 § 1, in Maurice KAMTO, La Charte africaine des droits de l'homme et des peuples

et le protocole y relatif portant création de la Cour africaine des droits de l'homme. Commentaire article par article, éd. Bruylant, Bruxelles, 2011, pp 221-237

66. Leahl LEVIN, Droits de l'Homme. Questions et réponses. Cinquantième anniversaire de la DUDH 1948-1998, éd. Unesco, 1997, p.157.

67. MAMPUYA KANUNK' a-TSHIABO Auguste, Traité de Droit international public, éd. Médias, Kinshasa, 2016, 1118 p.

68. Mario BETTATI, Olivier DUHAMEL et Laurent Greilsamer, La Déclaration universelle des droits de l'homme, éd. Gallimard, 2008, France, p.175.

69. Maurice KAMTO, la Charte africaine des droits de l'homme et des peuples et le protocole y relatif portant création de la Cour africaine des droits de l'homme. Commentaire articles par articles, édition Bruylant, Bruxelles, 2001, 1628 p.

70. Maya Sahli-Fadel 59ème Session ordinaire de la Commission Africaine des Droits de l'Homme et des Peuples RAPPORT D'INTERSESSION, Banjul, 21 octobre au 4 novembre 2016, 16 p.

71. MBATA BETUKUMESU MANGU André, Abolition de la peine de mort et constitutionnalisme en Afrique, éd. L' Harmattan, Paris, 2011, 197p.

72. MWILANYA WILONDJA Néhémie, De l'observatoire National des Droits de l'Homme à la Commission Nationale des Droits de l'Homme. Défis et perspectives d'avenir, édition AGAPAO, Kinshasa, 2012, 172 p.

73. MATADI NENGA GAMANDA, Le Droit à un procès équitable, éd. Droit et Idées Nouvelles, Kinshasa, 2002, p.173

74. Mireille Buydens, L'application des droits de propriété intellectuelle. Recueil de jurisprudence, OMPI, 2014, Genève, 550 p.

75. MUKONDE MUSULAY Pascal, Démocratie électorale en Afrique Subsaharienne. Entre droit, pouvoir et argent, Globethics.net African Law, N° 4, Suisse, 2016, 211p.

76. NIYIZURUGERO Jean-Baptiste, Protection des droits de l'homme en Afrque. Recueil des textes, Genève, 2006, 391 p.

77. NGOMA BINDA, Rôle de la femme et de la famille dans le développement. Argument pour la justice et l'égalité des sexes, Institut de Formation et d'Etudes Politiques, Kinshasa, 1999, p.83

78. NGOMA BINDA P., Une démocratie libérale communautaire pour la RD Congo et l'Afrique, éd. L' Harmattan, 2001, 331p.

79. NGONDANKOY NKOY –ea-LONGYA, Droit congolais des droits de l'homme, éd. Academia-Bruylant, Belgique, 2004, 489p.
80. NZANGI BATUTA Michel, La liberté d'opinion et d'expression et ses limitations légales en République démocratique du Congo, Konrad Adenauer, Kinshasa, 2007, 108p.
81. OLIVIER De Schutter et SEBASTIEN Van Drooghenbroeck, Droit international des droits de l'homme devant le juge national, éd. Larcier, Bruxelles, 1999, 661p.
82. ONU : Instruments internationaux relatifs aux droits de l'homme. Récapitulation des Observations générales ou Recommandations générales adoptées par les organes créés en vertu d'instruments internationaux relatifs aux droits de l'homme, HRI /GEN/I/Rev.9 (Vol I), 27 mai 2008.
83. ONU et HCDH : Principaux instruments internationaux relatifs aux droits de l'homme, New York et Geneva, 2006, p.232
84. ONU et HCDH : Droits de l'Homme. Recueil d'instruments internationaux, vol.1 (Deuxième partie) Instruments universels, New York et Geneva, 2002, p.1090.
85. ONU : Objectifs du Millénaire pour le Développement. Rapport 2012, New York, 2012.
86. RACHITADOU ILLA MAIKASSOUA, La Commission africaine des droits de l'homme et des peuples. Un organe de contrôle au service de la Charte africaine, Karthala, p.55
87. Saidou Nourou Tall, Droit des Organisations internationals africaines. Théorie générale Droit communautaire comparé, Droits de l'homme , Paix et Sécurité, L'Harmattan, 2015, 547 p
88. SIDIKI KABA, Défendre la Déclaration universelle des droits de l'homme, éd. Collection XAAM sa Yoon, Sénégal, 1998, p.86.
89. Thomas TURNER, Ethnogenèse et nationalisme en Afrique centrale. Aux racines de Patrice LUMUMBA, éd. l' Harmattan, Paris, 2000,454 p.
90. UNESCO et Fondation Danielle MITTERRAND : Les droits de l'homme.1948-1988, décembre 1988
91. WEMBOLUA OTSHUDI KENGE Henri, L'indépendance des magistrats face à l'administration de la justice et le respect des droits de l'homme, Module de LINAPEDHO pour la formation des para-juristes, publication de RCN-Justice, Kinshasa, 2002.
92. Henri WEMBOLUA OTSHUDI KENGE, Réflexions sur la déclaration universelle des droits de l'homme. Valeur, contenu et importance vus d'Afrique, éd. L' harmattan, Paris, 2015, p. 383
93. WETSH'OKONDA KOSO S. Marcel, Les textes constitutionnels congolais annotés, éd. CDHC-Asbl, Kinshasa, 2010, p

94. CADHP : Rapport périodique du Burkina Faso établi en application de l'article 62 de la charte africaine des droits de l'homme et des peuples, janvier 2015, 94 p. (Site consulté le 11 février 2017)

C. ARTICLES

1. Abdoulaye Bathily, « La démocratie en Afrique de l'Ouest : état des lieux », in La construction de la paix et de la démocratie en Afrique de l'Ouest, Bénin ,2005, pp 23-32
2. Agnès LEJBOWICZ, « La Fraternité en Droit international » (Consulté le 20 mai 2013 dans le site du CEDROMA (Centre d'Etudes des Droits du monde arabe) : www.cedroma.usj.edu.lb
3. Aida GRGIC, ZVONIMIR MATAGA, MATIJA LONGAR et Ana VILFAN, « Précis sur les droits de l'homme. Un guide sur la mise en œuvre de la Convention européenne des Droits de l'Homme et de ses protocoles », n° 10, 2007 (Le droit à la propriété dans la Convention européenne des Droits de l'Homme)
4. BIBOMBE MUAMBA Bonaventure, Le Droit à la justice et à un procès équitable à travers la Déclaration Universelle des Droits de l'Homme et le Pacte international relatif aux droits civils et politiques, in Annales de la Faculté de Droit, PUK, décembre 2007, pp 191-214
5. CALLEJON Claire, « Les principes des Nations Unies sur l'administration de la justice par les tribunaux militaires : pour une justice militaire conforme au Droit international », in Droits fondamentaux, n° 6, janvier - décembre 2006 www.droits-fondamentaux.org
6. Christophe GOLAY et MELIK ÖZDEN, « Le droit à l'alimentation est un droit humain fondamental stipulé par l'ONU et reconnu par des traités régionaux et de nombreuses constitutions nationales », in CETIM, p. 5 s
7. Daniel COLARD, La Déclaration universelle des droits de l'homme a 40 ans, in Défense nationale. Problèmes politiques et économiques, scientifiques et militaires, janvier 1989, pp 65-80
8. GODINEC P. F. Pour un Traité de Droit international africain, in Revue africaine de Droit international et comparé, Ghana, 1997, pp 791-805.
9. ISAYA MAKUNGU ma NGOZI, « Le droit à la vie des masses rurales. Actes de la 5° Semaine philosophique de Kinshasa du 26

avril au 1er mai 1981 », in Philosophie et droits de l'homme, Faculté de théologie catholique, Kinshasa, 1982, pp 89-109.
10. Jean Didier BOUKONGOU, L'application de la Charte africaine par les autorités nationales en Afrique centrale, in Jean- François Flauss et Elisabeth Lambert, L'application nationale de la Charte africaine des droits de l'homme et des peuples, Bruylant, Belgique, 2004, pp.123-160
11. JEAN ZIEGLER, « Destruction massive. géopolitique de la faim», éd. Du Seuil 25, Paris, 2013.
12. JICQUEL Jean, Suffrage universel, La Déclaration Universelle des Droits de l'Homme, éd. Gallimard, 1998, France, pp117-119.
13. KALINDYE BYANDJIRA Dieudonné,
14. Karel Vasak et coll., Les dimensions internationales des droits de l'homme Manuel destiné à l'enseignement des droits de l'homme dans les universités, Unesco, 792p.
15. Kenneth MINOGUE, « Historique de la notion des Droits de l'homme », in Nouveaux Horizons, 1989, pp9-25
16. Kenneth ROTH, « L'inaction face aux abus. Les risques du dialogue et de la coopération avec les gouvernements qui violent les droits humains », in Rapport mondial 2011 Événements de 2010 de HRW, 2011, pp18-27
17. Lori ASHFORD, « Les femmes au pouvoir et aux postes de décision. (Les femmes à travers le monde) », in Questions actuelles du Département d'État États-Unis d'Amérique Bureau international d'information, éd.2012, pp96-99
18. Marc GAMBARAZA et Adrien RODD, « Le statut juridique de la DUDH dans les États de Droit anglo-saxon », in Droits Fondamentaux, n°8, janvier 2010-décembre 2010, Trouvable en ligne : www.droits-fondamentaux.org
19. Maria-Eugenia RODRIGUEZ PALOP, « La persistance de la violence contre les femmes malgré la Loi Organique 1/2004 portant mesures de protection intégrale face à la violence de genre », in Revue des droits de l'homme du Credof, n°1, Paris, juin 2012.
20. MBONG BASSONG, Les fondements de l'état de droit en Afrique précoloniale, L'Harmattan, Paris, 2007, p.387.
21. MITIC Jasna , RISLER Camille et TAGHAVI Jean-Christophe , Le droit, une arme au service des femmes africaines , EUCLID - nseignement Universitaire Clinique du Droit (Sous la direction de Stéphanie Hennette-Vauchez, année académique, 2011-2012,p.207
22. NGOMA BINDA, « De la responsabilité éthique et civique de l'éducation dans le progrès de la nation », in Annales de la Faculté de Droit, PUK, décembre 2007, pp 309-324
23. Norbert ROULAND, « À propos des droits de l'homme : un regard anthropologique », in *Droits fondamentaux*, n° 3, janvier – décembre 2003. Trouvable en ligne : www.droits-fondamentaux.org

24. Prof P.I. LAYELÊ, Le Droit de penser comme droit de l'homme dans l'Afrique actuelle, ISSIAKA LALEYE et Coll., Philosophie et droits de l'homme. Actes de la 5° Semaine philosophique de Kinshasa du 26 avril au 1er mai 1981, Faculté de théologie catholique, Kinshasa, 1982, pp 69-88
25. REDRESS : Des cadres juridiques pour empêcher la torture en Afrique : pratiques d'excellence, lacunes et options pour l'avenir, mrs 2016, p.88 https://redress.org/wp-content/uploads/2017/12/anti-torture-legislative-frameworks-in-africa-march2016-french.pdf
26. SITSOFE KOWOUVIH, la cour africaine des droits de l'homme et des peuples : une rectification institutionnelle du concept de ' spécificité africaine' en matière de droits de l'homme, in Revue trimestrielle des droits de l'homme, Bruxelles, n°59, juillet 2004, pp 757-790.
27. Roseline LETTERON, L'Universalité des droits de l'homme : apparences et réalités de l'idéologie des droits de l'homme en France et aux États-Unis, p.152
28. Sadruddin AGA KHAN Prince, « Le Droit d'asile et l'article 14 de la DUDH », in revue du Comité international de Juriste, pp 28-35
29. Souleymane Bachir Diagne, « Philosophie africaine et Charte africaine des droits de l'homme et des peuples », Critique 2011/8 (n° 771-772), p. 664-671.
30. SINDJOUN L., « Les nouvelles constitutions africaines et la politique internationale : contribution à une économie internationale des biens politico-constitutionnels, Etudes internationales », Vol 26, n°2, 1995, p 334.
31. WEMBOLUA OTSHUDI KENGE Henri, « La problématique de l'organisation du travail pénitentiaire en RDC. Cas de la prison centrale de Kananga », in Revue du CIDEP, n° Spécial, Kinshasa, 2004, pp 56-62
32. WEMBOLUA OTSHUDI KENGE Henri, « L'anachronisme du Décret du 6 décembre 1950 sur l'enfance délinquante: cas du flou sur la majorité pénale en R.D.C. », in Nouvelle tribune internationale des droits de l'enfant, n°10 et 11, décembre 2005, DEI-Belgique, pp 27-32
33. WEMBOLUA OTSHUDI KENGE Henri, « L'anachronisme du Décret sur l'enfance délinquante en RDC : Réflexion sur le vagabondage et les droits des enfants, in Nouvelle tribune internationale des droits de l'enfant, n°12 - mars 2007, DEI Belgique, pp 22-28,
34. WEMBOLUA OTSHUDI KENGE Henri, « Encore sur l'anachronisme du décret sur l'enfance délinquante: le volet judiciaire », in Paroles de justice, RCN –justice et démocratie, Kinshasa, 2010.
35. WEMBOLUA OTSHUDI KENGE Henri, l'appropriation des normes des droits de l'homme par les magistrats pour l'indépendance du pouvoir

judiciaire et la protection des droits de l'homme en RD Congo, in Paroles de justice. Revue annuelle de Doctrine, 2010, pp 18-31

36. WETSH'OKONDA KOSO Marcel, La compétence des juridictions congolaises en matière d'examen des conditions d'application des traités internationaux relatifs aux droits de l'homme, in Revue du Barreau de Kinshasa-Gombe, n°03/2009, Kinshasa, pp117-134.
37. CIPESA et Open Net Afrca : État des lieux des libertés sur Internet en République Démocratique du Congo 2016. Les stratégies des gouvernements africains pour étouffer les droits numériques des citoyens, Kinshasa, 2016, 20 p.

D. JURISPRUDENCE

1. Arrêt du 15.6.2006 dans l'Affaire Lykourezos c/ Grèce du Cour européenne des droits de l'homme Articles 3 du Protocole no 1
2. Communication n° 263/1987, affaire *Gonzalez del Rio c. Pérou*, décision du 20 novembre 1992, CCPR/C/46/D/263/1987 du 28 octobre 1992, § 5.2
3. CSJ, 2 juillet 2004, R. Const. 11/TSR, Règlement intérieur de l'Observatoire national des Droits de l'Homme, cité par WETSH'OKONDA KOSO S. Marcel, *Les textes constitutionnels congolais annotés,* éd. CDHC-Asbl, Kinshasa, s.d., p.85
4. Observations finales du Comité pour l'élimination de la discrimination raciale à la RDC, 71° Session du 30/7/2001 au 17 /08/2012.
5. Observation générale 18 du Comité des droits de l'homme : Non-discrimination. 37° Session du Comité des Droits de l'homme en 1989.
6. Centre for Human Rights University of Pretoria : Recueil des arrêts, avis consultatifs et autres décisions de la Cour africaine des droits de l'homme et des peuples Recueil de jurisprudence de la Cour africaine Volume 1 (2006-2016), éd. PULP, 2019, 855p
7. Communication no 2/2003, constatations adoptées le 26 janvier 2005 (affaire A. T. contre Hongrie).

E. WEBOGRAPHIE

Quelques sites importants :

1. http://www.un.org/fr/documents/udhr (Portail éducatif sur la Déclaration universelle des droits de l'homme. Données collectées par le HCDH sur la DUDH)
2. http://www.lexilogos.com/declaration_droits_homme.htm
3. www.audf-rdc.org (Site de l'Alliance pour l'Universalité des Droits fondamentaux AUDF, ONG en RDC.)

4. www.droits-fondamentaux.org (Site des revues droits fondamentaux. Consultez les articles sur les droits de l'homme).
5. www.un.org (Le site officiel de l'ONU.) Consulter : ONU : Objectifs du Millénaire pour le Développement. Rapport 2012, New York, 2012. (Lire l'Avant- propos de M. BAN KI-MOON)
6. www.afrimap.org (Le site est très intéressant sur les recherches dans le domaine de la démocratie, le respect des droits de l'homme en Afrique.)
7. http://www.un.org/fr/events/humanrightsday/ (Ce site est consacré à la Journée des droits de l'homme et plusieurs informations sur la DUDH peuvent y être trouvées)
8. http://eduportfolio.org/vues/view/61435 (Module de formation en droits de l'homme. Mis en ligne par l'auteur de ce livre.)
9. http://eduportfolio.org/vues/view/31311 (Module de formation sur les droits de l'enfant.)
10. www.ohchr.org (Consulter le site du HCDH)
11. https://www.achpr.org/fr (Commission africaine des DHP)
12. www.**omct**.org (Organisation Mondiale Contre la Torture)

ANNEXES

Annexe 1 : Les objectifs et les domaines prioritaires pour les dix premières années de l'Agenda 2063.

	Programmes prioritaires / Projets phare de l'Agenda 2063
1	Réseau ferroviaire intégré de train à grande vitesse : Connexion de toutes les capitales et tous les centres commerciaux africains par un train à grande vitesse africain pour faciliter le mouvement des marchandises, des services facteurs et des personnes, réduire les coûts de transport et décongestionner les réseaux actuels et à venir.
2	Une Université virtuelle africaine -. Accroître l'accès à l'enseignement supérieur et continu en Afrique par la possibilité d'atteindre un grand nombre d'étudiants et de professionnels dans plusieurs sites simultanément et le développement des ressources pertinentes et de haute qualité pour l'apprentissage ouvert, à distance et électronique (ODeL) pour offrir au futur étudiant un accès garanti à l'Université où qu'il se trouve dans le monde et à tout moment (24 heures par jour, 7 jours par semaine).
3	Formulation d'une stratégie des matières premières, pour permettre aux pays africains d'ajouter de la valeur, d'obtenir des rentes plus élevées de leurs produits, d'intégrer les chaînes de valeur mondiales et de promouvoir la diversification verticale et horizontale ancrée dans l'ajout de valeur et le développement de contenu local.
4	Mise en place d'un forum africain annuel, permettant de réunir, une fois par an, les dirigeants politiques africains, le secteur privé, le milieu universitaire et la société civile pour discuter des développements et des contraintes ainsi que des mesures à prendre pour réaliser les aspirations et les objectifs de l'Agenda 2063.
5	Mise en place de la Zone de libre-échange continentale d'ici 2017, pour accélérer de manière significative la croissance du commerce intra-africain et une utilisation plus efficace du commerce en tant que moteur de la croissance et du développement durable, par le doublement du volume du commerce intra-africain en 2022, le renforcement de la voix commune et de l'espace politique commun de l'Afrique dans les négociations commerciales mondiales et la création des institutions financières dans les délais convenus: Banque africaine d'investissement et Bourse panafricaine (2016); Fonds monétaire africain (2018) et Banque centrale africaine (2028/34).
6	Le passeport africain et la libre circulation des personnes: transformation des lois africaines, qui demeurent généralement restrictives quant à la circulation des personnes, malgré les engagements politiques d'assouplir les frontières en vue de promouvoir la délivrance des visas par les États

	membres de manière à améliorer la libre circulation de tous les citoyens africains dans tous les pays africains d'ici 2018.
7	Mise en œuvre du projet du barrage Grand Inga. Le développement optimal du barrage d'Inga va générer 43 200 MW d'électricité (PIDA) pour permettre aux pools énergétiques régionaux actuels et leur service combiné de transformer l'Afrique en faisant en sorte qu'elle passe des sources traditionnelles aux sources modernes d'énergie et d'assurer l'accès de tous les Africains à l'électricité propre et abordable.
8	L'E-réseau panafricain. Ce projet implique un large éventail de parties prenantes et la mise en place de politiques et de stratégies qui mèneront à des eapplications et des e-services de transformation en Afrique, en particulier la large bande intra-africaine de l'infrastructure terrestre, et la cyber sécurité, pour faire de la révolution de l'information la base de la prestation de services dans les secteurs industriels de la bio et des nanotechnologies et finalement pour transformer l'Afrique en une e-société.
9	Faire taire les armes en 2020. Mettre fin à toutes les guerres, tous les conflits civils, toute violence basée sur le genre, tous les conflits violents et prévenir le génocide. Surveiller les progrès par le biais de la création et de l'opérationnalisation d'un indice de la sécurité humaine en Afrique (ISSA).
10	Stratégie spatiale africaine : elle vise à renforcer l'utilisation par l'Afrique de l'espace pour soutenir son développement. L'espace est d'une importance critique pour le développement de l'Afrique dans tous les domaines: agriculture, gestion des catastrophes, télédétection, prévisions climatiques, banque et finance, sans oublier la défense et la sécurité. L'accès de l'Afrique aux produits des technologies de l'espace n'est plus une question de luxe et il y a nécessité d'accélérer l'accès à ces technologies et produits. De nouveaux développements dans les technologies satellitaires mettent ces technologies et produits à la portée des pays africains. La réunion de Brazzaville sur les technologies spatiales aériennes souligne la nécessité de politiques et de stratégies appropriées pour développer le marché régional des produits de l'espace en Afrique.
11	Mise en place d'un marché unique du transport aérien en Afrique: ce programme phare vise à réaliser le marché unique du transport aérien en Afrique pour faciliter le transport aérien en Afrique.
12	Mise en place des institutions financières africaines: mise en place des institutions financières continentales: pour accélérer l'intégration et le développement socio-économique du continent, ces institutions étant importantes pour la mobilisation des ressources et la gestion du secteur financier.
LES DOMAINES PRIORITAIRES EMERGENTS	
	Les domaines prioritaires qui ont émergé sont les suivants: 1. croissance économique durable et inclusive

	2. développement du capital humain 3. agriculture / ajout de valeur et développement des agro-industries 4. création d'emplois, en particulier pour les jeunes et les femmes 5. protection sociale 6. égalité hommes femmes / développement des femmes et autonomisation des jeunes 7. bonne gouvernance, institutions fortes 8. développement des infrastructures 9. science, technologie, innovation 10. industrialisation axée sur la fabrication 11. paix et sécurité 12. culture, arts et sports.

Annexe 2 : Extrait de la Charte de Kurukan Fugan (Charte de Mandingue)

5. Chacun a le droit à la vie et à la préservation de son intégrité physique. En conséquence, toute tentation d'enlever la vie à son prochain est punie de la peine de mort.
6. Pour gagner la bataille de la prospérité, il est institué le Kön¨gbèn Wölö (un mode de surveillance) pour lutter contre la paresse et l'oisiveté.
7. Il est institué entre les mandenkas, le sanankunya (parenté à plaisanterie) et le tanamanyöya (forme de totémisme). En conséquence, aucun différend né entre ces groupes ne doit dégénérer, le respect de l'autre étant la règle.

Entre beaux-frères et belles-sœurs, entre grands parents t petits-enfants, la tolérance et le chahut doivent être le principe.

8. La famille Keïta est désignée famille régnante sur l'empire.
9. L'éducation des enfants incombe à l'ensemble de la société. La puissance paternelle appartient en conséquence à tous.
10. Adressons-nous mutuellement les condoléances.
11. Quand votre femme ou votre enfant fuit, ne le poursuivez pas chez le voisin
12. La succession étant patrilinéaire, ne donnez jamais le pouvoir à un fils tant qu'un seul de ses pères vit. Ne donnez jamais le pouvoir à un mineur parce qu'il possède des biens.
13. N'offensez jamais les nyaras.
14. N'offensez jamais les femmes, nos mères.
15. Ne portez jamais la main sur une femme mariée avant d'avoir fait intervenir sans succès son mari.
16. Les femmes, en plus de leurs occupations quotidiennes doivent être associées à tous nos Gouvernements.
17. Les mensonges qui ont vécu 40 ans doivent être considérés comme des vérités.
18. Respectons le droit d'aînesse.
19. Tout homme a deux beaux-parents: les parents de la fille que l'on n'a pas eue et la parole qu'on a prononcée sans contrainte aucune. On leur doit respect et considération.
20. Ne maltraitez pas les esclaves, accordez-leur un jour de repos par semaine et faites en sorte qu'ils cessent le travail à des heures raisonnables. On est maître de l'esclave et non du sac qu'il porte.
21. Ne poursuivez pas de vos assiduités les épouses: du Chef, du voisin, du marabout, du prêtre, de l'ami et de l'associé.
22. La vanité est le signe de la faiblesse et l'humilité le signe de la grandeur.
23. Ne vous trahissez jamais entre vous. Respectez la parole d'honneur.
24. Ne faites jamais du tort aux étrangers.
25. Le chargé de mission ne risque rien au Mandé.
26. Le taureau confié ne doit pas diriger le parc.

27. La jeune fille peut être donnée en mariage dès qu'elle est pubère sans détermination d'âge. Le choix de ses parents doit être suivi quel que soit le nombre des candidats.
28. Le jeune homme peut se marier à partir de 20 ans.
29. La dote est fixée à 3 bovins: un pour la fille, deux pour ses père et mère.
30. Le divorce est toléré pour l'une des raisons suivantes : l'impuissance du mari, la folie d'un des conjoints , l'incapacité de l'homme à assumer ses obligations liées au mariage. Le divorce doit être prononcé en dehors du village.
31. Venons en aide à ceux qui en ont besoin.
32. Il y a cinq façons d'acquérir la propriété: l'achat, la donation, l'échange, le travail et la succession. Toute autre forme sans témoignage probant est équivoque.
33. Tout objet trouvé sans propriétaire connu ne devient propriété commune qu'au bout de quatre ans.
34. La quatrième mise bas d'une génisse confiée est la propriété du gardien. Un œuf sur quatre est la propriété du gardien de la poule pondeuse.
35. Un bovin doit être échangé contre quatre moutons ou quatre chèvres.
36. Assouvir sa faim n'est pas du vol si on n'emporte rien dans son sac ou sa poche.
37. Fakombè est désigné Chef des chasseurs. Il est chargé de préserver la brousse et ses habitants pour le bonheur de tous.
38. Avant de mettre le feu à la brousse, ne regardez pas à terre, levez la tête en direction de la cime des arbres pour voir si ils n'ont pas de fruits ou de fleurs.
39. Les animaux domestiques doivent être attachés au moment des cultures et libérés après les récoltes. Le chien, le chat, le canard et la volaille ne sont pas soumis à cette mesure.
40. Respectez la parenté, le mariage et le voisinage.
41. Tuez votre ennemi, mais ne l'humiliez pas.
42. Dans les grandes assemblées, contentez-vous de vos légitimes représentants et tolérez-vous les uns les autres.
43. Balla Fassèkè Kouyaté est désigné grand chef des cérémonies et médiateur principal du Mandé. Il est autorisé à plaisanter avec toutes les tribus, en priorité avec la famille royale.
44. Tous ceux qui enfreindront à ces règles seront punis. Chacun est chargé de…

Annexe 3 : Projets d'instruments juridiques[733]

N°	**Projets**
1	Projet de Charte africaine de la sécurité routière ;
2	Projet de Protocole à la Charte africaine des droits de l'homme et des peuples relatifs aux droits des personnes âgées ;
3	Projet de Loi type sur la réglementation de la médecine ;
4	Projet de statuts du Conseil des sports en Afrique ;
5	Projet de statuts du Centre de développement minier en Afrique ;
6	Projet de statuts sur la création du Fonds d'assistance juridique pour la Cour africaine des droits de l'homme et des peuples ;
7	Projet de statuts du Centre africain de lutte et de prévention des maladies (CDC) et son cadre d'opération ;
8	Projet de statuts du Conseil africain de la recherche scientifique et de l'innovation (ASRIC) ;
9	Projet de statuts de l'Observatoire africain de la Science, de la Technologie et de l'Innovation (OASTI) ;
10	Projet de statuts de l'Organisation panafricaine de la propriété intellectuelle (OPAPI) ;
11	Le Comité technique spécialisé sur la santé, la population et la lutte contre la drogue ;
12	Projet de Règlement intérieur du Comité technique spécialisé sur la fonction publique, le gouvernement local, le développement urbain et la Décentralisation ;
13	Projet de Règlement intérieur du Conseil économique, social et culturel de l'Union africaine ;
14	Projet de Règlement intérieur de la plate-forme africaine de gouvernance ;
15	Projet de Règlement intérieur du Comité technique spécialisé sur le développement social, le travail et l'emploi ;
16	Projet de Règlement intérieur du Comité technique spécialisé sur la jeunesse, la culture et le sport ;
17	Projet de Règlement intérieur du Comité technique spécialisé sur l'éducation, la science et la technologie ;
18	Projet de Règlement intérieur du Comité technique spécialisé sur la communication et les TIC ;
19	Projet de Règlement intérieur de la Commission de l'Union africaine sur le droit international
20	Version modifiée des Statuts de l'Université panafricaine

[733] Le Comité technique spécialisé sur la justice et les affaires juridiques - doc. ex.cl/935(xxviii).

Projets d'instruments juridiques suivants :

a) Projet de Charte africaine de la sécurité routière ;
b) Projet de Protocole à la Charte africaine des droits de l'homme et des peuples relatif aux droits des personnes âgées ;
c) Projet de Loi type sur la réglementation de la médecine ;
d) Projet de statuts du Conseil des sports en Afrique ;
e) Projet de statuts du Centre de développement minier en Afrique ;
f) Projet de statuts sur la création du Fonds d'assistance juridique pour la Cour africaine des droits de l'homme et des peuples ;
g) Projet de statuts du Centre africain de lutte et de prévention des maladies (CDC) et son cadre d'opération ;
h) Projet de statuts du Conseil africain de la recherche scientifique et de l'innovation (ASRIC) ;
i) Projet de statuts de l'Observatoire africain de la Science, de la Technologie et de l'Innovation (OASTI) ;
j) Projet de statuts de l'Organisation panafricaine de la propriété intellectuelle (OPAPI) ;
k) Le Comité technique spécialisé sur la santé, la population et la lutte contre la drogue ;
l) Projet de Règlement intérieur du Comité technique spécialisé sur la fonction publique, le gouvernement local, le développement urbain et la Décentralisation ; EX.CL/Dec.900(XXVIII)

Table des matières

Chapitre deuxième

DES INSTRUMENTS ET DE L'INVENTAIRE DES DROITS DE L'HOMME ET DES PEUPLES EN AFRIQUE..........................189

Structures éditoriales du groupe L'Harmattan

L'Harmattan Italie
Via degli Artisti, 15
10124 Torino
harmattan.italia@gmail.com

L'Harmattan Hongrie
Kossuth l. u. 14-16.
1053 Budapest
harmattan@harmattan.hu

L'Harmattan Sénégal
10 VDN en face Mermoz
BP 45034 Dakar-Fann
senharmattan@gmail.com

L'Harmattan Cameroun
TSINGA/FECAFOOT
BP 11486 Yaoundé
inkoukam@gmail.com

L'Harmattan Burkina Faso
Achille Somé – tengnule@hotmail.fr

L'Harmattan Guinée
Almamya, rue KA 028 OKB Agency
BP 3470 Conakry
harmattanguinee@yahoo.fr

L'Harmattan RDC
185, avenue Nyangwe
Commune de Lingwala – Kinshasa
matangilamusadila@yahoo.fr

L'Harmattan Congo
67, boulevard Denis-Sassou-N'Guesso
BP 2874 Brazzaville
harmattan.congo@yahoo.fr

L'Harmattan Mali
Sirakoro-Meguetana V31
Bamako
syllaka@yahoo.fr

L'Harmattan Togo
Djidjole – Lomé
Maison Amela
face EPP BATOME
ddamela@aol.com

L'Harmattan Côte d'Ivoire
Résidence Karl – Cité des Arts
Abidjan-Cocody
03 BP 1588 Abidjan
espace_harmattan.ci@hotmail.fr

L'Harmattan Algérie
22, rue Moulay-Mohamed
31000 Oran
info2@harmattan-algerie.com

L'Harmattan Maroc
5, rue Ferrane-Kouicha, Talaâ-Elkbira
Chrableyine, Fès-Médine
30000 Fès
harmattan.maroc@gmail.com

Nos librairies en France

Librairie internationale
16, rue des Écoles – 75005 Paris
librairie.internationale@harmattan.fr
01 40 46 79 11
www.librairieharmattan.com

Lib. sciences humaines & histoire
21, rue des Écoles – 75005 paris
librairie.sh@harmattan.fr
01 46 34 13 71
www.librairieharmattansh.com

Librairie l'Espace Harmattan
21 bis, rue des Écoles – 75005 paris
librairie.espace@harmattan.fr
01 43 29 49 42

Lib. Méditerranée & Moyen-Orient
7, rue des Carmes – 75005 Paris
librairie.mediterranee@harmattan.fr
01 43 29 71 15

Librairie Le Lucernaire
53, rue Notre-Dame-des-Champs – 75006 Paris
librairie@lucernaire.fr
01 42 22 67 13

www.ingramcontent.com/pod-product-compliance
Lightning Source LLC
LaVergne TN
LVHW021151061026
849535LV00002B/418
9782343184005